Albrecht Roeseler · Große Geiger unseres Jahrhunderts

Albrecht Roeseler

Große Geiger
unseres
Jahrhunderts

Mit 69 Photos und 16 Notenbeispielen

Piper
München · Zürich

ISBN 3-492-03063-7
© R. Piper GmbH & Co. KG, München 1987
Gesetzt aus der Garamond-Antiqua
Gesamtherstellung: H. Mühlberger, Gersthofen
Printed in Germany

Inhalt

Vorwort

Die Beobachtungen und Erfahrungen, die in diesem Buch mitgeteilt werden, gehen bis in die Jahre vor dem Krieg zurück, während derer ich in Berlin aufwuchs. Prägende musikalische Einflüsse gab es schon früh. Als ich Georg Kulenkampff das E-Dur-Konzert von Bach spielen hörte, wirkte der Eindruck so nachhaltig, daß ich selbst nach einer Geige verlangte, um es dem verehrten Meister gleichzutun. Dessen Cousine, Irmgard Kriege-Klamt, eine gebildete Dame, erwies sich in den folgenden Jahren nicht nur als eine glückliche Geigenpädagogin; vielmehr weckten ihre häufigen Erzählungen über die Großen ihrer (und nun auch meiner!) Zunft die Neugierde auf jene legendären Geiger unserer Zeit, die in Berlin regelmäßig aufgetreten und plötzlich, nach 1933, nicht mehr in Deutschland zu hören waren.

Die respektvoll genannten Namen von Bronisław Huberman und Joseph Szigeti nahmen in diesen Erzählungen wichtige Plätze ein; Jascha Heifetz und Nathan Milstein, zwei offenbar tolle Virtuosen, hatten noch wenige Jahre zuvor in Berlin konzertiert; der vergötterte Fritz Kreisler schien noch immer in seiner Grunewald-Villa zu wohnen, ohne jedoch auftreten zu dürfen. Mit verklärenden Worten wurde von dem Wunderkind Yehudi Menuhin erzählt, Mischa Elmans süßer Ton und Adolf Buschs Ernsthaftigkeit waren noch immer lebendig erinnerte Vorbilder. Eine große Geigerepoche wurde in diesen Erzählungen wach und schien doch längst unwiederbringlich dahingegangen.

Freilich gab es, zumal aus der Perspektive eines jungen Geigenschülers, prominente Geiger, die bejubelt werden konnten: Neben Kulenkampff den tschechischen Hexenmeister Váša Příhoda, die italienischen Geigerinnen Guila Bustabo und Gioconda De Vito, den jungen Gerhard Taschner, der von Furtwängler vorgestellt wurde, und neben ihm die anderen Konzertmeister Siegfried Borries, Hugo Kolberg und Erich Röhn, die regelmäßig mit großen Konzerten auftraten. Aber es war wohl doch nur ein Abglanz einer reichen, verklungenen Ära.

Nach dem Krieg bescherte uns zunächst der amerikanische Soldatensender AFN eine Menge lang ersehnter Begegnungen mit den Großen der Geigerwelt: Der fast täglich ausgestrahlten Sendung des Outpost Concert entnahmen wir begierig die Klänge jener Solisten, deren Namen wir jahrelang nur hatten flüstern hören. Oft wurden sie begleitet von amerikanischen Orchestern und von manchem Dirigenten deutscher Herkunft. Von neuem wurde uns da bewußt, wie groß der Aderlaß allein für das musikalische Leben in Deutschland gewesen war.

Später wurde mein Detmolder Lehrer Max Strub – wie Adolf Busch Bram-Eldering-Schüler, später Klemperers Konzertmeister in Berlin und Primarius eines eigenen Streichquartetts – zum verehrten Mittelpunkt der geigerischen und musikalischen Bildung. Seither habe ich regelmäßig die Begegnung mit den großen Geigern der Zeit gesucht und beglückt erlebt: im lebendigen Nachkriegs-Berlin, wohin viele Geiger der Weltelite zurückkehrten oder, wie David Oistrach, ihre deutschen Karrieren begannen; in London und New York, in den fünfziger Jahren bei den Festivals in Tanglewood und Aspen, viel später auch im makedonischen Ohrid, wo die russischen Geiger zu hören waren; schließlich bei jenem außerordentlichen Geigermarathon in Tel Aviv anläßlich des Huberman-Festes 1982. Zu erwähnen ist freilich auch die jahrzehntelange journalistisch-kritische Beschäftigung mit dem Thema in zahllosen Rezensionen, Aufsätzen, Vorträgen und Rundfunksendungen.

Den Leser erwartet also ein stark persönlich gefärbtes Geigerbuch, das keine Enzyklopädie werden sollte noch geworden ist. Entstanden ist vielmehr eine subjektiv gewachsene Auswahl, in der jeder Geigerfreund vielen »seiner« Favoriten begegnen, in der er auch manche von ihnen vermissen wird.

Groß ist die Zahl derer, die so liebenswürdig waren, mir bei der Entstehung dieses Buches mit guten Worten und, besser noch, mit guten Taten förderlich zur Seite zu stehen. Ich nenne die wichtigsten: Yohanan Boehm beschaffte aus Jerusalem seltene Hubermaniana; Jacob Lateiner und Leonard Slatkin steuerten aus New York persönliche Auskünfte über Heifetz bei; Wolfgang Wendel machte Aufnahmen und Bilder von Jenny Abel, Ivry Gitlis und Viktor Pikaisen zugänglich; meine Redaktionskollegen Joachim Kaiser und Wolfgang Schreiber liehen schwer erreichbare Platten aus ihren Sammlungen; der Firma Ariola-Eurodisc, den Herren Jörg Polzin, Peter Strauss und Hubertus Weinert danke ich für ähnlich willkommene Hilfe, zuletzt natürlich Klaus Stadler vom Piper Verlag sowie Uwe Steffen, der geduldig und kenntnisreich redigierte und viel Mühe und Erfahrung in die Plattenverzeichnisse und das Register investierte.

München, Juli 1987

Einleitung

»Die Violine? Das ist der Bogen!«
Giovanni Battista Viotti, um 1800

»Als ich Paganini zuerst hören sollte, meinte ich, er
würde mit einem nie dagewesenen Ton anfangen.
Dann begann er, und so dünn, so klein!«
Robert Schumann, 1834

»Besucht ein Bildungskonsument das Konzert eines
Geigers, so interessiert ihn, was er dessen Ton
nennt . . . Seine Ideologie ist dann wohl meist reaktio-
när kulturkonservativ.«
Theodor W. Adorno, 1961

Als der italienische Geiger Giovanni Battista Viotti seine Profession auf
jene paradox verkürzte Formel brachte, konnte er auf eigene Erfahrung
pochen. In der »Berliner Musikzeitung« war er bereits 1794 als »der
wahrscheinlich größte Geiger Europas« bezeichnet worden; und sein
jüngerer französischer Kollege Pierre Baillot hatte Viottis Geigenton als
»herrlich, süß, aber zugleich so stählern, als wäre der zarte Bogen von
dem Arm eines Herkules geführt«, öffentlich gerühmt. Viele Geiger-
tugenden, die einst Corelli und Tartini, Veracini und Leopold Mozart
gefordert hatten, nämlich Geläufigkeit, Empfindsamkeit und musikalischer Geschmack, waren von einem neuen Ideal, dem starken, vollen,
edlen Ton auf dem Instrument, abgelöst worden.

Ungefähr vier Jahrhunderte lang hat das Violinspiel Komponisten,
Interpreten und Instrumentenmacher beschäftigt; um 1800 – gewissermaßen auf halbem Wege – war bereits ein End- und Höhepunkt erreicht,
war die instrumentale Entwicklung von Geige und Geigenbogen abgeschlossen. Während die italienischen Baumeister Stradivari, Amati,
Guarneri und viele andere während des 17. und 18. Jahrhunderts perfekt
mensurierte, dauerhafte, edle Instrumente geschaffen hatten, an denen
um 1800 nur Accessoires verändert wurden (der Hals wurde um einen,
das Griffbrett um rund zehn Zentimeter verlängert, ohne daß der Kor-
pus selbst Veränderungen erfuhr), hat man auf die Perfektionierung des
Geigenbogens jahrzehntelange Mühe verwandt. Schon früh muß es das
beherrschende Ziel gewesen sein, den Ton auf dem Instrument zu ver-
vollkommnen und zu steigern. Welchem anderen Zweck als solcher Stei-

gerung der Tonqualität sollte es sonst gedient haben, als man schon zu Arcangelo Corellis Zeiten, um 1700, die Spannung des Bogenhaars mit Hilfe einer Schraubvorrichtung zu regulieren trachtete?

Solche mechanischen Überlegungen mit dem Ziel zuverlässigerer, variabler, kräftiger Klangproduktion durch bessere Bögen beherrschen das gesamte 18. Jahrhundert. Schon Louis Tourte, der Vater des berühmtesten Bogenmachers, François Xavier Tourte, hatte durch kluge Experimente, durch richtige Wahl und Behandlung des Holzes und Berechnung des rechten Schwerpunktes den Geigern der Epoche das endlich ausgereifte Werkzeug geliefert, um dem Ideal vom großen, schönen Ton näherzukommen. »Le violon? C'est l'archet!« war eben nicht nur ein witziges Aperçu, sondern beschrieb eine neue Ästhetik, die nicht nur für die ausgesprochenen Virtuosen, sondern für die gesamte Violinliteratur zur Richtschnur wurde. Daß die Entwicklung der Klavierinstrumente zeitlich nachhinkte, hatte technische Gründe; erst das perfekte Eisengußverfahren gestattete jenen Rahmenbau, der mit der jetzt möglich gewordenen Saitenspannung die ersehnte Klangvorstellung verwirklichte. Dagegen hatten sowohl die Violine als auch der Bogen bereits um 1800 ihre Vervollkommnung erreicht, und beide sind unverändert und unübertroffen geblieben. Alle bedeutenden Geiger unseres Jahrhunderts haben auf alten italienischen Geigen gespielt und tun es bis heute; wer das Glück hat, eines originalen Tourte-Bogens habhaft zu werden, gibt heute für ihn ein kleines Vermögen aus. Die Darstellungskunst auf der »Königin« der Musikinstrumente basiert seit zwei Jahrhunderten, instrumentenkundlich betrachtet, auf alten, bewährten Dynastien.

Waren die barocken Geigenmeister, von Corelli bis Leopold Mozart, neben ihrer virtuosen und ästhetisch-pädagogischen Tätigkeit mit der technischen Vervollkommnung ihrer Instrumente befaßt gewesen, mochten die Geiger des 19. Jahrhunderts ihre Erkundungsgänge auf das spieltechnische Moment konzentrieren: am Instrumentarium gab es keine Verbesserungen, keine »Fortschritte« mehr zu unternehmen. Dennoch war allen Geigern ein wichtiger Zug eigen: Sie waren Künstler, die sich ihre Konzerte und Sonaten für den eigenen Gebrauch und für pädagogische Zwecke schrieben. Die Produktion allein an Violinkonzerten der Corelli, Vivaldi, Tartini, Nardini, Locatelli, Albinoni, Veracini, Bonporti, Pisendel, Leclair, Boccherini, Telemann (um nur eine Auswahl zu nennen) ist enorm gewesen. Aus einer mit großem Fleiß zusammengesuchten Aufstellung heutiger Schallplattenaufnahmen lassen sich weit über 200 barocke Konzerte nachweisen – erfahrungsgemäß nur ein Bruchteil dessen, was tatsächlich entstand und dann verbrannt ist, vergessen wurde oder nur unentdeckt geblieben ist.

Selbst die einschlägigen Violinwerke von Bach und Mozart verdanken wir tüchtigen Geigenspielern. Talent und Geschmack hierin bescheinigte der Violinpädagoge Leopold Mozart seinem Sohn, »so daß du der größte Violinspieler Europas sein könntest«. Beethovens knurriges Wort von der »elenden Geige«, die ihn nicht kümmere, wenn ihn die Inspiration packe, soll nicht vergessen lassen, daß auch er einst am Hof zu Bonn die Geige und Bratsche strich; aber die großen Werke nach ihm (von Mendelssohn und Brahms, von Dvořák und Tschaikowski) wurden nicht von professionellen Geigern geschaffen, sondern allenfalls mit deren Assistenz. Ferdinand David und Joseph Joachim ist dadurch ein zusätzliches Stück Unsterblichkeit zuteil geworden.

Ungezählt sind indessen jene Kompositionen, die im 19. Jahrhundert von bedeutenden Geigern verfertigt wurden: Von Viotti und Spohr, von Kreutzer, Rode und vor allem von Paganini entstanden gleich Dutzende von Solokonzerten und Solostücken; von Vieuxtemps und Wieniawski vielleicht nicht ganz so viele. Auch Sarasate, Wilhelmj, Ernst und Ysaye haben ihr Repertoire aus eigenen Werken genährt oder wenigstens bereichert. Nimmt man diese »romantische« Violinliteratur insgesamt (also einschließlich der Werke von Bruch bis Chausson, von Lalo bis Glasunow), kommt man wiederum auf rund 200 Stücke, von denen die meisten, wie gesagt, von den Virtuosen selbst komponiert sind.

Vieles an dieser mit leichtem Naserümpfen beurteilten Violinliteratur mag ihre, verglichen mit den Meisterwerken, magere musikalische Substanz mit hochvirtuoser Behandlung des Soloinstruments bemänteln, aber diese Zurschaustellung der spieltechnischen Möglichkeiten war in den allermeisten Fällen das auslösende Moment der Komposition. Die talentierten jungen Geiger müssen wie berauscht gewesen sein von den Möglichkeiten, die ihnen ihr jetzt voluminös klingendes Instrument und ein zuverlässig funktionierender Bogen zur Artikulation einer ganz neuen »Sprache« auf der Geige bieten konnten: Waghalsige Erkundungen neuer Klangregionen und -effekte, nicht minder gefährliche Expeditionen der linken Hand durch neue Griffkombinationen bis in extreme Tonhöhen hinauf, daneben Entdeckerfreuden des Flageoletts und Doppelflageoletts in Verbindung mit Stricharten, die von kraftvollem Akkordspiel bis zum flüchtigen, fliegenden Stakkato reichen.

Wer die Errungenschaften, die zwei Hände auf vier Geigensaiten vollbringen können, kennenlernen möchte, findet sie in den 24 Capricen von Niccolò Paganini lückenlos ausgebreitet. Paganini und seine Kunst sind gewissermaßen die Inkarnation dieser neuen Möglichkeiten auf dem Instrument, und sie sind zugleich auch deren Erfüllung. Bei aller Bewunderung für die Neugierde, mit der die Geiger der Epoche die Möglichkeiten ihres endlich vollkommenen Handwerkszeugs auskundschafteten: sie hatten allesamt noch greifbare Statur, und ihre Kunst blieb, bei gebührendem Respekt, dennoch meist nachvollziehbar – mit einer Ausnahme: Paganini. Seine zur Legendenbildung herrlich geeignete Existenz hat, weil sie Leben und Spielen unheilsam vermengte, seine Kunst fast ein wenig in den Schatten gestellt. Zeitgenossen und Nachfahren haben in der Beschreibung seines abenteuerreichen Lebens und der nicht immer legendenfreien Berichterstattung über sein »hexenmeisterliches« Geigenspiel geschwelgt. (Von Robert Schumanns anfänglicher Enttäuschung und späterer Begeisterung wird noch zu sprechen sein.) Die hypnotische Wirkung Paganinis sowohl auf die Kollegen als auch auf die Gesellschaft der Adoranten mag sich die Waage halten; und wenn auch die physiologische Studie des berühmten Doktor Francesco Bennati mancherlei körperliche Abnormitäten Paganinis für seine bestaunten technischen Fähigkeiten verantwortlich machte (Dehnbarkeit der Finger und der Muskeln der Schulterblätter und anderes), bleibt die Erscheinung Paganinis singulär.

Seine 150 (oder sind es 200?) Kompositionen machen deutlich, mit welcher Geschwindigkeit sich die Geigentechnik entwickelt hatte. Schon vor 1800 sollen die ersten Capricen entstanden sein; von den inzwischen sechs (teilweise rekonstruierten) Konzerten wurden während der letzten Jahrzehnte vier für die Öffentlichkeit neu entdeckt; Geiger der ersten Garnitur standen bei den erneuten »Premieren« Pate: Arthur Grumiaux mit dem vierten (d-Moll) 1954 in Paris; Franco Gulli mit dem fünften (a-Moll) 1959 in Siena; Henryk Szeryng mit dem dritten (E-Dur) in London, danach in Mailand; schließlich Salvatore Accardo mit dem sechsten, aber sehr früh entstandenen in e-Moll. Wenn man sich vergegenwärtigt, daß zyklische Aufführungen der Capricen lange Zeit den Stempel des Sensationellen trugen (Jascha Heifetz hat noch nicht einmal die Konzerte auf Platten eingespielt!), so ist heute Paganinis Musik offensichtlich nicht mehr unerreichbar. Zum Beispiel sind während der letzten Jahre allein zwei Platten mit allen Capricen von zwei etwa 20jährigen, nämlich von Shlomo Mintz und Frank Peter Zimmermann, präsentiert worden. Das spricht für den technischen Standard von heute, auch wenn Paganinis Anforderungen noch immer teuflisch hoch sind.

Die Periode nach Paganinis Tod 1840 ist von der rastlosen Aktivität reisender Violinvirtuosen aus den verschiedensten Ländern geprägt. Die schon genannten komponierenden Geiger spielten neben ihrer eigenen Produktion natürlich auch Teile des ihnen zugänglichen klassischen Repertoires. So entzückte Vieuxtemps die Wiener durch das rasch mit Begeisterung einstudierte Beethoven-Konzert; David nahm sich des Mendelssohn-Konzerts an, und Joachims Eintreten für Mozarts Werke und das Konzert von Brahms sind unvergessen. Skandinavien meldete sich in Gestalt der schillernden Persönlichkeit von Ole Bull, der europäische und amerikanische Hörer mit Paganinis Musik bekannt machte. Lambert Massart gehörte zu den Belgiern, die in Paris eine hochrangige Geigerschule ins Leben riefen, an der noch Fritz Kreisler, Henri Wieniawski, Franz Ries und viele andere ihr geigerisches Rüstzeug empfingen. Da war in Wien die Dreierdynastie der Hellmesberger, die als Solisten, als Kammermusiker und als Pädagogen die klassische Tradition weitergaben. Der Rumäne George Enescu gehörte zu den Zöglingen des jüngsten Hellmesberger und zog dann selbst zahlreiche Schüler heran, von denen Yehudi Menuhin, Arthur Grumiaux, Christian Ferras und Ida Haendel zu den Großen unseres Jahrhunderts zählen. Schulen mit bewußt gepflegter Tradition begannen sich zu bilden – manche wollten sich bis auf Tartinis oder Bendas Zeiten berufen; die Tschechen steuerten den glänzenden Pädagogen Otakar Ševčík und den nicht minder glänzenden Virtuosen Jan Kubelík bei; der Ungar Jenő Hubay, selbst Schüler Joachims, begründete in Brüssel, später in Budapest eine Tradition, aus der Joseph Szigeti, Franz von Vecsey und Stefi Geyer neben vielen anderen Talenten hervorgingen. Einzelgänger waren unter ihnen, strenge Zuchtmeister und romantische Naturen, deren Lebensläufe ihre Profession bisweilen überschatteten.

Eine dominierende Figur war zweifellos Joseph Joachim, der schon 1843, drei Jahre nach Paganinis Tod, als zwölfjähriges Wunderkind Vieuxtemps' E-Dur-Konzert öffentlich vorgetragen hatte. Er, der Freund Schumanns, Mendelssohns und Brahms', wurde ein gefeierter Solist und Primarius eines nach ihm benannten Streichquartetts, nicht zuletzt ein in Berlin wirkender prominenter Pädagoge, dessen Einfluß über seinen Tod im Jahre 1907 hinaus andauerte. Sein Schüler Leopold

Auer führte die Tradition in Petersburg, später in den Vereinigten Staaten weiter und hatte das Glück, Begabungen wie Heifetz, Zimbalist, Elman, Milstein und viele andere fördern zu können.

Joachim und Auer haben rund 80 Jahre lang ihre wichtige Wirksamkeit entfaltet; und rechnet man den ebenfalls in Berlin viele Jahre unterrichtenden Carl Flesch dazu, dann hat man jenes Meistertrio von Pädagogen beieinander, denen die Mehrzahl der großen Geiger unseres Jahrhunderts ihr Können, ihren Ruhm und ihre Solidität verdankt: Gründlichkeit bei der traditionellen Ausbildung, strenges physiologisches Training sowie analytische Bewußtmachung der geigerischen Probleme – das sind Stichworte, die das Wirken dieser drei Pädagogen charakterisieren.

Flesch, selbst ein temperamentvoller Geiger, der durch seine Fähigkeit zur scharfsinnigen Analyse in den Ruf eines kühlen Intellektuellen kam (wozu seine von kritischen Bemerkungen über die Geigerkollegen durchsetzte Autobiographie beigetragen haben mag), hat später die künstlerischen Resultate seiner pädagogischen Methodik selbst in Frage gestellt. Die Dominanz des technischen Moments und die Vernachlässigung dessen, was man mit Gemüt, mit Sinnlichkeit, mit Klangempfinden umschreibt, schienen ihm gefährlich. Immer mehr würde alles einer strengen, großen Tongebung und makelloser Brillanz geopfert.

Bis gegen Endes des 19. Jahrhunderts war die Szene der Geigenvirtuosen sicherlich eher von Romantikern und Einzelgängern geprägt als von Verfechtern der klassischen Tradition. Die Programme in Europa, viel mehr noch im fernen Amerika, waren bunt gemischt, mit artistischen Darbietungen durchsetzt. Die persönliche Ausstrahlung, die Kunst des »Servierens« von beliebten Transkriptionen, Bearbeitungen, technischen Brillantfeuerwerken standen hoch im Kurs, waren oft nur verwässerte Überbleibsel jener Faszination, die einst Paganini ausgestrahlt hatte.

Mit dem Aufkommen und der Pflege systematischer Pädagogik war ein neuer Zug von Solidität aufgekommen. Joseph Szigeti, der viel über sein Metier nachgedacht und niedergeschrieben hat, merkte als junger Mann, daß in Berlin um die Jahrhundertwende ein schärferer Wind wehte. Man kann das Leben der Konzertgeiger nicht isoliert betrachten; die wiederentdeckten Komponisten der Klassik und des Barocks, das Erstarken der bürgerlichen Konzertinstitutionen dämpften gewiß die weitere Ausbreitung des reinen Virtuosenwesens. Man spielte lieber solide Sonatenwerke statt Salonstücke. Artistische »Freiheiten« allein machten nicht mehr satt. Anforderungen in technischer Hinsicht waren mehr und mehr gefragt, konnten durch »poetischen« Vortrag nicht mehr ersetzt werden. Man besann sich auf Authentizität der Werke; unterhaltendes Spektakel (man lese nach, wie es Szigeti als Kinderattraktion im Frankfurter Zirkus erging) machte einer Werktreue Platz, die durch eisernes Training und Drosselung der bloßen Equilibristik erzielt waren. Natürlich gab es auch weiterhin unendliche Chancen für junge Künstler, in den Salons und bürgerlichen Etablissements zu brillieren. Mischa Elman und Arthur Rubinstein und manche ihrer Kollegen haben darüber anschaulich, und im Rückblick leicht amüsiert, berichtet. Aber die neue Garde junger großer Talente – und sie sind auch Gegenstand dieses Buches – verdrängte die Generation der romantischen Poeten. Ob dabei, lange vor dem ersten Weltkrieg, schon die neue Möglichkeit der Schallaufzeichnung eine Rolle spielte, ist fraglich; das geschah wohl erst im Laufe des zweiten Jahrzehnts, beispielsweise als der junge Heifetz in New York eine Wachsmatrize nach der anderen perfekt bespielte. Er ist der erste Geiger, dessen technische und künstlerische Entwicklung wir über ein halbes Jahrhundert hinweg von 1917 bis 1967 lückenlos verfolgen können.

✳

Robert Schumanns anfängliche Enttäuschung über Paganinis überraschend kleinen, dünnen Ton kann jeder von uns nachempfinden, der einen Musiker von der Schallplatte her kennt und dann zum erstenmal im Saal hört. Aber Platteneindruck und Konzerterlebnis vermögen beide trügerisch zu sein: Ein durch seinen vermeintlichen Bombenton ausgezeichneter Geiger entpuppt sich in natura als durchschnittliches Bogentalent. Oder: der hinreißende Podiumseindruck, durch Abhören des Mitschnitts kontrolliert, hat sich plötzlich verflüchtigt. Paganini, so schreibt Schumann in seinem Bericht weiter, habe dann aber rasch »lokker, kaum sichtbar, seine Magnetketten in die Massen« geworfen, und »nun schnürte er immer fester an, bis sie nach und nach wie zu einem einzigen Ringe zusammenschmolzen«. Da mag jeder entscheiden, ob er dieses Verfahren als »künstlerische Ausstrahlung« oder als »Rattenfängerei« empfinden will.

Unter den in diesem Buch versammelten Geigern sind es nur zwei, die ich nicht selbst ein- oder mehrmals im Konzertsaal gehört habe und

deren Kunst ich daher nur von ihren Schallplatten her beurteilen kann:
Fritz Kreisler und Bronisław Huberman. Daß sie auf dem Podium eine
hochgradige Ausstrahlungskraft hatten oder, wie Schumann so poetisch
beschreibt, ihre »Magnetketten« zu handhaben verstanden, steht außer
Frage; sämtliche Augen- und Ohrenzeugen verläßlicher Art sind sich
darin einig. Kreislers Plattenœuvre vermittelt dagegen ein uneinheitli-
ches Bild; als Poesie getarnte Schludrigkeiten und Intonationsschwä-
chen, die beim heutigen Nachwuchs kaum tolerabel wären, hören wir
da, aber freilich auch immer wieder jene gestalterische Kraft, bei der
Kreislers Klangvorstellung selbst durch kratzende Schellackplatten hindurch spürbar wird. Besäßen wir jedoch nur diese betagten Tondokumente und keines der überschäumenden Zeugnisse der Zeitgenossen, ich
zweifle, ob dann Kreisler noch unter die wirklich »Großen« der Periode
einzureihen wäre.

Von Huberman gibt es zahlreiche hinreißende Platteneinspielungen,
die solche Zweifel nicht aufkommen lassen, ausgenommen vielleicht eine
Tschaikowski-Übertragung, die nach dem Krieg in Holland entstand
und überdeutlich den Verfall seiner geigerischen Mechanik bloßlegt;
auch Adolf Buschs Beethoven-Interpretationen um 1950 wären untaug-
lich zur Demonstration seiner einstigen wahren Bedeutung. So halte ich
eine Betrachtungs- und Beurteilungsmethode, die sich lediglich des Plat-
teneindrucks bedient, prinzipiell für bedenklich. Die gefährliche, weil
vielleicht sich widersprechende Gegenüberstellung von Konzert- und
Platteneindrücken muß man riskieren, weil beide richtig, beide gültig
sein können. Das Mißtrauen in die eigene, von äußeren Umständen
beeinträchtigte Urteilskraft im Konzertsaal muß man in Kauf nehmen,
das Vertrauen in solche Erfahrungen freilich auch. Der Argwohn, von
der eigenen Erinnerung verklärend überwältigt zu werden, ist ohne Frage berechtigt; ob diese Gefahr auch von vermeintlich starken Platteinein-
spielungen droht, ist sehr zu bezweifeln. Überragende Platten von mit-
telmäßigen Spielern sind Raritäten oder Zufälle. Gerade die beliebig wie-
derholbare Reproduzierbarkeit einer Interpretation läßt die Sehnsucht
nach dem Original dringender werden – ob aus Gründen der besseren
Kontrollierbarkeit oder aus denen eines geheimen Fetischismus, einer
sinnlichen Begehrlichkeit, sei dahingestellt. Ein Künstler, und sei er auch
nur ein »reproduzierender«, besitzt selbstverständlich eine »auratische«
Existenz und ist kein bloßes akustisches Sezierobjekt, das im heimatli-
chen Phonolaboratorium auf seine Meriten und Defekte untersucht wer-

den kann. Wenn Aufnahmen in großem zeitlichen Abstand vorliegen, lassen sich deutliche, bisweilen nur subtile Abweichungen feststellen, die ein sensibles Ohr auch im Konzertsaal zu vernehmen vermag. So war der künstlerische (weil physiologische) Niedergang des grandiosen Váša Příhoda auf fast exemplarische Weise bei seinen späten Auftritten genauso greifbar wie beim Abhören seiner letzten Plattenaufnahmen. Diese Erfahrung gilt auch für andere alternde, einst bewunderte Künstler. Die Aufzeichnung hat dabei nur den Vorzug, die Stationen eines Niedergangs – aber natürlich auch die eines Aufstiegs – in unterschiedlichen Perioden zu archivieren.

Nun hat es sich eingebürgert, die Schallplatte als angeblich zuverlässigeres Bewertungsmittel zu bevorzugen – eine zu einseitig mensurierte Maßelle, der ich mich nicht allein bedienen mag. Zugleich wurde es andererseits gewissermaßen schick, die Plattenindustrie zu kritisieren, weil sie junge, vielversprechende Talente (in allen musikalischen Sparten übrigens) zu früh ausbeute und »verheize«. Das trifft in einzelnen Fällen zu, und man muß bedauern, wenn sich eine solche sicherlich hoch honorierte »Ausbeutung« auf die Qualität niederschlägt. Große Künstler wie Jascha Heifetz haben allerdings von früher Jugend an erschreckend hohe Stöße von Schallplatten eingespielt, manche Standardwerke mehrmals, um bei technischen Neuerungen (elektrische, Stereoaufzeichnung usw.) diese ihren Interpretationen dienstbar zu machen. Hätte Heifetz die Digitaltechnik noch als aktiver Geiger erlebt, ich bin sicher, er hätte auch noch in DDD die großen Konzerte eingespielt.

Die permanente Kontrolle durch Plattenaufnahmen, die auf beinahe grausame Weise der technischen Perfektionierung dienen, hat den allgemeinen Standard unzweifelhaft auf bewundernswerte Höhe emporgehoben; daß sich dabei dennoch die Aura des Besonderen, des Persönlichen, des Unverwechselbaren erhalten kann, zeigen immer wieder Einzelbeispiele, die leider nicht die Regel sind; und wessen Geigenton durch die Plattenaufnahme hindurch als sein Personalstil erkennbar bleibt, darf sich eines trefflichen Aufnahmeleiters oder Toningenieurs rühmen. Das trifft sogar für Geiger wie Itzhak Perlman oder Gidon Kremer zu, deren Einspielproduktion im Laufe der Zeit geradezu inflationäres Ausmaß angenommen hat.

*

Dabei sind wir bei einer neuen Problematik angelangt – dem Erkennen und der Bewertung von Interpretationen aufgrund ihrer geistigen Erfassung und ihrer sinnlich meßbaren Tonqualität. Der Ton, der beim Singen und beim Geigen die Musik macht, hat seit Jahrhunderten so »reaktionär kulturkonservative« Geister wie Tartini, Viotti und Schumann beschäftigt und den Hörer unserer Zeit natürlich auch. Wenn man über verschiedene Geigertemperamente spricht, ist der »Ton« ein wichtiger Bestandteil des personalen Stils und fraglos in vielen Fällen nicht aus- oder verwechselbar. Aber nicht nur dem Einzeltemperament ist er unterworfen, sondern natürlich auch der Mode.

Weiter oben wurde angedeutet, daß des Geigers Tonideal nach der Perfektionierung des Bogens offenbar groß, berückend, voluminös war. Daß Paganini – entgegen dieser Idealvorstellung – gar keinen Bombenton besessen hat, sondern seine Interpretationskunst mit anderen Bestandteilen würzte, hat Schumann berichtet. Aus der Ablehnung, die Brahms' und Tschaikowskis Violinkonzerte erfuhren (das eine hieß man ein Konzert *gegen* die Violine, das andere weigerte sich der Widmungsträger Leopold Auer auch nur zu spielen!), mögen wir schließen, daß Konzerte von derartig symphonischem Kaliber nicht gerade en vogue waren und erst nach Überwindung mancher Widerstände von seiten des Publikums wie der Solisten sich durchsetzten. Die Zeit, in der sich die Geiger ihre eigenen Solowerke schrieben, neigte sich dennoch immer entschiedener dem Ende zu, und die Identifikation der Solisten mit ihren Werken unterzog sich einer grundlegenden Wandlung: Man komponierte nicht länger selbst; Ysaye tat es noch und Kreisler, der nicht nur Kadenzen, sondern neben einer veritablen Operette und einem Streichquartett auch jene vielen Piecen schrieb, die er unter dem Namen bekannter alter Meister unters Publikum brachte, weil seine eigene Autorschaft den Erfolg in Frage gestellt hätte.

Viele große Geiger unserer Zeit zogen sich jedoch auf die bloße Reproduktion des Bewährten zurück, manche unter ihnen haben sogar stolz verkündet, niemals eine Note, die in diesem Jahrhundert komponiert wurde, musiziert zu haben. Dafür wurde es Brauch, daß Komponisten für bestimmte Solisten Konzerte schrieben: Bartók für Zoltán Székely und Yehudi Menuhin, Walton für Jascha Heifetz, Penderecki für Isaac Stern, Henze und Schnittke für Gidon Kremer, Schostakowitsch für David Oistrach und so fort. Weil keiner der konzertierenden Geiger mehr ein eigenes, von ihm geschaffenes Repertoire pflegen kann, hat sich dieses notgedrungen etwas verengt; aber wenn man alle jene Konzerte zusammenzählt, die unser Jahrhundert hervorgebracht hat (die spätromantischen wie Sibelius eingeschlossen), kommt man immerhin auf eine stattliche Zahl von 150, wobei 50 davon als der Neuen Musik zugehörig bezeichnet werden können.

Die ewig aufs Neue Begierigen sind auch in unserer Zeit nicht ausgestorben: Geiger wie Szigeti oder Kremer, in geringerem Maße auch Menuhin oder Hoelscher, haben Konzerte studiert und aufgeführt, von deren Ewigkeitswert sie vielleicht gar nicht überzeugt waren, deren Qualität sie jedoch öffentlich zur Debatte stellen zu müssen glaubten. Sie alle, die bei Neuem für ihr Instrument Pate standen, haben aber in den seltensten Fällen daran gedacht, selbst zur Feder zu greifen, wie dies für ihre Vorfahren von Corelli bis Sarasate selbstverständlich war. Die Kraft, die dadurch eingespart wurde, mag zur Sublimierung der Reproduktion des Bekannten-Bewährten eingesetzt worden sein.

Dabei haben Improvisation und Reproduktion – gebraucht im Sinne Paul Bekkers – einander immer hübsch abgelöst. Bekker teilte die Interpreten ein in solche, die das Notenbild heiligsprechen, weil sie innerlich außerstande waren, es aus dem eigenen nachschöpferischen Geist neu zu beleben, und solche, deren Wiedergaben einem neuschöpferischen Akt der Improvisation glichen. Das war eine gefährliche Vereinfachung und hat zu viel Verwirrung geführt. Zweifellos hat die Bereitschaft zu größerer, freierer Variabilität des Ausdrucks beim Vortrag in den letzten Jahrzehnten wieder spürbar zugenommen, und mit dieser Freiheit des Ausdrucks, der Deklamation ging eine vielfarbigere Palette des Geigentons Hand in Hand.

Der Wert der geigerischen Interpretation ist also weder an der Tonqualität allein noch an dem Grad der freiheitlich gehandhabten Deklamation zu messen, sondern an beiden. Ich muß bekennen, daß es unter den Hunderten von Wiedergaben, deren gewissenhaftes Studium der Niederschrift dieses Buches voranging, jene in bleibender Erinnerung geblieben sind, die eine solche Kombination von geigerischer Rhetorik und überzeugendem Klangsinn offenbarten: Hubermans herrscherlicher Beginn des Beethoven-Konzerts, Heifetz' singende Deklamation im Kopfsatz des g-Moll-Konzerts von Prokofjew, Sterns träumerische Erzählkunst im Mittelsatz des großen Bartók-Konzerts, Oistrachs souverän-unbeirrbarer Einstieg in Ravels »Tzigane«, Zehetmairs Kreutzersonaten-Dramatik . . . es gibt Gott sei Dank viele Beispiele jener Kombination von spontaner Erzählkunst auf der Violine, in der das Rubato dezent wie ein Gewürz verwendet wird, und jenem wachen Sinn für ein geschärftes Klangbewußtsein, daß die wenigen Beispiele um ein Vielfaches vermehrt werden könnten. Es scheint mir, als ob diese Kombination jenen Grad der Spontaneität auszeichnet, den Bekker als »Improvisation« im Sinn hatte. Legion sind freilich auch solche Beispiele, in denen persönliche Interpretation mit klanglicher oder rhythmischer Willkür verwechselt wird und mit selbstherrlichem Umgang mit dem Notentext; solche klaren Regelverstöße sind rasch zu entlarven. Schwieriger wird es, wenn seriöse Musiker in ihren Auffassungen so divergieren, daß vom Beurteilenden nichts weniger als eine Entscheidung erwartet wird. Wir werden von Interpretationen des Beethoven-Konzertes Kenntnis nehmen, die beinahe von verschiedenen Planeten zu stammen scheinen und doch sicherlich den Anspruch erheben, den Geist des Komponisten sensibel eingefangen und mit gültiger Überzeugungskraft wiedergegeben zu haben.

*

Die Entscheidung, wer in diesem Buch zu den »Großen« seiner Profession zu rechnen und wieviel Platz ihm einzuräumen sei, war ebenso naheliegend wie subjektiv: Manche der einst sicherlich Großen finden nur kursorisch Erwähnung, weil von ihnen gar keine oder unverhältnismäßig wenige und nur sehr schwer erreichbare Tondokumente vorliegen oder aber kein persönlich zu wertender Eindruck. Gewissen Vorlieben bin ich nicht aus dem Wege gegangen und habe versucht, sie zu rechtfertigen. Die in vernünftigen Grenzen chronologische Reihenfolge der Geigerporträts brachte es mit sich, in den frühen, die ein mehr oder minder abgeschlossenes Künstlerleben beschreiben, auch viel Außermusikalisches aufscheinen zu lassen. Diese hehren Figuren sind ja auch nicht, oder bloß in ganz seltenen Fällen, jene nur nach Perfektion und Akklamation süchtigen Virtuosen gewesen, sondern künstlerische Temperamente, die sich innerhalb der Geschichte unserer Zeit, unseres Jahrhunderts, zu bewegen und zu bewähren hatten. Es waren Gestalten, deren Tätigkeit sich nicht mit der Produktion besonders schöner oder besonders schneller Töne begnügte. Die Facetten ihres Temperamentes und ihrer Tätigkeiten zu fassen, dient die jeweilige Kennzeichnung in Verbindung mit dem Namen. Sie waren ja auch keine bloß auf ihrem Instrument erfolgreich tätigen Musiker, sondern zugleich Kinder, Künstler ihrer Zeit. Über den Dienst an der Musik und an den Werken der Meister hinaus wurde Haltung, wurde Stellungnahme erwartet, verlangt, manchmal verweigert.

Der »Klangzauberer« Fritz Kreisler verdiente dieses Prädikat; aber gehört es nicht auch zum Bild seiner Persönlichkeit, zu erzählen, daß er, der reiche, vergötterte Mann, ein Vermögen weggab, um Tausende von hungernden Kindern in Europa zu retten? Oder der Blick auf Bronisław Huberman, den glänzenden Rhetor auf der Violine, der seine beeindruckende Energie, seine moralisch integre Überzeugungskraft einsetzte, um seinen vertriebenen jüdischen Landsleuten ein künstlerisches Zentrum in Palästina zu schaffen? Zwei Beispiele von vielen nur, die bezeugen, daß kein Buch über Musik und keines über das Violinspiel in unserem Jahrhundert sein schönes Thema isoliert behandeln kann, ohne wahrzunehmen, daß die Epoche, in der diese Künstler wirkten, das musikalische Leben tatkräftig, mitunter sogar recht verstörend kontrapunktiert hat. Es ist fast ein Wunder, daß dabei der Glanz des Geigenklangs keinen bleibenden Schaden erlitten hat.

Der Mythos

Jascha Heifetz

».. . es hat wohl kaum jemals einen Geiger gegeben, der der absoluten Vollkommenheit näher gekommen ist.« Wer Carl Fleschs kritische »Erinnerungen eines Geigers« gelesen hat – ein Buch, das jedem geigenden Zeitgenossen strenge (meist schlechte) Noten erteilt, muß angesichts jenes geradezu hymnisch wirkenden Attestes der Vollkommenheit, zu dem sich Flesch hinreißen läßt, fast erschrecken. Doch der Autor weiß, von wem, als einzigem, er in Superlativen spricht: von Jascha Heifetz. Die Virtuosen der sogenannten Weltelite dieses Jahrhunderts – von Fritz Kreisler bis David Oistrach und Itzhak Perlman – haben ihn ohne Zögern als den bedeutendsten Violonisten unseres Jahrhunderts bezeichnet. Ohne ihn, das steht außer Frage, und ohne den von ihm jahrzehntelang gesetzten Anspruch wäre die geigerische Entwicklung unserer Zeit langsamer, ja langweiliger verlaufen.

Am 2. Februar 1986 wurde Heifetz 85 Jahre alt, und jüngere Freunde und Kollegen haben zu berichten gewußt, der alte Herr sei geistig außerordentlich rüstig, auch wenn er sich seit anderthalb Jahrzehnten vom aktiven Konzertleben zurückgezogen hat. Für die deutschen Geiger- und Musikfreunde ist Heifetz zu einer Art Mythos geworden – eine legendäre Figur, deren Wirklichkeit nur nachzuprüfen vermochte, wer sich nicht scheute, die Archive und Plattenhandlungen nach Heifetz-Platten abzusuchen (inzwischen sind gottlob Dutzende von Einspielungen auch hierorts greifbar) oder kostspielige Reisen nach Paris, London, Zürich oder gar Amerika zu unternehmen, um den Künstler »live« zu erleben. Im Jahr 1950 entstand in Hollywood ein Film unter dem Titel »Of Men and Music«, in dem man Heifetz und seinen damaligen Begleiter Emmanuel Bay mit einer überwältigenden Darbietung von Wieniawskis »Polonaise brillante« bestaunen konnte (der Soundtrack ist in der »Heifetz Collection« festgehalten). Dieser Film, der auch in Europa gezeigt wurde, war für deutsche Heifetz-Fans die einzige Chance, ihr Idol auch einmal in Aktion zu *sehen*. Seit 1933 trennten sich die Deutschen von ungezählten jüdischen Künstlern, und viele von ihnen trennten sich seitdem von Deutschland: Heifetz hat nie wieder für Deutsche in Deutschland musiziert.

Inzwischen hat er sich längst zurückgezogen in sein luxuriöses Haus in Kalifornien, nach Beendigung einer beispiellosen 75jährigen Künstlerkarriere. Das klingt schier unglaublich und ist doch wahr. Als dreijähriger Knirps, der in Wilna aufwuchs, machte er seine ersten Schritte auf dem Instrument, erspielte sich bereits mit sieben Jahren erste öffentliche Erfolge und war, was man zu Recht ein Wunderkind nennt. »Die Wunderkinderkrankheit«, hat Heifetz mit deutlich ironischem Unterton gesagt, »endet oft mit tödlichem Ausgang. Und es ist schieres Glück, daß ich überlebt habe. Doch ich hatte in dem berühmten Professor Leopold Auer einen großartigen Lehrer und wuchs zudem in einer Familie auf, die ganz instinktiv allerhöchste Ansprüche stellte, die guten Geschmack besaß und jede Mittelmäßigkeit verabscheute.« Dieses Kredo hat offensichtlich nicht nur das Wunderkind Heifetz geprägt, sondern Leben und Karriere des erwachsenen Künstlers ständig begleitet.

Später hat Heifetz behauptet, er hätte von Auer, dem legendären Pädagogen, der in Rußland neben dem jungen Jascha auch Mischa Elman,

Jascha Heifetz, um 1912

24

Efrem Zimbalist und Nathan Milstein unterrichtete, noch im hohen Alter 1918 in die Vereinigten Staaten übersiedelte und als 85jähriger 1930 in Deutschland starb, im Grunde nicht viel gelernt. Wie manche seiner berühmt gewordenen Kollegen kamen die besonders begabten Auer-Schüler sicherlich zu dem prominenten Petersburger Pädagogen schon als technisch fertige Geiger, die bei Auer das genossen, was wir heute mit »Meisterkursen« bezeichnen. Wir wissen freilich auch, daß der kleine Jascha auf seinem Curriculum neben dem Geigenunterricht Fächer wie Französisch und Deutsch, Geographie und Geschichte stehen hatte. Das Erlernen des Klavierspiels muß obligatorisch gewesen sein, denn Heifetz ist »nebenbei« auch ein versierter Pianist. Der weise alte Auer scheint sein pädagogisches Handwerk verstanden zu haben und übte noch in den zwanziger Jahren am Curtis Institute in Philadelphia seinen heilsamen Einfluß aus.

Mit zehn Jahren, 1911, gab der Knabe Heifetz in Berlin, mit den dortigen Philharmonikern unter Arthur Nikisch, sein Debüt und spielte das Tschaikowski-Konzert. Hinter ihm lagen bereits Podiumserfahrungen, deren einer Höhepunkt sicherlich das Auftreten vor angeblich 25 000 Menschen in Odessa gewesen sein muß. Auch das Berliner Debüt wurde stark beachtet. Keiner seiner damaligen Zuhörer kann es mehr bezeugen, höchstens Heifetz selbst; er ist der einzige »Überlebende« seines Ruhmes!

Im Oktober 1917 war es soweit: Der junge Heifetz, mit seiner Familie auf der Flucht vor den revolutionären Unruhen in seiner russischen Heimat – hatte über Sibirien und den Stillen Ozean die Vereinigten Staaten erreicht und begab sich, jeder Zoll ein selbstbewußt auftretender 16jähriger jüdischer Jüngling, auf das Podium der New Yorker Carnegie Hall und begann sein erstes amerikanisches Recital mit Vitalis Ciacona (und zwar mit Begleitung der dortigen Hausorgel), worauf ein bunter Strauß kleinerer und größerer Virtuosenstückchen folgte. Das Publikum und die Presse reagierten nahezu hysterisch, und manche sonst eher kühl abwägende Rezensenten verfaßten regelrechte Hymnen, wie man sie sonst nur in Anpreisungen von Künstleragenten findet.

Doch nun geschah das kleine Wunder, an dem wir glücklicherweise auch noch heute teilhaben können. Zwei Wochen nach seinem Debüt in der Carnegie Hall stand der als wahre Sensation empfundene junge Künstler bereits vor dem großen Schalltrichter im Studio der Victor Company und spielte – makellos und bravourös – ein Vier-Minuten-

Stückchen nach dem anderen ein (so viel Musik ging damals gerade auf die Wachsmatrize für eine Plattenseite): August Wilhelmjs Transkription von Schuberts Ave-Maria, den unverwüstlichen »Gnomenreigen« von Antonio Bazzini sowie viele weitere kleine Feuerwerks-Piecen.

Darunter befand sich auch Wieniawskis »Scherzo-Tarantelle«, ein Virtuosenstück, das inzwischen ganze Scharen von Geigern auf Schallplatten eingespielt haben, Heifetz selbst sogar dreimal in verschiedenen Perioden seines Lebens. Wenn man die frühe Aufnahme von 1917 hört, ohne sich von den technisch-akustischen Imperfektionen der damaligen Aufnahmemöglichkeiten irritieren zu lassen, erkennt man bereits das immense geigerische Talent, das vom Genialischen gestreift ist: schier unfehlbare Griff- und Bogentechnik sowie jene rücksichtslose, fast hypnotische Tongebung, die sich den brillanten Notentext völlig mühelos untertan macht, ohne ihn zu vergewaltigen. Spätere Aufnahmen desselben Stückes sind in der akustischen Wiedergabe wirklichkeitsgetreuer, klingen einfach besser; aber im Grunde sind sie nicht geeignet, jene spontane Interpretation von 1917 (bei der André Benoist am Flügel begleitet) prinzipiell zu verändern. Daraus hat man den ebenso naheliegenden wie falschen Vorwurf konstruiert, Heifetz habe keinen inneren Reifeprozeß durchgemacht. Weil ihm, wie Flesch in seinem Buch anmerkt, alles leicht, »als Geschenk des Himmels, mozartisch, in den Schoß« fiel, mußte er um seine technische Entwicklung, die mit ungefähr zwölf Jahren abgeschlossen gewesen sein wird, überhaupt nicht kämpfen. Das war ja bei diesem »Kind« das unglaubliche »Wunder«. Daß es dennoch Gefahren in sich barg, die technische Perfektion bisweilen sich selbst zu überlassen und gleichsam die permanente technische Bereitschaft nur zu kommandieren, ohne in gleichem Maße die innere Beteiligung zu mobilisieren, liegt auf der Hand.

In einer Kritik, die dem ersten New Yorker Auftritt folgte, hieß es: »Wir sahen einen jungen Gentleman, von fast aristokratischer Würde, ohne jeglichen Manierismus und ohne, wie üblich, hin und her zu schwanken wie ein angeketteter Elefant.« Über Nacht sozusagen machte das New Yorker Publikum Heifetz zu seinem Idol, und in jener Saison, die seinem aufsehenerregenden Debüt folgte, gab er allein in New York nicht weniger als 30 Konzertabende. Ist es da verwunderlich, daß die Anekdote zu berichten weiß, beim ersten Konzert in der Carnegie Hall habe auch Heifetz' damals 26jähriger, international längst gefeierter Geigerkollege Elman gemeinsam mit dem Pianisten Leopold Godowsky gesessen und sich beim Anhören des jungen Jascha zu seinem Nachbarn mit den Worten gebeugt: »Schrecklich heiß hier, nicht wahr?« Worauf Godowsky seelenruhig erwiderte: »Für Pianisten nicht.«

Wie hat das Wunderkind, dem im Gymnasiastenalter bereits die Musikwelt zweier Kontinente zu Füßen lag, diese Karriere verkraftet? »Ich habe eben ein paar Jahre warten müssen«, hat Heifetz, wiederum mit einem Anflug von Selbstironie, bekannt. »Dann erst konnte ich alle diese riskanten und angeblich gefährlichen Dinge tun, die man mir als Kind streng verboten hatte – Tennis und Golf spielen, schnelle Autos fahren, Tischtennis trainieren, auf die Jagd gehen, Segeln und dergleichen.«

Neben allen diesen herrlichen Dingen, die es nachzuholen galt, führte Heifetz bald das Dasein eines um den Erdball reisenden gefeierten Virtuosen: Schon 1921 finden wir ihn auf einer Australientournee, zwei Jahre später in Japan, wo er für die Opfer der dortigen Erdbebenkatastrophe spielt, natürlich auch in Europa, bis 1933 auch in Deutschland, wo er, wie erwähnt, jedenfalls für deutsche Hörer danach nie wieder musiziert hat. Im Berliner Titania-Palast hat er, erinnere ich mich, wohl im Winter 1949 einmal für amerikanische GIs gespielt, aber für Berliner Heifetz-Freunde gab es damals kein Hineinkommen.

Aus der New Yorker Frühzeit erinnert sich der greise Arthur Rubinstein in seinen Memoiren »Mein glückliches Leben«: »Nebenbei besuchte ich einige sehr interessante Konzerte, so das des achtzehnjährigen Jascha Heifetz, der ungeheuren Erfolg hatte. Sein schöner starker Ton entzückte mich ebenso wie seine perfekte Intonation und seine unvorstellbare Virtuosität, dies alles mit so überlegener Geste geboten, daß man den Eindruck gewann, er könne unmöglich weniger leisten. Sein Auftreten war allerdings von einer gewissen Kühle, und man zollte ihm zwar in den kommenden Jahren unweigerlich stärksten Beifall, doch warm wurde sein Publikum nicht mit ihm.« Rubinstein wurde es vielleicht auch im persönlichen Verkehr mit Heifetz nicht immer. Weiß er doch aus gemeinsamen Pariser Tagen (und Nächten) vorwurfsvoll zu berichten, daß Jascha ihn bei gemeinsam geplanten Halbwelt-Expeditionen bisweilen im Stich gelassen habe (was vielleicht verzeihlich ist). Beide haben jedoch Ende der dreißiger Jahre viel gemeinsam musiziert und Platten eingespielt: »Daß Jascha Heifetz, Emanuel Feuermann und ich am selben Ort wohnten, entging der Aufmerksamkeit von RCA Victor keineswegs. Wir ließen uns leicht dazu bestimmen, Aufnahmen des ›Erzherzog-Trios‹ von Beethoven, des herrlichen Es-Dur-Trios von Schubert und des Brahms-Trios in H-Dur zu machen. Mit Heifetz zu spielen, war immer ein Gewinn, er war unerreicht, der Ton von gleichbleibender Schönheit, die Technik makellos, die Intonation rein, doch in der Auffassung waren wir uns oft nicht einig... Nach den Aufnahmen verbrachten Heifetz, Feuermann und ich mit anderen Musikern noch wunderbare Tage und Nächte mit Kammermusik. Heifetz' Haus stand an einem benachbarten Strand, und hier bat ich meine Kollegen eines Abends, mir das so heißgeliebte Schubertquintett in C-Dur mit zwei Celli vorzuspielen... An jenem Abend im Haus von Heifetz scheint meine Auffassung die Künstler inspiriert zu haben. Heifetz, Primrose mit der Bratsche, Feuermann... spielten jedenfalls denkwürdig...«

Zwei der damals mit Rubinstein eingespielten Trios (von Beethoven und von Schubert in B-Dur) hat die RCA in der Reihe »Legendary Performers« wieder herausgebracht, nachdem andere »legendäre« Einspielungen längst auch auf dem deutschen Markt greifbar geworden waren: Mozarts Es-Dur-Divertimento und sein g-Moll-Streichquintett, Mendelssohns Oktett und sämtliche Beethovenschen Streichtrios (die allerdings erst in den fünfziger Jahren aufgenommen wurden) sowie Dvořáks f-Moll-Trio und sein A-Dur-Klavierquintett (mit den Pianisten Leonard Pennario beziehungsweise Jacob Lateiner). Der angebliche Nurvirtuose, der vermeintlich selbstherrlich auftrumpfende Solist und gewohnte Alleinbeherrscher des Podiums ist ein leidenschaftlicher Kammermusikspieler gewesen. Allen diesen Aufnahmen ist eines gemeinsam: überbordende Spontaneität, Verzicht auf jede nivellierende »harmonische« Übereinstimmung zugunsten einer fast explosiven Hinwendung zum individuellen Ausdruck jedes einzelnen Spielers – wohlgemerkt, keine Favorisierung solistischer Eskapaden, aber einzelner instrumentaler und künstlerischer Temperamente. Mozarts Divertimento beispielsweise, wahrlich kein zu selbstherrlicher Schaustellung einladendes Werk und eines der schwierigsten Kammermusikwerke überhaupt: hier spürt man, daß drei Individualisten (Heifetz, Primrose, Feuermann) am Werk sind, die sich nicht scheuen, ihr ganz spezielles instrumentales Können vernehmlich in den Dienst der gemeinsamen Sache zu stellen; gewiß werden ein paar Portamenti hörbar, die bei Puristen auf dem Geschmacksindex stehen; doch der Ernst, dieses Werk mit ganz bewußter Intensität zu deklamieren, es gewissermaßen von drei verschiedenen Klangebenen zu umgreifen und zu verdeutlichen, ist aufregend. Diese Musizierweise ist auch das Merkmal all jener Aufführungen und Aufnahmen, die Heifetz, nach dem frühen Tod Feuermanns, gemeinsam mit dem Cellisten Gregor Piatigorsky bestritt – auch er einer jener Hochbegabten, die während der zwanziger Jahre die Berliner Podien belebten, bevor wir Deutschen, von Hitler dazu verführt, sie aus unserem Land vertrieben. Mit ihm und Rubinstein bildete sich eine Kammermusikvereinigung, die wegen ihrer hochkarätigen Besetzung in Amerika das »Million-Dollar-Trio« genannt wurde.

Während der letzten aktiven Jahre hat Heifetz auch häufig mit Jacob Lateiner musiziert, einem temperamentvoll-sensiblen Künstler, der neben seiner solistischen Karriere an der New Yorker Juilliard School begabte Klavierspieler heranbildet. Lateiner, der noch immer freundschaftlichen Kontakt zu Heifetz unterhält, hat seine Erfahrungen mit dem Kammermusiker beschrieben:

»Ich habe Heifetz erstmals um das Jahr 1961 getroffen. Ihm schien mein Klavierspiel zu gefallen, und er fragte mich, ob ich nicht bei allen seinen gemeinsamen Konzerten mit Gregor Piatigorsky mitwirken wollte, was ich dann auch bis 1968 getan habe. Das betraf Konzerte und Plattenaufnahmen in San Francisco, Los Angeles und in der New Yorker Carnegie Hall. Der interpretatorische Standard, den er setzte, war enorm hoch. Mindestens eine, wenn nicht zwei Wochen lang haben wir jedes Stück, das wir spielen oder aufnehmen wollten, täglich von zehn bis eins und nochmals am Nachmittag mehrere Stunden lang probiert. Das gab uns eine eminent solide Grundlage, aus der heraus wir jede Freiheit und Spontaneität entfalten konnten. Keine unserer Plattenaufnahmen entstand, ohne daß wir das betreffende Werk nicht vorher mehrere Male öffentlich aufgeführt hatten. Wenn wir zu einer Aufnahmesitzung zusammenkamen, spielten wir uns niemals mit dem Beginn eines Werkes ein, sondern – etwa bei einem Sonatensatz – mit der Durchführung des Mittelteils, damit uns die notwendige Frische des Werkanfangs gewissermaßen für die eigentliche Aufnahme reserviert blieb. Wir nahmen stets möglichst lange Partien auf und hörten sie absichtlich immer nach einem zeitlichen Abstand, so daß unser Gehör nicht immerfort beeinflußt war von der Erinnerung an das, was wir gerade erst gespielt hatten. Wir hörten dann quasi wieder mit ›frischen‹ Ohren – nicht als Spieler, sondern als Zuhörer. Heifetz ist immer ein Verfechter des spontanen Musizierens gewesen, auch bei Aufnahmen. Im Finale des ersten Beethoven-Trios gelang ihm einmal eine der drei heiklen Dezimen nicht ganz richtig; aber er mochte die Stelle nicht durch einen Tonbandschnitt korrigieren und meinte: ›Die Leute haben ja zweimal gehört, daß ich es kann‹, und ließ es stehen.

Er hat immer sehr korrekt darauf geachtet, daß bei Kammermusik alle Beteiligten in derselben Weise in der Öffentlichkeit bekanntgemacht beziehungsweise plakatiert wurden. So hat er stets darauf bestanden, mich niemals als ›Begleiter‹, sondern als gleichberechtigten Partner zu behandeln. Das ging einmal so weit, daß er in einem New Yorker Konzert vor der Pause mit mir als ›Partner‹ die Kreutzersonate musizierte, den Rest des Programms jedoch mit seinem ständigen ›Begleiter‹. Im Ensemble hat er niemals eine dominierende Rolle spielen wollen, bei Klaviertrios, -quartetten und dergleichen habe ich immer mit weit geöffnetem Flügeldeckel gespielt. Er kannte sich damit genau aus, war übrigens selbst ein hervorragender Klavierspieler; die vierhändigen Mozart-Sonaten hat er selbst öfter gespielt. Einmal fragte er mich sogar nach bestimmten Fingersätzen in Brahms' Paganini-Variationen. Ich habe ihn sie niemals spielen gehört, aber beschäftigt hat er sich sehr wohl mit ihnen. Diese fast scheue Zurückhaltung gehörte mit zu seinem Charakter. Ich habe selten einen freundschaftlicheren, nobleren Menschen erlebt als ihn, und ich bin stolz darauf.«

Auf der erwähnten Platte mit dem ersten Beethoven-Klaviertrio ist die verunglückte Dezime denn auch deutlich vernehmbar; es wäre kein Fehler gewesen, er hätte sie korrigiert.

Das solistische Repertoire – denn vorerst ist, nicht absichtslos, eher der Kammermusiker Heifetz behandelt worden – aus den ersten zwei Jahrzehnten läßt sich aus seinen in diesen Jahren entstandenen Plattenaufnahmen ablesen; es sollten im Laufe seines Lebens viele Hunderte werden. Bestimmte Werke, sowohl kleine Debussy-Transkriptionen oder Gershwin-Bearbeitungen als auch die Sonate von Richard Strauss hat er drei-, ja viermal in verschiedenen Lebensabschnitten eingespielt. Das war fraglos auch bedingt durch die Entwicklung der Aufnahmetechnik von der ersten Wachsmatrize bis hin zur Langspielplatte, so daß wir wichtige große Konzerte (Beethoven, Brahms, Mozart) in verschiedenen Fassungen besitzen. Zunächst einmal galten die Einspielungen der Verewigung des Virtuosen, des perfekten Geigers, der schon in jenen Jahren (von der ersten bespielten Wachsmatrize 1917 an) perfekter gespielt hat als alle sein Zeitgenossen. Konzerte und Konzertstücke von Vieuxtemps und Wieniawski, Lalo und Sarasate, nicht zu reden von kleineren Verfassern oder Bearbeitern, belegen das immer wieder.

Unter den ersten vollständigen »klassischen« Konzerten, die Heifetz bereits in den frühen dreißiger Jahren auf die Platte brachte, figuriert Mozarts A-Dur-Konzert. Dieses Werk (wie auch das von Beethoven) hat sich im Laufe seiner Interpretationsgeschichte allerlei verschiedenartige Behandlung gefallen lassen müssen. Vom verzärtelten Rokokomeister bis zum revolutionären Dämon – alle möglichen und unmöglichen Entstellungen der Mozartschen Musik haben wir in verschiedenen Graden der Überzeugung oder Vollkommenheit vorgesetzt bekommen, und es hat niemals an strafenden Kommentaren gefehlt, wenn ein Geiger die bestehende instrumentale Qualität mit voller Sonorität (etwa David Oistrach) oder, im Fall Heifetz, mit jubelnder, fast aggressiver Vitalität vortrug. Heifetz befreite tatsächlich Mozarts Musik vom Zerrbild der permanent schmachtenden, sentimental unterminierten Spieldosen-Mentalität und setzte an ihre Stelle ein selbstherrlich triumphierendes Musikbewußtsein, wobei das Sentiment gar nicht ausgespart (ohne daß es sentimental zu klingen begann), doch das Strahlend-Triumphierende so überzeugend ausgespielt wurde, wie dies keiner vor ihm exerziert hatte, jedenfalls in der 1934 entstandenen Einspielung mit dem London Philharmonic Orchestra unter John Barbirolli.

Eine ähnlich neue, ja befreiende Interpretation erfuhr dann ein paar Jahre später das Violinkonzert von Beethoven. Der Komponist konnte zufrieden sein: Kein Geringerer als Arturo Toscanini mit dem NBC Symphony Orchestra widmete sich dem Werk – das Beste, was die Vereinigten Staaten während des zweiten Weltkriegs aufzubieten hatten. Diese legendäre Aufnahme ist nicht nur makellos in geigerischer Hinsicht, sondern auch von einer heiteren, geradezu eleganten Beschwingtheit, so ganz ohne jeden »titanischen« Anspruch und doch so temperamentgeladen im geigerischen wie im musikalischen Zugriff, daß es die Tradition der gelassen-virtuosen Einspielungen etwa von Josef Wolfsthal und Fritz Kreisler zu einem interpretatorischen Höhepunkt führt. Wir wissen, daß diese Auffassung lange Jahre danach stark in Verruf kam, daß Heifetz' Wiedergabe als oberflächlich, unernst, ja »undeutsch« (besonders »deutsch« war Heifetz ja tatsächlich nicht) denunziert wurde. Die tiefernste Tradition dieses Konzertes (etwa von Wolfgang Schneiderhan oder in jüngster Zeit von Anne-Sophie Mutter, die allein für den ersten Satz sieben Minuten länger benötigt als Kreisler, Heifetz oder Wolfsthal) hat im Grunde überhaupt keine Tradition, und anhand der instruktiven Tempountersuchungen des österreichisch-amerikanischen

Geigers Rudolf Kolisch hat man in den siebziger Jahren sogar eine sogenannte »Urfassung« des Violinkonzertes herausgebracht, was freilich nichts als Augenwischerei bedeutete; Leon Spierer geigte es rasch und tüchtig, jedoch keineswegs schneller als die genannten Großen der Zunft und vor allem nicht so perfekt. Heifetz' Aufnahme mit Toscanini mag weder besonders titanisch noch besonders teutonisch sein – herrlich biegsam, frei und verführerisch ist sie ganz bestimmt, und zwar in dieser Art noch überzeugender und gelungener als die spätere Aufnahme unter Charles Münch von 1955.

Unter den beiden Einspielungen, die Heifetz von Prokofjews zweitem Violinkonzert gemacht hat, ist ebenfalls der ersten aus den dreißiger Jahren der Vorzug zu geben; die zweite Aufnahme wurde zweifellos auch darum eingespielt, um die jeweils fortgeschrittenen aufnahmetechnischen Möglichkeiten (Langspielplatte, Stereo und anderes) auszuschöpfen. Beim Prokofjew-Konzert, das nach Heifetz' Interpretation durch die Repertoires vieler Geiger gewandert ist, erfährt die zweite Einspielung (unter Münch aus dem Jahr 1959) durch den beinahe 60jährigen sogar eine etwas zügigere Behandlung: weniger intensiv (sagen die einen), souveräner und gestraffter (sagen die anderen). Beide Male eine staunenswerte Beherrschung des geigerischen Apparates, vor allem die unverwechselbare, ungeduldig-fordernd wirkende Bogenführung, Intensität und beinahe herrschsüchtig klingende Deklamation (kein Geiger der Welt artikuliert das Seitenthema des Kopfsatzes dermaßen hypnotisierend); der musikalische Ausdruck erzwingt sich geradezu sein Recht und droht den Hörer zu vergewaltigen. Das trifft vor allem auf die erste Aufnahme mit dem Boston Symphony Orchestra unter Serge Koussevitzky zu.

Brahms' Violinkonzert hat Heifetz ebenfalls zweimal »offiziell« eingespielt – von ungezählten Raubmitschnitten oder -pressungen ganz zu schweigen. Die zweite Aufnahme mit dem Chicago Symphony Orchestra unter Fritz Reiner ist jüngst wieder erschienen, also jedermann zugänglich – höchst achtbar, sehr perfekt und mit der schon traditionellen Souveränität gespielt. Heifetz war damals Mitte Fünfzig, und der Altersunterschied zur ersten Einspielung aus dem Jahr 1939 wird beim Vergleich der beiden Platten überaus deutlich. Mit 38 Lebensjahren verfügte Heifetz über einen Geigenton, der von anderer Qualität war, wärmer, unmittelbarer, süßer (wenn man das gelten lassen will), auf jeden Fall sensualistischer, verführerischer. Mit Ende Dreißig war der Künstler physiologisch auf der Höhe seiner interpretatorischen Kraft. Die Bogenhand produzierte den Ton auf sinnlichere Weise, das sängerische Element dominierte.

In diesen Jahren des physischen Höhepunktes seiner Geigerkarriere entstanden viele bedeutende Plattenaufnahmen wichtiger Werke – außer den drei erwähnten Konzerten unter anderem das Doppelkonzert von Brahms, das Tschaikowski-, das Glasunow- und das Sibelius-Konzert. Eine dieser letzten von Heifetz' besonderem »sensualistischen« Sound geprägten Aufnahmen ist die der Kreutzersonate mit dem Pianisten Benno Moiseiwitsch aus dem Jahr 1951. Es verdient angemerkt zu werden, daß Heifetz, wenn es sich um besonders gewichtige Kammermusikwerke mit hohem pianistischen Anspruch handelte, nicht seine bewährten »Begleiter« heranzog, etwa Emmanuel Bay oder Brooks Smith, sondern künstlerisch selbständige Künstler wie Rubinstein, Pennario und Lateiner oder bei Brahms' d-Moll-Sonate den früh, 1953, verunglückten Pianisten William Kapell oder Moiseiwitsch. Diese bewußte Trennung mag ihre psychologische Problematik besitzen, doch haben wir ihr eine Reihe von unvergleichlichen Plattenaufnahmen zu danken, die durch das Zusammenwirken zweier (oder mehrerer) selbständiger musikalischer Temperamente besonders aufregend geraten sind. (Isaac Stern beispielsweise hat während dreißig Jahren seiner Geigerkarriere fast ausschließlich mit seinem Freund, dem Pianisten Alexander Zakin, musiziert und Platten gemacht. Zakin hat sich wegen seines hohen Alters nun zurückgezogen.)

Beethovens Kreutzersonate hat seit jeher die Geiger und Pianisten gleichermaßen angezogen; ungezählt sind die Plattenaufnahmen – Kreisler, Busch und Menuhin, Huberman (eine ganz berühmt gewordene), Oistrach, Stern, Perlman und so weiter, und die beteiligten Pianisten wie Rudolf Serkin und Lew Oborin, Vladimir Ashkenazy und Wilhelm Kempff sind in der Regel ebenfalls Garanten außergewöhnlich qualitätvollen Musizierens. Heifetz und Moiseiwitsch kehren, wer hätte das nicht erwartet, das virtuose Element heraus, wie der Beethovensche Untertitel »scritta in uno stile molto concertante, quasi come d'un concerto« suggeriert. Die beiden Interpreten balancieren im Tempo an jener Grenze, die das vermeintlich Unspielbare streift, mitreißend und natürlich perfekt auf ihre Art. Innigkeit evoziert der Kopfsatz gewiß nicht, eher Sprachlosigkeit. Immerhin: Presto alla breve ist so ziemlich die schnellste Gangart, die Beethoven vorschreiben konnte. Die Heifetz-

33

Aufnahme zeigt denn auch ein Stück vorwärtsstürmender, dramatischer Musik. Bewundernswert oder anfechtbar? Jede in sich stimmige Interpretation fordert ihr Recht auf Richtigkeit. Aus dem Variationssatz machen Heifetz und Moiseiwitsch teilweise ein funkelndes Geigenfeuerwerk (zweite Variation), im Minore ein veritables »gesungenes« kleines Drama: Das ist ziemlich aufregend – vor allem wenn man dagegen andere Interpreten hört. Ich meine jene Steigerungsfigur nach dem Doppelstrich, die in mehreren Anläufen sich nach C-Dur aufschwingt, dort mit mehreren Akzentuierungen zu verweilen scheint und dann durch Verwandlung des D nach Des in die f-Moll-Region zurückfindet. Beethovens kompositorischer Witz besteht darin, den *Höhe*punkt der melodischen Entwicklung durch eine um einen Halbton *erniedrigte* Note zu erreichen, was viele Interpreten nicht bemerken oder nicht wahrhaben mögen. Heifetz und Moiseiwitsch schlagen in dieser Mollvariation kein langsam-larmoyantes, sondern ein leidenschaftlich bewegtes Tempo an,

Beispiel 1
Aus: Beethoven, Violinsonate A-Dur Nr. 9 »Kreutzersonate« op. 47, 2. Satz

Das Minore spielen Jascha Heifetz und Benno Moiseiwitsch, im Gegensatz zu vielen notengetreu musizierenden Kollegen, ganz frei und rhetorisch; im zweiten Teil nehmen sie die Sforzati wörtlich, wodurch die Taktschwerpunkte bewußt gestört werden. Gedehnter Höhepunkt wird, wie es Beethovens Crescendovorschrift bestimmt, das hohe »des« der Violine. Heifetz deklamiert wie ein Sänger!

nehmen die Einleitungsfloskeln sehr frei, fangen das Grundtempo jedoch immer wieder exakt auf. Welche Deklamation aber, welches Sprechen auf der Geige, welch eine Steigerung an jener eben beschriebenen Stelle! In einem mächtigen gemeinsamen Aufschwung zielen beide Musiker unbeirrbar auf jenes Höhepunkt-Des hin, ruhen – wie es kein Sänger anders täte – auf jener Des-Achtelnote jubelnd aus und kehren dann erst, fast zögernd, in die Mollregion zurück, nicht ohne die folgenden Synkopen, die Beethoven mit fp, »espressivo« und »crescendo« ausstattet, mit kräftigen Seufzern versehen zu haben. Eine leidenschaftlich aufgebaute Rede, eine Arie, die gewissermaßen »zufällig« auf der Geige gesungen wird. Genau austarierte agogische Freiheiten, sängerisches Pathos in der richtigen Dosierung – ein kleines Meisterwerk innerhalb einer hochvirtuosen Wiedergabe. Das Finale, durch seine Tonrepetitionen eher für den Pianisten ein Husarenritt, absolvieren die beiden dann mit Wiederholung der Exposition in weniger als siebeneinhalb Minuten. Beethoven in »Bestzeit«.

Neben den wichtigen Konzert- und Kammermusikeinspielungen entstanden freilich auch immer wieder jene ungezählten kleinen Stückchen, Transkriptionen (von Gershwin gleich ein ganzes Dutzend) und Zuckerplätzchen, die bei Geigenabenden den meisten Applaus und als Platten die höchsten Einnahmen brachten. Der zweite Weltkrieg mobilisierte in den Vereinigten Staaten nach 1941 nicht nur die militärischen Kräfte, sondern motivierte auch viele Künstler, sich in den Dienst der kulturellen Betreuung der amerikanischen Soldaten zu stellen. Geiger wie Menuhin und Heifetz sind Hunderttausende von Kilometern durch die ganze Welt geflogen – oft unter absonderlichen und keineswegs sehr kommoden Umständen –, um durch ihr Spiel den Soldaten der Alliierten Freude oder zumindest Zerstreuung zu bringen.

Dieser Krieg hätte übrigens beinahe ein musikalisches Projekt zunichte gemacht, als nämlich der britische Komponist William Walton für Heifetz ein Violinkonzert komponierte und die noch tintenfeuchte Partitur und die von Heifetz genau bezeichneten Stimmen den von deutschen U-Booten verseuchten Atlantik überqueren mußten. Das Walton-Konzert steht durchaus in der spätromantischen Tradition (ein wenig »fortschrittlicher« als das Elgar-Konzert ist es wohl, aber nicht ganz so populär) und konnte erst nach dem Krieg seine englische Premiere erleben. Lag es vor allem an der unbeschreiblich faszinierenden geigerischen Brillanz, mit der es Heifetz jahrelang aufführte (er hatte eine Zeitlang die Alleinrechte), daß neben ihm nur wenige Geiger das Werk in ihr Repertoire aufnahmen? In Deutschland ist es selten zu hören. Die Heifetz-Platte dieses Werkes stammt von der Uraufführung in Cincinnati unter Eugene Goossens: wieder ein grandioses Beispiel der immensen zusammenfassenden interpretatorischen Kraft des geigenden Solisten, der über einen großen symphonisch ausgeweiteten Orchesterapparat mühelos zu dominieren versteht. Durchdringender geigerischer Schmelz in den lyrischen Partien und atemraubende Brillanz in den Solopassagen haben das Walton-Konzert von Anfang an am Heifetzschen Standard messen lassen.

Wenn wir in der imponierend langen Liste von Heifetz' Schallplatteneinspielungen blättern, fällt zweierlei auf: Zum einen, daß dieser große Künstler sein Talent oft in den Dienst kleinerer, von der Musik- oder Interpretationsgeschichte rasch übergangener Meister gestellt hat. Wir finden umfängliche Plattenstöße von oft ebenso umfänglichen Geigenkonzerten von Anton Arenski, dem russischen Spätromantiker; wir entdecken Werke des jüdischen, lange Zeit in den Vereinigten Staaten lebenden Komponisten Ernest Bloch; wir bemerken ein Konzert von dem in New York schaffenden Florentiner Musiker Mario Castelnuovo-Tedesco; ferner Einspielungen der Konzerte von Julius Conus, Louis Gruenberg und Karl Goldmark und manchen anderen Tondichtern. Selbst die vielleicht nicht als Meisterwerk einzustufende Sonate von Richard Strauss hat Heifetz offenbar sehr geschätzt und mehrmals auf Schallplatten eingespielt. Er annoncierte sie sogar (was sich als Wagnis herausstellen sollte) Anfang der fünfziger Jahre für eine geplante Israeltournee, aber die Tatsache, daß Strauss dort nach wie vor Persona non grata ist, nahm ein fanatischer Israeli so wörtlich, daß er Heifetz tätlich angriff.

Zum andern mag es verblüffen, daß – abgesehen von ein paar Transkriptionen und vereinzelt aufgeführten Capricen – Heifetz seinem großen Kollegen aus dem 19. Jahrhundert, Niccolò Paganini, eher aus dem Weg gegangen ist (ganze zyklische Aufführungen oder Einspielungen kamen erst wieder mit Ruggiero Ricci, später mit Itzhak Perlman und Shlomo Mintz, kürzlich auch mit dem jungen Deutschen Frank Peter Zimmermann und anderen auf). Und was Heifetz' Verhältnis zur Musik des 20. Jahrhunderts anbelangt, wobei nicht die zeitgenössische, sondern die sogenannte Neue Musik gemeint ist, so fehlen in seinem Repertoire wichtige Standardwerke vollständig: die Konzerte von Igor Strawinsky und Béla Bartók beispielsweise (von Alban Bergs Konzert ganz zu schweigen), aber auch die in Ost und West vielgespielten Konzerte von Aram Chatschaturjan und Dmitri Schostakowitsch, von Benjamin Britten und Paul Hindemith. Von Hindemith soll Heifetz allerdings ein einziges Mal ein Stück gespielt haben, und zwar die frühe Sonate in D op. 11,2 am 14. Oktober 1936 – vielleicht um herauszufinden, ob es, wie er sich einmal äußerte, »neue Geigenmusik gibt, die auch etwas taugt«.

Ein Werk der (inzwischen klassischen) Moderne macht die Ausnahme: das g-Moll-Konzert von Sergei Prokofjew, das er zweimal auf Platten und viele Male öffentlich gespielt hat. Wie bei den beiden Brahms-Einspielungen ist die zweite rascher, fast ungeduldig, auf etwas spröde

Beispiel 2
Aus: Prokofjew, Violinkonzert g-Moll Nr. 2 op. 63, 1. Satz

Seitenthema und Überleitungspassagen dieses Satzes sind für Heifetz' Kunst paradigmatisch: Rückhaltloser Einsatz von Portamenti und Endglissandi zur Verschmelzung weit auseinanderliegender Tonhöhen resultieren in einer geplant-wirksam schmachtenden Deklamation. Gnadenlos akkurat dagegen erklingen die folgenden Sechzehntel, die Triolen und Zweiunddreißigstel im Tempo.

Art glitzernd und geraffter. Die erste aus den dreißiger Jahren ist dagegen sinnlicher, ausgespielter, dem puren Klang vertrauend. Instrumental-geigerisch vollendet sind sie beide, doch die Vorstellung vom Ton (oder vielmehr die physische Disposition, ihn zu produzieren) wandelte sich mit den Lebensjahren, und es ist eigentümlich, daß dieses Phänomen sogar bei Aufnahmen bemerkbar ist, deren technisch-akustische Voraussetzungen weniger perfekt waren als bei der neueren Einspielung. Der englische Musikkritiker Ernest Newman nannte die Heifetz-Interpretation gerade dieses Konzerts von Prokofjew »umwerfend sentimental, ohne daß sie im mindesten abgeschmackt klingt«.

Die Antwort auf die naheliegende Frage, was denn eigentlich die Größe, die unverwechselbare Könnerschaft, die bewunderte Interpretationskunst dieses Geigers ausmacht, dessen makelloses Spiel unser gesamtes Jahrhundert so unangefochten geprägt hat wie die keines anderen Geigers, ist gar nicht so einfach. Denn sonderbar, noch immer (vielleicht in den vergangenen Jahren etwas seltener) prallen die divergierenden Urteile der vermeintlichen Kenner aufeinander: hier Heifetz, der brillante, der »kühle«, der »unnahbare«, der »seelenlose« Nurtechniker; dort der andere Heifetz, der sentimentale Meister der Portamenti und Endglissandi. Und Heifetz, der engagierte Kammermusiker? Der angebliche Nurvirtuose, der dennoch immer wieder viel Zeit fand oder investierte, um ganze Serien von Kammermusikwerken aufzuführen und auf Platten einzuspielen? In dessen gastfreiem Hause man ganze Abende verbringen konnte, um im Freundeskreis zu musizieren? Keines der Schlagworte will so recht passen, am wenigsten das törichte Verdikt vom modern-glatten Geiger, der sich seiner amerikanischen Wahlheimat »angeglichen« hätte. Wollte man solche Trugschlüsse ernst nehmen, landete man bald in der Sackgasse – wenn man etwa an Isaac Stern, den geborenen Amerikaner, und seine völlig anders geartete Interpretationskunst denkt, oder etwa an den jungen Menuhin – in den Vereinigten Staaten aufgewachsen und dort ausgebildet –, der die Alte Welt zu Tränen rührte. Im ubrigen: der 17jährige, kaum in New York gelandet, hatte längst seinen spezifischen Heifetz-Stil gefunden und hat ihn nicht etwa aus Amerika bezogen, sondern ihn höchstens dorthin »exportiert«. Daß er dort auf fruchtbaren, will sagen willkommenen Boden fiel, steht außer Frage. Joseph Szigeti, der »Denker« unter den großen Geigern der Epoche, hat zu Recht bemerkt, daß manche Geigerheroen, die nach dem ersten Weltkrieg wieder in den Vereinigten Staaten Fuß zu fassen hofften, keinen

Jascha Heifetz, Berlin, 4. Januar 1933

Erfolg mehr hatten – er nennt Henri Marteau, Felix Berber, Willy Burmester und Jan Kubelík –, weil sich inzwischen ein anderes Schönheitsideal im Geigenspiel geformt hätte.

Heifetz' geigerische Vormachtstellung, seine interpretatorische Potenz nicht nur bei den aufs technische Moment gerichteten Werken wie Lalo, Saint-Saëns, Wieniawski und so weiter, sondern auch bei dem großen klassisch-romantischen Konzertrepertoire, ist unbestritten (persönliche Geschmacksfragen einmal beiseite gelassen). Im Jahr 1917 war es bereits evident geworden (und das ist noch heute zu konstatieren), daß dieser Instrumentalist brillanter, kühner, unfehlbarer, makelloser, souveräner seine Geige zu handhaben wußte als Meister wie Huberman, Kreisler, Thibaud oder Elman. Das ist ein staunenswertes, gewissermaßen beweisbares Phänomen. Es sagt noch wenig aus über den musikalischen Extrakt – jenen Ertrag, der in seinem Wert durchaus mit der Elle der persönlichen Vorliebe oder Antipathie zu messen ist; jene Summe musikalischer Ausdrucksfähigkeit, die so mancher Kritiker dem vermeintlich kühlen, angeblich glatten, das technische Moment überschätzenden Künstler nur zögernd zuzubilligen bereit ist. Die intensive Bekanntschaft mit der Interpretation der großen Konzerte mag ein Urteil erleichtern: Heifetz macht aus seinem Ton, dem so persönlich gefärbten Timbre, keinen Fetisch; die klassischen Werke spielt er mit zurückhaltender Noblesse, die romantischen mit auftrumpfendem Pathos, die ungezählten kleinen Glitzer- und Schmachtstückchen mit überredendem Charme und kalkuliertem Raffinement – unterschiedlich und in genau abgeschmeckter Dosierung, auch wenn seine »Stimme«, die vom Bogen jeweils erreichte, ja erzwungene Deklamationskunst, erkennbar bleibt. Musikalische »Glätte«? Nichts von alledem. Wer Heifetz je im Konzertsaal gehört hat, der mochte in Gestus und Auftreten ein gewisses Maß an Zurückhaltung, an scheinbarem Unbeteiligtsein registrieren – freilich rein optisch. Doch bedarf es bei einem musikalischen Interpreten der sichtbaren Erregung, gewissermaßen die optische Zuwaage zum akustischen Angebot?

Der weise englische Dirigent Thomas Beecham, der viel mit Heifetz musiziert und mit ihm Plattenaufnahmen gemacht hat, äußerte sich voller Staunen über ihn und zugleich höchst anerkennend: »Heifetz ist ein rätselhafter Bursche«, sagte er. »Wenn man in der Probe etwas abgemacht hat, kann man sicher sein, daß er bei der Aufführung sich auch tatsächlich daran hält. Die meisten anderen scheren sich, wenn sie plötzlich vor dem Publikum stehen, keinen Deut darum. Und was noch mehr verblüfft: Bei Aufnahmen bleibt er genau dort stehen, wohin die Tontechniker ihn postiert haben. Das tun nach meiner Erfahrung die allerwenigsten.«

In seinem Buch »Zauber der Geige« übermittelt Joseph Wechsberg die höchst einleuchtenden Bemerkungen des jahrelang als Aufnahmeleiter bei der Plattenfirma RCA tätig gewesenen Charles O'Connell, der in seinem Buch »The Other Side of the Record« schreibt: »Über die persönliche und künstlerische Integrität von Jascha Heifetz, die im Musikbetrieb geradezu einzigartig ist, brauche ich nichts zu sagen. Er ist aber auch in allem anderen sorgfältig, genau, gewissenhaft und anständig... Heifetz kühl? Wenn man damit meint, daß jede Bewegung des Bogens, des Arms, des Handgelenks und der Finger absolut beherrscht und aufs genaueste berechnet ist; wenn man damit meint, daß er sich nie seinen Gefühlen überläßt; wenn man damit sagen will, er habe eine objektive Auffassung von Musik, er nähere sich der Musik mit Verstand und einer ungewöhnlich kraftvollen und zielstrebigen Intuition; wenn man alles das mit ›kühl‹ meint, dann, ja dann ist Heifetz ein kühler Musiker... Ich kenne keinen Künstler, der es sich leisten könnte, sich seinen Gefühlen zu überlassen, und ich kenne auch keinen Musiker, der das tut. Eine solche Hingabe ist Luxus, den das Publikum sich leisten kann, das dafür ja bezahlt hat. Der Künstler muß an anderes denken. Emotion ist gewiß eine Motivation für Kunstausübung, doch Emotion als solche ist Natur, nicht Kunst... Man sieht vielleicht ein ausdrucksloses, fast orientalisches Gesicht, doch scheint mir, als komme dieser Ausdruck, oder Mangel an Ausdruck, darum zustande, weil bei Heifetz auch das letzte bißchen Konzentration, alle Nerven- und Muskelkraft, die Koordination von Denken, Herz und Hand so restlos in sein Spiel eingehen, daß sogar ein Lächeln oder Stirnrunzeln dabei stören würde.«

Ob bei den intensiven Vorbereitungen für die Wiedergabe eines Kammermusikstückes oder den Proben für eine Plattenaufnahme, der Perfektionist Heifetz präpariert sich nach folgender selbstformulierter Kräftegleichung: »Ein Künstler, der in der Öffentlichkeit auftritt, muß 130 Prozent in sich haben, wenn er für sich daheim übt. Spielt er auf dem Podium (oder vor dem Mikrophon), verliert er bereits 30 Prozent an die Temperatur im Saal oder Studio, an die Akustik, an die Lethargie, die vielleicht das Publikum ausstrahlt, und natürlich auch durch anfängliche Nervosität. Hat er das alles überwunden, muß er immer noch 100 Prozent Leistung bieten. Würde er von Anfang an nur mit 100 Prozent beginnen, hätte er nur 70 Prozent oder gar weniger zur Verfügung, und das ist zuwenig...«

Alte Kollegen von Bronisław Huberman kolportierten, Huberman hätte zu Hause bisweilen in einem überheizten Zimmer und einem zwei Nummern zu kleinen Frack geübt; das ist möglicherweise, wenn man Heifetz' Kräfterechnung kennt, gar nicht ausgeschlossen.

David Oistrach hat bei Heifetz von der »Makellosigkeit und Vollendung seines Violinspiels« gesprochen und daß sie »eine geradezu hypnotische Wirkung ausstrahlte«. Es ist möglich, daß jene Mühelosigkeit seines Spiels diese verblüffende Wirkung hervorruft. Besonders heikle Passagen in bekannten Konzerten – zum Beispiel die Flageolettstelle im Tschaikowski-Finale, die Terzenläufe im letzten Sibelius-Satz, die behenden Skalen im Mendelssohn-Finale, im Prokofjew-Konzert oder im d-Moll-Konzert von Wieniawski, aber auch die Oktaven im Beethovenschen Kopfsatz – spielt Heifetz völlig souverän, ohne jedes Stocken im Tempo, und erweckt damit den Eindruck des Darüberhinspielens, während weniger perfekte Violinisten bei ihnen ein wenig ins Zögern geraten, langsamer werden oder gar ins Schwitzen kommen. Derlei geigentechnische Hürden existieren für ihn offenbar gar nicht, und so entsteht der Eindruck einer Unbekümmertheit, die im Grunde nichts weiter ist als die notengetreue Vollstreckung des vom Komponisten vorgeschriebenen Notentextes. Er absolviert derlei mit einer Selbstverständlichkeit, die als interpretatorische »Glätte« denunziert wird, während tapfere, doch weniger talentierte Geiger sie zu einer künstlichen, weil technisch bedingten Bedeutung ausufern lassen, die als »Interpretation« gewertet wird, obwohl sie in der Partitur gar nicht vorgesehen ist. Wer Heifetz bei einer solchen vermeintlichen Glätte ertappt, möge sich genau überlegen, ob sein Ohr nicht durch technisch imperfektere Wiedergaben irregeleitet gewesen ist.

Es wäre eine lohnende (wenn auch vielleicht deprimierende) Aufgabe, Interpretationen daraufhin zu untersuchen, ob allein durch technische Hürden und deren oft nur schwerfällige Bewältigung musikalische Werke entstellt worden sind, ohne daß dies interpretatorisch berechtigt wäre. Ein typisches Beispiel – wenn auch nicht unbedingt aus Gründen spieltechnischer Schwierigkeiten – ist die As-Dur-Episode im Kopfsatz des Beethoven-Konzerts, der sogar in prominenten Wiedergaben in ein meltauähnliches Andante verschleppt wird, das man in den Noten vergebens sucht. Aber das mag vielleicht besonders tiefsinnig oder »deutsch« klingen.

Der Vorwurf, den besonderen metaphysischen Tiefgang vermissen zu lassen, mußte sich jahrelang Heifetz' Bach-Spiel gefallen lassen; ja, seriös aufgezäumte Anklageschriften haben ihm vorgeworfen, er musiziere »zigeunerhaft«, was freilich aus keiner seiner Bach-Platten herauszulesen ist. Jahrelang sind uns vielmehr möglichst imperfekte Wiedergaben von Bachs Solosonaten als perfekter Tiefsinn verkauft worden, und wer – wie jüngst Gidon Kremer oder Dmitry Sitkovetsky – alle spieltechnischen Hürden ohne besonders deutsch-mühsam-stockende Technik absolvier-

Jascha Heifetz und Gregor Piatigorsky

te, wurde des musikalischen Amerikanismus oder Schlimmeren geziehen. Auch bei Heifetz' Bach-Aufnahmen aus verschiedenen Lebensphasen: die von 1935 klingen gegenüber denen von 1952 spürbar natürlicher, weicher im Bogenansatz. Bei beiden ist neben der geigerischen Perfektion genau dosierte, intensive Bogengebung zu konstatieren, dazu ein künstlerischer Ernst, der manchem anderen Geiger wohl anstände, selbst wenn er nicht so herrlich Geige spielen kann wie Heifetz.

Im Laufe seines langen Künstlerlebens hat Heifetz zahlreiche Mitstreiter gehabt; vor allem seine ständigen Begleiter, die »Flügelmänner« Emmanuel Bay und Brooks Smith, gehören dazu, alle beide versierte Künstler, die –

auch wenn sie ihr Leben lang im künstlerischen Schatten des großen Solisten standen – niemals das waren, was man einen Klavierdackel heißt. Sie gingen mit dem Meister auf weltweite Tourneen und haben nicht nur an seinem Ruhm partizipiert, sondern gewiß auch ihren Teil dazu beigetragen. Außer auf die erlauchten Pianisten bei Kammermusikaufnahmen (sie wurden schon erwähnt) muß man auf die Elite der Dirigenten hinweisen, mit denen Heifetz immer wieder konzertiert und vor allem seine Platten eingespielt hat: von Nikisch im Jahr 1912 bis Toscanini, von Koussevitzky über Beecham und Barbirolli bis zu William Steinberg und Fritz Reiner, von Malcolm Sargent zu Eugene Ormandy und Izler Solomon und Alfred Wallenstein. Mit keinem anderen Musiker aber hat Heifetz so lange Jahre musiziert, Platten aufgenommen, Filme gemacht und Poker gespielt wie mit seinem nur wenige Jahre jüngeren Landsmann, dem Cellisten Gregor Piatigorsky. Sie waren jahrelang eng befreundet, wie überhaupt alle Musiker, die mit Heifetz zusammentrafen, einhellig verkünden, Jascha sei ein äußerst sympathischer Zeitgenosse (nur Rubinstein hat da seine selbstbewußten Reserven), mit dem man nicht nur Musik machen könne, sondern auch fischen gehen oder gut dinieren. Seine Kinder aus zwei Ehen haben ihn bisweilen kritischer gesehen, aber »zerstritten mit der Welt und verschanzt hinter elektrischen Zäunen« ist ein Bild vom Dasein des alten Künstlers, welches verzerrt. Viele prächtige Villen sind von einem bewachten Zaun umgeben, ohne daß ihre Bewohner als Misanthropen gelten müssen.

Piatigorskys freundschaftliche Verbindung zu Heifetz scheint ungetrübt bis zum Tode des baumlangen, sehr humorvollen Cellisten bestanden zu haben; auch Wechsberg berichtet, selten nehme Heifetz eine Mahlzeit allein ein, und er habe ungezählte Freunde: »Seine herzliche, warme Gastfreundschaft ist grenzenlos.« Der Dirigent Leonard Slatkin, der seit einigen Jahren das erfolgreiche Symphonieorchester von Saint Louis leitet, kennt Heifetz von seiner Jugend an, als seine Eltern, Mitglieder des einst bekannten Hollywood String Quartet, mit Heifetz musizierten. Er besuchte auch eines jener Konzerte in New York, die Heifetz gemeinsam mit Piatigorsky und Lateiner veranstaltete, und berichtet von folgender Episode: »Als ich 1966 in New York studierte, gab Heifetz nach langer Zeit, seit wohl fast 20 Jahren, erstmals wieder eine ganze Reihe von vier Konzerten; Piatigorsky und Heifetz gaben jeder einen Soloabend, dann folgte ein Kammermusikabend und zum Schluß ein Orchesterkonzert mit Solowerken. Piatigorsky spielte ein Haydn-Divertimento, Heifetz das selten zu hörende Konzert von Conus, beide dann das Doppelkonzert von Brahms. Ich erinnere mich, daß sie auch einen Dirigenten hatten; aber Heifetz war, wie üblich, nicht zufrieden mit ihm. Also wurde er fortgeschickt, und Heifetz leitete das gesamte Konzert – nicht nur den Brahms, sondern auch das Conus-Konzert, das die Musiker gar nicht gut kannten. Heifetz dirigierte mit seiner Geige, und es war grandios . . .« Und er fügte spontan hinzu: »Jetzt ist es wahrlich an der Zeit, daß die Menschen nicht vergessen, wer Heifetz war, was er geleistet hat und wieviel er uns hinterlassen; wir haben ja großes Glück (wenn wir doch so viele Platten von Kreisler hätten!). Heifetz war wirklich einzigartig, und es gibt heute keinen, der ihm gleicht.«

Jeder Geiger von Format hat sich neben den ernsten Klassikern eine Nische in seinem Musikerherzen für die funkelnden Feuerwerkstückchen reserviert. Bei Heifetz ist dieses Reservat geräumig, einladend und ausstaffiert mit allen Schikanen seiner geigerischen Meisterschaft. Die großen Werke und kleinen Stücke der Sarasate, Vieuxtemps, Wieniawski oder Saint-Saëns haben in Heifetz' Karriere und Plattengeschäft eine wichtige Rolle gespielt und natürlich auch die zahllosen Bearbeitungen, in denen man die besonderen Möglichkeiten des Instruments immer von neuem explorierte, ohne daß auf besondere historische Treue streng geachtet wurde: Claude Debussy und Edvard Grieg, George Gershwin, Antonín Dvořák und Kollegen haben es den Transkribenten und ihren Interpreten inzwischen sicherlich verziehen. Gewiß auch Georg Friedrich Händel, dessen Passacaglia aus der siebten Cembalosuite sich gleich mehrere Bearbeitungen gefallen lassen mußte. Der Norweger Johan Halvorsen arrangierte diesen Satz für verschiedene Streichinstrument-Kombinationen – Beispiele, die seit Alexandr Siloti, Ferruccio Busoni und Leopold Stokowski in ähnlich freier Transkription populär geworden sind: rauschende, rückhaltlose Selbstdarstellung der instrumentalen Brillanz, pompöse Klangvorstellung und jeglicher Verzicht auf eine wie auch immer geartete historische »Treue«. Den musikologischen Puristen sträuben sich dabei sämtliche Haare, wenn sie die berühmt gewordene Aufnahme mit Heifetz und Piatigorsky hören; dennoch: sie ist ein überzeugendes Dokument der ungebremsten Musizierlust zweier der ernsthaftesten Musiker unseres Jahrhunderts. Heifetz selbst hat diese beiden Seiten des Virtuosen recht plastisch zusammengefaßt: »Es gehören dazu die Nerven eines Stierkämpfers – und die Konzentration eines buddhistischen Mönches.«

Der Klangzauberer

Fritz Kreisler

Unter den herausragenden Geigern des 20. Jahrhunderts ist Fritz Kreisler zweifellos derjenige, dessen Ruf am allermeisten von der Legende lebt. Unzählig sind Äußerungen von Musikliebhabern, auch von Kollegen aus der Geigerwelt, die für Kreisler die höchsten Töne der Bewunderung, ja des Entzückens gefunden haben. Während der Jahre zwischen 1910 und 1930 etwa galt er als so etwas wie der »König der Geiger« seiner Zeit, und Carl Flesch, den eine jahrzehntelange Freundschaft mit Kreisler verband, konnte sich nicht enthalten, der Nachwelt zu überliefern, daß Kreisler während ungefähr zehn Jahren (von 1920 bis 1930) »unter allen Künstlern die bedeutendsten Einkünfte hatte. Es wird behauptet, daß allein seine Grammophontantiemen damals bis zu 175 000 Dollar jährlich stiegen, während sein Gesamteinkommen ungefähr dreimal soviel betragen haben soll«.

Flesch hat diesem mit einem gewissen Neid gemachten Hinweis auf Kreislers Erfolg sogleich eine geigentechnische Analyse folgen lassen. Das nuancenreiche, auf beglückende Weise eigenwillige Spiel führte er auf Kreislers Bogenbehandlung zurück: Als einer der ersten Geiger nahm er nicht die volle Länge des Bogens in Gebrauch, sondern war auch auf kürzeren Strecken eines emphatischen Ausdrucks fähig. Kreisler selbst ging noch etwas weiter mit der prosaischen Erklärung, sein etwas zu kurz geratener Arm verhindere, die äußerste Spitze des Bogens zu benutzen, während ihn am unteren Bogenende immer eine gewisse Platzangst überkomme, eine der Geigenecken zu beschädigen. Wenn man Flesch Glauben schenken kann, dann hat man anfangs Kreislers Art zu nuancieren als etwas übertrieben, ja unmusikalisch angesehen. Mit dem Röntgenblick des Pädagogen macht Flesch dafür insbesondere Kreislers neuartiges Vibrato verantwortlich. »In dieser Umschaltung von etüdenhafter Trockenheit in Ausdruckswerte«, schreibt er, »sieht Kreisler selbst die Ursache der Resonanz, die er im Laufe der Jahre in der Öffentlichkeit gefunden hat. Ich stimme seiner Ansicht mit der Einschränkung bei, daß diese Erweiterung des Ausdrucksmittels unausgesetzten Vibratos zwar als seine technisch wichtigste Eigentümlichkeit gelten kann, letzten Endes jedoch die notwendige Folge eines ganz individuell gearteten inneren Bedürfnisses nach gesteigerter Intensität bedeutet.«

Während Flesch, seiner Natur gemäß, dem Glanz des »Geigerkönigs« nahezukommen suchte, indem er dessen Krone nach Konstruktionsprinzipien abklopfte, taten es sich Geigerkollegen in aller Welt leichter: Sie schrieben über Kreisler mit rückhaltloser, gleichsam verklärender Bewunderung. Ein so intelligenter Musiker wie Joseph Szigeti widmet dem großen, 20 Jahre älteren Kollegen fast ein ganzes Kapitel seiner Erinnerungen: »Kreislers Kunst wurde um so berückender, je turbulenter die Zeiten sich entwickelten. In seinem Stil, seiner Tongebung, mit der verführerischen und doch edlen Sinnlichkeit, in der zwingenden Rhythmik seiner individuellen Bogenführung, in der Ursprünglichkeit seiner musikantischen Spielweise, die aber nie die Grenzen des guten Geschmacks überschritt, scheint sich unsere Zeit in einer übersteigerten, veredelten künstlerischen Konzeption zu spiegeln.« Und David Oistrach, jener russische Geiger, der sich 1937 den strengen Juroren des Ysaye-Wettbewerbs, unter ihnen Kreisler, gestellt hatte, bekannte: »Kreislers Spiel hat auf mich einen unvergeßlichen Eindruck gemacht. Gleich in der ersten Minute, bei den ersten Klängen seines unvergleichlichen Bogens spürte ich die außergewöhnliche Kraft und den Zauber dieses überragenden Musikers.« Und im selben Jahr schrieb Oistrach begeistert nach Hause: »Würde man mich fragen, welcher europäische Musiker mich am meisten beeindruckt, würde ich sofort Kreisler nennen. Kreisler kommt mir als Titan vor. Kreisler ist der Gipfel der Violinkunst.«

Der spezifische Kreisler-Stil, was war das? Kann man ihn heute noch herbeizaubern durch ehrwürdige, wenn auch vielleicht technisch verbesserte Plattenaufnahmen, oder war nicht auch unzweifelhaft der persönliche Zauber dieses Mannes mitbeteiligt, ja mitentscheidend? Kreislers Biograph, der amerikanische Journalist Louis Lochner, berichtet, daß alle Platten des Meisters nicht im entferntesten jene musikalische Ausstrahlung wiederzugeben vermögen, mit der sein persönliches Auftreten das Publikum bezauberte.

Nach dem, was Freunde und Bewunderer über den Menschen Kreisler berichten, entsprach sein Naturell seiner Musizierhaltung: kein Mensch der eisernen Disziplin, sondern offen, charmant, »out-going«; eher lässig und unverkrampft als etwa ein verbissener Geigentrainierer – jemand, der auch ein hervorragender Pianist war (seinen Bruder, den Cellisten Hugo, hat er oft am Flügel öffentlich begleitet), ein Komponist von hohen Graden und großem Geschmack, ein gelernter Mediziner überdies und zwischendurch noch ein veritabler Offizier der österreichischen Armee. Ein Mann also mit den vielseitigsten Interessen, ein Büchersammler, ja ein Bibliomane, der seine große Kollektion wertvoller Ausgaben und Autographen, die er in 40 Jahren intensiv gesammelt hatte, nach dem zweiten Weltkrieg für Hunderttausende von Mark versteigern ließ, um den Erlös philanthropischen Zwecken zuzuführen. Ein Künstler obendrein, über den ungezählte Anekdoten im Schwange sind, erfundene oder möglicherweise auch tatsächliche Geschichten. Wir haben es mit jemandem zu tun, der als menschliche Existenz wenige Rätsel aufgab, dessen Geigenkunst ihm jedoch den irrationalen Titel eines Klangzauberers eingebracht hat. In Deutschland hat man Kreisler seit 1933 nicht mehr hören können, obwohl er bis zum Jahre 1938 mit österreichischem Paß in Berlin eine Villa bewohnte, von wo aus er in den dreißiger Jahren zu vielen Konzerten und Plattenaufnahmen außerhalb des Deutschen Reiches aufbrach.

Geboren wurde Kreisler in Wien am 2. Februar 1875; sein Vater war ein aus Polen eingewanderter Arzt, und es geht die Sage von dem Wunderkind Fritz, der bereits Noten zu lesen und Geige zu spielen verstand, bevor er die Schulbank drückte. Als Bub hat er noch bei dem alten Joseph Hellmesberger und bei Anton Bruckner Studien getrieben. Nebenbei erlernte er das Klavierspiel, und man behauptet, er hätte sich ohne weiteres bei Sonatenabenden selbst begleiten können. Das tat aber – nach weiteren Studien des jungen Kreisler in Paris – der legendäre Moritz Rosenthal auf einer ersten triumphalen Tournee durch die Vereinigten Staaten. Das war 1888, und der kleine Fritz war damals 13 Jahre alt. So mußte er sich, der eher den berühmteren Pianisten »begleitete«, mit 50 Dollar pro Abend zufriedengeben. Die Mutter war natürlich mitgefahren.

Als er wieder nach Wien heimgekehrt war, beschloß der Vater, Fritz solle seine Geige nun fortlegen und ein paar Jahre lang etwas Ordentliches lernen. Der Sohn gehorchte und begann Medizin zu studieren, aber sechs Jahre nach dem amerikanischen Triumph brach der Musiker sich wieder Bahn; allerdings mußte zunächst der obligatorische Militärdienst abgeleistet werden, und erst 1896, mit 21 Jahren, nahm Kreisler eine reguläre Konzerttätigkeit auf, unternahm Reisen nach Rußland und dem

Orient, debütierte in Wien unter Hans Richter 1898, ein Jahr später mit dem Mendelssohn-Konzert unter Arthur Nikisch in Berlin. Im ersten Weltkrieg wurde er dann als Leutnant eingezogen und – fast ist man versucht, gottlob zu sagen – verwundet, so daß man ihn entlassen konnte. Mitten im Krieg begab sich Kreisler in die Vereinigten Staaten (Amerika war in den Weltkrieg noch nicht eingetreten), zu den Stätten seines Kindertriumphs, und setzte seine Karriere fort, die ihn über London und Paris im Laufe der Jahre nach Berlin führte, wo er von 1924 bis 1938 in Grunewald seinen Wohnsitz nahm.

Fritz Kreisler

Geblieben sind uns eine Reihe von wichtigen Schallplattenaufnahmen, die Kreisler zwischen 1928 und 1938 in Berlin und in London einspielte, darunter jeweils zwei verschiedene Interpretationen des Brahms- und des Beethoven-Konzerts, ferner alle Klavier-Violin-Sonaten von Beethoven sowie eine Aufnahme gemeinsam mit dem Pianisten und Komponisten Sergei Rachmaninow und natürlich eine Reihe von Einspielungen der eigenen kleinen Zugabestückchen, mit denen Kreisler sein Publikum, das ihn vergötterte, in Begeisterung versetzte. Wir leben ja in einem alexandrinischen Zeitalter, also in einer Zeit, in welcher der Effekt alles, der Inhalt oft erst in zweiter Linie gilt. Die Wirkungen dieser Effekte sind von Zeit zu Zeit verschieden, was wir dann mit dem Schlagwort »Wechsel der Mode« zu bezeichnen pflegen. Interpretationen, geradezu paradigmatisch für den jeweiligen Wechsel der Mode, stehen im Kreuzfeuer der Beurteilungen, ja Verurteilungen, und die Frage nach der musikalischen Wiedergabe als notengetreuer Reproduktion oder als schöpferischer Improvisation ist nach wie vor nicht entschieden. Noch mit frommem Schauder erinnern wir uns an das unheilige Wort Igor Strawinskys, der die Musik als eine schlichte zeitliche Organisation der Töne definierte und der in seinen eigenen Schallplatten und Konzerten diese seine Definition oftmals ad absurdum führte.

Unbeschadet der am Anfang dieses Kapitels zitierten hymnischen Erinnerungsberichte ernstzunehmender geigender Zeitgenossen hat Kreislers musikalisches Charakterbild im Laufe der Jahrzehnte vielerlei Schattierungen gezeigt. Für viele galt er als der bedeutendste Geiger in der ersten Hälfte dieses Jahrhunderts (und das immerhin neben Mischa Elman, Jascha Heifetz, Bronisław Huberman und vielen anderen, die das Attribut »bedeutend« verdienten). Für manch andere, denen ein Geiger wie Adolf Busch das Ideal war, war der angebliche Zauberer Kreisler eher ein eleganter Caféhausgeiger – was nicht als Kompliment gedacht war.

Und nun kommt etwas Eigenartiges: Heutige Adepten der modernen Musik, die mit scheinbar neuen Argumenten, aber im Grunde mit altbekannten Vorurteilen die vermeintlich wahren Interpretationen heraussuchen, um ihre Theorien zu bestätigen, nehmen einen Geiger wie Kreisler, um mit seinen Aufnahmen etwa der großen Konzerte von Beethoven und Brahms zu beweisen, wie wahrheitsgetreu, wie notengetreu, wie gültig, ja wie »historisch genau« dieser von anderen als Caféhausgeiger denunzierte Künstler seine Auffasssung von den großen Meistern uns hinterlassen hat.

Nehmen wir das Beethoven-Konzert, von dem es eine Kreisler-Aufnahme gibt, die 60 Jahre alt ist und daher in technischer Hinsicht gewiß nicht befriedigend. Kreisler musiziert mit der Preußischen Staatskapelle Berlin unter Leo Blech. Dieses Konzert ist wohl, allen späteren Konzerten und ihren Anforderungen zum Trotz, doch das schwierigste, das durchsichtigste, das gefährlichste unter allen Geigenkonzerten geblieben. Eigentümlich dabei: Die lyrische Grundhaltung des Beethovenschen Kopfsatzes hat eine Tradition der Wiedergabe begünstigt, die das Werk bewußt »symphonisch« zu erfassen gedachte, indem der Solist vermeintlichen Tiefsinn dadurch aufscheinen ließ, daß er enorme, willkürliche, nicht von Beethoven vorgeschriebene Temporückungen, ja Verschleppungen einführte. Indem sich dieser larmoyante Tiefsinn einzubürgern begann, nannte man alle anderen Wiedergaben, die sich auf Beethovens Angaben beschränkten und das vorgeschriebene Tempo einhielten, eher oberflächlich und unernst, ob sie auch von erlauchten Geigern wie Kreisler oder Heifetz stammten. Inzwischen ist das Pendel wieder umgeschlagen: Die einst geschmähten Interpretationen hob man,

Fritz Kreisler

untermauert von allerlei Tempospekulationen anhand überlieferter Metronomangaben Beethovens, wieder auf den Thron, von dem man die sentimentgeladenen, tiefsinnigen, romantisierenden als angeblich unhistorisch verstieß.

Kreislers Interpretation galt zur Zeit ihrer Entstehung Ende der zwanziger Jahre gewiß als das Nonplusultra der Beethoven-Auffassung: geigerisch zwar nicht immer völlig ohne Makel, aber aus einer unsentimentalen Auffassung des Stückes erwachsen, die den Titan Beethoven mit einer gewissen Grazie beiseiteschob und den Melodiker, den heiteren

Virtuosenaspekt der Komposition hervorhob. Heute ist diese Wiedergabe erneut als beispielhaft gepriesen; die raschen, ja behenden Tempi werden als die wahren Intentionen des Komponisten gerühmt – kurz, das Comeback des »Caféhausgeigers« könnte perfekter nicht sein. Was die Zeiten betrifft, so hält Kreislers Interpretation mit einer »Bestzeit« von unter 20 Minuten für den Kopfsatz die einsame Spitze. Lediglich Heifetz und die 1929 entstandene Aufnahme von Josef Wolfsthal können sich ähnlicher Behendigkeit rühmen. Zum Vergleich Anne-Sophie Mutter, begleitet von Herbert von Karajan: Sie benötigt für den Kopfsatz fast 27 Minuten! Als Kreislers Beethoven-Aufnahme entstand, war der Geiger über 50 Jahre alt und stand auf dem Zenit seines weltweiten Rufs.

Die zweite Aufnahme des Beethoven-Konzerts, 1936 unter John Barbirolli in London entstanden, offenbart auf fast beängstigende Weise den Alterungsprozeß des Künstlers: Der Ton wird fahrig, wird weniger intensiv, muß des »erotischen« Elements entraten. Ein ähnlicher Unterschied in der sinnlichen Strahlkraft seines Geigentons ist bei den beiden Aufnahmen auch des Brahms-Konzerts zu konstatieren. Die frühe Aufnahme unter Blech aus dem Jahre 1926, ebenfalls mit der Preußischen Staatskapelle, ist, trotz einer mißglückten Anschlußstelle bei der Rekonstruktion der alten achtundsiebziger Platten, noch immer ein Beispiel des sprechenden Charakters, der erzählenden Artikulation, der geradezu sinnlichen Überredungskraft des Künstlers Kreisler.

Aus den Jahren, in denen die Aufnahmen mit Blech entstanden, hat uns der französische Musikschriftsteller Marc Pincherle, der ein gutes Jahrzehnt jünger war als Kreisler, seine erste Begegnung mit dem großen Künstler beschrieben: »Da stand er endlich vor mir. Trotz seiner nicht übermäßig großen Gestalt wirkte er wie ein Koloß von riesenhafter Kraft; ein breiter Torso, ein athletischer Hals, dichtes, bürstenartig nach oben gekämmtes Haar über ziemlich markanten Zügen . . . Während des Orchestervorspiels stand er in Achtungstellung, die Arme dicht am Körper, mit dem Zeigefinger der linken Hand hielt er die Schnecke seiner fast bis zum Boden hängenden Geige. Im letzten Moment vor dem Einsatz hob er sie mit einer gewissen Koketterie hoch und klemmte sie mit einer blitzschnellen Bewegung zwischen Kinn und Schlüsselbein. Kreisler spielte mit einem Bogen, der fast bis zum Springen fest gespannt war. Trotzdem gelang es ihm, den Ton fast unbegrenzt zu halten und auch im weichsten Pianissimo ausklingen zu lassen. Die erhöhte Bogenspannung ermöglichte ihm eine Eindringlichkeit, einen Nachdruck der Akzentsetzung, wie er jedem gewöhnlichen Geiger unerreichbar bleibt.«

Ein Abglanz, zugegebenerweise ein relativ schwacher, von jener Eindringlichkeit, jener fast rhetorischen Fähigkeit, den musikalischen Text

Beispiel 3
Aus: Brahms, Violinkonzert D-Dur op. 77, 2. Satz

Nach dem ersten schweifenden Einsatz der Solovioline läßt Brahms in dreimaligen Ansätzen »reden«; zwar sind die musikalische Syntax, ja die einzelnen musikalischen »Worte« der Argumentation in verschiedenen Notenwerten (punktierte Achtel, Sechzehnteltriolen, Quintolen) bis hin zur eilig aufsteigenden Frage, vor der Fermate, genau auskomponiert. Aber Fritz Kreisler ist ein besonders eindringlicher »Erzähler«, der sich alle Freiheiten der Deklamation nimmt, ohne Brahms zu verletzen.

zu artikulieren, ist vernehmbar geblieben in einer weiteren historischen Aufnahme, welche die c-Moll-Sonate von Edvard Grieg sowie das A-Dur-Duo von Franz Schubert enthält. Während das Schubert-Duo die Intonationsmängel des Geigers beinahe gnadenlos offenbart (wobei die Restaurierung der alten Schellackplatte auf Kosten der hohen Frequenzen gegangen ist), ist die Grieg-Sonate, ebenfalls mit Begleitung von Rachmaninow, durchaus akzeptabel. Jedoch beim Abhören aller erhaltenen oder restaurierten Kreisler-Platten wird man an das Wort Lochners erinnert, der davor warnte, den Höreindruck aus dem Lautsprecher gleichzusetzen mit der Eindringlichkeit der psychologischen Kraft, die Kreislers Präsenz auf dem Podium ausgestrahlt haben muß. Das gilt, leider muß dies gesagt werden, vor allem auch für die Beethoven-Sonaten, die Kreisler in den dreißiger Jahren gemeinsam mit seinem langjährigen Partner Franz Rupp in London einspielte. Intonationstrübungen und sonstige Schwächen der linken Hand sind unverkennbar, und die Sorglosigkeit, die auf der Höhe der geigerischen Fähigkeit noch als bewundernswerte Nonchalance durchgehen mochte, entpuppt sich als ein Manko bei der Gestaltung der Beethovenschen Texte. Vor allem die berühmte Frühlingssonate, aber auch die Kreutzersonate spiegeln einen Kreisler wider, der mit dem lebenden Künstler nur wenig gemein zu haben scheint.

Auf der Höhe seiner geigerischen Kraft, und dieser Ausdruck »Kraft« ist bewußt gewählt, erscheint Kreisler in einer Reihe von Aufnahmen seiner eigenen Kompositionen, von denen viele zwar eher den liebenswürdigen geigenden Charmeur offenbaren, andere jedoch von der großartigen Eindringlichkeit der musikalischen Artikulation zeugen. Yehudi Menuhin hat einmal Kreislers Kunst mit dem Rezitieren eines Gedichts verglichen; jenes Stück, von dem hier die Rede ist, offenbart allerdings keine Poesie, keine Liebeslyrik, sondern ist eher eine düstere, Leidenschaften bewegende Ballade: »La Gitana«, ein arabisch-spanisches Zigeunerlied aus dem 18. Jahrhundert, das Kreisler – aus welchen Vorlagen immer, vielleicht auch aus der eigenen musikalischen Erfindung heraus – für sein Instrument arrangierte. Hier erleben wir einen Künstler, dessen Geigenspiel an Intensität und an Geläufigkeit der Überredung kaum zu übertreffen ist, der bei aller dramatischen Deklamation noch gelassen-kraftvoll musiziert – einen Klangzauberer, der auch in der Lage ist, seinem Geigenklang eine Dramatik zu verleihen, die noch heute staunen macht.

Kreislers kompositorische Tätigkeit hat in den zwanziger Jahren für eine Zeitlang seinen Ruhm als reproduzierender Künstler fast verdunkelt. Man kannte ihn schon seit seiner Jugendzeit als Verfasser eines Streichquartetts und einer Operette, man hatte staunend die Solokadenzen zum Beethoven- und zum Brahms-Konzert vernommen, die der 19jährige Kreisler komponiert hatte, aber auf dem Höhepunkt seiner Karriere gab es so etwas wie einen Eklat: Kreisler hatte nach seinen Konzertprogrammen gern freigebig kleine Zugabestückchen als Dank für

Beispiel 4
Aus: Kreisler, La Gitana

»Pochissimo rall.«, sowenig wie möglich verzögern, lautet die Vorschrift, die Kreisler, der Komponist, dem Interpreten nahelegt. Hier und in ungezählten Stücken aus der Salonwelt läßt der Geiger Kreisler das metrische Grundgerüst nicht durch Süße oder Sentimentalität aus der Façon bringen. Wie bei Mischa Elman erklingen solche Piecen bei Kreisler, präzise, kraftvoll, chevaleresk.

den Applaus abgeliefert, so wie dies in aller Welt auch heute noch geschieht. Aber dabei produzierte er oft Stücke alter, vermeintlich vergessener Meister, auch Stücke von François Couperin oder Giulio Pugnani, die er wiederentdeckt, aufpoliert und arrangiert hatte. Die zünftigen Musikforscher, auf ein bislang vernachlässigtes Gebiet gestoßen, das ihnen offenbar entgangen war, begannen ebenfalls in jenen alten Klöstern zu suchen, in denen Kreisler angeblich seine Entdeckungen gemacht hatte, und wurden – nicht zuletzt durch den hartnäckig nachfragenden New Yorker Kritiker Olin Downes dazu animiert – eines Besseren belehrt: Kreisler gab lächelnd zu, er habe diese historischen Musikstückchen nirgendwo *ge*funden, sondern sie schlicht von Anfang bis Ende *er*funden, also selbst komponiert. Manche Kritiker, darunter der bekannte Engländer Ernest Newman, fühlten sich düpiert, aber Kreisler hatte die Lacher auf seiner Seite. Die Hörer waren ihm treu, wenn er beispielsweise das sogenannte Couperinsche »Chanson im Stil Louis XIII« spielte, wobei ausnahmsweise die ersten acht Takte originaler Couperin, der Rest aber reiner Kreisler waren. Daß er diese Stücke selbst komponiert und ihnen dann fremde und vermeintlich attraktivere Namen unterschoben hatte, war das Resultat eigener Erfahrung: Eigene Kompositionen, in früher Jugend als Zugaben unter das Publikum gestreut, hatten vergleichsweise geringen Erfolg; kaum stand ein berühmter oder ein unbekannter alter Name über dem Kreisler-Stück, jubelten die Leute und kauften die Noten. Am bekanntesten unter seinen Kompositionen sind jene geworden, die er zunächst im Stil Joseph Lanners, eines Wiener Musikers, veröffentlichte und zu deren Autorschaft er sich erst später bekannte: Welch ein Akt der finanziellen Bescheidenheit, das Autorenlicht und damit auch das Autorenhonorar so unter den Scheffel zu stellen! »Schön Rosmarin«, »Liebesleid« und »Liebesfreud« gehören heute nach wie vor zum Repertoire jedes seriösen Geigers; die Zeit ist keineswegs, wie immer wieder naserümpfend behauptet wurde, über diese liebenswürdigen, dabei oft recht knifflig zu spielenden Stücke aus der Feder Kreislers hinweggegangen.

Das Bild des Künstlers Kreisler wäre nicht komplett ohne nachdrückliche Erwähnung seiner unermüdlichen philanthropischen Tätigkeit. Zweimal hat er uns Deutschen ein einzigartiges Beispiel seiner Generosität gegeben, und vielleicht hätte man ihm einen Friedenspreis verliehen, hätte es diesen schon gegeben. Verdient hat er ihn ohne Frage. Als Kreisler nach dem ersten Weltkrieg wieder in Europa konzertierte (bekannt-

lich war er ja mitten im Krieg in die Vereinigten Staaten gegangen),
suchte er die Not, die in Europa allerorten zum Greifen nahe war, zu
lindern – durch Paketsendungen umfangreicher Art, durch hervorragend
organisierte Kinderspeisungen und durch Geldspenden vielfältiger Natur. Als einmal zu einer Abfütterung hungriger Mäuler statt der erwarteten 50 über 100 erschienen, rieb er sich vergnügt die Hände: »Wie ich
sehe, gehen meine Geschäfte ausgezeichnet.« Freigebig und charmant,
jeder Zoll ein k. u. k. Offizier, wußte er doch Courtoisie mit Entschiedenheit zu verbinden – zum Beispiel als ihn eine Dame der amerikani-

Arthur Nikisch und
Fritz Kreisler, 1921

schen Gesellschaft zu Tisch lud und ihn bat, er möge doch seine Geige
mitbringen, in der Hoffnung auf ein kostenloses Privatkonzert. Kreisler
sagte mit Vergnügen zu, setzte jedoch als Postskriptum darunter: »Leider diniert meine Geige nie auswärts.«

Menuhin, der Kreisler nicht nur verehrte, sondern ihn auch ziemlich
gut kannte und mit ihm arbeitete, hat in seinen Lebenserinnerungen ein
außerordentlich liebenswertes Bild des alten Kreisler gezeichnet:

»Von der Veranlagung her eher zivil, brachte er Zucht und Ordnung in sein Leben, indem er Harriet heiratete, eine ziemlich herrschsüchtige Frau, die ihn streng und an kurzer Leine hielt. Er liebte sie inniglich, klagte, wenn er ohne sie war, und betonte immer wieder, wieviel er ihr verdankte; aber ich habe mich immer schwer getan, diese offensichtlich echten Gefühle mit der Art, wie Harriet ihn behandelte, in Einklang zu bringen. Bei einem Mittagessen in New York begannen Thibaud und er Erinnerungen an jugendliche Eskapaden auszutauschen – sie spielten innerhalb und außerhalb von Schlafzimmern, erzählten von verspäteten Konzerten, weil andere Abenteuer verführerischer waren, von Krisenzeiten, in denen sie füreinander eingestanden hatten usw. –, als Harriet dazwischenfuhr: ›Aber Fritz!‹ rief sie. ›Wen interessieren schon die Erinnerungen von alten, senilen Männern?‹ Um seine Finanzen in Ordnung zu bringen, gab er auf einer Tournee in England einmal 32 Konzerte in 30 Tagen; die Engländer liebten ihn besonders, und er erwiderte ihre Zuneigung. Es ging auch um England – genauer gesagt um Honorarstaffeln und Kartenpreise bei Londoner Konzerten, ohne besonderen Anlaß, sondern nur als eine charmante Art der Erinnerung –, als ich ihn zum letzten Mal besuchte. Es war ein Sommernachmittag in New York kurz vor seinem Tode 1962. Die Stadt brütete, der liebe alte Freund saß mit offenem Hemd bequem in seinem zerschlissenen Ledersessel, und sein Agent und Freund Charles Foley machte harmlose Konversation; Foleys Büro, drei oder vier Stockwerke hoch in einem alten Haus in einer der engen Nebenstraßen der Fifth Avenue gelegen, war nicht mehr Zentrum aktiver Geschäfte, sondern lag ebenfalls verlassen – das alles zusammen war Ausdruck einer liebenswürdigen Gelassenheit am Ende des Weges...«

Ein Vierteljahrhundert nach dem Tode des Klangzauberers Fritz Kreisler (er starb am 29. Januar 1962 in New York) haben sich Legende und Wirklichkeit, geigerische Präsenz und künstlerische Ausstrahlung zu einem liebenswürdigen, aber nicht mehr dokumentarisch nachzuvollziehenden Netz der Erinnerungen verwoben.

Der Moralist

Bronisław Huberman

Die musikalische und menschliche Ausstrahlung, die Huberman besessen, die künstlerische und moralische Instanz, die man ihm in jener Zeit unter deutschen Musikern zumaß, läßt sich wohl nur mit jener von Pablo Casals vergleichen. Mit diesem hat er häufig in Europa musiziert – das letztemal, unter Wilhelm Furtwängler, beim Wiener Brahms-Fest im Frühjahr 1933. Huberman, der große polnische, deutsch-österreichische, »europäische« Geiger, der ein halbes Jahrhundert lang die musikalische Welt beeindruckte und bezauberte, war ein großer Künstler und ein großer Moralist.

Die wenigen Hörer, die ihn nach dem Krieg noch einmal in Luzern bei den dortigen Festwochen 1945 das Brahms-Konzert haben geigen hören, berichteten von einer Sternstunde; aber auch dies ist nun bereits ein ganzes Menschenalter her. So gehört das Halbdutzend wichtiger Schallplattenaufnahmen, die auf uns gekommen sind, zu den einzigen Dokumenten, aus denen die musikalische, die künstlerische und vielleicht die moralisch-integre Haltung des bedeutenden Geigers zu uns spricht. Huberman ist ein Individualist gewesen und geblieben seine ganze Karriere lang; er hat keine Schüler hinterlassen, an denen seine Kunst abzulesen gewesen wäre. Seine Persönlichkeit, leidenschaftlich und selbstbewußt, drückte allen Werken, die er interpretierte, seinen unverwechselbaren Stempel auf. Sein kritischer Kollege Carl Flesch hat auch Huberman eine Reihe von spieltechnischen Defekten nachgesagt: daß er den Geigenbogen noch nach alter Art hielt, daß er reines Fingervibrato ohne Mitwirkung des Handgelenks gebrauchte und die Halbtöne wohltemperiert, wie auf dem Klavier, griff, was in den Bachschen Solosonaten unangenehm aufgefallen sei. Auch seine Bogenführung hätte Anlaß zu Kritik gegeben: Entweder habe er »gekratzt« oder »gesäuselt«. Glücklicherweise sind wir noch heute in der Lage, alle diese kritischen Anmerkungen Fleschs in das Reich der Legende zu verweisen. Die erhaltenen Einspielungen, immerhin der Konzerte von Beethoven, Brahms, Tschaikowski und Lalo, sind noch heute geeignet, Hubermans unbeirr-

59

baren Kunstwillen zu uns sprechen zu lassen. So perfekt und so glocken-rein, wie diese Aufnahmen erklingen, hat in der ersten Hälfte dieses Jahrhunderts kaum einer seiner Kollegen – Jascha Heifetz stets ausge-nommen – musiziert. Schließlich kommt Flesch zu dem als »objektiv betrachteten« Schluß, daß die suggestive Macht der Hubermanschen Persönlichkeit und endlich »die gediegene Art seiner technischen Mittel« gar nicht in Frage stünden. Dem ist nur beizupflichten.

Dennoch ist Huberman, der polnische Weltbürger, der überzeugte Zionist, der Paneuropäer, das Wunderkind, das den alten Johannes Brahms zu Tränen rührte und das noch auf dem Schoß der gefeierten Sängerin Adelina Patti saß, längst Musikgeschichte, derer sich die Legen-de bemächtigt hat. Der Geiger, dessen Kunst vier Jahrzehnte dieses Jahrhunderts vor allem die europäische Welt in Verzückung versetzte, ging als Künstler und in seinem interpretatorischen Bewußtsein völlig neue, zwingende Bahnen, und selbst das verwöhnteste Publikum – etwa das in Berlin während der zwanziger Jahre, wo man sich als musikalische Metropole empfand – hielt Huberman für einen der bedeutendsten, der unanfechtbarsten Künstler überhaupt. Von 1933 an war Huberman, der regelmäßig als Solist in den Philharmonischen Konzerten und eigenen Sonatenabenden aufgetreten war, unerwünscht. Von da an konzentrierte er alle seine Kräfte, um in Palästina, im jüdischen Land Davids, seinen aus Mitteleuropa vertriebenen Landsleuten und Rassegenossen ein künstlerisches Refugium zu bereiten – ein mühseliges Unternehmen, das nur durch unermeßlichen Fleiß und durch die Großherzigkeit Gleichge-sinnter zum Erfolg führte. Huberman, der Künstler und Moralist – ein faszinierendes Kapitel, für uns Deutsche zugleich eine historische Lek-tion, die wieder einmal deutlich macht, wie borniert die sogenannten gebildeten Schichten Deutschlands damals diesem entsetzlichen Aderlaß an Künstlern und Wissenschaftlern zusahen – Jahre noch, bevor diese Borniertheit in purer Grausamkeit und offiziell verordnetem Vernich-tungswahn kulminierte.

Als Huberman am 19. Dezember 1882 in Tschenstochau als Sohn eines nicht gerade begüterten Advokaten zur Welt kam, war auch hier für die jüdischen jungen Leute eine normale höhere Laufbahn kaum möglich. Wie im zaristischen Rußland üblich, konnte noch am ehesten und am raschesten ein junger Künstler Karriere machen. Es kursiert noch immer die heute heiter anmutende Geschichte vom Besuch des persischen Schahs in Polen, der sich 1887 in Warschau ein klavierspielendes Wunderkind vorführen ließ und es mit einem Orden, mit einem Titel und mit einer kleinen Rente bedachte – ein Vorgang, der alle Eltern prospektiver Wunderkinder in helles Entzücken versetzte. Die Eltern des offensichtlich musikalisch begabten kleinen Bronisław konnten den Erwerb eines noch so bescheidenen Klaviers nicht ermöglichen, aber zu einer Fiedel reichte es gerade. Mit sechs Jahren kam der junge Adept ans Konservatorium nach Warschau, und mit Hilfe von drei verschiedenen Pädagogen war er bereits nach drei Jahren so weit, daß er mit beträchtlichem Erfolg öffentlich konzertieren konnte. Das Mekka aller aufstre-

Bronisław Huberman,
um 1895

benden jungen Geiger der damaligen Zeit war jedoch das Deutsche Reich, waren die Hauptstadt Berlin und dort der legendäre Pädagoge Joseph Joachim, ein damals schon fast 70 Jahre alter Mann, der mit Schumann, Mendelssohn, Liszt und Brahms befreundet gewesen war und dessen Ritterschlag jedem wirklich qualifizierten Geiger zum ersehnten Start zum Weltruhm verhelfen mochte. Joachim haßte aber Wunderkinder, und als der Advokat Huberman (der seine Habe und seinen Beruf aufgegeben hatte, um den Knaben zu lancieren) sich bei

dem berühmten Professor meldete, bedurfte es gewisser Überredungskünste, damit der geigende Knirps vorspielen durfte.

Huberman selbst hat später jene Tränen, die Joachim angeblich beim
Anhören des Wunderkindes vergoß, als das »Weihwasser seiner künstlerischen Taufe« bezeichnet. Aber lange pädagogische Unterweisung hat
der kleine Bronisław in Berlin nicht genossen; man nahm ihn mit nach
Frankfurt, wo er bei Hugo Heermann ein paar Stunden nahm, und bald
danach zu Martin Marsick nach Paris. Mit etwa elf Jahren hatte das
Knabentalent seine künstlerische, zumindest seine geigerische Ausbildung abgeschlossen. Natürlich gibt es keinerlei Plattendokumentation
aus jener frühen Zeit (jedenfalls sind sie uns nicht erhalten), aber eines
der gewiß frühesten ist ein (technisch ziemlich miserabler) Mitschnitt
seines Auftritts mit dem Mendelssohn-Konzert – mit Klavierbegleitung
selbstverständlich. Das Finale dieses Konzerts, mit dem ein paar Jahre
später der junge Jascha Heifetz den älteren Fritz Kreisler beeindrucken,
ja erschrecken sollte, zeigt auch in Hubermans fiebriger Interpretation
die immense geigerische Potenz des jungen Mannes, der bereits vor Ende
des vergangenen Jahrhunderts die meisten europäischen Hauptstädte bereist und im Sturm erobert hatte. Selbst in der technisch etwas heiseren
Aufnahme der damaligen Zeit ist viel von dem funkelnden Feuerwerk
des Mendelssohnschen Konzertfinales bewahrt. Willenskraft, interpre-
tatorisches Selbstbewußtsein und geigerisches Rüstzeug der Güteklasse
A kennzeichnen dieses frühe Beispiel.

Das reisende Wunderkind hatte übrigens in Wien gemeinsam mit Adelina Patti debütiert; die berühmte Sängerin war damals bereits über 60
Jahre alt und bereitete sehr sorgfältig ihre diversen Abschiedsabende vor,
und mit ihrem Segen und in ihrem künstlerischen Windschatten trat der
kleine Huberman vor die Öffentlichkeit. Aber der Wiener Erfolg 1895
muß auch aus eigenem geigerischen Vermögen phänomenal gewesen
sein, denn im »Wiener Fremdenblatt« lesen wir im Januar jenes Jahres:
»Wir waren gekommen, um einem untergehenden Stern Lebewohl zu
sagen, und hatten die Freude, einen aufgehenden zu begrüßen.«

Ein Jahr später bereits kehrte der berühmt gewordene Herr Huberman, immerhin schon 13 Jahre alt, nach Wien zurück, und spielte dort
das Violinkonzert von Brahms, damals ein durchaus noch modernes
Werk, das viele Geiger das Fürchten lehrte. Der Meister, mit 64 Jahren
eigentlich noch rüstig, war so entzückt, daß er versprach, für den 13jäh-
rigen eigens eine Violinfantasie zu komponieren – ein Vorhaben, das er

leider niemals verwirklicht hat. Zu Hubermans schönsten Erinnerungs-
stücken gehört ein Bild von Brahms mit der Widmung: »Br. Huberman
zur freundlichen Erinnerung an Wien 1. Feb. 1886 und an seinen dankbaren Zuhörer J. Brahms.«

Also mit dem Segen des Komponisten ausgezeichnet, hat Huberman
seitdem als einer der bedeutendsten Brahms-Interpreten gegolten, und
dieses Konzert war es auch, das seine Zuhörer in Luzern zum letztenmal
1945, kurz nach dem zweiten Weltkrieg, von ihm hörten. Wir kennen
herrliche Wiedergaben dieses unvergleichlichen Werkes, und ihre grandiosen Interpreten sind Legende wie Legion. Leider hat sich jene Luzerner Aufnahme nicht erhalten, dafür aber eine frühere, ein Konzertmitschnitt aus New York mit dem dortigen Philharmonic Orchestra unter
Artur Rodzinski, vermutlich aus der Mitte der dreißiger Jahre. Auch
hier entpuppt sich Huberman als ein Künstler, dessen interpretatorischer
Wille und dessen unglaubliche Artikulationsfähigkeit über die Jahrzehnte
hinweg zu uns sprechen. Welche ins Pompöse gleitende Gebärde eines
Künstlers, der seine Rolle niemals als die eines passiven Mediums ansah,
sondern stets als Reflex des eigenen künstlerischen Wollens! »Er muß
den Hörer teilhaben lassen an den inneren Kämpfen und Spannungen
des Komponisten, als er das Werk schuf«, hat Huberman (nach einem
Zitat aus der Zeitschrift »The Strad«) im Jahre 1932 bekannt. Eine
ebenso subjektive wie im Grunde unanfechtbare Form der Werktreue,
eines Begriffs, der – wie mir scheint – immer mehr ins Rutschen gerät,
nachdem man ihn jahrzehntelang adorierte. Ob man Hubermans
Brahms-Wiedergabe oder die anderer Konzerte nun hinreißend schön
oder anmaßend vergewaltigt findet, wird stets vom Standort des Hörers
abhängig sein.

Es ist ein Jammer, daß viele Aufnahmen, die Huberman im vollen
Besitz seiner instrumentalen und interpretatorischen Kräfte zeigen, in
tontechnischer Hinsicht viel zu wünschen übriglassen, spätere hingegen
wahrscheinlich nicht mehr ein getreues Abbild seiner künstlerischen Potenz vermitteln. Dennoch: eine Aufnahme, die bereits zur Zeit ihrer
Entstehung Aufsehen erregte, nicht nur im Kontrast zur heutigen, eher
nivellierenden (und langweiligen) Beethoven-Auffassung steht, sondern
auch Ende der zwanziger Jahre von ungewöhnlicher Überzeugungskraft
war, ist seine Wiedergabe der Beethovenschen Kreutzersonate. Unzäh-
lige Plattenaufnahmen gibt es von diesem Werk; beinahe alle erlauchten
Namen darunter, aber das Gespann Bronisław Huberman und Ignacy

Friedman übertrifft sie alle an Spontaneität, an zupackender, beinahe rücksichtsloser Willenskraft in der subjektiven Ausdeutung dieses außergewöhnlichen Stücks. Wir erinnern uns: Beethoven überschrieb das Werk fast programmatisch mit dem Titel: »Sonata per il piano-forte ed un violino obligato, scritta in uno stile molto concertante, quasi come d'un concerto«. Fast wie ein Konzert; das war das Neue daran in einer Zeit, da das Klavier den Ton anzugeben pflegte und den Geiger bestenfalls zum gelegentlichen Mitstreiten, selten aber als vollkommen gleichberechtigten Konzertpartner zuließ. Huberman und Friedman fassen den Kopfsatz als eine wilde, exuberante Darstellung der widerstreitenden Gefühle auf: Die Adagioeinleitung, in der Geige und Klavier abwechselnd sich vorzutasten scheinen, um dann in den Prestoteil auszubrechen, kommt bei ihnen nicht besonders feierlich heraus, sondern fließend – immer das Ziel, den Prestoausbruch, ungeduldig anvisierend. Es ist kein selbständiges Musikstück, sondern nur vorwärtsdrängende Vorbereitung, und wenn wir auch alle technischen Imperfektionen der alten Aufnahme beiseitelassen, wird diese Ungeduld, jenes Drängende hörbar, das zwei Künstler einer längst vergangenen Generation beseelte. Dabei ist es von weit mehr als nur dokumentarischem Interesse, mitzuerleben, wie Huberman und Friedman das Presto anlegen, man ist versucht zu sagen, wie sie loslegen: ein »alla breve«, das jeden Takt in zwei Zählzeiten aufteilt, das mit einem Furor sondergleichen den Himmel zu erstürmen scheint, das das erste Seitenthema (bestehend aus einer seufzerähnlichen Frage und einer unwirsch dagegenfahrenden Antwort) wie einen temperamentvollen Dialog gestaltet – übertrieben vielleicht für unsere heutigen neutralisierten Ohren, aber imponierend und ungekünstelt-unverstellt.

In den Jahren nach dem vergangenen Krieg, als große Scharen von vermeintlich werkgetreuen Puristen vielerorts das musikalische Herzblut drosselten, war man, dessen erinnere ich mich noch aus den frühen fünfziger Jahren, entgeistert über solche selbstherrliche, ja vermeintlich schamlose Art, mit der sich da zwei Künstler eitel in Szene zu setzen, den Beethoven-Text geradezu zu vergewaltigen schienen. Heute urteilen viele Musiker weitaus milder – vielleicht weil wir inzwischen wissen, wie wankelmütig, jedenfalls wie wandelbar jene Notentreue, jene Texttreue in verschiedenen Generationen ausgeübt und beurteilt wird. Ein altes Hörbild von Enrico Caruso etwa, von Arthur Nikisch oder Alfred Cortot mag uns verwirren, aber die Stärke des Ausdrucks ist noch spürbar, auch wenn wir uns heute veränderter Mittel bedienen. Was spätere Ge-

Beispiel 5
Aus: Beethoven, Violinsonate A-Dur Nr. 9 »Kreutzersonate« op. 47, 3. Satz

Bronisław Hubermans und Ignacy Friedmans Interpretation bei »Tempo I« lebt von der bewußten Übertreibung. Auf die beinahe säuselnd gestellte »Frage« folgt eine Fortissimo-Antwort, die den Eindruck eines melodramatischen Dialogs suggeriert. Von ähnlicher Drastik klingt erst wieder jene Wiedergabe durch Thomas Zehetmair und Malcolm Frager, die – nicht zufällig – beim Musizieren sich bewußt machen, daß Beethoven bei der Komposition an Torquato Tassos Epos »Das befreite Jerusalem« dachte. Zwischen Zehetmairs und Hubermans Interpretation liegen sechs Jahrzehnte!

nerationen über unsere heutige Art der Werktreue denken werden, braucht uns zwar nicht gleichgültig zu sein; aber wir wissen dank der alten Plattenaufnahmen, daß sicherlich auch unser heutiges Ideal, etwa Bach zu spielen oder Brahms oder was immer, nicht ewige Gültigkeit für alle späteren Künstler haben muß.

Eine ungleich besser rekonstruierte Beethoven-Aufnahme als die der Kreutzersonate besitzen wir glücklicherweise vom Violinkonzert, die 1936 mit den Wiener Philharmonikern unter George Szell entstanden ist. Huberman hatte in den zwanziger und dreißiger Jahren in Wien seinen

Wohnsitz genommen; man hatte ihm – wie auch dem Komponisten Richard Strauss – ein Palais zur Verfügung gestellt, und von dort unternahm er bis 1938 seine Konzertreisen in alle Welt, in die Vereinigten Staaten, nach Palästina, ja bis in den Fernen Osten, wo ihn 1937 ein großes Unglück ereilte: Er stürzte mit einem Flugzeug über Sumatra ab und brach sich den Arm; eine Tragödie für den inzwischen 55jährigen, der mit eiserner Energie das (im wahrsten Sinne des Wortes) Handicap überwand und bis zum September 1946 konzertierte, wenige Monate vor seinem Tod am 16. Juni 1947 in Corsier-sur-Vevey am Genfer See, wo er einen schönen Besitz erworben hatte.

Die erwähnte Beethoven-Aufnahme ist glücklicherweise seit ein paar Jahren auch in Deutschland wieder erhältlich; ihre Einspielung liegt noch vor dem Unfall und ist, was das behende Tempo betrifft, durchaus mit derjenigen von Heifetz vergleichbar (die bekanntlich ein paar Jahre später, 1940, mit Arturo Toscanini entstand). Aber Hubermans Beethoven ist nicht der tiefsinnige, sondern eher der trotzige; sein Ideal ist das Kämpferisch-Strahlende; es ist auch nicht, um nochmals sein Spiel mit dem von Heifetz zu vergleichen, das Heiter-Schmelzende, das Mühelos-Apollinische; bei Huberman kommt der Sieg erst nach dem Kampf; das subjektive Moment der Durchdringung des Notentextes geschieht durch den hörbar eigenen Interpretationswillen. Selbst die zahlreichen Photographien des Künstlers sind ein sprechendes Abbild seiner künstlerischen Disposition: herrisch, kämpferisch, auf gewisse Weise unnahbar. Kein Wunder, daß seine Art zu musizieren nicht nur begeisterte Zuhörer gefunden hat, sondern – vor allem unter den kritischen Kollegen – Unsicherheit, Unverständnis, Ratlosigkeit, ja Mäkelei hervorlockte. Das erwähnte Votum Fleschs versteigt sich sogar zu der Bemerkung, Huberman sei ein »ungesundes Vorbild für den Nachwuchs«.

Auch der junge Yehudi Menuhin scheint, als er Anfang der dreißiger Jahre einer Karriere begann, die jener des Wunderkinds Huberman 40 Jahre zuvor durchaus ähnlich war, den expressiven Künstler mit einer gewissen Scheu erlebt zu haben: »Einer von ihnen [den Interpreten, die einer bestimmten Gegend verhaftet sind], den ich bald nach meinem Deutschland-Debut [also Anfang der dreißiger Jahre] hören sollte«, schreibt Menuhin in seinen Erinnerungen, »war der Geiger Bronislaw Huberman. Trotz seiner großen Beliebtheit in Berlin, Wien, Budapest und vermutlich Prag fand er in anderen Städten nicht so viel Anklang. Künstler, die eine ganz bestimmte Art von Kultur, Temperament,

Beispiel 6
Aus: Beethoven, Violinkonzert D-Dur op. 61, 1. Satz

Der Soloeinstieg im Kopfsatz des Beethoven-Konzerts ist bei Huberman der selbstsicherste, auftrumpfendste, der sich denken läßt; dabei elegant und federnd und souverän mit einem Accelerando auf das hohe »d« hinsteuernd. Die folgenden Takte spielt Huberman ohne jede Tiefsinn herbeisehnende Verzögerung mit strahlender Virtuosität, ohne das Grundtempo zu verlassen. Die Synkopen ab Takt 114 benutzt er, wie es Beethoven nahelegt, als federnden Absprung in die folgende Sechzehntelpassage.

Rassenmischung verkörpern, gedeihen am besten in ihrem Heimatboden.«

Ich halte dies für eine – vorsichtig gesagt – bedenkliche Äußerung des großen Künstlers Menuhin, die so gar nicht zu dem Weltbürgertum paßt, das er für uns seit langem verkörpert. Der Musikologe Hans Keller indessen, der Fleschs Memoiren herausgab, hat einen eigenen Standpunkt vertreten, der demjenigen Fleschs durchaus entgegengesetzt ist: »Huberman war einer der imponierendsten Künstler, denen ich jemals begegnet bin ... Und es gibt eine lange Reihe von Künstlern, die seinen überragenden Rang als Geiger, als Künstler und als Mensch bezeugt haben ... Ich kann mich nicht eines einzigen Geigers erinnern, der seine Intonation in harmonischer und melodischer Hinsicht so unfehlbar den jeweiligen Anforderungen anzupassen verstand.« Wer diesem Hymnus mit Skepsis begegnet, höre in die Aufnahme des Beethoven-Konzerts hinein: Schon der erste Einstieg der Solovioline ist ein Paradigma der Musizierhaltung Hubermans: von federnder, dabei fordernder Eleganz, eigenwillig bis zur Selbstherrlichkeit, aber von einer Kunstanschauung geprägt, bei der Szell und die Wiener Philharmoniker herrlich leuchtend, präzis und für die damalige Aufnahmetechnik erstaunlich durchsichtig sekundieren.

Diese wunderbare Aufnahme entstand 1934, doch die Huberman-Biographie enthält in den Jahren zuvor eine Reihe wichtiger Stationen, die nur teilweise musikalischer, dafür eher kulturpolitischer Art sind. Bereits in den zwanziger Jahren hatte der große Geiger viele Male Gelegenheit genommen, auch ohne sein Instrument – im wahren Sinne – das Wort zu ergreifen. Kaum ein Künstler seiner Zeit, heute vielleicht Menuhin ausgenommen, hat so oft das Konzertpodium mit dem Rednerpult vertauscht. »Er glaubte«, lesen wir in einem Gedenkartikel anläßlich der 100. Wiederkehr seines Geburtstags im Jahre 1982, »sicher nicht, daß Musik durch Worte zu ergänzen oder gar zu ersetzen sei, aber er wußte auch, daß man mit der Geige keine politische Aufklärung betreiben kann. Die Kunst hatte für ihn eine eminent soziale Funktion. Da lag auch der Antrieb für seine politische Aktivität.«

So wie Huberman bei der Wahl zwischen poetischer Träumerei und pathetischer Deklamation stets die mitunter rastlose Aktivität wählte, so rückhaltlos vertrat er auch seine politischen Ansichten – Ansichten übrigens, die uns heute noch so vertraut klingen, daß man ihnen, rückwirkend betrachtet, nur den höchsten Respekt zollen kann. Paneuropa, bereits in den zwanziger Jahren im Gefolge der Völkerbundsidee von wenigen Einsichtigen vehement vertreten, fand in Huberman einen prominenten Verfechter. Seine Schriften und Vorträge verraten, mit welchem Ernst und welcher Kompetenz er Ideen vertrat, deren Gehalt damals vielleicht utopisch erscheinen mochte – uns Heutigen jedoch längst nicht mehr: »Eine geistige und körperliche Befreiung unserer Bewohner«, lesen wir in einem in Wien 1926 gehaltenen Vortrag, »dies und nicht weniger bezweckt Pan-Europa. Es bedeutet ein Heraustreten aus dem circulus *vitiosus* von nationaler Verhetzung, Krieg und Verwü-

stung, Kriegschulden, Zöllen, Steuerdruck, Lohnelend und das Hinaus-
treten in einen circulus *virtuosus* von nationaler Eintracht, Frieden,
Freundschaft, Massenproduktion für ein zollfreies Massenabsatzgebiet
usw. Das bedeutet aber ebensoviel Probleme, und zwar europäische
Zollunion, Währungsunion, Abrüstung der nationalen Armeen, Aufrü-
stung einer übernationalen Armee, wirklichen Minderheitenschutz, Un-
sichtbarmachung der Grenzen und, als Krönung des Ganzen: politische
Union.«

Der Pole, dessen Vaterland nach dem ersten Weltkrieg wieder seine
nationale Einheit errungen hatte, und der Jude, der den latenten Anti-
semitismus allerorten zu spüren glaubte, kannte die Fragwürdigkeit na-
tionalistischer Anstrengungen und wurde nicht müde, einer vernünftigen Internationalität das Wort zu reden. 60 Jahre nach diesen Sätzen
kämpfen die nationalen Interessen unvermindert in Brüssel, und das nur
für die Schaffung eines halben Europas.

Bekanntlich kam es noch viel schlimmer: Die von den Nationalsozia-
listen propagierte »nationale Revolution« war untrennbar verbunden mit
dem Rassenwahn, der es jüdischen Künstlern zunehmend unmöglich
machte, in Deutschland aufzutreten – ein Aderlaß, von dem sich das
geistige Deutschland, das musikalische allemal, bis heute nicht erholt
hat. Huberman und Kreisler, Flesch und Schnabel, Piatigorsky, Bruno
Walter, Klemperer, Steinberg und Szell – ihre Namen sind Legion –
waren in Berlin und anderswo im Deutschen Reich als rechtens gefeierte
Künstler aufgetreten. Als nach 1933 diese jüdischen Künstler außer Landes gingen, freiwillig oder brutal verjagt, versuchten die im Lande Gebliebenen, der berühmte Furtwängler an der Spitze, den Exodus seiner
künstlerischen Freunde (und sie waren in vielen Fällen auch seine persönlichen Freunde) aufzuhalten – mit künstlerischer Autorität und persönlicher Integrität, das sei gesagt. In dem Versuch, das militant-politi-
sche Nazideutschland daran zu hindern, qualifizierte jüdische Künstler
auch im »neuen« Deutschland zu halten, bildete sich ein sogenanntes
Prüfungskommissariat in Preußen, dem neben Furtwängler der Komponist Max von Schillings, der Pianist Wilhelm Backhaus und der Geiger
Georg Kulenkampff angehörten (Schillings starb bald, und bei Kriegsende 1945 saßen die übrigen drei Künstler resigniert und künstlerisch isoliert
in der neutral gebliebenen Schweiz). In diesem heute noch etwas seltsam
anmutenden Dokument, das gewissermaßen eine Zensur der »wertvollen« jüdischen Künstler gegenüber den übrigen, wohl nicht so schutzbe-

dürftigen normalen, gemeinen durch eine Prüfungskommission empfahl, heißt es (ich zitiere aus dem »Berliner Tageblatt« vom Juni 1933):

»In der Voraussetzung, daß deutsche, allgemein anerkannte, seit Jahren durch ihre Leistungen legitimierte Künstler am ehesten dazu berufen sind, dem Musikleben des neuen Deutschland als Führer und Berater zur Seite zu stehen, hat der Minister für Wissenschaft, Kunst und Volksbildung eine Kommission zusammenberufen..., welche Programme sämtlicher öffentlicher Konzertvereine (ob aus öffentlichen Mitteln subventioniert oder nicht) zu prüfen hat. Die Gesichtspunkte, nach denen dies geschehen wird, sind folgende: Im Mittelpunkt unseres Musiklebens hat die Pflege der großen deutschen Musik zu stehen. Dies soll indes nicht heißen, daß nicht auch die Musik der außerdeutschen Welt – alter deutscher Tradition gemäß – zu Wort kommen soll und ihren produktiven Anregungswert für uns Deutsche weiter ausüben kann. Innerhalb der zeitgemäßen Produktion wird besondere Rücksicht auf die deutschen Komponisten zu nehmen sein, aber auch dies soll nicht besagen, daß nicht die bedeutenden, repräsentativen Leistungen ausländischer Musik nach Gebühr bekanntgemacht und gepflegt werden sollen. Bei mitwirkenden Künstlern (Solisten usw.) gilt ebenfalls der Grundsatz, daß in erster Linie deutsche Künstler herangezogen werden müssen, die berufen sind, deutsches Musikleben zu tragen und zu erhalten. Indessen muß hervorgehoben werden, daß in der Musik, wie in jeder Kunst, die Leistung stets der ausschlaggebende Faktor bleiben muß. Dem Leistungsprinzip gegenüber müssen, wenn erforderlich, andere Gesichtspunkte zurücktreten. Jeder wirkliche Künstler soll in Deutschland tätig sein und nach Maßgabe seiner Fähigkeiten gewürdigt werden können. Diese vom Minister eingesetzte Kommission wird in Zukunft die einzige Instanz sein, die in Programmfragen, im Musikleben Preußens zu entscheiden hat.«

Jeder wirkliche Künstler, heißt es da. Wer Künstler ist, bestimmen wir... Das war eine Auswahl, eine Selektion, die außerhalb Deutschlands auf Widerspruch, bestenfalls auf Gleichgültigkeit stoßen mußte. Furtwängler schrieb an Huberman einen Brief, der vom 30. Juni 1933 datiert ist und verdient, da er unmittelbar mit dem Künstler und Kulturpolitiker Huberman zusammenhängt, zitiert zu werden:

»Lieber Freund! Einliegendes Exposé wurde gestern von der Regierung veröffentlicht und damit ist, wie Sie zugeben müssen, deutlich ausgesprochen, daß jeder Künstler, gleich welcher Rasse und Nation, in

Deutschland tätig sein wird und muß! Ich habe auch zugleich mit dieser Veröffentlichung der Regierungsstelle mitgeteilt, daß ich mit Ihnen verhandeln werde. Ich bitte Sie, bei Ihrem Entschluß nochmals alle die Punkte zu bedenken, die wir seinerzeit durchgesprochen haben. Einer muß ja den Anfang machen. Lassen Sie mich recht bald etwas hören. Mit herzl. Grüßen Ihr gez. Furtwängler.«

Hubermans Antwort ist berühmt geworden. Sie war gar nicht besonders tapfer, aber sie sagte klar und unmißverständlich, welchem Trug die in Deutschland verbliebenen Freunde erlegen waren; sie konnte gar nicht anders ausfallen, wenn man Hubermans politische, ja im Grunde vom politischen Menschenverstand ausgehende Anschauung kannte:

Bronisław Huberman, Ignacy Friedman und Pablo Casals, Bonn 1927

»Lassen Sie mich zunächst Ihnen meine Bewunderung ausdrücken für die Unerschrockenheit, die Zielbewußtheit, das Verantwortungsgefühl und die Zähigkeit, womit Sie Ihre im April begonnene Kampagne um die Rettung des Konzertwesens vor der drohenden Vernichtung durch die Rassenreiniger geführt haben. Wenn ich Ihrer Aktion – der einzigen im heutigen Deutschland, die zu einem positiven Resultat geführt hat – die Taten Toscaninis (Absage an Bayreuth), Paderewskis (Pariser Hilfskonzert) und der Brüder Busch an die Seite stelle, alle dem gleichen Solidaritätsgefühl, der gleichen Sorge um den Bestand unserer Kultur entsprungen, dann erfaßt mich ein Gefühl des Stolzes, mich auch Musiker nennen zu dürfen.

Aber gerade diese Vorbilder hoher Pflichterfüllung müssen alle Kollegen von jedem zielgefährdenden Kompromiß abhalten. Die Regierung glaubt, das Selektionsprinzip der Höchstleistung als entscheidend für die Musik wie für jede andere Kunst erst hervorheben zu müssen. Diese Unterstreichung des an sich Selbstverständlichen wäre sinnlos, wenn daraus nicht implizite der Wille spräche, auf allen übrigen Kulturgebieten eben das Nichtverständliche, nämlich die Rassenauslese, gelten zu lassen . . .

Sie versuchen, mich mit dem Satz zu überzeugen, daß ›einer den Anfang machen muß, um die trennende Wand zu durchbrechen‹. Ja, wenn es sich nur um eine Wand im Konzertsaal handeln würde! Aber diese Frage einer mehr oder minder berufenen Interpretation eines Violinkonzertes ist nur einer der mannigfachen Aspekte – und weiß Gott, nicht der wichtigste –, unter denen sich das eigentliche Problem verbirgt. In Wahrheit geht es um die elementaren Voraussetzungen unserer europäischen Kultur: die Freiheit der Persönlichkeit und ihre vorbehaltlose Selbstverantwortlichkeit! . . .«

Huberman setzte also seine persönliche Freundschaft zu Furtwängler aufs Spiel, konnte nicht anders handeln und war führend an dem Boykott jener jüdischen Künstler beteiligt, die, wer weiß wie lange, vielleicht in Deutschland hätten auftreten dürfen. Wenige Jahre danach, als offenbar wurde, daß Nazideutschland keine vorübergehende Episode bleiben würde, veröffentlichte Huberman einen offenen Brief in der britischen Zeitung »Manchester Guardian«, in dem er nun rückhaltlos gegen die in Deutschland verbliebenen Intellektuellen zu Felde zog: »Es ist nicht das erstemal in der Geschichte, daß Instinkte der Gosse nach der Macht greifen, aber es war erst den deutschen Intellektuellen vorbehalten, ihnen zum Siege zu verhelfen.«

Huberman hatte inzwischen erkannt, welcher unmittelbaren Energie es bedurfte, sich nicht mit den Verhältnissen in Deutschland länger auseinanderzusetzen (das blieb offenbar, wie er erkennen mußte, ohne greifbares Ergebnis), sondern um die in Not geratenen jüdischen Musikerflüchtlinge zu retten und ihre Not zugleich auf sinnvolle Weise zu lindern: durch die Gründung eines in Palästina, dem nachmaligen Israel, stationierten Symphonieorchesters. Schon Ende der zwanziger Jahre, also noch einige Zeit, bevor in Deutschland die »nationale Revolution« den paneuropäischen Bestrebungen ein enges, arisch ausgerichtetes Kunstideal entgegensetzte, war Huberman in Palästina gewesen, wo er

72

innerhalb einer Konzerttournee in Jerusalem und Tel Aviv spielte. Bereits zwei Jahre danach kehrte er dorthin zurück, um diese wichtige Konzerttätigkeit fortzusetzen.

In einem Zeitungsinterview in Wien äußerte er sich dazu 1932: »Ehrlich gesagt, ist es mir nicht ganz klar, warum ich ein zweites Mal in Palästina konzertiert habe. Wahrscheinlich nur aus dem natürlichen Bedürfnis heraus, die ungeheuren Anstrengungen, die man dort auf kulturellem Gebiet unternimmt, unterstützen zu helfen. Mir scheint es wichtig zu sein, die kulturellen Bindungen zwischen Europa und Palästina zu stärken. Es wäre, finde ich, tragisch, wenn die jüdische Bevölkerung dort

Bronisław Huberman, um 1931

ihre kulturellen Bindungen mit uns verlöre, denn die Juden sind schon in allen kulturellen Aktivitäten stark beteiligt gewesen, was ein Grund mehr für mich ist, stolz darauf zu sein.« Und er fuhr fort: »Daß ich mich bisher nicht aktiver an der zionistischen Sache beteiligt habe, liegt nicht daran, daß ich ein schlechter Jude bin. Vielmehr war ich immer der Überzeugung, daß nur Europa dem jüdischen Genius zur rechten Entfaltung verhelfen könne. Nun habe ich dort die unerhörten Anstrengungen erlebt, die man in Palästina unternimmt. Meiner Meinung nach haben die Juden einen überproportionalen Anteil an der kulturellen Entwicklung in Europa, und es wäre ein betrüblicher Gedanke, daß sich

Europa der dortigen Entwicklung, vor allem auf dem Gebiet der Musik, verschließt.«

Inzwischen hatte man von anderer Seite schon große Anstrengungen unternommen, um in Palästina ein regelmäßig arbeitendes Symphonieorchester auf die Beine zu stellen. Joseph Weißgerber, ein begabter Cellist, der aus Czernovitz stammte, in Berlin aufwuchs und nach Athen emigriert war, besuchte Anfang 1933 Palästina, und es ergab sich, daß er dort blieb, um mit Hilfe des Tel Aviver Bürgermeisters Meir Dizengoff (nach ihm ist ein großer Boulevard der heutigen Stadt benannt) eine Palestine Philharmonic Society gründete und so etwas wie ihr musikalischer Direktor wurde. Das war im Dezember 1933. Inzwischen waren die Nazis in Deutschland an die Macht gekommen, jüdische Musiker standen zuhauf vor der Notwendigkeit einer neuen Existenzgründung. Weißgerber schrieb rund 2000 Briefe, um seiner neugegründeten Organisation finanzielle Unterstützung zu sichern, und einer dieser Briefe landete bei Huberman in dessen Wohnsitz auf Schloß Hetzendorf bei Wien. Huberman antwortete gewissermaßen »in Person«, indem er im Januar 1934 nach Palästina reiste und 13 Benefizkonzerte zugunsten der von Weißgerber gegründeten Society gab. Dieser Aufenthalt hat Hubermans Haltung dem Zionismus gegenüber entscheidend verändert. Die Ereignisse in Deutschland hatten ihn davon überzeugt, daß es nunmehr an der Zeit sei, den paneuropäischen Gedanken und die Ziele des Zionismus nicht länger unversöhnlich nebeneinanderher gehen zu lassen, sondern nunmehr hier in Palästina das von Juden seit langem ererbte und gepflegte europäische Kulturgut in das Land der Juden hinüberzuretten.

Von da an widmete sich Huberman mit der gewohnten Energie der Rekrutierung erstklassiger Musiker, um mit ihnen das erstrebte Orchester zu gründen. Die Dirigenten Issai Dobrowen und Hans Wilhelm Steinberg (ehemaliger Operndirektor in Frankfurt und seines dortigen Postens enthoben) gingen ihm dabei zur Hand. Streicher gab es, das war eben die Domäne der jüdischen Musiker, in Hülle und Fülle, aber einen hervorragenden jüdischen Hornisten oder Holzbläser engagieren zu können machte Mühe. Studiert man die alten Dokumente, die Verträge der ersten engagierten Musiker, stellt man fest, daß ein Konzertmeister gerade soviel verdiente wie ein Tuttibläser. In einem solchen Pionierland mußte man sich um alles kümmern, was es noch nicht gab und was in jeder mittelgroßen deutschen Stadt selbstverständlich war: Probenräume und Programmdruck, Noten und Unterkünfte für die Musiker waren

Probleme, die nicht nur mit Geld, sondern mit Enthusiasmus gelöst werden konnten. Huberman sagte Dutzende von Konzerten in aller Welt ab, um für seine Sache zu werben. Albert Einstein und Arturo Toscanini waren unter den Prominentesten, die sich der palästinensischen Orchesterarbeit annahmen. Schließlich konnte man am 26. Dezember 1936 das erste Konzert geben. Toscanini dirigierte. Huberman mußte seine weiteren Pläne zurückstellen – wegen des Unfalls auf Sumatra –, kehrte aber im Winter 1938 nach Palästina zurück, wo er 14 Konzerte gab. Zwei Jahre später konzertierte er dort wieder, unter anderem auch in Kairo im Rahmen von Veranstaltungen des »Roten Halbmonds« zugunsten der dortigen Erdbebenopfer. Durch den Krieg war ihm die Rückkehr nach Palästina verschlossen; er siedelte in die Vereinigten Staaten über, nach dem Krieg ging er zurück in die Schweiz, wo er 1947 starb, ohne noch miterleben zu dürfen, daß aus dem Pionierorchester der Palestine Symphony mit der Gründung des Staates Israel 1948 das Israel Philharmonic Orchestra geworden war.

Während aller dieser Aktivitäten fand er in den dreißiger Jahren noch Zeit für verschiedene wichtige Plattenaufnahmen, von denen neben dem Beethoven-Konzert Lalos »Symphonie espagnole«, ebenfalls mit den Wiener Philharmonikern unter Szell, zu erwähnen ist. Auch in dieser Aufnahme, die ein Heifetz vielleicht eleganter und müheloser musiziert, ist – und das halte ich für ein Mißverständnis auf ganz hoher, nobler Ebene – Hubermans energisches Pathos spürbar, seine bravouröse, aber das Emotionale überbetonende Auffassung. Musik als ethisch gefärbte, ja philosophisch unterfütterte Kulturäußerung – das war es stets, was Hubermans Musizierweise prägte. Darüber hinaus ist gerade auch diese Aufnahme ein staunenswertes Beispiel der geigerischen Meisterschaft dieses Künstlers, für den die Interpretation eines Violinkonzerts »weiß Gott nicht der wichtigste« Aspekt gewesen ist.

Vom Wunderkind, das Brahms bewunderte, zum Organisator einer neuen Musikkultur im Lande der jüdischen Ahnen; vom Paneuropäer, dessen Moral jeden Kontakt mit der nationalsozialistischen Kulturpolitik verbot, zum glühenden Vertreter des zionistischen Gedankens; Europas Kultur dienstbar gemacht dem palästinensischen Lande durch Fortsetzung des paneuropäischen Gedankens, zugleich tatkräftige produktive Antwort auf den nationalsozialistischen Judenboykott: welch eine Lebensleistung, welch eine Energie, welch eine hohe Auffassung von der moralischen Kategorie der Kunst und der Musik!

Die erhaltenen Plattenaufnahmen sind gewissermaßen nur die akustisch wahrnehmbare Seite seiner künstlerischen Gesamttätigkeit: Die Konzerte von Beethoven und Brahms, Mendelssohn und Lalo; es gibt auch Aufnahmen, weniger geglückte, von Mozarts Violinkonzerten und von einigen Bach-Werken, von denen allerdings die h-Moll-Partita für Violine solo ein überwältigendes Zeugnis seiner geigerischen Qualitäten abgibt. Im Gegensatz zu den Violinkonzerten Bachs ist diese Solosonate nicht von auftrumpfender Dramatik geprägt, sondern von einer geradezu keuschen, glockenreinen Diktion, die verblüfft.

Bleibt das Tschaikowski-Konzert, von dem es aus den späten zwanziger Jahren einen Plattenmitschnitt unter Steinberg mit der Preußischen Staatskapelle Berlin gibt. Der in Frankreich lebende jüdische Geiger Ivry Gitlis behauptete, es sei die grandioseste Interpretation dieses Konzerts, die er in seiner Kindheit in Palästina durch Huberman gehört habe. Gitlis war übrigens auch einer jener Geiger, die sich im Dezember 1982 zum 100. Geburtstag Hubermans in Tel Aviv versammelten – in Israel, dessen Musikleben diesem großen Geiger in der Tat seine Existenz verdankt. Eine Parade der Geigerkönige aus aller Welt war angereist, berühmte Virtuosen wie Isaac Stern und Ida Haendel, Henryk Szeryng und Gitlis haben ihn gefeiert gemeinsam mit ihren jüngeren Kollegen Perlman, Zukerman und Mintz – junge Künstler, die erst geboren wurden und das Geigespielen lernten, als Huberman längst nicht mehr lebte. Aber dort in Israel ist der polnische Künstler, der einst das Berliner Publikum beglückte und der jahrelang ein Schloß in Wien bewohnte, nicht nur Legende, sondern historische Wirklichkeit.

Der Deutsche

Adolf Busch

Den deutschen Geiger Adolf Busch mit dem Violinkonzert von Beethoven gehört oder eines der späten Quartette in der Interpretation des Busch-Quartetts erlebt zu haben galt nach dem zweiten Weltkrieg als eine fast feierliche Erinnerung, der damals nichts an die Seite zu stellen war. Was in Deutschland an Geigern geblieben war nach 1933, war eine kleine Gruppe: Der berühmte Georg Kulenkampff lebte seit 1944 in der Schweiz, wo er bereits vier Jahre später starb; der junge Gerhard Taschner verfolgte eine unregelmäßige, ja fast ungeordnete Karriere, dem dann keine weiteren Höhepunkte mehr beschieden waren; der tschechische Hexenmeister Váša Příhoda reiste durch die Lande, um uns staunen zu machen; Wolfgang Schneiderhahn hatte sein Streichquartett aufgelöst und wuchs zu einem großen Solisten heran. Dann kamen schon die berühmten Geiger aus dem Ausland, als erster Yehudi Menuhin und die unvergessene Ginette Neveu, in den fünfziger Jahren David Oistrach, Tibor Varga und fortan noch jüngere.

1949 kam jedoch einer nach Deutschland zurück, dem die meiste Verehrung, freilich auch die größte Erwartung entgegengebracht wurde: Adolf Busch. Er kam als Solist als auch mit seinen drei Quartettgefährten, und am Bayerischen Rundfunk entstand sogar eine kleine Quartettaufnahme von Mendelssohn. Hauptauftritt war Buschs solistisches Erscheinen mit dem Beethoven-Konzert beim Beethoven-Fest in Bonn sowie in Berlin. Sein dortiges Wiederauftreten wurde zu einer liebevoll kaschierten Enttäuschung und war mit etwas betretener Verehrung aufgenommen. Allenfalls im Mittelsatz des Konzerts erklangen Erinnerungen an einstige Größe und Vollkommenheit. Das Wiedersehen mit dem einstmals als besonders »deutsch« charakterisierten Künstler blieb eine etwas melancholische Erfahrung. Das Spiel des bald 60jährigen schien ermüdet, der Glanz seines einst gerühmten Spiels matt geworden, die innere Kraft der analytisch zusammenfassenden Interpretation nur noch in Episoden erkennbar. Hier war, geradezu paradigmatisch, die Legende an der Wirklichkeit zerbrochen. Wenige Jahre später, am 9. Juni

1952, ist Adolf Busch in Guilford im amerikanischen Vermont gestorben.

Der kluge und bestimmt nicht zum unkontrollierten Überschwang neigende schweizerische Publizist Willi Schuh hat in seinem Nachruf auf Busch vermerkt, mit ihm sei »der bedeutendste Geiger seiner Generation« dahingegangen. Das will etwas bedeuten, denn die Busch-Generation, das war eine ganze Phalanx von Elitegeigern: Nur zwei Jahre jünger war der seinerzeit berühmte Auer-Schüler Efrem Zimbalist (der erst 1985 hochbetagt gestorben ist), da waren Floritzel von Reuter (der über 90 Jahre alt wurde und ebenfalls 1985 starb) und Mischa Elman, der von der Jahrhundertwende bis zu seinem Tod 1967 weltweit konzertierte; da waren die drei Ungarn – allesamt in Buschs Alter – Licco Amar (in dessen Quartett Hindemith Bratsche spielte), Emil Telmányi, der mit dem Bach-Rundbogen musizierte und auch als Dirigent tätig war; und schließlich der große Joseph Szigeti, der noble, gescheite Anwalt vieler neuer Geigenliteratur. Neben Busch hatte die Zeit um 1890 also eine Fülle von Talenten geboren, ob dies in Rostow oder in Budapest oder im amerikanischen Davenport geschah. Busch kam am 8. August 1891 in Siegen in Westfalen zur Welt. Aber wer nun glaubt, diese Herkunft wäre, im Unterschied zu den exotisch klingenden Geburtsstätten der Zeitgenossen, ein besonderes Merkmal für Solidität und deutsche Seßhaftigkeit, der täuscht sich.

Busch hatte viele Geschwister, von denen einige früh starben und zwei, gleich ihm, bekannte Musiker wurden: Hermann war ein tüchtiger Cellist, längere Zeit auch im Quartett seines Bruders tätig, und Fritz Busch, der Dirigent, wurde Opernchef in Stuttgart und Dresden, später in Glyndebourne, Buenos Aires und Kopenhagen. Seinen Lebenserinnerungen verdanken wir eine heiter-trockene, fast ironische Beschreibung des Elternhauses. Der Vater war vom Hütejungen zum Geigenbauer aufgestiegen, ein phantasievoller, etwas unsteter Mensch, der es als Autodidakt zum Amateurmusiker gebracht hatte und mit seiner musikalischen Sippe – halb Familie Pfeffling und ein Schuß Powenz-Bande – auf zweifelhaften Tanzböden und in bohemegetränkten Etablissements aufspielte. Die ständige Armut im Nacken, war es für die Jugend der Busch-Brüder alles andere als ein Zuckerschlecken. Dem Vater war es nicht anders ergangen, aber der hatte es gerade zur kleinbürgerlichen Existenz gebracht, immer darauf bedacht, seinen Kindern zu guten Musiklehrern zu verhelfen, was den willkommenen Nebeneffekt hatte, daß die Busch-

Kapelle sich von Jahr zu Jahr vermehrte. Das Publikum wechselte im Laufe der Jahre ebenfalls: Bis zu dem Zeitpunkt, an dem die ältesten beiden Jungen das Elternhaus verließen, hatte dieses nicht weniger als 15mal den Wohnsitz gewechselt.

»Daß wir Kinder musikalisch waren«, so lesen wir in Fritz Buschs Erinnerungen »Aus dem Leben eines Musikers«, »zeigte sich sehr bald. Mein Vater hatte sich neben der Tischlerei und dem Spielen von Tanzmusik dem Geigenbau zugewandt. Ich mag drei oder vier Jahre alt gewesen sein, als ich eine sogenannte halbe Geige, die er gebaut hatte, in die Hände bekam. Ich zog aber bald ein für zwanzig Mark gekauftes Tafel-

Die Familie Busch

klavier zum Spielen vor, während Adolf auf die Geige zutappte, die das Instrument seines Lebens wurde. Wir lernten sehr schnell Noten lesen und verstehen und konnten jedenfalls viel früher leichte Sachen von Noten spielen, als wir lesen und schreiben konnten.«

Wie rasch die beiden Buben, später wohl auch der Cello spielende Bruder Hermann, in die Busch-Kapelle integriert wurden, mag eine Episode verdeutlichen, deren Überlieferung wir ebenfalls Fritz Busch verdanken: »Ein Gesangverein trat an meinen Vater heran, um die beiden Kinder zur solistischen Mitwirkung in einem Konzert einzuladen, dem sich ein Ball anschließen sollte ... Adolfs Bravourstück war der ›Karneval in Venedig‹ mit einer Reihe von Variationen in A-dur, deren Schwierigkeit sich immer mehr steigerte. Weniger interessant war meine Klavierbegleitung . . . Damit war kein persönlicher Erfolg zu erzielen. So begann ich bereits in der zweiten Variation, auch meine Künste zu zeigen und zu Adolfs Passagen einige Tonleitern in der Gegenbewegung, hie und da auch einmal ein Glissando oder sonst eine brillante Fioritur einzulegen. Adolf, mit seinem Geigelchen über mir in der Mitte der Bühne stehend, lachte zunächst herzlich. Als ihm aber nun einige Noten danebengingen, weil er der nötigen Konzentration ermangelte, wurde er ärgerlich. Dies reizte mich, meine Improvisationen wurden noch verwegener, bis Adolf wütend rief: ›Hör auf!‹ Als auch dies nichts nützte, unterbrach er das Spiel, sprang auf mich zu, der tief unter ihm am Klavier saß, und schlug mir . . . den Bogen über den Kopf. Instinktiv den Standpunkt vertretend: ›Auge um Auge, Zahn um Zahn‹, turnte ich meinerseits auf die Bühne, und es begann die schönste Keilerei . . . Der Vorhang fiel mildtätig über diese Szene, und wir wurden zu Bett geschickt.«

Die häuslichen Pflichten und die zahlreichen Schwangerschaften der Mutter machten es ihr bald unmöglich, jedes Wochenende bis in die Montagsfrühe hinein in verräucherten Kneipen die Begleitakkorde auf dem Klavier anzuschlagen, und Bruder Fritz, gelegentlich auch Adolf, mußte diese Rolle übernehmen. Zehn Jahre lang, so berichtet Fritz, seien sie fast an jedem Wochenende über Land gefahren, auch gelaufen, um aufzuspielen – eine eisenharte Schule, die eine gute Gesundheit verlangte und den beiden jungen Musikern ein musikalisches Rüstzeug verschaffte, mit dem sie schließlich, höheren Weihen entgegenfiebernd, aufs Konservatorium nach Köln zogen. Bis zum Abschluß ihrer Studien ist es jedoch weder Fritz noch Adolf in den Sinn gekommen, das Spielen zum Gelderwerb der Familie aufzugeben. Der junge Adolf war bereits mit elf Jahren am Kölner Institut aufgenommen worden, wo der Brahms-Verehrer Fritz Steinbach das Regiment führte. Willy Heß, lange Jahre Konzertmeister in Boston, und Bram Eldering unternahmen die erste wirklich ernsthafte Unterweisung des begabten jungen Geigers. Nebenher absolvierte dieser die Gymnasialzeit und half schon in jenen Jahren im Gürzenich-Orchester aus, wo die wichtigsten Dirigenten der Zeit gastierten. Es muß wohl um 1909 gewesen sein, als die Brüder Fritz und Adolf zum Abschluß ihrer Studien im Gürzenich in Köln zwei Konzerte von Brahms vortrugen. Adolf war damals knapp 18 Jahre alt.

Es ist gewiß kein Zufall, wenn alle, die Fritz und Adolf Busch kennen-lernten, auf ihre Ernsthaftigkeit hinweisen, auf ihre grundsolide Ausbil-dung und allgemeine musikalische Bildung. Das bloße Handwerk, die Beherrschung aller technischen Fertigkeiten – vom Partiturspiel bis zum Spielen einer verblüffend großen Anzahl verschiedener Instrumente –, alle diese beruflichen Erfahrungen des Allroundmusikers hatten beide längst hinter sich gebracht. Während Fritz Busch über die Stationen Riga, Bad Pyrmont und Aachen bald als Opernchef in Stuttgart und dann ein gutes (berühmt gewordenes) Jahrzehnt lang die Oper in Dres-den leitete, nahm Adolf den nächsten grundsoliden Schritt auf der Leiter zum Erfolg: Er wurde Konzertmeister des Wiener Konzertverein-Or-chesters (heute die Wiener Symphoniker) und gründete bereits ein Jahr danach, 1913, das Wiener Konzertverein-Quartett, das sich freilich kei-ner langen Lebensdauer erfreuen durfte, weil der erste Weltkrieg und die Mobilmachung das junge Ensemble zweier seiner Mitglieder beraubte.

Adolf Busch muß bereits in diesen jungen Jahren, nach Abschluß des Studiums und vor Beginn des großen Kriegs, auch international eine Solistenkarriere absolviert haben. »Auf dem Programm«, heißt es in der Berliner Musikzeitschrift »Signale« vom März 1910, »standen das Vio-linkonzert von Brahms, das von Max Reger und die Variationen über ein Thema von Franz Schubert von Adolf Busch. Da erwartete man kaum, daß ein ganz jugendlicher Mensch auftreten würde. Aber es erschien ein Bursche von etwa 17 Jahren, mit noch völlig unreifem Gesicht und von so schmächtiger Figur, daß man gar nicht glauben mochte, er würde mit diesen zwei großen Konzerten fertigwerden. Indessen das Wunder ge-schah. Er kam nicht nur durch, sondern zog alle Anwesenden mit sich fort; sie folgten ihm wie einem Propheten. Adolf Busch ist einer jener Frühreifen, die geboren sind, um entweder große Diener der Kunst zu werden, oder an ihrer unheimlichen Begabung zugrundezugehen. Ihm wird die inhaltlich schwere Musik gehören, für die er jetzt schon das ganze Rüstzeug besitzt: einen außerordentlich kräftigen, vieler Abstu-fungen fähigen Ton voll Reiz und herber Schönheit sowie eine absolut sichere Technik, die auch im polyphonischen Spiel nicht unrein wird.«

Nach London kam Busch bereits 1912, und es ist erstaunlich, daß dieser junge Musiker, der weiß Gott keine Wunderkindkarriere absol-viert hatte, sondern eine harte, bäuerlich arme Musikantenjugend, daß dieser junge Mann sich neben den gleichaltrigen berühmten Kollegen behaupten konnte, ja noch ein ganz eigenes, unverwechselbares Musizieren verkörperte, das dem Publikum vielleicht bei Virtuosen wie Kreisler und Huberman, Marteau und Elman fehlte. Von Schneiderhahn abgesehen, der sich neben dem Quartettspiel eine internationale Solistenkarriere aufbaute, ist Busch wohl der einzige gewesen, der ebenfalls beide Tätigkeiten, die Kammermusik und die solistische Tätigkeit, miteinander zu verbinden wußte. Darüber hinaus meldete sich der Pädagoge früh zu Wort und wurde ebenso früh mit einem der höchsten damaligen Lorbeeren dekoriert: Man berief ihn auf den Posten an der Berliner Hochschule für Musik, den Joseph Joachim und dessen Nachfolger Henri Marteau weltberühmt gemacht hatten. Das war 1917 und will bezeugen, wie begründet Buschs geigerischer Ruhm bereits war, daß man ihm die prominenteste Lehrerstelle, die es in Europa zu vergeben galt, überantwortete.

Es gibt natürlich aus jener Zeit keine gesicherten Plattenaufnahmen mit dem jungen Busch, dafür war der Komet zu zögernd und zu spät aufgegangen, als daß damit sensationelle Erfolge des Nurvirtuosen zu machen gewesen wären. Man muß sich daran erinnern: Im selben Jahr produzierte die Firma RCA in New York mit dem zehn Jahre jüngeren Heifetz bereits zu Dutzenden Plattenaufnahmen. Rein solistische Einspielungen von Busch sind ohnehin ziemlich rar – von den großen Konzerten ist keines bekanntgeworden, und so nimmt es nicht wunder, wenn in einer Sammlung von Geigerbiographien der Name Busch nur en passant erwähnt wird.

In den Jahren während des ersten Weltkriegs und in der Zeit danach hat Busch, neben den klassischen Konzerten, sich auch nachhaltig und mit der Autorität einer früh errungenen öffentlichen Stellung für zeitgenössische Konzerte eingesetzt. Max Reger, zu dem auch der Bruder Fritz zeit seines Lebens eine starke künstlerische Affinität bewahrte, hatte für den französischen Geiger Marteau (der freilich viel in Deutschland spielte, als Vorgänger von Busch in Berlin lehrte und in Oberfranken ein herrliches Haus baute, in dem heute Münchner Musikstudenten vielbegehrte Meisterkurse absolvieren dürfen) sein Violinkonzert komponiert, aber neben ihm war es Adolf Busch, der es noch unter des Komponisten Leitung, also vor 1916, öffentlich aufführte – unter anderem bereits 1910 in Berlin.

Auch des Violinkonzerts von Ferruccio Busoni hat sich Busch öfter angenommen, hat es auch im Ausland gespielt, unter anderem mit dem Amsterdamer Concertgebouw-Orchester unter Bruno Walter. Diese

Aufnahme hat sich erhalten, und in ihr kommt zum Vorschein, was für ein glänzender Virtuose Busch auch gewesen ist.

Neben der unzweifelhaft erfolgreichen Solistenkarriere hatte Busch jedoch im Jahre 1918 wieder ein Quartett ins Leben gerufen, das vom 12. März 1921 an bis 1930 in folgender Besetzung auftrat: Adolf Busch und Gösta Andreasson, Violine, Karl Doktor, Viola, und Paul Grümmer, Violoncello. Von 1930 an übernahm Adolfs Bruder Hermann Grümmers Stelle, und in dieser Gruppierung hat das Busch-Quartett vor allem in den dreißiger Jahren eine Reihe maßstabsetzender Platteneinspielungen gemacht, von denen viele neu aufgelegt worden sind.

Daneben gab es die für jeden Geiger mindestens so wichtigen Gefilde

Adolf Busch, 1919

der Violinabende. Buschs Ehrgeiz lag auf diesem Gebiet nicht darin, einen unterwürfigen Begleiter zum Partner zu wählen. Die Akrobatenstücke und Salonstückchen lagen ihm nicht besonders – dergleichen hatte er zur Genüge in seiner Jugend für wenig Brot spielen müssen. Buschs Partner waren stets solide klavierspielende Musiker, und wenn wir den Erinnerungen des Bruders Fritz Glauben schenken wollen, spielte sich im Jahre 1919 folgende schicksalhafte Begegnung mit einem jungen Künstler ab, der fortan im Leben Adolf Buschs wie im internationalen Musikleben eine herausragende Rolle spielen sollte, die Entdeckung des Pianisten Rudolf Serkin: »Sei es, daß mein Bruder wieder einmal unzufrieden mit seinem Klavierpartner gewesen, oder daß dieser erkrankt war: Adolf befand sich in Wien auf Umschau nach Ersatz, als ihn Freunde auf den blutjungen, hochbegabten Serkin ... aufmerksam machten. Man suchte ihn zuhause. Zum Schrecken der Abgesandten stellte sich heraus, daß Rudi zur gleichen Stunde, zusammen mit einer Gruppe anderer unterernährter Kinder von einer Wohlfahrtsvereinigung zur Erholung fortgeschickt, auf dem Wege nach Frankreich war. Adolfs Freunde holten ihn beinahe aus dem Zuge heraus zurück, einen schmächtigen, ernsthaft-scheuen fünfzehnjährigen Jungen mit borstigem schwarzem Haar und gescheiten Augen. Zwei Musiker, die sich ihrer ganzen menschlichen und künstlerischen Veranlagung nach besonders verstehen mußten, fanden sich damals zu dauerndem Zusammenwirken. Hätte der Zug auf dem Wiener Westbahnhof früher zur Abfahrt gepfiffen, so wären sie vielleicht aneinander vorbeigegangen.«

Serkin, ein Jahr älter als seine nicht minder berühmt gewordenen Kollegen Claudio Arrau und Wladimir Horowitz, hat durch seine Tätigkeit als Virtuose, als Kammermusiker, als Pädagoge Weltruhm erlangt. Und in Verbindung mit Adolf Busch, dessen Tochter Irene er übrigens heiratete, hat er eine Reihe vortrefflicher Schallplattenaufnahmen hinterlassen, zumeist aus den dreißiger Jahren. In jener Zeit war kammermusikalisches Sonatenspiel in der Öffentlichkeit, zumindest in den zwanziger Jahren, noch eine Ausnahme. Mit Schumann und Mozart etwa war auf öffentlichen Podien keine Sensation zu machen, mit Bach auch nicht, und hier sind die Programme des Duos Busch/Serkin bahnbrechend gewesen. Es gibt Mitschnitte von Bach-Sonaten mit obligatem Cembalo (hier freilich auf dem Klavier gespielt) und solche von Vivaldi, die bereits einen Eindruck von der ernsten, gewissermaßen reinen Musizierweise, die Busch zeit seines Lebens kennzeichnete, Zeugnis geben. Auch die a-Moll-Sonate von Schumann, ein Stück, das sich bis heute den Konzertsaal nicht gerade erobert hat, zeigt Serkin und Busch als ein ideales Kammermusikerpaar, das Sätze wie das Intermezzo, ein delikates, gleichsam liebenswürdig plauderndes Stück, überzeugend zu musizieren vermochte.

Problematischer und beglückender sind zwei Beispiele der Beethoven-Interpretation. Bei der F-Dur-Sonate sind allerlei geigentechnische Imperfektionen Buschs schmerzhaft an vielen Passagen und Kantilenen hörbar. Aber noch in den alten Einspielungen ist etwas von der Besessenheit, von der zuweilen übertriebenen Ausdrucksfülle zu spüren, die sich spätere, auch berühmte, Geiger gegen technisch einwandfreie, nur

»makellose« Interpretationen haben abhandeln lassen. Technische Grenzen bei Busch, chronisch drängender Ausdruck auch auf Kosten glatter Bogenführung, das bewußt inhaltliche Interpretieren eines musikalischen Textes auch auf Kosten der Aussprache stellen den verwöhnten Hörer von heute bisweilen vor heikle Entscheidungen. Eine Neuausgabe von drei Beethoven-Sonaten (gemeinsam mit sieben der Beethovenschen Quartette in einer Kassette vereinigt) bietet in der Interpretation der c-Moll-Sonate durch Busch und Serkin einen Leckerbissen besonderer Art. Diese Aufnahme enttäuscht überhaupt nicht, überrascht vielmehr durch den verblüffenden Grad hochgespannter Dramatik. Das Finale etwa hat man selten (im Konzertsaal schon gar nicht) so eminent unwirsch, ja verzweifelt ausbrechend vernommen. Beide Partner musizieren untadelig, aber darüber hinaus erleben wir ein geradezu wildes Espressivo, ein deklamationsfreudiges Hervorbrechen als musikalisches Kredo. Zwei Musikanten haben ein Drama zu berichten, das uns noch heute zu erschüttern vermag. Wohlgemerkt: keine blanken Glissandi, keine Schluchzer, keine Portamenti; der Notentext bleibt unangetastet, doch seine Auslegung offenbart zwei grandiose Interpreten, die über ein halbes Jahrhundert hinweg noch heute zu uns zu sprechen vermögen. Ein bemerkenswertes Dokument!

Aus den frühen dreißiger Jahren stammt auch eine Aufnahme, die inzwischen wieder greifbar geworden ist, von Schuberts großer C-Dur-Fantasie. 1931 war für Busch ein besonders ereignisreiches Jahr, weil er damals zum erstenmal in den Vereinigten Staaten auftrat, und zwar gleich in bester künstlerischer Gesellschaft: mit den New Yorker Philharmonikern unter Arturo Toscanini. Er spielte ein Bach-Konzert und das Konzert von Beethoven. Der 40jährige, der nicht ahnen konnte, daß er die letzten 13 Jahre seines Lebens in diesem Land verbringen würde, erhielt günstige Kritiken; Olin Downes, der einflußreiche Kritiker der »New York Times«, schrieb von »meisterhafter Technik« und einem »herrlichen Bogenarm«.

Damit sind wir der Busch-Biographie etwas vorangeeilt. Adolf gab seine Berliner Stellung relativ rasch wieder auf. Mag es seine immer umfangreicher werdende Konzerttätigkeit gewesen sein oder auch Querelen mit den Berliner Behörden und den unvermeidlichen Konkurrenzüberschneidungen etwa mit dem als Pädagogen nicht minder berühmten Flesch: Busch übersiedelte 1929 nach Basel. Übrigens hat Busch als Lehrer eigentlich niemals einen wirklichen Weltklassegeiger ausgebildet,

wenn man von der wichtigen, aber nur kurzen Episode absieht, während
der er den jungen Menuhin unterwies. Die Verbindung mit dem kleinen
Wunderknaben war nicht ohne Schwierigkeiten zustande gekommen,
weil Adolf stets Bedenken hatte, Wunderkinder, mit denen er in Berlin
schlechte Erfahrungen gemacht hatte, unter seine Fittiche zu nehmen.
Nicht unbedingt mit den Kindern, sondern mit den Eltern dieser Kinder,
mit denen sie, wenigstens eine Zeitlang während der Konjunktur,
hübsch Geld verdienen konnten. Fritz Buschs Frau Grete, die den jungen Yehudi bereits in New York und kurz darauf in Dresden begleitet
hatte, brachte den Knaben, den Vater und Mutter unerbittlich begleiteten, in Adolfs Haus nach Basel. Und der sagte seiner Schwägerin vor der
Tür: »Wenn er ein guter Musiker werden will, darüber läßt sich reden.
Wollen die Leute aber nur Geld verdienen, dann kann er gleich draußen
bleiben.«

Fritz Busch, der wirklich Anteil an des jungen Yehudi Karriere genommen hatte, wandelte seinen rückhaltlosen Enthusiasmus für das
wunderbare Geigenkind hin zu einer resignierten, skeptischen Haltung:
»Allen Warnungen zum Trotz«, schreibt er in seinen Memoiren, »begann
man . . . Yehudi frühzeitig zum Virtuosen auszubilden. Ein Wanderleben
setzte ein, das uneigennützige Freundschaft dem Kind gern erspart hätte, und die Welt wurde um die volle Entwicklung einer einzigartigen
Begabung gebracht.«

Nun hat Menuhin ebenfalls Erinnerungen geschrieben, und sie sind in
ihren Beschreibungen des Studienkapitels bei Busch so anschaulich, daß
sie ebenfalls zitiert werden müssen: »Wie gesagt, war Enesco der Meinung, sein großer deutscher Kollege [Adolf Busch] würde einen korrek-
tiven Einfluß auf mich haben . . . Seine Ehrfurcht vor den Traditionen
klassischer deutscher Musik und seine Lebensführung stimmten überein.
Er spielte die Geige sehr rein und schön, ohne jeden Anflug russisch-
zigeunerischer Mätzchen. Sein Streichquartett gehörte zu den bekanntesten seiner Zeit. Außerdem komponierte er wie Enesco . . . Unser Umgang in Basel beschränkte sich auf wenige Menschen. Adolf Busch war
Familienvater, und so entstand zwischen unseren beiden Familien ein
engerer Kontakt . . . Buschs Auffassungen von einer Lehrer-Schüler-Be-
ziehung hatten fast etwas Religiöses. Er fand, ein Schüler müsse im
Hause seines Lehrers leben, wie der Jünger bei einem Guru, wie der
Lehrling des Mittelalters beim Meister, und morgens, mittags und
abends mit ihm musizieren, sein Denken ebenso teilen wie sein Heim

und sein Essen . . . Busch bedauerte, daß nicht auch ich zu seinem Haushalt gehörte . . . doch es ließ sich nicht einrichten: Meine eigene Familie wohnte nur wenige Häuser weiter, und ich mußte ja auch alljährlich die Schweiz für einige Monate Tournee verlassen . . . ich habe nie jemanden kennengelernt, der so viele Konzertverpflichtungen hatte wie Adolf Busch. Er war unangefochten *der* deutsche Geiger und trat als Solist oder mit seinem Quartett etwa zweihundert bis zweihundertfünfzig Mal im Jahr auf. Obwohl er genügend verdiente, um bequem zu leben, bekam er für die einzelnen Konzerte keine exorbitanten Summen. Es spricht für seine Lauterkeit, daß er, ohne zu zögern, einen Jungen als Schüler aufnahm, der pro Konzert etwa fünfmal so viel Honorar bekam . . . Sein Unterricht förderte eher meine musikalischen Kenntnisse als meine geigerische Entwicklung. Enescos Beschwingtheit und Glanz fehlten ihm, doch er war ein überzeugter Vertreter des reinen klassischen Stils, ein besonnener, ernsthafter, durch und durch lauterer Musiker, der mit Bach und Beethoven aufstand und schlafenging. Ich finde, daß besonders die Kammermusiker ihm wissentlich oder unwissentlich noch immer großen Dank schulden für seine künstlerische Aufrichtigkeit und unerschütterliche Verläßlichkeit.«

Soweit Menuhin, dessen freundliche Umschreibungen letztlich nicht verhehlen können, daß erstens Busch nach seiner Meinung ein mittelmäßiger, mäßig honorierter Geiger war und daß er zweitens nichts von ihm gelernt habe. Auch dies mag zur Korrektur einer Legende gehören.

Busch, der Unermüdliche, hat in Basel Anfang der dreißiger Jahre zur Verbreitung seiner künstlerischen Basis noch einen weiteren Schritt getan. Er gründete ein Kammerorchester und ging mit ihm auf Tournee. Inzwischen war das Jahr 1933 angebrochen; Busch hatte – obwohl als Nichtjude von den Rassegesetzen des Naziregimes offiziell nicht betroffen – während eines gemeinsamen Konzertabends mit seinem jüdischen Schwiegersohn Serkin antisemitische Demonstrationen erlebt und schwor sich, niemals mehr in Deutschland aufzutreten, solange die Nazis am Ruder wären. Er hat übrigens mit dem bald darauf gegründeten Palestine Symphony Orchestra, das sein großer polnisch-jüdischer Kollege Bronisław Huberman energisch unterstützte, als erster Solist gespielt – er, der angeblich »deutscheste« unter den Geigern, schenkte seine Kunst den verfolgten Musikerkollegen in Palästina.

Sein Kammerorchester, deren es in diesen Jahren einige weitere Neugründungen gab (zum Beispiel Paul Sachers Basler Kammerorchester und das bis in den Krieg hinein in Berlin tätige Kammerorchester des Pianisten Edwin Fischer), propagierte unter anderem auch Bachs weltliche Musik – die Suiten und die Brandenburgischen Konzerte, in denen die solistischen Partien unter anderen von Serkin und von Busch selbst interpretiert wurden. Glücklicherweise ist die vollständige Einspielung der sechs Brandenburgischen Konzerte wieder als Platte greifbar, so daß jedermann sich über den Standard des damaligen Bach-Spiels des Busch-Orchesters informieren kann. Eine Tradition etablierte sich damals in Florenz und führte zur ersten vollständigen Plattenaufnahme aller Brandenburgischen Konzerte. Keine Frage, daß diese musikalische Auffassung Buschs sich über Serkin in die Vereinigten Staaten fortgepflanzt hat, wo es – außer der singulären Bach-Interpretin, der Cembalistin Wanda Landowska, keine besonders ausgeprägte Bach-Tradition gab. Ralph Kirkpatrick auf dem Cembalo und Glenn Gould sollten die nächste Generation von Bach-Interpreten werden, wenn man von den grandiosen Fehlwürfen der Stokowski-Instrumentationen für großes Orchester absieht.

Am nachhaltigsten, das ist keine Frage, hat sich das Busch-Quartett in seiner um 1930 veränderten Besetzung (Hermann Busch statt Paul Grümmer) ins Bewußtsein der musikalischen Welt eingegraben, wobei die meisten erhalten gebliebenen Plattenaufnahmen ebenfalls in den Jahren nach 1930 entstanden sind. Das Ensemble war übrigens auch im amerikanischen Exil, seit 1938/39, zusammengeblieben, bis 1945 ein weiterer Wechsel eintrat. Die zwanziger Jahre hatten im Streichquartettspiel in Deutschland eine Reihe neuer großartiger Ensembles hervorgebracht. Der Ruhm des Joachim-Quartetts war inzwischen Legende geworden; Arnold Rosés Ensemble in Wien bestand noch, aber mit Quartettvereinigungen, die Karl Klingler oder Adolf Busch anführten, waren neue Maßstäbe gesetzt worden, die in England im Griller Quartet und in der Tschechoslowakei im Ondříček-Quartett, freilich auch im Budapester Streichquartett (dem bald kein Ungar mehr angehören sollte) und bei den Loewenguths in Frankreich ihre Entsprechung fanden. Viele ruhmreiche Karrieren à quatre nahmen nach dem ersten Weltkrieg ihren Anfang.

Man hat Busch und seinen Quartettgenossen nachträglich eine völlig neuartige, quasi das moderne Interpretationsideal begründende Spielweise attestiert. Plattenaufnahmen von anderen Quartettvereinigungen der Zeit lassen diesen apodiktischen Schluß indessen nicht zu. An technischer Perfektion waren zum Beispiel die Budapester den Buschs bisweilen überlegen, an musikalischer Durchdringung der interpretierten Werke gewiß ebenbürtig. Das bedeutet keinerlei Herabminderung der Busch-Musiker. Auch heute bewundern wir ja die verschiedenartigen Interpretationen der Juilliards, der Amadeus, der La Salles oder des Alban-Berg-Quartetts. Die Interpretationsideale haben viele verschiedenartige Götter, ohne daß auch heute nur eine Interpretation die allein mögliche, allein gültige sein könnte. Aufnahmen des Busch-Quartetts, die heute wieder erhältlich sind (oder es eine Zeitlang waren), vor allem die Spätwerke Beethovens, verraten sowohl interpretatorische Qualitä-

Adolf Busch

ten, die über die Jahrzehnte hinweg absolut gültig geblieben sind, als auch gewisse spieltechnische Eigenheiten, die zeitbedingt waren und denen wir heute etwas distanzierter gegenüberstehen. So ist das Portamentospiel als Mittel des Ausdrucks ein wenig außer Mode gekommen, weil wir der Meinung sind, daß ein Schluchzer auf einer Geigensaite nicht allein schon ein rechtes Maß an Ausdruck garantiert. Was aber bei den alten, immerhin 50 Jahre alten Aufnahmen so verblüfft – und damals war keine Möglichkeit irgendwelcher belangvollen oder auch weniger wichtigen technischen Fehler einer spontanen Einspielung durch immer neue, immer kleinere Schnitte und Einfügungen zu perfektionieren –, sind die Vehemenz, die temperamentgeladene Musizierweise sowie die vollkommen anmutende Übereinstimmung der gemeinsamen Phrasierung; alles das, was man mit dem blassen Wort »harmonisches Zusammenspiel« bezeichnen kann. Hohe, hehre Worte wie »geistiges Ausloten«, »strukturelles Denken« und dergleichen stellen sich heutzutage bereits ein, wenn ein Hörer bemerkt, daß vier Musiker gemeinsam atmen, übereinstimmend phrasieren, eines musikalischen Sinnes sind, so daß man vergißt, wie viele verschiedenartige Temperamente sich um ein Ganzes bemühen. Vor diesem allgemeinen Maßstab überprüft, entfalten die Aufnahmen des Busch-Quartetts eine Qualität, die sowohl besticht als auch überzeugt – gleichgültig, ob da ein Portamento einen heute etwas übertrieben anmutenden Ausdruck signalisiert oder ein spieltechnischer Fehler für einen Augenblick unser technisch allzusehr auf Perfektion getrimmtes Ohr zu irritieren sucht. Und das ist doch ganz tröstlich in einer Zeit, die sich auf die bloße technische Vollkommenheit so viel zugute hält.

Man könnte Abende damit zubringen, die erhaltenen oder aufgefrischten Plattenaufnahmen des Busch-Quartetts zu überprüfen und zu vergleichen mit moderneren Einspielungen; dazu stehen Beethovens Spätwerke (mit Ausnahme von Opus 130) zum Vergleich an; ferner das dritte Rasumowsky-Quartett, das Opus 95 und das Opus 18,1 sowie Schuberts »Tod und das Mädchen« – wobei das virtuose, dabei kalkulierte Opus 59,3 Temperament und Kalkül, Expression und kontrollierte Emphase auf geradezu einzigartige Weise zu vereinen scheint.

Mit Beginn des zweiten Weltkriegs waren Busch und seine Familie gemeinsam mit den Serkins in die Vereinigten Staaten gekommen. Seine Nichte, Margareta Ruth, eine Tochter von Fritz, heiratete den amerikanisch-französischen Bariton Martial Singher, und Serkin, durch Vermittlung Toscaninis, übernahm an dem berühmten Curtis Institute of Music in Philadelphia eine Lehrerstelle. Nach Jahren erfolgreichen Wirkens dort war er für einige Jahre, von 1968 an, auch Direktor dieses Instituts. 1950 hatte er, gemeinsam mit seinem Schwiegervater Adolf Busch, in Marlboro im amerikanischen Staat Vermont ein Musikfest ins Leben gerufen, das inzwischen selbst einen legendären Ruf besitzt. Ungezählte musikalische Talente, konzentriert auf instrumentale Kammermusik, haben hier ganze Sommer lang unter Buschs, später Serkins und anderer Prominenter Leitung Qualitätsmaßstäbe für Kammermusikaufführungen gesetzt und dabei Talente gefördert, die, aus Marlboro kommend,

Weltkarrieren gestartet haben. Das Guarneri-Quartett sei als ein besonders gerühmtes Beispiel genannt.

Zweifellos hat die musikalische Tradition, die Busch von seinen Lehrern Eldering, Heß und vor allem Steinbach übernahm, weitergeführt zu einer europäischen Musiktradition in den Vereinigten Staaten, und Serkin hat in jahrzehntelanger pädagogischer und solistischer Arbeit diese Tradition europäischer Musikkultur weitertragen helfen. Daß ihm dabei eine ganze Legion von Musikern und Musikwissenschaftlern Konkurrenz machte, lag an der Borniertheit der Deutschen, die so viele ihrer Talente außer Landes jagten. Neben Marlboro hat sich bekanntlich in den Vereinigten Staaten eine ganze Reihe weiterer ähnlicher Musikfestivals etabliert; das Berkshire-Festival in Tanglewood, das Opernfestival in Santa Fe in New Mexico und das Aspen-Festival in Colorado sind weitere Beispiele. In Aspen ging übrigens jahrelang der gute Geist von Adolf und Fritz Busch um – die nächste Generation der Kinder und Enkel sang und musizierte dort, und es war ergreifend mitzuerleben, wie beispielsweise in den fünfziger Jahren die Exberliner Geiger Szymon Goldberg und Roman Totenberg, Adolfs Neffe Hans Peter Busch und der Dirigent William Steinberg sich mit ihren internationalen Kollegen zusammenfanden, um Musik zu machen – deutsche Musik, gespielt von deutschen Musikern, die es dem musikalischen Geist, in welchem sie erzogen und großgeworden waren, nicht entgelten ließen, was die deutschen Zeitgenossen ihnen zugefügt hatten.

Durch Serkin und seine Generation ist zweifellos in den Vereinigten Staaten eine Musizierpraxis etabliert worden, die – neben dem internationalen Virtuosentum, bei dem Serkin durchaus mitzuhalten vermochte – die Kammermusik, das Streichquartettspiel zu neuem, ja zunächst einmal überhaupt zu Ansehen brachte. Adolf Busch war dabei durch seinen Ruf, sein Können und seine persönliche Integrität ein väterliches Vorbild für folgende Generationen. Der »ehrliche Deutsche« Adolf Busch hat zur internationalen Verbreitung seiner musikalischen Kultur mehr beigetragen als mancher von Land zu Land reisende Virtuose.

Die Statthalter

Georg Kulenkampff, Váša Příhoda und Wolfgang Schneiderhan

Freunde und Kenner des Violinspiels haben in den Jahren von 1933 bis in die Zeit nach dem zweiten Weltkrieg auf das Wiedersehen mit ungezählten Weltklassegeigern verzichten müssen. Mit dem Beginn der Herrschaft des Nationalsozialismus verließen eine Reihe jüdischer Musiker Nazideutschland; manche vermochten noch einige Zeit in Berlin und anderswo zu bleiben, konnten indessen nicht mehr im Lande selbst auftreten; und viele weitere sparten bewußt Deutschland (von 1938 an auch Österreich) bei ihren Konzerttourneen aus. Welche vergeblichen Versuche der prominente deutsche Dirigent Wilhelm Furtwängler unternahm, um eine ausgewählte Gruppe von Solisten der ersten Garnitur trotz Hitler nach Deutschland zu holen, ist im Kapitel über Bronisław Huberman erläutert. Der Exodus der Geiger war nicht aufzuhalten, geschweige denn rückgängig zu machen. Künstler wie Heifetz, Kreisler, Elman, Milstein, Thibaud, Szigeti, Huberman, Morini, Menuhin, Busch, Flesch, Goldberg blieben für die allermeisten deutschen und österreichischen Konzertbesucher bis weit in die vierziger Jahre hinein nichts als ehrwürdige Namen. Carl Flesch und Huberman starben Mitte der vierziger Jahre, Kreisler war bei Kriegsende bereits 70; Jascha Heifetz blieb bis zum Ende seiner Konzerttätigkeit dem Boykott Deutschlands treu. Jacques Thibaud und Adolf Busch, Joseph Szigeti und Mischa Elman erschienen als ältere Herren noch einige wenige Male in Deutschland und hinterließen selbst bei einstigen Bewunderern etwas melancholische Eindrücke. Auch Erica Morini kehrte dorthin, nach Berlin, mit dem Tschaikowski-Konzert Anfang der fünfziger Jahre zurück, was ein ganz einzigartiges Erlebnis war, und Nathan Milstein entschloß sich 1966 nach längerem Zögern, wieder in Deutschland zu konzertieren. Lediglich Yehudi Menuhin, der in Berlin einen seiner frühen großen Triumphe gefeiert hatte, erschien bereits im Sommer 1945 gemeinsam mit Benjamin Britten in der damals englischen Besatzungszone, um für die Überlebenden von Bergen-Belsen zu spielen. Bald darauf musizierte er demonstrativ in Berlin für amerikanische und deutsche Hörer und ließ auch die Vertriebenen, die sogenannten »displaced persons«, nicht aus. Seine Solidarität mit der deutschen Musik und ihrem Exponenten Furtwängler ist ihm in Deutschland nicht vergessen worden.

Das alles geschah jedoch erst nach 1945, und wer die Programme der Dutzend Jahre davor, beispielsweise in Berlin, nach großen Geigernamen absucht, wird nicht besonders fündig. Während in der damaligen Reichshauptstadt Pianisten der ersten Garnitur in stattlicher Anzahl auftraten – man denke an Claudio Arrau, Edwin Fischer, Wilhelm Backhaus, Wilhelm Kempff, Walter Gieseking, Alfred Cortot, den jungen Géza Anda – und auch Dirigenten internationaler Herkunft – von Thomas Beecham, Victor De Sabata, Vittorio Gui und Fernando Previtali bis zu Dimitri Mitropoulos, Paul Paray und Willem Mengelberg – neben ihren deutschen Kollegen musizierten, kann man an einer Hand abzählen, wer als renommierter Geiger in Berlin auftrat. Gewiß, Furtwänglers Berliner Philharmoniker konnten mit ihren Konzertmeistern Siegfried Borries, Erich Röhn und später Gerhard Taschner auch solistische Ehre einlegen, aber die sogenannten Weltklassegeiger blieben auf die Namen Georg Kulenkampff und Váša Příhoda beschränkt. Wolfgang Schneiderhan, bereits in den dreißiger Jahren neben seiner Konzertmeistertätigkeit bei den Wiener Philharmonikern (bis 1949) ein erstklassiges Streichquartett leitend, hat vor allem in den Nachkriegsjahren immer stärker als Solist gewirkt. Obwohl erst 1915 geboren und damit um 15 Jahre jünger als Příhoda und noch zwei Jahre jünger als Kulenkampff, war sein Name als der eines erstaunlich geigenden Wunderkindes bereits Ende der zwanziger Jahre in mancher Kenner Munde; außerdem ist er einer jener wenigen hervorragenden Künstler, die mit ihrem Auftreten in den dreißiger und vierziger Jahren (und bis zum heutigen Tage) eine Kontinuität schufen, die man bei zahlreichen anderen Geigern vermißt.

Als 1933 das Naziregime nach und nach alle nichtarischen Künstler aus dem Lande jagte, hatte *Georg Kulenkampff* seine internationale Karriere längst angetreten. Der Sechsjährige, als Sohn eines hanseatischen Kaufmanns am 23. Januar 1898 in Bremen geboren, hatte 1904 mit dem Geigenstudium begonnen und setzte es bei Ernst Wendel und vor allem an der Berliner Musikhochschule bei dem Joachim-Schüler Willy Heß fort. Die vielbeschworene Joachim-Tradition hat verschiedene Vertreter: Zu seinen Schülern zählen so unterschiedliche Temperamente wie Leopold Auer, Willy Burmester, Karl Klingler, Bram Eldering und Jenő

Hubay, so daß schon hier von keinerlei verbindender »Tradition« gesprochen werden kann, geschweige denn in der Enkelgeneration, weil der Hubay-Schüler Szigeti, der Auer-Schüler Heifetz und der Eldering-Schüler Busch, allesamt Joachim-»Enkel«, nun wirklich ganz gegensätzliche Talente und Temperamente verkörpern.

Kulenkampff holte sich nach dem Studienabschluß, Adolf Busch hierin gleich, ein paar Jahre Orchestererfahrung: als Konzertmeister in seiner Heimatstadt. Die solistische Tätigkeit hatte ihn bereits 1917 nach Berlin geführt, und er blieb dem dortigen Philharmonischen Orchester und seinem Dirigenten Furtwängler eng verbunden. Mit den philharmonischen Kollegen Ulrich Grehling, Walter Müller und Arthur Troester hat er eine Zeitlang als Streichquartettvereinigung musiziert. Seine künstlerische Stellung war Anfang der dreißiger Jahre so gefestigt, daß er noch 1935, als die Nazis längst Mendelssohns Büste aus dem Leipziger Gewandhaus entfernt hatten und seine Musik bereits aus den meisten Programmen verbannt war, unter Max Fiedlers Leitung das Mendelssohn-Konzert in der Berliner Philharmonie spielte. Übrigens hat er auch Kreislers Kadenzen, zum Beispiel zum Beethoven-Konzert, bis 1943 in Deutschland öffentlich und in Plattenaufnahmen musiziert.

Wer nun angesichts der hohen Gestalt und des langgezogenen Gesichts mit dem hohen blond-gelichteten Schädel annehmen mochte, Kulenkampff verkörpere so etwas wie ein spezifisch deutsches, gar nordisch-arisches Musizierideal, der täuschte sich. Ich habe aus den letzten Berliner Jahren noch starke Erinnerungen an den Geiger, der – ähnlich wie Milstein in früheren Jahren – das Instrument ziemlich hoch hielt, was seinen langen Schädel und die relativ großen Hände fast zierlich erscheinen ließ.

Dieser souveränen Haltung entsprach sein Interpretationsstil. Der Ton war groß und durchdringend, etwas gradlinig bisweilen und dann von etwas pompösem Schmelz, was wie ein Widerspruch klingt. Es mochte ihm die nuancenreiche Farbpalette eines Kreisler abgehen, nicht jedoch die Fähigkeit zum Ausdruck eines hochromantischen Espressivo. Der einzige deutsche Weltklassegeiger musizierte das Tschaikowski-, das Dvořák-, das Sibelius-Konzert mit einer Intensität, zu der bewußt eingesetzte Portamenti beitrugen. Nicht von keuscher Schönheit, sondern eher von leicht pathetischem Sentiment zeugte sein Ton, so daß man nur in ganz seltenen Fällen, bei dicken Orchesterklängen oder besonders heiklen Passagen, um die Souveränität bangte.

Georg Kulenkampff, 1942

Kulenkampffs Domäne war das klassische und romantische Repertoire, wobei seine regelmäßigen Auftritte als Bach-Solist in Edwin Fischers oder Hans von Bendas Kammerorchestern Abstecher in durchaus stilsicher beherrschtes Terrain waren. Sonor und von leichtem Pathos erfüllt ist auch seine Wiedergabe des A-Dur-Konzerts von Mozart (unter Artur Rother): Emphatische Auftakte im Kopfsatz, breit strömendes (und »mit« der Synkope phrasiertes) Melos im Adagio und ein ziemlich behäbiges Tempo di Menuetto machen aus Mozarts Konzert ein Stück bedeutsamer Klassik. Der überlegen wirkende geigerische Zugriff läßt vielleicht Charme und Liebenswürdigkeit zu kurz kommen, aber auch in der reinen Klassikermaske überzeugt Mozarts Musik.

Mit ähnlichem Pathos wird das Beethoven-Konzert angegangen; die Aufnahme unter Hans Schmidt-Isserstedt mit den Berliner Philharmonikern entstand im Juni 1936, also auf dem physiologischen Höhepunkt seiner Künstlerkarriere. Das Resultat ist imponierend – nicht ganz von jener feurigen Elastizität durchzogen wie die gleichaltrige Aufnahme von Huberman, aber von einem seriösen, gewissermaßen zuverlässigen Feuer durchdrungen, das den Hörer fesselt. Die relativ gemessenen Tempi (erster Satz: 23 Minuten, zweiter und dritter Satz: 20,5 Minuten) tragen dazu bei. Lediglich in der Kadenz des Kopfsatzes musiziert Kulenkampff zuweilen etwas pedantisch, nicht aus technischem Handicap, sondern vielleicht aus dem Bedürfnis nach pathetischer Bedeutungsschwere, die beispielsweise der junge Menuhin in der gewiß auch feierlichen Orchesterbegleitung von Furtwängler in Luzern 1947 mit einem geigerischen Furor viel aggressiver, aber nicht minder beeindruckend beschwört. Als Zugabe zum Konzert bietet diese Platte die F-Dur-Romanze in einer Aufnahme unter Paul Kletzki von 1932, ein Beispiel edel schmachtender, überraschend biegsamer lyrischer Haltung.

Kulenkampffs Stärke lag eher auf dem romantischen Gebiet; daran ändert auch seine mit George Solti unternommene Einspielung der Kreutzersonate nichts; sie ist nicht klassizistisch, sondern auftrumpfend, bei mancher Starrheit doch eher romantisch-pathetisch. Brahms, Schumann, Spohr, Dvořák, Tschaikowski, Bruch und Sibelius: das ist jenes musikalische Terrain, in dem seine künstlerische Bedeutung am gültigsten zu messen ist – bei allem Drang zu vehementem Pathos geigerisch klar und unzweideutig; bei aller geschmackssicheren Beherrschtheit von großer Espressivität, die sentimentgeladen sein kann, ohne ins Sentimentale abzugleiten. Das Spohr-Konzert (»Gesangsszene«) sollte jedem angehenden Solisten zur Pflichtanhörung gemacht werden, weil Kulenkampff ein exzellentes Beispiel gibt, wie makelloses Geigenspiel *und* ein romantischer Zugriff das als Pädagogium oft mißbrauchte Werk in eine Sphäre herrlicher Musik heben können.

Das Brahms-Konzert (unter Paul van Kempen mit den Berliner Philharmonikern) ist in einer exemplarischen Aufnahme erhalten, die – wie bei Dvořák und Tschaikowski – Kulenkampffs Kunst bewahrt hat: Immer großräumig in der Deklamation, stets fast überdeutlich in der Artikulation, dabei den Ruch von Pedanterie durch großen, saugenden Bombenton abwehrend. Und in den kleinen Stückchen, den Zugabeplätzchen, von denen eine ganze Reihe erhalten sind: Albéniz-, Svendsen-, Dvořák-Bearbeitungen, die Kulenkampff blitzsauber, mit einer Art preziöser Delicatezza serviert, daß es in jedem Kaffeehaus (wo man dergleichen zu spielen und zu hören pflegte) plötzlich taghell wird. Das ist eine künstlerische Komponente, wie sie Kreisler und Elman nicht überzeugender, allenfalls ein bißchen weicher zelebriert haben.

Kulenkampffs Name ist auch mit der verspäteten Uraufführung des d-Moll-Violinkonzerts von Schumann verbunden, eines Werkes, das nach Menuhins Äußerung von 1937 »das fehlende Bindeglied in der Violinliteratur« zwischen Beethoven und Brahms darstellt; man wäre »betroffen von der Tatsache, daß Brahms ohne Schumanns Einfluß niemals das hätte werden können, was er war«! Diese Begeisterung, die dazu führte, daß Menuhin das Werk uraufführen wollte, dies aber nur in Form einer US-Erstaufführung im Dezember 1937 erreichte, scheint später kühlerer Beurteilung gewichen zu sein: Sogar in seiner umfänglichen Autobiographie werden das Schumann-Konzert und die damalige Aufführung unter John Barbirolli mit keinem Wort erwähnt.

Um diese postume Aufführung ranken sich mancherlei Legenden. Da ist (in einer Menuhin-Plattenkassette) von einem Konzert in A-Dur die Rede, das Hindemith neu instrumentiert hätte. Das betrifft lediglich den Solopart, den Kulenkampff sich von dem Komponistenkollegen, um besserer Wirkung willen, hier und da transponieren ließ. Da hört man von den beiden Großnichten Joseph Joachims, auf deren Verlangen das Manuskript hätte »ausfindig gemacht werden« müssen. In Wahrheit lag die Partitur, die Clara Schumann Joachim geschenkt hatte, wohlverwahrt in der Preußischen Staatsbibliothek, und zwar mit dem Vermerk: »Robert Schumann. Violinkonzert. D-Moll. Öffentlich nicht vorlegen. Aus Joachims Nachlaß.«

Joachim, der das späte Werk des bereits nervenkranken älteren Freundes ziemlich ungeübt der Öffentlichkeit präsentiert hatte, schrieb an Schumann: »Könnte ich Ihnen doch Ihr d-Moll-Konzert vorspielen. Ich habe es jetzt besser inne als damals in Hannover, wo ich es in der Probe Ihrer so unwürdig spielen mußte.« Oder hatte er die Schwächen des Stückes erkannt, in dem herrlich gesangliche Passagen mit Partiturseiten abwechseln, die kompositorischer Leerlauf sind? Jedenfalls belegte er das inzwischen ihm gehörende Konzert mit einem Aufführungsverbot bis 100 Jahre nach dem Tod des Urhebers. Dessen erwähnte Großnichten mögen durch spiritistische Erscheinungen, wahrscheinlich durch den wissenschaftlichen Hinweis des Berliner Musikbibliothekars Hermann Springer, auf das Konzert gestoßen sein, dessen Existenz damals schon kein Geheimnis mehr war. Der Musikverlag Schott wollte es herausbringen und Menuhin die Uraufführung anvertrauen. Eine der Großnichten, die Geigerin Jelly d'Aranyi (die viel mit Béla Bartók konzertiert hat), und Kulenkampff hatten sich, was völlig natürlich erscheint, ebenfalls für die Uraufführung interessiert. Da das Copyright an dem Stück (das Georg Schünemann herausgab) in Deutschland lag, verfügte die Reichsregierung, die Uraufführung solle in Deutschland stattfinden, was nach längerem Hin und Her dann am 26. November 1937 in Berlin geschah: Karl Böhm dirigierte die Berliner Philharmoniker im Deutschen Opernhaus; Solist war Kulenkampff. Im Parkett saßen Hitler, Goebbels und weitere Vertreter des damaligen Regimes.

Kurze Zeit danach entstand eine Platte, deren Einspielung am 20. Dezember desselben Jahres allerdings Schmidt-Isserstedt dirigierte. Die New Yorker Aufnahme mit Menuhin aus der Carnegie Hall datiert vom 9. Februar des folgenden Jahres und ist, was die reine Aufnahmequalität betrifft, gelungener rekonstruiert, klingt natürlicher und heller, während die Kulenkampff-Aufnahme reichlich bässebetont ist, was der kompakten Instrumentierung des Werkes nicht gut bekommt. Kulenkampff und Menuhin, an Lebensalter und geigerischem Temperament durch Welten getrennt, verkörpern auch in diesen beiden Aufnahmen jeweils ihre musikalische Idealvorstellung: Kulenkampff »begleitet« ein symphonisches Werk, bleibt den solistischen Anforderungen nichts schuldig und vermag auch über dem dick instrumentierten Apparat sich durchaus zu behaupten, wozu die Retuschen der Solostimme sicherlich beitrugen. Menuhin, dessen Solopart auch aufnahmetechnisch begünstigt zu sein scheint, nimmt eher die solistischen Anforderungen ernst und stellt das virtuose

Element in den Vordergrund, musiziert leichter, entspannter, auch technisch unbekümmert-souveräner. Lange Zeit galt die Kulenkampff-Platte als ein beispielgebendes Resultat; seit der Bekanntschaft mit der Menuhin-Platte scheint diese mir noch überzeugender. Aber Menuhins Einsatz für das zeitweilig verlorene Werk scheint sich nicht, oder nicht mehr oft, wiederholt zu haben.

Kulenkampff, der bis in die Kriegsjahre hinein in Deutschland konzertiert hatte – einer seiner letzten Auftritte in der Berliner Philharmonie unter Furtwängler galt dem Sibelius-Konzert, das er mit großer, nobler gestalterischer Kraft darbot, wie man an der in Berlin erbeuteten und in Moskau als Platte veröffentlichten Aufnahme nachprüfen kann –, siedelte 1943 in die Schweiz über, wo sich nach und nach auch Carl Schuricht, Wilhelm Backhaus und Edwin Fischer, als letzter im Frühjahr 1945 auch Wilhelm Furtwängler, einfanden. Hier übernahm er, der schon in den zwanziger Jahren ein paar Jahre lang eine Professur an der Berliner Musikhochschule innegehabt hatte, den Posten des 1944 gestorbenen Flesch als Leiter einer Meisterklasse am Konservatorium in Luzern. Mit Fischer und Enrico Mainardi hatte er längst eine Triovereinigung gegründet, aber die Kriegsereignisse machten eine normale Konzerttätigkeit im Ausland unmöglich. Kulenkampff unterrichtete, hatte in der Schweiz – bei aller Anerkennung seines künstlerischen Formats – mit Anfeindungen zu kämpfen (man sprach von ihm als dem reichsdeutschen «V2-Geiger»!) und baute sich nach dem Krieg wieder eine allmählich anwachsende Tätigkeit unter anderem in Skandinavien auf. Nach Deutschland ist er nicht mehr zurückgekehrt; er starb bereits am 4. Oktober 1948 in Schaffhausen an einem Anfall spinaler Kinderlähmung. Es steht außer Frage, daß der gerade 50jährige seine Karriere höchst erfolgreich weiter fortgeführt hätte. So bleiben den Freunden die allmählich verblassende Erinnerung an seine noble Geigerkunst, deren Ehrlichkeit und deren enormes instrumentales Format an einer Handvoll Schallplatten nachzuprüfen sind. Zu seinem 90. Geburtstag 1988 sollte die Plattenindustrie sich ihrer erinnern und sie einer dankbaren Öffentlichkeit wieder zugänglich machen.

*

Meine Erinnerung an den tschechischen Geiger *Váša Příhoda* (geboren am 22. August 1900 in Wodňan, gestorben am 26. Juli 1960 in Wien) wird vor allem durch drei Konzertbegegnungen geprägt. Im Frühjahr 1950 spielte er in Bielefeld unter Joseph Keilberth, dem ehemaligen Leiter der Deutschen Philharmonie Prag, das Dvořák-Konzert. Unvergeßlich die enorm sichere, dabei mühelos-nonchalant wirkende Equilibristik, mit welcher der Solist seine beiden bis in die höchsten Höhen des Griffbretts führenden Arpeggiopassagen absolvierte. Der nicht sehr großgewachsene, eher untersetzt wirkende Geiger schien überdies amüsiert zu sein, daß ihm diese heiklen Anfangstakte wieder einmal makellos gelungen waren; es war, als ob Příhoda seiner linken Griffhand mit Vergnügen zuschaute, wie sie nach glockenrein gegriffenen Dreiklängen das viergestrichene e beziehungsweise a erreichten. – Der überwältigende Eindruck einer geigerischen Vollkommenheit setzte sich den ganzen Abend über fort, und selbst seine Eigenart, das Rondothema im Finale gewissermaßen gegen den beabsichtigten Sinn der Synkope taktweise zu akzentuieren, schien eine läßliche Sünde wider Dvořáks Absicht. Der Ton selbst schien nicht besonders sonor, aber nuancenreich und bei Bedarf durchdringend genug, um sich von der romantischen Orchesterkulisse nicht erdrücken zu lassen; ein größerer Gegensatz zu Interpretationen etwa von dem nobles Pathos verströmenden Kulenkampff oder dem energiegeladenen Milstein läßt sich kaum denken. Hier musizierte ein Geiger, dem die Perfektion auf seinem Instrument scheinbar ohne jede Mühe zu Gebote stand und der diesem zauberischen Tun auch noch lächelnd zuschaute.

Drei Jahre später etwa vollzog sich ein ähnlich beeindruckendes Wunderwerk. Im Berliner Nachkriegs-Konzertsaal Esplanade hatte Příhoda einen Violinabend absolviert – Tartini in großer, geigerisch sinnlicher Aufgeputztheit war erklungen und manches andere, als der mittlerweile etwas beleibte Herr eine Zugabe zelebrierte, die sich als eine eigene Bearbeitung des Straussschen »Rosenkavalier«-Walzers herausstellte. Eine ganze Orchesterpalette auf einem Griffbrett mit vier Saiten zum Klingen zu bringen war diesem Hexenmeister, den viele Kenner, rein geigerisch, ohne Zögern über die wahrlich bedeutende Kunst eines Heifetz stellen, gelungen.

Die dritte Begegnung, im Jahr 1959, wenige Monate vor seinem Tod, war dagegen reichlich melancholisch. Der Hamburger Geigenabend enthielt auch Brahms' d-Moll-Sonate, die beide Partner (der Mann am Flügel sei taktvollerweise verschwiegen) in ein wahres Schlachtfeld an falschen Tönen verwandelten. Nicht nur, daß die technischen Voraussetzungen an jenem Abend vollständig abhanden gekommen zu sein schienen, auch die Balance zwischen der stark tonlich forcierenden Geige und dem ebenso schattenhaft wie fehlerhaft im Hintergrund hämmernden Klavier bereiteten dem Werk eine selten trostlose Wiedergabe. Příhodas physische und psychische Kräfte schienen verbraucht.

Die heute fast abenteuerlich anmutenden Wunderkindkarrieren der Geigergeneration um Elman, Huberman oder Kreisler scheinen sich in Příhodas Aufstieg zu einem der perfektesten Violinspieler dieses Jahrhunderts wiederholt zu haben. Dabei empfing der geigerisch frühreife

Váša Příhoda, 1934

Knabe durch seinen Vater, der in Prag eine Musikschule betrieb, und später bei dem Ševčík-Schüler Jan Mařák seine Ausbildung. Der kleine Knabe, der mit drei Jahren schon auf einer Blechfiedel herumgekratzt haben soll, debütierte mit 13 Jahren im Mozarteum zu Prag mit den Konzerten von Beethoven und Brahms. Nach dem Weltkrieg schien ihm die Heimat eng geworden, und er suchte sein Glück in Italien. Und hier setzt wiederum die Legende ein: In einem Mailänder Café als Stehgeiger beschäftigt, soll ihn kein Geringerer als Arturo Toscanini gehört und begeistert ausgerufen haben: »Das ist der Paganini unseres Jahrhunderts!« Seiner Fürsprache gelang es jedenfalls, dem 19jährigen Příhoda eine Italientournee mit Dutzenden von Soloauftritten zu ermöglichen, die seinen internationalen Ruhm begründen und festigen halfen. Tourneen durch beide Amerikas schlossen sich an, und bald stand fest, daß Příhoda einer der aufregendsten Geiger unserer Zeit war – handwerklich-technisch ohne jede Konkurrenz jedenfalls, wenn auch die Puristen unter den Geigerfreunden bisweilen die Nase rümpften: Příhodas Umgang mit den Klassikern seines Instruments schien anfechtbar und so selbstherrlich, daß ihr Entsetzen darüber nur mühevoll durch die verblüffende Perfektion, mit der er die Konzerte von Mozart, Beethoven, Brahms und anderen exekutierte, zugedeckt werden konnte.

Doch Příhoda war ein Besessener, mochte sich mit dem bislang Erreichten, das für viele bereits den Gipfel bedeutete, nicht zufriedengeben. In Österreich machte er sich am Wolfgangsee heimisch und arbeitete weiter an seiner geigerischen Vervollkommnung: Als den »Paganini unserer Zeit« haben ihn ältere Musikfreunde aus jenen Jahren noch in Erinnerung. Eines seiner besonders trainierten Virtuosenstücke waren, neben der erwähnten »Rosenkavalier«-Bearbeitung, Paganinis Variationen »Nel cor più non mi sento«. Dieses haarsträubend schwierige Geigenstück, das er im Vorwort der von ihm edierten Ausgabe als das schwierigste Werk der Geigenliteratur überhaupt bezeichnet hat, kann man, wenn man Glück hat, in einer Cetra-Pressung noch heute bewundern.

Die Diskographie, die Wolfgang Wendel dankenswerterweise großenteils schon 1982 im »Fono Forum« zusammenstellte, ist leider nicht so umfangreich wie erhofft; es fehlen vor allem die großen Konzerte, dafür sind Paganini, Sarasate, Lalo und Wieniawski vertreten und natürlich Dvořák mit seiner Sonatine op. 100 sowie dem Violinkonzert (unter Kempen mit der Preußischen Staatskapelle): das eine ein herrlich graziöses, liebenswürdiges Beispiel farbenreicher kammermusikalischer Kunst; das andere eine aufnahmetechnisch nicht ganz geglückte Konservierung eines Meisterwerks, das zu Unrecht im internationalen Repertoire vernachlässigt wird. Příhoda spielt es mit einer fast leichtfüßigen Lebendigkeit, die viele andere Interpreten nicht erreichen. Mit diesem Werk kehrte der international gefeierte Geiger 1956 nach Prag zurück. Den Krieg über hatte er weiterhin in Mitteleuropa konzertiert, was die Tschechen ihm nach 1945 übelnahmen und mit einer ihm auferlegten Geldbuße, später sogar mit einem Auftrittsverbot ahndeten.

Wieder wurde Italien, diesmal Rapallo, sein Refugium, später sogar die Türkei. Erst 1949 nahm er die regelmäßige Konzerttätigkeit auf und übernahm an der Wiener Hochschule eine Professur. Das Jahr 1954 über mußte er wegen eines komplizierten Bruchs des rechten Oberarms unterbrechen, aber diese böse Folge eines Autounfalls vermochte sein Comeback nicht zu verhindern. Die Nachkriegsjahre sind für Příhoda sicherlich keine innerlich ruhige oder gar befriedigende Periode seines Lebens gewesen. Ständige Auseinandersetzungen wegen Aufenthaltsbewilligungen und Arbeitserlaubnissen, das Pendeln von einem Land zum anderen und das Bewußtsein, von der tschechischen Heimat jahrelang abgeschnitten zu sein, haben sicherlich auch zu seinem geigerisch-künstlerischen Niedergang geführt. Die triumphale Heimkehr nach Prag 1956 kam zu spät, als daß sie eine neue Spätkarriere befördert hätte. Příhoda, eines der überragenden Geigertalente unserer Tage, lebt in der Erinnerung und in seinen (nur schwer zugänglichen) Platteneinspielungen als ein Musiker, dessen verblüffende technische Möglichkeiten etwas einseitig genutzt wurden – als ein liebenswerter Musiker, der mehr durch seine Fertigkeit als durch seine Fähigkeit zur Interpretation zu fesseln vermochte. Ein einzigartiges Talent, dessen Temperament sich einer schmalen Auswahl von Werken zuwandte, ist Příhoda sicherlich gewesen.

*

Unter den drei prominentesten Violinisten, die während der dreißiger und vierziger Jahre in Mitteleuropa den Geigenton angaben, ist *Wolfgang Schneiderhan*, der am 28. Mai 1915 in Wien geboren wurde, der jüngste. Mochte man die rund anderhalb Jahrzehnte älteren Kollegen, die in jenen Jahren die »großdeutschen« Konzertpodien beherrschten, im nachhinein vereinfachend etikettieren, so war Kulenkampff der Romantiker, dessen geigerisches Pathos die Fortsetzung der heroischen Tradition weiterführte, Příhoda hingegen der legitime Vertreter der virtuosen Schule. Für die Geigerfreunde, die die vom Naziregime erzwungene Absenz der jüdischen Geigerelite schmerzlich entbehren mußten, mag es daher ein Trost gewesen sein, daß in Schneiderhan ein großes Talent sich zu Wort meldete, das weder ein ausgesprochener Virtuose noch ein Pathetiker war, sondern ein blendend ausgerüsteter lyrischer Geiger.

Wie seine fast zehn Jahre ältere Landsmännin Erica Morini hatte er das Glück, sein geigerisches und sein allgemein musikalisches Rüstzeug von zwei Koryphäen zu empfangen, die ihn in die Lage versetzten, bis ins hohe Alter hinein makellos zu spielen und interpretatorisch völlig selbständige Bahnen zu gehen. Denn er hat seine technische Ausbildung bei Otakar Ševčík, dem genialen Drillmeister (dessen didaktische Studien ebenso öde wie wirksam sind) erhalten und mußte in seiner Frühzeit – fast ungern, wie er später bekannte – immerfort Virtuosenstückchen studieren: »Voran Tschaikowski-Violinkonzert sowie das noch schwierigere Werk von Ernst und Paganini bis zum Überdruß.« Die musikalische Seite der Ausbildung hingegen übernahm Julius Winkler, ein Enkelschüler des berühmten Joseph Böhm, bei dem seinerzeit Joseph Joachim ausgebildet worden war. Die Joachim- und die Ševčík-Tradition standen also, genau wie bei Erica Morini zuvor, bei Schneiderhan Pate, und wenn man die geigenpädagogische Ahnenforschung noch weiter treiben will (obwohl das eine heikle Sache mit vielen Widersprüchen ist), dann haben bei ihm einerseits Johann Stamitz von der böhmischen Schule, andererseits Arcangelo Corelli von der venezianischen Schule Pate gestanden. Da Winkler überdies ein in Wien lebender Ungar war, kann man Schneiderhan als ein wirklich überzeugendes Produkt der k. u. k. Musikkultur bezeichnen.

Sein Debüt gab der elfjährige Wolfgang jedoch in Kopenhagen, eine Europatournee schloß sich an, und ältere Konzertbesucher werden sich seiner Auftritte im Berliner Beethoven-Saal und im Münchner Odeon sowie in der Tonhalle erinnern. Schneiderhan entging jedoch mit einigem Glück einer Wunderkindkarriere, wurde von den musikverständigen Eltern (die Mutter hatte den ersten Geigenunterricht besorgt) nicht ausgebeutet, sondern spielte zunächst, wie seine Kollegen Busch und Kulenkampff, im Orchester: von 1932 an fünf Jahre lang bei den Wiener Symphonikern, dann für ein gutes Jahrzehnt, von 1937 bis 1949, bei den Wiener Philharmonikern. Ganz in der Anonymität verlief aber die Karriere keineswegs. Der Solist ließ sich zunehmend, nun als erwachsen gewordener reifer Künstler, vernehmen, und zum anderen galt das von ihm geführte Schneiderhan-Streichquartett (mit den Herren Strasser, Morawec und Krotschak), das von 1937 bis 1951 aktiv war, als eines der hervorragendsten Ensembles der Zeit, und das nicht nur, weil die großen Quartett-Leitbilder Klingler und Busch nicht mehr in Deutschland auftraten.

Neben diesen drei Bereichen, der Orchester-, der Kammermusik- und der Solistenarbeit, war Schneiderhan ein gesuchter Geigenpädagoge –

zunächst (1938 bis 1956) in Salzburg, von 1950 an auch noch in Wien. Ein Jahr zuvor waren durch den Tod Kulenkampffs zwei wichtige Positionen in der Schweiz vakant geworden, und Schneiderhan schien ohne Zweifel dazu prädestiniert, von nun an mit Enrico Mainardi und Edwin Fischer Trio zu spielen und die einst von Flesch und Kulenkampff wahrgenommenen Meisterkurse in Luzern weiterzuführen. Mit Luzern verbindet ihn (und seinen Assistenten Rudolf Baumgartner) die Arbeit mit

Wolfgang Schneiderhan

den von ihm gegründeten Festival Strings Lucerne, einem Kammerensemble, das sich – neben den plötzlich überall aufstrebenden Konkurrenzunternehmungen wie Zagreber Solisten, I Musici oder Stuttgarter Kammerorchester – jahrzehntelang trefflich behauptet hat. Schneiderhan ist mit ihm als Leiter und Solist um die halbe Welt gereist, ganze Plattenstöße dokumentieren diese qualifizierte musikalische Alltagsarbeit.

Die solistischen Auftritte Schneiderhans haben, sofern die nicht Orchestertermine waren, oft einen kammermusikalischen Anstrich gehabt. Die in der Kindheit weidlich exerzierten Virtuosenstückchen, wie sie die Kreisler- und jetzt wieder die Perlman-Generation pflegt, konnte man selten vernehmen, dafür Sonatenspiel von hohem Rang, zumal sich Schneiderhan stets mit hochrangigen Klavierpartnern zusammentat: nicht nur mit Fischer, sondern eine Zeitlang mit Wilhelm Kempff (der mit Kulenkampff und Menuhin ebenfalls manche gemeinsamen Beethoven-Abende bestritt) und dann lange Jahre mit Carl Seemann. Die Platten, die er mit beiden Partnern eingespielt hat, variieren in ihrem klanglich-poetischen Gehalt; Kempffs Partnerschaft gibt dem Duospiel mehr Wärme und Klangzauber als der sehr genaue, aber etwas prosaisch musizierende Seemann.

Als Solist hat Schneiderhan neben den kammermusikalisch eingefärbten Barockkonzerten und den selbstverständlichen Herausforderungen der Werke von Beethoven und Brahms vor allem für Mozart, viele Male auch für Viottis und Spohrs Konzerte sich eingesetzt. Mozarts A-Dur-Konzert war eine Zeitlang fast so etwas wie Schneiderhans Domäne. Die Kassette mit den vier »echten« Mozart-Konzerten, die Ende der sechziger Jahre mit den Berliner Philharmonikern entstand, zeigt den Solisten und den Kammervirtuosen zugleich: Der Geigenklang kommt durchweg völlig locker und entspannt (was nicht spannungslos bedeutet!), glokkenreine Intonation und eine schlackenlose Bogenführung könnten zu einer gewissen Kühle, zu einem scheinbaren Unbeteiligtsein verleiten, aber die vollkommene Bewältigung sackt nie in Routine ab, die sinnliche Wärme bewahrt überall ein angenehmes musikantisches Feuer, das vielleicht nicht hell lodert wie bei Heifetz und nicht gefährlich um sich greift wie bei der Kulenkampff-Aufnahme, aber immer leuchtet und wärmt. Man mag sie automatisch vergleichen wollen mit Arthur Grumiaux' Einspielung unter Colin Davis, die ebenfalls als ein klassisches Dokument gilt, und wird schwer entscheiden mögen, wem die Palme zu reichen ist; vergleichen auch mit der Gesamteinspielung durch Menuhin und sein eigenes Kammerorchester, doch hier fällt der Entscheid nicht schwer: Abgesehen von der unpräzisen, klanglich ziemlich groben Begleitung geigt Menuhin forciert, macht permanente Drücker und heizt die Stücke mit einer gewollt wirkenden emphatischen Manier auf, daß die himmlische Melodik immer wieder auf die sentimentale Erde geholt wird. Von der traumwandlerischen Einfalt der Jugendaufnahmen ist kaum eine Spur zurückgeblieben, auch wenn Menuhins Intonation noch respektabel ist.

Als bereits 6ojähriger überraschte Schneiderhan bei Tartini und Mozart auf angenehme Weise, weil er auf jegliche Zurschaustellung nutzloser Intensität und übertrieben wirkender »Sinnlichkeit« verzichtet und sich damit begnügte, makellos-entspannt und dabei intelligent zu geigen, auch kleine Portamenti einsetzte, wenn sie Mozart zu Hilfe kamen, und eher auf intime Schönheit denn auf aufputzende Bravour bedacht war. Das Tartini-Feuerwerk glitzerte nicht, sondern begnügte sich mit Leuchten. Viottis Konzert in a-Moll Nr. 22 habe ich in nicht ganz so beglückender Erinnerung: Hier muß die Fingerfertigkeit bisweilen der mangelnden Inspiration des Werks unter die Arme greifen; aber Schneiderhan blieb dem hier geforderten Effekt manches schuldig; die solide Grundlage erhielt keinen atemraubenden Überbau, der Professor hatte es nicht vermocht, den »pädagogisch« wertvollen Staub ganz wegzublasen.

Vom Brahms-Konzert existiert eine verblüffend intensive Aufnahme aus den Kriegsjahren unter Karl Böhm mit der Dresdner Staatskapelle, während die Beethoven-Interpretationen, die er in den Jahren danach bot (zum Beispiel unter Furtwängler in Berlin, danach in einer Einspielung mit den Berliner Philharmonikern unter Kempen) eher das lyrische Moment, den spielerisch-improvisatorischen Grundzug unterstreichen, was sich auch in den Dauern der einzelnen Sätze kundtut. Das war die hohe Epoche, jedenfalls in Europa, des tiefsinnigen Verweilens bei jeder Überleitung, des versonnenen Innehaltens bei jeder Modulation, und später wieder bekanntwerdende Einspielungen wie die nonchalant-charmante durch Kreisler, die hochfahrend-pathetische durch Huberman oder die apollinisch-heiter-zügige durch Heifetz galten wohl als oberflächlich und als ein großes Sakrileg. Schneiderhans tiefsinnige Deutung geschieht auf technisch denkbar hohem Niveau. Von späteren Aufführungen wird berichtet, daß der Grundzug der Schneiderhanschen Beethoven-Deutung etwas entschlossenere, gewissermaßen männlich-heroische Züge angenommen habe; in späteren Jahren zog er übrigens den Solokadenzen von Joachim oder Kreisler die eigens umgeschriebene Fassung jener Kadenz vor, die Beethoven für die Klaviertranskription seines Violinkonzerts komponiert hat, und das scheint mir ein arges Mißverständnis, weil die Übertragung der zweistimmig angelegten Tastenfassung in keiner Weise mit den Möglichkeiten der Violine korrespondiert;

die für das Klavier simultan erfundene Zweistimmigkeit wird nun sukzessiv von der Geige vorgetragen, die melodischen Verläufe erhalten den Charakter von Fragmenten, die man statt zusammen- versehentlich nebeneinandergesetzt hat. Dieser Irrtum mag seine spielerische Attraktion besitzen, aber keine überzeugende Kraft für Beethovens Intentionen in seinem Violinkonzert.

Man hat Schneiderhan bisweilen den Vorwurf gemacht, sein Repertoire höre an der Grenze zu diesem Jahrhundert einfach auf. Das trifft nicht zu und läßt sich in verschiedenen Beispielen von (wenn auch in der Regel kurzlebigen) neueren Stücken, die für Schneiderhan sogar komponiert wurden, entkräften. Manche dieser Werke von Boris Blacher, Hans Werner Henze oder Rolf Liebermann, auch das »Maria-Triptychon« von Frank Martin, beschäftigen nicht nur die Violine, sondern auch die Sopranstimme, die für Schneiderhans Frau Irmgard Seefried komponiert wurde. Auch für Karl Amadeus Hartmanns frühes Geigenkonzert »Concerto funebre« hat Schneiderhan sich wiederholt engagiert. In München vernahm man seine Interpretation als einen großen Gesang der Resignation, wobei der Kunstverstand des Solisten stets die Sentimentalität zu vermeiden wußte. Seine wache geigerische Intelligenz und seine diesem Ideal erwachsene Fähigkeit zur Lyrik und zur Ausgeglichenheit machen einen Teil seiner »Größe« aus.

Die Virtuosen

Mischa Elman, Nathan Milstein und Zino Francescatti

»Was ist denn das, Tradition? Es ist doch völlig unwichtig, daß einer so gut spielt wie sein großer Vorgänger. Gut muß er sein, und wenn er selbst ein Großer werden will, braucht er vor allem seinen eigenen Stil.« Das hat der russisch-amerikanische Geiger *Mischa Elman* erklärt, als er 1963, nach über 30 Jahren Abwesenheit von deutschen Podien, bei seiner Rückkehr nach Berlin nach der »Tradition« gefragt wurde. Immerhin hat Elman eine der längsten, über 60 Jahre währenden Geigerkarrieren erlebt. Sein jahrzehntelang legendäres Violinspiel ist selbst zu einer Tradition geworden. Er hatte das Glück, körperlich und für das Geigenspiel noch bis in ein ziemlich hohes Alter fit zu bleiben, was freilich den psychologischen Nachteil hatte, daß man ihn dennoch am Schluß geradezu zwangsläufig mit seiner eigenen geigerischen Vergangenheit konfrontierte.

Mischa Elman, der am 20. Januar 1891 in Talnoje (Ukraine) zur Welt kam, gehört zu jener Musikergeneration, die weit vor dem ersten Weltkrieg eine beispiellose Wunderkindkarriere gemacht hat. Bronisław Huberman, Fritz Kreisler, Jascha Heifetz und manche andere erweckten mit ihrer frühreifen Kunst beträchliches Aufsehen, und es waren die eben genannten Namen, die dem kleinen Elman als Konkurrenten immer wieder zu schaffen machten. Aber der junge Mischa muß dennoch eine ganz eigene geigerische wie musikalische Qualität besessen haben – nicht die charmante Klangsüße Kreislers, nicht die auftrumpfende Gebärde Hubermans und nicht die stupende Präzision Heifetz' –, die ihn neben diesen fast gleichaltrigen Geigergenossen eine eigene Karriere machen ließen.

Die Legende hat sich auch seiner Jugend bemächtigt, doch die Tatsachen sind beeindruckend genug. Mischas Vater, ein einfacher Dorfschullehrer, hat die Umstände, wie sein begabter kleiner Sohn es zu Weltruf brachte, in seinen anekdotenreichen Memoiren berichtet. Er selbst war es, der dem Vierjährigen die ersten musikalischen Grundbegriffe und das

Geiger-Einmaleins beibrachte – eine Fiedel war oft das einzige, was sich ein armer Familienvater als Musikinstrument leisten konnte. Mischas Talent wurde offensichtlich rasch evident. Die in der Gegend residierende Gräfin Urussowa hörte von dem kleinen Wunderburschen und dachte wohl, ihn nicht nur ausbilden zu lassen, sondern gar zu adoptieren; aber der selbstbewußte jüdische Vater war damit nicht einverstanden. Mischa wurde auf die Kaiserliche Musikakademie in Odessa geschickt, wo der berühmte Petersburger Pädagoge Leopold Auer ihn spielen hörte. Er soll ihn nach dem Konzert hochgehoben und dem Publikum mit den Worten präsentiert haben: »Schaut euch diesen Knirps an! In ihm steckt eine unbeschreibliche Kraft!« Er nahm ihn mit nach Petersburg unter seine Obhut, und der begabte Kerl wurde in der Gesellschaft herumgereicht und gehätschelt. Die mit dem Zaren verwandte Großherzogin von Mecklenburg-Strelitz schenkte ihm ein Amati-Instrument. Als Mischa zwölf war, schickte ihn Auer auf große Reise – nach Berlin zunächst, wo er am 14. Oktober 1904 debütierte: Arthur Nikisch, Joseph Joachim, Hans Richter, Max Fiedler priesen ihn, die Tournee dehnte sich nach England, Frankreich, nach Wien und Finnland aus. Der Ausdruck, sein Geigenton sei glühend »wie Lava«, machte die Runde, und das Wunderkind mußte am Hof von St. James spielen.

Als der anderthalb Jahre jüngere Joseph Szigeti 1905 nach Berlin kam, um »mit meinem sehr unzulänglichen Repertoire« Berlin zu erobern, wurde dieses Vorhaben nicht nur durch den meteorhaften Aufstieg des jungen Franz von Vecsey und des tschechischen Geigenwunders Jan Kubelík kompliziert, sondern durch »den neuen Stern aus Auers Schule, fabelhafter und herzbewegender denn alle anderen: Mischa Elman«. Dieser geniale kleine Bursche muß bereits damals auf betörende Weise gespielt haben, jenen »Elman-Ton« produzierend, dessen Süße und einschmeichelnde Qualität die Menschen in halb Europa, bald darauf auch in Nordamerika, hinriß. Carl Flesch, der kritische Beobachter, hat in seinem Katalog von Urteilen seiner Kollegen folgendes über Elman geschrieben: »Äußerlich entspricht er in keiner Weise der Vorstellung, die sich die Menge vom Typus des Virtuosen bildet ... Sein Äußeres spricht gegen ihn, und er muß die Hörer jedesmal erst durch seine Leistung erobern. Vor allem ist es seine Tongebung, die, strotzend von sinnlichem Wohllaut, italienischem Belkanto in orientalischer Aufmachung, ergreift, zuweilen sogar erschüttert. Seine Intonation ist glockenrein und erhöht damit noch den Reiz seines Tones.«

Yehudin Menuhin, der als gefeierter Knabe Elman in San Francisco spielen hörte, bewunderte ihn, wenn auch mit offensichtlichen Einschränkungen: Er war »der russisch-jüdische Geiger *par excellence*, bei dem die Musik aus Herz und Bauch kam und der sich keine Gelegenheit zu üppigem Vibrato, zu ergreifenden Portamenti und Glissandi entgehen ließ, manchmal bis fast an die Grenzen des guten Geschmacks«. Der 50jährige Elman hat sich gegenüber dem amerikanischen Pädagogen Samuel Applebaum allerdings ganz gegenteilig geäußert, indem er Vibrato stets »nur auf jene Noten anwende, auf die ich einen gefühlsmäßigen

Mischa Elman, um 1955

Akzent setzen möchte. Nicht öfter, nicht seltener ... ein permanentes Vibrato wirkt monoton und ist sinnlos. Man sollte es stets nur diskret verwenden ... auch ›leblos‹ gespielte Töne haben ihren Stellenwert als Kontrast.« Irrte sich Menuhin, oder hatte sich Elman geändert?

Es ist ein Jammer, daß Schallplattenaufnahmen von Elman aus seiner Glanzzeit nicht nur zu Raritäten geworden sind, sondern daß sie infolge mangelhafter technischer Qualität kein auch nur einigermaßen wahrheitsgetreues Abbild seiner legendären Kunst wiedergeben. Die späteren Platten aus den fünfziger Jahren, als Elman bereits über 60 Jahre alt war, zeigen auf fast grausame Weise den inzwischen eingetretenen Abbau der einst phänomenalen geigerischen Potenz: Eine Einspielung des Beethoven-Konzerts, vermutlich von 1955, mit dem London Philharmonic Orchestra unter Georg Solti macht das schmerzhaft deutlich. Abgesehen von der nicht näher bezeichneten unsäglichen Kadenz, an denen die Fähigkeiten des Solisten beinahe kapitulieren, hört man eine betont langsame, fast betuliche, bisweilen zittrig unkontrollierte Tongebung, die man auch nicht als »Altersraffinesse« hinnehmen kann, ohne zu trauern.

Die vier Auftritte in Berlin aus den sechziger Jahren haben allerlei Eigenwilligkeiten und Imperfektionen seines Spiels immer noch durch das Erlebnis seiner ehrwürdigen Präsenz im Konzertsaal halbwegs kompensieren können. Imponierend war damals noch die klangliche Raffinesse, mit der lyrische Passagen des Mendelssohn-Konzerts (Dezember 1964 in der Philharmonie unter Franz-Paul Decker) erklangen, und auch das Chatschaturjan-Konzert im Jahr darauf (unter Karel Ančerl) wirkte in Partien beeindruckend, vor allem, wenn man sich klarmachte, einem fast 75jährigen zuzuhören. Nichts Auftrumpfendes gab es zu bewundern, aber doch eine behutsame Kultiviertheit, die erstaunlich reine Intonation – ein Comeback an die erste wichtige Station seiner Wunderkindkarriere, als der Knabe Glasunows Violinkonzert, kaum daß die Tinte auf der Partitur trocken war, zur Verblüffung und zum Entzücken einem verwöhnten Publikum vortrug. Ein Photo aus jenen Jahren zeigt einen mit weißen Kniehosen und Lackschuhen schmuck gekleideten Burschen mit breitem, fast bäuerlich selbstbewußtem Kopf, die Geige, die an dem kleinen Kerl so groß wie eine Bratsche wirkt, dekorativ im Arm haltend. Übrigens wurde dem jungen Mann durch persönliches Dekret des Zaren der Dienst in der russischen Armee erlassen, da Rußland nicht wünschte, daß »einem seiner größten Genies« etwas Böses zustoße. Schon Jahre zuvor, als die Elmans nach Petersburg übersiedeln wollten, was jüdischen Bürgern allerdings verwehrt war, hatten die Behörden ein Einsehen und stellten eine Ausnahmegenehmigung aus.

Am 10. Dezember 1908 debütierte der 17jährige in New York und spielte die amerikanische Premiere des Tschaikowski-Konzerts. Ein knappes Jahrzehnt später sollte er das New Yorker Debüt von Heifetz erleben, einem damals ebenfalls 17jährigen, in dem ihm ein ernsthafter Rivale erwuchs. Dessen kühl wirkende Attitüde stand gewiß schon damals in krassem Gegensatz zu dem freundlichen untersetzten Elman, der sich bis in die Tage seines letzten Besuchs in Berlin als ein gemütlicher, zum Plaudern jederzeit aufgelegter alter Herr erwies. »Seit 38 Jahren spiele ich auf derselben Geige, einer Stradivari, die Joseph Joachim gehörte und den Namen ›Madame Recamier‹ führt. Ich bin ihr treu, denn ich gehöre nicht zu den Leuten, die oft ihre Instrumente wechseln. Man muß eine Geige kennen, damit man weiß, was man aus ihr herausholen kann«, erklärte er 1963 der Presse in Berlin. Das kostbare Instrument hatte Papa Elman bereits im Jahre 1915 für den Sohn erwerben können. Bis 1911 hatte die Familie im New Yorker Knickerbocker Hotel residiert, wo übrigens auch Enrico Caruso wohnte. Zwischen ihm und dem 15 Jahre jüngeren Virtuosen entwickelte sich eine herzliche Freundschaft, die bei ihrem gemeinsamen Auftreten vor König Georg V. von England in London einige Zeit zuvor begonnen hatte, und in New York machten sie gemeinsam die ersten Plattenaufnahmen. Im Jahr 1923 wurde Elman amerikanischer Staatsbürger; er ist am 5. April 1967 in New York gestorben.

Zu den noch bis vor einigen Jahren zugänglichen Platten gehören die Aufnahme einer Mozart-Sonate (KV 454 mit Wolfgang Rosé) und die »Symphonie espagnole« von Lalo (mit den Wiener Philharmonikern unter Vladimir Golschmann). Sie verewigen bedauerlicherweise, wie das Beethoven-Konzert, die altersbedingten instrumentalen Mängel, verraten partienweise jene Süße des Tons, die das Publikum so begeisterte, andererseits streng urteilende Kritiker veranlaßte zu bemängeln, daß er eben von Bach bis Tschaikowski alles mit seiner Elman-Süße übergieße. Aber gerade dieser süße Ton war es, der noch bei seinem letzten Berliner Auftritt, mit Händel, Brahms, dem a-Moll-Konzert von Viotti und allerlei Feuerwerksstückchen, versöhnte, wenn unsere »modernen« Ohren auch eigenwillige Temporückungen, gewollt erscheinende Improvisationen und mächtige Portamenti kritisch registrierten. Eine vergangene Epoche meldete sich in Fragmenten nochmals zu Wort.

Es gibt allerdings eine Platteneinspielung, in Kanada zusammengeschnitten, die aus den zwanziger Jahren stammen muß – also aus einer Epoche, in der Elmans Spiel von keinerlei technischen Handicaps beeinträchtigt war, und hier gibt es »den« Elman und seine damals rückhaltlos von einem großen Publikum bewunderte Kunst zu bestaunen: Es sind kleine Piecen, keine große Literatur, sondern Stücke, die ihre vermeintlich geringe Substanz den Geigerhänden eines Virtuosen willig zur Modellierung überlassen. Elman spielt durchaus kraftvoll, mit einer subjektiven Agogik, an deren Entschlossenheit nie Zweifel besteht. Kreisler-

und Rubinstein-Bearbeitungen, Scarlatti- und Delibes-Transkriptionen, Ignaz Brüll und Chopin-Paraphrasen füllen die gesamte Platte. Elman klingt eigenartigerweise strenger und entschlossener als beispielsweise Kreisler, der Ton ist groß *und* süß, die Triller kommen exakt und mit einer Messerschärfe, die von der geigerischen Fähigkeit dieses Künstlers zeugt, und alle Artikulationen, alle Verzögerungen, wiederaufgenommenen Deklamationen kommen so souverän, so unzweideutig, daß man sich fasziniert diesen vollkommen geschliffenen Halbedelsteinen hingeben möchte. Joseph Aschers Tonpoem »Alice, where art thou«, eine Schnulze der Sonderklasse, gehört zu den Piecen, die der Geiger und Musiker Elman ganz besonders exemplarisch bewältigt.

»Wie in jeder Kunst«, hat Elman in einem Gespräch über seine Profession geäußert, »ändert sich natürlich auch der Stil des Violinspiels, aber ich bedaure zutiefst, daß sich die jungen Geiger von der Romantik so bewußt abwenden. Wir leben in einem Zeitalter der Geschwindigkeit, einem mechanischen Zeitalter. Aber sollten wir deshalb auch die Werke der Romantik im Stil der heutigen Zeit musizieren?« Elman selbst ist seiner Anhänglichkeit an die Romantik und ihrer Musik bis zum Ende seiner langen Karriere treu geblieben.

*

Nathan Milstein, geboren am 31. Dezember 1904 in Odessa, wird, da diese Zeilen geschrieben werden, 82 Jahre alt. Dieser Umstand allein wäre bereits Grund zum Jubel; aber es mischt sich dazwischen eine gehörige Portion Staunen und Bewunderung, weil dieser Geigenvirtuose seit 70 Jahren als Solist auf dem Podium steht und musiziert. Schon seit Jahren, zu jedem runden Geburtstag, wächst ihm von seiten der Gratulanten ein neues Attribut zu: Altmeister, Patriarch, Bonvivant, Fürst und Athlet des Geigenspiels, Unverwüstlicher, Nathan der Große – das ist nur eine Auswahl jener Grußadressen, in denen sich Bewunderung mit Verwunderung mischt. Kreisler und auch Heifetz haben bis ins hohe Alter öffentlich gespielt; Elman und Szigeti haben es, leider, noch getan, als ihre geigerischen Kräfte hörbar dezimiert waren; von Pianisten wie Arrau, Serkin, Horowitz oder Rubinstein war man Alterskönnen gewohnt, Dirigenten über 85 sind längst keine Seltenheit. Aber ein über 80jähriger Violinist, der noch immer die halbe Welt bereist, ist in unserem Jahrhundert ohne Beispiel.

»Das verdanke ich«, hat Milstein in einem Gespräch mit Robert C. Bachmann bekannt, »glaube ich, meiner guten Gesundheit. Ich habe gute Nerven und Energie, und ich war nie in meinem Leben krank, auch als Kind nicht. Glauben Sie mir, das hat es in der Geschichte des Geigenspiels wohl noch nie gegeben, daß ein Geiger in meinem Alter noch ziemlich gut spielt. Die Technik des Geigenspiels ist ja nicht schwierig,

Nathan Milstein

ich beherrschte sie nach sehr kurzer Zeit. Es ist die Musik, für die man Jahre, ja ein Menschenleben braucht, wenn man sie meistern will.«

Gesundes Selbstvertrauen und hohe Selbsteinschätzung sprechen aus jedem Satz, den der Künstler in den vergangenen Jahren öffentlich geäußert hat. »Allerhand für sein Alter« ist eine bewundernde Äußerung, die er sowohl als frühreifer Wundergeiger wie als Virtuose im biblischen Alter zu hören bekommen hat. Dazwischen liegen Jahrzehnte unermüdlichen Konzertierens. Doch der internationale Ruhm wurde ihm nicht leichtgemacht. Es dauerte lange Jahre, bis der gefürchtete Musikkritiker der »New York Times«, Olin Downes, nach einem Milstein-Auftritt unter Bruno Walter mit den dortigen Philharmonikern schrieb: »He has long since been ranked as a master virtuoso. He has become, while still young, a very great artist.«

Milsteins Karriere begann, wie die so vieler seiner Kollegen, in Odessa. David Oistrach und Mischa Elman kommen aus dieser mit Musikern gesegneten Region, auch Pianisten wie Emil Gilels und Shura Cherkassky, Wladimir Horowitz und Swjatoslaw Richter. Als drittes von fünf Kindern kam er zur Welt, und seine Mutter hielt ihn instinktiv für das gesündeste; mit sieben Jahren erlernte der kleine Nathan das Geigenspiel so geschwind, daß er angeblich nach drei Jahren bereits das Konzert von Glasunow öffentlich, unter Leitung des Komponisten, vortragen konnte. »Die Umgebung und frühes Studium haben ihren wichtigen Platz. In meinem Fall fing ich nicht an Geige zu spielen, weil ich mich dazu hingezogen fühlte, sondern weil mich meine Mutter dazu zwang; denn sie bestand auf täglichem Üben. Kein Kind ist so begabt, daß es auf weise Anleitung verzichten könnte«, hat Milstein 1950 bekannt. Obwohl er – wie Oistrach – in Odessa bei den gerühmten Pädagogen Pjotr Stoljarski und – wie Elman, Heifetz und andere – bei Leopold Auer in Petersburg Unterricht genoß, hält er nicht viel von sogenannten geigerischen »Schulen«: »Ich glaube, das wird sehr überschätzt. Ich finde es albern, aus den verschiedenen Stilen der Ausbildung eine Philosophie zu machen. Wir haben große belgische Geiger, einige aus Rußland, aus Frankreich usw. Aber das hat sich einfach so ergeben, weiter nichts.«

Im übrigen hat er den Nimbus seiner eigenen Lehrer ziemlich barsch auf ein irdisches Maß reduziert, indem er Stoljarski nachsagte, er hätte, während die Schüler ihm vorspielten, gekochte Eier verzehrt; und der berühmte Auer »war eigentlich überhaupt kein Lehrer, er suchte sich nur solche Schüler aus, die seine Hilfe gar nicht nötig hatten«. Stoljarski, gab er dem amerikanischen Geiger-Ehepaar Applebaum zu verstehen, sei kein besonders guter Pädagoge gewesen, lediglich durch den Gruppenunterricht hätten die Schüler voneinander gelernt, und nur vor jedem Konzert hätte er sie täglich kontrolliert. »Ich habe schrecklich viel Zeit durchs Üben verloren, und die übrige Erziehung kam dabei viel zu kurz. Erst als ich älter wurde, habe ich meine Lücken auffüllen können.«

Die eigentliche Karriere Milsteins fing 1920 mit einem halben Dutzend von Konzerten in seiner Heimatstadt an. Als sich sein Aktionsradius vergrößerte und er in der Ukraine konzertierte, hatte er einen »Begleiter«, der mit ihm eine Weltkarriere machen sollte: Wladimir Horowitz. Es waren die sicherlich nicht »normalen« Verhältnisse während der Jahre nach der russischen Revolution, die Horowitz 1924 und Milstein ein Jahr später veranlaßten, ihrer Heimat den Rücken zu kehren. In Berlin, dem damaligen Musikzentrum Europas, trafen sie wieder aufeinander und konzertierten mit dem Cellisten Gregor Piatigorsky, der eine Zeitlang Solocellist bei Furtwängler in der Philharmonie war, als Trio in verschiedenen Ländern Europas. Gemeinsam fuhren sie nach Amerika, um in der Neuen Welt ihre Karriere fortzusetzen. Ein kurzer Aufenthalt zuvor in Brüssel bei dem großen Eugène Ysaye brachte keine Resultate; der Meister vermochte Milsteins geigerisches Rüstzeug nicht mehr zu verbessern.

Milstein, der ausgesprochene Violinvirtuose, hatte es nicht leicht, in den Vereinigten Staaten sich durchzusetzen: Jascha Heifetz, der unbestrittene König, hatte sich seit zehn Jahren dort fest etabliert, Fritz Kreisler und Mischa Elman waren auch in den Vereinigten Staaten vergötterte Lieblinge, in Europa waren Adolf Busch und Bronisław Huberman sowie der strenge Joseph Szigeti populäre Stars mit einem auf sie eingeschworenen Publikum. Heifetz, Elman und Huberman, dem Neuankömmling Milstein an Jahren und Erfahrung überlegen, an geigerischem Können zumindest ebenbürtig, haben bis zum Ende des zweiten Weltkriegs Milsteins ganz großer internationaler Karriere sicherlich im Weg gestanden. Mittlerweile war auch der Stern des jungen Yehudi Menuhin aufgegangen; Europa blieb durch die Kriegsereignisse ein unsicheres Konzertpflaster, die großen Talente – Ruggiero Ricci und Efrem Zimbalist und manche andere, die deutsche Konzerthörer nicht häufig erlebt haben – machten sich den Platz gegenseitig streitig.

Jahrelang galt Milstein, auch in den Vereinigten Staaten, als der feurige Nurvirtuose, der bei allem Können nicht so unfehlbar spielte wie Heifetz, nicht so »verinnerlicht« wie Menuhin und nicht so sonor wie Oistrach. Auch die Schallplattenaufnahmen aus jenen Jahren spiegeln das wider: Die großen Konzerte waren in fast jedem Fall (außer Paganini) von seinem großen Rivalen Heifetz aufgenommen, manche mehrfach sogar, und die Konkurrenz durch ältere, eingeführte Kollegen war enorm. Eine Brahms-Einspielung (d-Moll-Sonate) mit Horowitz und die Partnerschaft bei Mozart mit Artur Balsam (der in späteren Jahren nochmals Mozarts Sonaten mit Oscar Shumsky einspielte) markieren die Ausnahmen von jener Regel, daß der konzertierende Künstler Milstein bei seinen Geigenabenden leider öfter, als guttat, seine Klavierbegleiter aus der untersten Etage pianistischer und musikalischer Qualität zu rekrutieren pflegte. Sein Partner der späten Jahre, Georges Pludermacher, gehört nicht dazu. Aber bis in die sechziger Jahre hinein befehligte der Herrengeiger das Podiumsgeschehen uneingeschränkt bis zum genau abgezirkelten Auftrittsritual. Beethovens Frühlingssonate (beim Straßburger Festival) wurde als karikierendes Solostück mit gedämpfter Klavierbegleitung zelebriert; barocke Einspielstücke dienten als Abreaktion hörbarer Nervosität; musikalische Partnerschaft, wie sie mittlerweile Geiger wie Kremer oder auch Perlman (von Menuhin und Kempff, Szigeti und Arrau, Grumiaux und Haskil, Oistrach und Oborin ganz zu schweigen) demonstrieren, hat Milstein, glaube ich, niemals wirklich angestrebt. Selbst darin ist ihm Heifetz, der zwar seine ständigen zuverlässigen Begleiter hatte, aber immer wieder mit gleichrangigen Kammermusikpartnern wie Rubinstein, Lateiner, Kapell oder Moiseiwitsch musizierte, ein gutes Stück voraus gewesen. Das haben stets alle mit Bedauern registriert, die die geigerische Potenz eines Milstein von keinem »Flügelmann« gleichwertig kompensiert sahen.

Lange Jahre, bis 1966, hat das deutsche Publikum Milstein nicht im Konzertsaal erleben dürfen; der jüdische Künstler, der seit 1933 Mitteleuropa gemieden hatte, näherte sich gewissermaßen auf Umwegen dem deutschen Publikum. Ende der fünfziger Jahre musizierte er bereits mit dem Hamburger NDR-Symphonieorchester in Montreux, gab dann in Salzburg mit dem Brahms-Konzert und kurz darauf, 1966, mit demselben Werk auch in Berlin, gemeinsam mit Herbert von Karajan, sein bejubeltes Comeback. Das deutsche Publikum hat ihn also während der zwei Jahrzehnte seiner »Altersperiode« immer wieder mit Soloabenden und als Orchestersolist erlebt. Bei Soloabenden ist entweder Bach oder Paganini (oder beide) stets im Programm vertreten. Bachs Kosmos, seine sechs Solosonaten und -partiten, hat Milstein zweimal, und zwar relativ spät, eingespielt – einmal 1957, imponierend im geigerischen, aber eben im eher virtuosen Zugriff, etwas herrisch in den Temporelationen, oberflächlich virtuos, sagen die Kritiker; beeindruckend perfekt gegeigt, sagen die Bewunderer. Die zweite Einspielung, Milstein war inzwischen über 70, gelang einheitlicher, vor allem klangschöner und im Akkordspiel eher auf Homogenität gerichtet (nur die Bourrée der h-Moll-Partita klingt schauderhaft robust). Milsteins Verhältnis zu Bach ist, wie wohl zu den meisten Werken, die er spielt, von fast naiver Natürlichkeit: »Ich spiele seine Musik einfach lebendig, dann entfaltet sich auch die in ihr steckende Brillanz.« So einfach ist das, und da es nach Milsteins eigenem Bekunden »in meinem Repertoire kein Stück gibt, das ich heute nicht besser spiele als früher«, geht die Rechnung rasch für ihn auf: Virtuosität nicht als Schaustellung, sondern als höchster Grad von Professionalität; Technik nicht nur als trainierte Muskelbeherrschung, sondern durch sie »Mittel verfügbar machen für das, was ich tun möchte«.

Diese Mittel waren jahrzehntelang und sind auch noch bis ins hohe Alter beträchtlich geblieben: Die spontane, eher auftrumpfende Gebärde und ein warmer, nie süßlicher Ton sind zwar auch das Kennzeichen mancher anderer Geiger, aber die Tongebung, die auf Manieriertheit verzichtet und Nuancen nur dosiert einsetzt, unterscheidet Milsteins Spiel deutlich etwa von dem Elmans (der mit ihm dieses Kapitel teilt, weil gleiche Herkunft und dieselben Lehrer sowie eine gleichermaßen unkompliziert-direkte Musizierweise die beiden Künstler miteinander verbinden). Huberman hat den jungen Milstein beeindruckt, und schon ihrer beider Haltung von Instrument und Bogen – hoch, manchmal fast steil aufgerichtete Geige, hoher rechter Oberarm und zuweilen scharf nach links, zum Instrument hin gedrehte Kopfhaltung – sind zumindest äußere Übereinstimmungen. Milsteins Ton ist jedoch nicht immer so federnd, das stets als musikantisch-feurig titulierte Temperament, jedenfalls in den letzten Jahrzehnten, gezügelt, die Sonorität wie das äußerste Pianissimo ohne aufgesetzte Sinnlichkeit. Die einst dennoch »erotische«, das heißt den Ton saugende, aus dem Augenblick »gebärende« Klangvorstellung hat in den letzten Jahren einer etwas differenzierenden (man kann auch sagen mageren) Tongebung Platz gemacht. Die linke Hand ist nach wie vor von bedeutender Gelenkigkeit und – nach anfänglich jedesmal spürbarer Nervosität – von zuverlässiger, vibratofähiger und -variationsfreudiger Kraft. Milstein übt nach eigener Auskunft nicht mehr täglich und dann auch nicht regelmäßig. »Ich würde heute mechanisch doch nichts mehr besser machen«, sagt er. »Und die Technik kommt durch gedankliche Verarbeitung.« Früher hat er, wenn ihm Kreutzersonate und Paganini zu langweilig wurden, Chopin-Stücke, die ja meistens in Tonart und klavieristischer Erfindung sehr unbequem auf der Geige zu spielen sind, so lange studiert, bis sie auch auf der Violine gut klangen; er hat auch allerlei Griffe zur Dehnung der linken Handmuskeln erfunden, aber das ist lange her. »Das Mechanische muß man machen, wenn man jung ist«, bekennt er mit 70 Jahren.

Staunenswert ist jedoch die geigerische Präsenz, die zwei seiner letzten Konzertaufnahmen ausstrahlen: das Brahms-Konzert unter Eugen Jochum und das Mendelssohn-Konzert unter Claudio Abbado, beides ungebremste Beispiele qualitätvollen Geigenspiels, die von zusammenfassenderer interpretatorischer Kraft sind als frühe Einspielungen dieser Stücke. Das war auch bei späteren Platten, die Heifetz von denselben Werken machte, spürbar, aber es war mit einem Verlust jener sinnlichen Komponente der Tongebung erkauft, die jeden Geiger eigentlich erst kennzeichnet. Milsteins Klangeinbuße ist weniger gravierend, möglicherweise auch durch die Zaubereien der Aufnahmetechnik abgemildert. Das soll nicht ungerecht klingen; ist es doch ohnehin phänomenal, mit welcher Vitalität hier ein Künstler im Greisenalter noch zu spielen und zu interpretieren vermag. In guten Momenten (und daß sie seltener geworden sind, erfüllt jeden Milstein-Fan mit Bedauern), wenn des Geigerabends Mühe vorbei ist und die Zugaben ganz entspannt serviert werden dürfen, pflegt Milstein den Glanz alter, nein jüngerer Tage glücklich zurückzurufen: Dann erklingt der große, runde, warme, ungekünstelte Ton, die Mechanik, die Motorik funktionieren tadellos, und die Beschwörung der eigenen Vergangenheit im jetzigen Augenblick kann plausibler nicht sein. Dann mischt sich in die Glückseligkeit des Zuhörers beim Gedanken an das möglicherweise nächste Konzert ein Quentchen Besorgnis, daß sich die lebendige Erinnerung an den puren Glanz in Zukunft sich nicht vom bloßen Abglanz verdrängen lassen möchte.

Irgendwann, bald, vielleicht in ein paar Jahren, will Milstein aufhören, öffentlich zu spielen; aber von sich über Jahre hinziehenden Abschiedstourneen hält er nichts. Er braucht das Publikum, die Bestätigung seiner Geigerkunst, wie die Luft zum Atmen. Eine Mission hat er nicht zu erfüllen, Musik »soll doch keine Tendenzen haben«, und in den vergangenen 50 Jahren sei ohnehin nichts Nennenswertes mehr komponiert worden. Das sind selbstbewußte Sprüche, die Milstein immer wieder den Vorwurf der Oberflächlichkeit eingetragen haben. Zugegeben: von der bohrenden Neugierde eines Szigeti, von der missionsbewußten Sendung eines Menuhin ist er weltenweit entfernt. Die heutige Avantgarde versteht er nicht mehr und will auch gar nichts von ihr mehr kennenlernen. Mischa Elman und Gioconda De Vito, die in ihren Repertoires unser Jahrhundert nach Möglichkeit aussparten, haben in Milstein einen Gesinnungsgenossen. »Ich liebe das Leben, wie es ist; ich habe ein Leben lang gespielt, was ich wollte; ich finde, man sollte nicht allzuviel über das Leben nachdenken und herumgrübeln, das ist nie gut.« Milstein ist noch als 80jähriger ein Mann der ungebrochenen Lebenskraft.

*

Zino Francescatti, geboren am 9. August 1905, also ein Jahr später als Nathan Milstein, war im Gegensatz zu seinem staunenswert aktiven Generationsgenossen längst nicht mehr konzertierend tätig – sei es, weil (wie in manchen europäischen Archiven zu lesen) Francescatti eigentlich drei Jahre älter, also 1902 geboren ist, sei es, weil er sich wirklich nach jahrzehntelanger Karriere auf die vielen beschaulichen Dinge eines Pensionistenlebens konzentrieren wollte: aus 50 Jahren Programme und Kritiken ordnen, seinen philatelistischen Neigungen frönen und sich um seinen Blumengarten in der Nähe von Boston kümmern. Diese beschaulichen, ja bewußt bürgerlich wirkenden Alters-»Leidenschaften«, an die der alte Herr mit einer gewissen Koketterie immer wieder in Gesprächen und Interviews erinnert, lassen leicht vergessen, wie beispielgebend in spieltechnischer und wie stilbildend in musikalischer Hinsicht Francescattis Kunst über Jahrzehnte hinweg gewirkt hat.

In Marseille kam er zur Welt; beide Eltern waren Geiger. Der Vater René, ein Schüler von Camillo Sivori (der seinerseits Paganinis einziger Schüler gewesen war), hatte schon Zinos Mutter unterrichtet und nahm den frühreifen Knaben bald unter seine Fittiche. Mit fünf Jahren schon soll der kleine Zino aufgetreten sein, mit zehn bereits das Beethoven-Konzert öffentlich gespielt haben. Das mag eine Wunderkindkarriere signalisieren, doch die blieb aus. Erst in seinen zwanziger Jahren erreichte der junge Francescatti internationalen Ruhm, an dem der pädagogische Zuspruch des väterlichen Jacques Thibaud wichtigen Anteil hatte.

Wenn man des Geigers Jugenderinnerungen strikten Glauben schenkt, dann war die Kindheit unter des strengen Vaters Aufsicht alles andere als ein Geschenk frühreifer, vom Himmel gefallener Begabung: »Ich schlief mit meiner Geige, ich aß mit meiner Geige auf dem Schoß; mein erstes Spielzeug war eine Geige... Bevor ich überhaupt lesen konnte, kannte ich fast die gesamte Violinliteratur.« Jeden Morgen, so lesen wir in Francescattis Aufzeichnungen, will der junge Mann von sechs Uhr morgens bis abends um zehn geübt, gelernt, später studiert haben; denn der Vater blieb lange Zeit gegenüber dem Talent des Sohnes skeptisch und hieß ihn Jurisprudenz studieren. Fleiß und Drill scheinen mit der fraglos außergewöhnlichen Begabung einträchtig zusammengegangen zu sein.

Wer Bilder vom jungen Francescatti ansieht oder ihn als verhältnismäßig jungen Mann kurz nach dem letzten Krieg auf dem Podium erlebt hat, mochte zunächst überrascht sein von dem liebenswürdig-bescheidenen Auftreten des zierlichen eleganten Herrn, der so recht dem Bild zu entsprechen schien, das man sich von einem mediterranen Vertreter der französischen Geigenschule zu machen bereit war. Auch die späteren Lebensjahre haben dem Habitus und der Physiognomie keinen neuen Anschein von Dynamik oder herrscherlicher Attitüde zu geben vermocht. Francescatti ist – rein äußerlich betrachtet – der freundliche, unauffällig sich auf dem Podium bewegende, geradezu Bescheidenheit ausstrahlende Geiger geblieben.

Dieses unwichtigtuerische Auftreten widerspricht seiner geigerischen Kunst und Ausstrahlung diametral: Neben Heifetz und Milstein, bisweilen auch dem älteren Oistrach, läßt sich kaum eine geigerische Interpretation denken, die von so überzeugender, starker männlicher Kraft gespeist ist wie die Kunst Francescattis; der Ton ist von intensiver, in keinem Takt von Ermüdungserscheinungen beeinträchtigter Kraft. Der Bogen sucht den permanenten, nie der flüchtigen Zufälligkeit ausgesetzten Kontakt mit der Saite; selbst raschen Passagen gewinnt der Bogenarm eine fast »saugende« Eindringlichkeit ab. Die Linke greift, jedenfalls auf den mir bekannten zahlreichen Plattenaufnahmen, makellos, scheut kein überzeugend eingesetztes Portamento, ohne es zum »stilbildenden« Prinzip zu machen, wie dies Heifetz bei manchen spätromantischen Werken tut. Was immer Francescatti spielt, wird nicht bloß liebenswürdig serviert oder leichtgewichtig-charmant dargeboten, sondern ist immer durchzogen von der Kraft der Überredung, der Überzeugung, der Eindringlichkeit.

Sein Repertoire ist umfänglich und mit Vorrang im 19. Jahrhundert angesiedelt. Platten und Podiumsauftritte mit dem Beethoven- und dem Brahms-Konzert haben immer wieder, zu verschiedenen Zeiten des Künstlers (etwa zwischen 1948 und 1971), diesen Charakterzug des großräumigen, dramatischen, kraftvollen Interpretationstypus bestätigt. Selbst das Mendelssohn-Konzert, das er beim Berkshire-Festival in einer Art Freiluftkonzert spielte (das dortige Auditorium öffnet sich nach

Zino Francescatti, Berlin 1962

rückwärts zu einem von Zuhörern belagerten Rasen), konnte diesen Zug der intensiven, von tonfülliger Ausdruckskraft durchdrungenen Interpretation nicht verleugnen. Einen »100-Volt-Virtuosen« hat man ihn einmal, nur halb scherzhaft, genannt, und das vielleicht mit Recht. Doch der Akzent dieses Ehrentitels liegt hierbei auf der tausendfachen Kraft, welcher der Virtuose sich dann zu bedienen weiß. Von dünnblütiger Akrobatik, wie sie fixe, mit Paganini umgehende Finger bisweilen zur Schau stellen, ist bei Francescatti nichts zu spüren.

Ein anderer, dem vermeintlich südländisch-romantischen Zug entgegenstehender Zug ist Francescattis unglaubliche Selbstdisziplin in rhythmischer Hinsicht. Lalos »Symphonie espagnole«, Sibelius' Konzertfinale, Saint-Saëns' h-Moll-Konzert (eines seiner Favoritenstücke) oder Waltons umfänglich-widerborstiges Werk: unter vielen anderen Meriten fällt die grundehrliche Genauigkeit auf, mit der Francescatti die rhythmischen Gestalten deklamiert und alle agogischen Ausflüge so vorbereitet, ja vorausplant, daß nie der Eindruck von Willkürlichkeit oder unkontrollierter Beliebigkeit entsteht.

Als junger Musiker hatte er möglicherweise hierin einen ganz speziellen Lehrmeister: Maurice Ravel, mit dem Francescatti wochenlang auf Konzerttournee ging und dessen »Tzigane« er (nach der Uraufführung durch Jelly d'Aranyi) ungezählte Male gespielt hat. »Ich werde niemals vergessen, wie ich ihm vorspielte«, erinnert sich Francescatti. »Als erstes sagte er: ›Sie müssen meine Werke genauso spielen, wie sie in den Noten vorgeschrieben stehen – und zwar alle meine Stücke, nicht nur Tzigane!‹« Ravel wollte auch dieses Werk ohne exzessive Rubati und ohne rhapsodische Freiheiten musiziert hören. Für ihn war es offensichtlich kein Zigeunerstück, wiewohl der Titel das suggeriert, sondern ein Stück disziplinierte französische Musik.

Da Francescatti mit dem ersten Paganini-Konzert in den Vereinigten Staaten debütierte (wo er, 1939 bei einer Südamerikatournee vom Krieg überrascht, dann für den Rest seines Lebens ansässig wurde), hat man ihn gern für die Virtuosenliteratur reklamiert. Zudem, wie gesagt, war er Paganinis Urenkelschüler. Doch Francescattis Vater scheint mit Paganinis Konzerten gar nicht viel im Sinn gehabt zu haben, und der Sohn hat das D-Dur-Konzert erst mit 20 Jahren studiert und aufgeführt, und zwar nur den ersten Satz! Es gibt verläßliche Fachleute, die Francescattis Meisterschaft vor allem in diesen hochvirtuosen Werken bestätigt sehen, also in der romanischen Musik der Paganini, Saint-Saëns, Lalo, Chausson, Fauré, Debussy und Ravel. Das hat seine Berechtigung, zumal man dann die ungezählten Virtuosenstücke mitrechnen darf, die Francescatti ebenfalls mit einem Maximum an interpretatorischem Geschmack und einem Minimum an übertriebener Schmeichelei spielt. Er serviert gewissermaßen mit Würde diese zweitrangigen Piecen, als wären diese Halbedelsteine von höchster Qualität. Auch Paganinis Capricen, von denen er immer nur eine Auswahl brachte, musiziert er mit jenem Maß an Seriosität, die den unerhörten technischen Ansprüchen noch zusätzliche musikalische Stützen verleiht.

Andererseits darf man nicht vergessen, daß Francescatti als Kammermusikspieler mit seinem klavierspielenden Landsmann Robert Casadesus bis in hohe Altersjahre hinein hochkarätiges Sonatenspiel gepflegt hat – ein vom Temperament her nicht gerade homogenes Duo: Aus der Spannung des eher kühlen, kalkulierenden Spiels des Klavierpartners und der vitalen Fülle des Geigentons Francescattis erwuchs bei ihren Auftritten eine Musizierspannung, die selbst sattsam bekannte Sonaten mit neuem, aufregendem Feuer erfüllte. Und die beiden bekanntgewordenen Einspielungen des Beethoven-Konzerts, sowohl die unter Eugene Ormandy als auch die allseits gerühmte unter Bruno Walter, stehen einander an hinreißender, wenn auch klug gezügelter Dramatik in nichts nach. Mit Walter und dem verehrten Landsmann Pierre Fournier entstand 1960 eine Aufnahme von Brahms' Doppelkonzert, an der – Francescatti war damals Mitte Fünfzig – alle Tugenden dieses virtuosen Geigers und überlegen-zuchtvoll interpretierenden Musikers abzulesen sind: Wohllaut und Bravour, Sentiment und kammermusikalische Kollegialität sind ein Beispiel dafür, wie wohl vereinbar gestalterische Kraft und klangliche Sensibilität zu sein vermögen.

Francescatti ist einer der ganz Großen seines Fachs gewesen, und wenn seine Karriere auch keine besonders »dramatischen« Höhepunkte aufweist, sein übriges Leben mit kaum etwas anderem erfüllt war als mit dem Drang nach Interpretationen auf höchstem Niveau, bleibt die Erinnerung an einen Musiker, dessen notorische Bescheidenheit sein großes Künstlertum nie zu verhüllen vermochte. »Ich muß gestehen«, hat er als 70jähriger öffentlich bekannt, »daß ich mein Konzertleben nach Herzenslust genossen habe. Nun kann ich mit gutem Gewissen mich Dingen zuwenden, die ich schon immer gern getan hätte.« So einfach ist das.

Große Geigerinnen

Erica Morini, Gioconda De Vito, Ginette Neveu und Ida Haendel

Die Primadonna der Opernbühne ist keine Erfindung des 19. Jahrhunderts – schon Mozart und Gluck hatten ihre liebe Mühe mit den temperamentgeladenen »geläufigen Gurgeln« –, aber die Instrumentalvirtuosin hat eine vergleichsweise junge, kaum anderthalb Jahrhunderte lange Tradition. Die gesellschaftliche Sonderstellung, die den genialischen Sängerinnen, von Adelina Patti und Nellie Melba bis Maria Callas, bereitwilligst eingeräumt wurde, mußten sich die Pianistinnen, und erst recht die Geigerinnen und Cellistinnen, im Laufe dieses Jahrhunderts erringen. Clara Schumann etwa oder die italienischen Wunderschwestern auf der Violine, Teresa und Maria Milanollo, sind Ausnahmen gewesen. Die 30 Jahre nach Joseph Joachim geborene Teresina Tua hat im strengen Zensurenbuch Carl Fleschs nur eine niedrige Note bekommen: »Kleinzeug« nennt er ihre Begabung, die doch so außergewöhnlich war, daß sie Pablo de Sarasate als ernstzunehmende Konkurrenz ansah. Die mit Joachim etwa gleichaltrige Wilma Norman-Néruda muß als Wunderkind von großer Faszination gewesen sein; ihr zweiter Ehemann, Charles Hallé, der das seinerzeit berühmteste Orchester Englands gründete, ist ein fast bekannterer Name in der Musikgeschichte geworden.

Aufsehenerregende Frühbegabungen, die in der Musik seit Mozarts Wunderkindheit zum Entzücken der Salons wurden, haben zwar vor den kleinen Mädchen nicht haltgemacht, aber zum einen wurde die Qualität im Gesang erst offenbar, wenn diese Mädchen längst erwachsen waren, und zum anderen blieb die berufliche Musikerausübung, was Instrumentalisten anbelangt, bis in das 20. Jahrhundert hinein eine den Herrenklubs nicht unähnliche Domäne der Männer. Während amerikanische Orchester viel eher mit den Vorurteilen gegenüber Kolleginnen aufräumten, sind prominente Orchester in Berlin oder gar in Wien Herrenorchester geblieben (wenn man einmal von der Schriftstellerin Vicki Baum absieht, die als gelernte Harfenistin im Darmstädter Hoforchester ihren Dienst tat).

Die *Solistin* auf dem Streichinstrument hat sich, indem sie ihr überlegenes Talent demonstrierte, dagegen längst durchsetzen können, und unter den prominenten Vertretern des Geigenspiels heute hören wir – man denke etwa an Anne-Sophie Mutter, Kyung-Wha Chung, Miriam Fried, Liane Issakadse, Iona Brown, an Yuuko Shiokawa, Johanna Martzy, Jenny Abel oder Edith Peinemann – so viele Künstlerinnen, daß wir uns allmählich daran gewöhnt haben, in Orchestern aus dem Ausland sogar Damen unter den Blechbläsern, ja am Schlagzeug zu entdecken. Es ist eigentümlich: Was an Hemmnissen dem Musikerberuf durch Vorurteile oder plumpe Bequemlichkeit entgegengesetzt wurde, haben die Solistinnen viel eher überwinden können (obwohl da der Gedanke an Konkurrenz viel näher gelegen hätte).

Zu Beginn dieses Jahrhunderts mag noch ein Wunderkinddasein erleichternd den Weg gebahnt haben. Die in Wien am 5. Januar 1904 geborene *Erica Morini* jedenfalls hatte das Glück, nicht nur hochbegabt zu sein, sondern diese Begabung bereits mit acht Jahren öffentlich zu beweisen. Von ihrem Vater, der selbst eine Musikschule leitete, empfing sie die erste Unterweisung, die dann von dem berühmten Otakar Ševčík und der Pädagogin Rosa Hochmann-Rosenfeld fortgesetzt wurde. Der Name Morini entstammt einer Triester Familie, und Ericas Großvater sollte, noch vor seiner inzwischen berühmt gewordenen Enkelin, nach Amerika auswandern. Mütterlicherseits entstammte das Wunderkind sowohl österreichischen wie ungarischen Vorfahren. »Auch was meine geigerische Ausbildung anbelangt, bin ich ein Zwitter«, hat sie später bekannt; denn der Vater unterrichtete nach der Joachim-Schule. »Mein rechter Bogenarm ist Joachim, meine linke Hand Ševčík.« In dessen Meisterklasse blieb sie lange genug, um mit acht Jahren bereits am Wiener Konservatorium ein Abschlußexamen zu absolvieren. Kurze Zeit darauf konzertierte sie unter Arthur Nikisch in Leipzig, und der prominente Dirigent soll – ähnlich wie Fritz Busch gegenüber dem Knaben Yehudi Menuhin – seine Aversion gegen jede Art von Wunderkind in seine Verblüffung über ein wahres »Wunder« vertauscht haben. Schon als kleines Mädchen konnte sie »Siegestrophäen« einsammeln: Eine herrliche Puppe wurde ihr am Wiener Hof überreicht; und der berühmte Sarasate ließ ihr als »großartigste Interpretin meiner Spanischen Tänze« von der Madrider Musikgesellschaft feierlich ein von ihm als Talisman liebgewordenes Seidentuch überreichen, das die Geigerin jahrzehntelang in ihrem Musikzimmer aufbewahrte.

Noch bevor das Wunderkind die Konzertpodien Europas betrat, hatte sie, auch hier offenbar hochtalentiert, eine Ballettausbildung genossen, was ihr – wie sie noch nach Jahrzehnten bekennt – unschätzbare Dienste geleistet hat: »Mit meinen Händen und Fingern mache ich täglich gewisse Streckübungen, um sie locker zu machen. Als körperliches Training mache ich etwas viel Angenehmeres: tägliche Grundübungen, wie ich sie in der Ballettschule in Wien gelernt habe.«

Nach weiteren erfolgreichen Auftritten kam die junge Künstlerin 1921 nach Amerika, wo sie unter Artur Bodanzky in der Carnegie Hall debütierte. Das Programm verlangte von dem temperamentvollen Teenager Enormes: ein Mozart-Konzert, Vieuxtemps' (heute selten gespieltes) umfangreiches E-Dur-Konzert und das von Mendelssohn! Der spontane Erfolg brachte vier weitere Auftritte in New York mit sich, und von da an hat Erica Morini alljährlich die Vereinigten Staaten von einer Küste zur anderen bereist. Schon damals hatte man ihr die Maud-Powell-Guadagnini, das Instrument der seinerzeit in den Vereinigten Staaten führend gewesenen Geigerin, angeboten, aber sie hat die nicht minder berühmte Davidoff-Stradivari von 1727 behalten wollen, die ihr Vater ihr zum Geschenk gemacht hatte. Zwei Jahre verbrachte sie konzertierend in Amerika und kehrte dann nach Europa zurück, wo sie mit den meisten führenden Dirigenten – Carl Muck, Wilhelm Furtwängler, Bruno Walter und anderen – auftrat. Tourneen durch andere Kontinente schlossen sich an; aber in den Jahren nach 1930 (angesichts ihres künstlerischen Nomadenlebens gehen die Angaben etwas auseinander) machte sie die Vereinigten Staaten, und zwar New York, zu ihrem Wohnsitz, wo sie jahrzehntelang mit ihrem Mann Felice Siracusano gelebt hat.

Zweimal nur, wenn ich mich recht erinnere, kam sie nach dem zweiten Weltkrieg zu Konzerten nach Berlin zurück; das erstemal, um mit dem RIAS-Symphonieorchester unter Ferenc Fricsay im damaligen Konzertsaal, dem Titania-Palast, das Tschaikowski-Konzert zu spielen. Die zierliche Frau mit den ausdrucksvollen Augen, die das etwas überdimensioniert wirkende Instrument fast lässig schräg nach unten hielt, geigte nicht nur mit überirdisch reiner Intonation, sondern mit einer geschmeidigen Eloquenz, die so gar nichts Auftrumpfendes besaß, wie die Berliner es von Bronisław Huberman oder Georg Kulenkampff her im Ohr hatten. Was die Leute so in den Bann schlug, war die eminente geigerische Sicherheit, derer sich diese lyrische Auslegung bedienen durfte. Die gemessenen Tempi und die fast tänzerisch-liebenswürdige Bravour, mit

Erica Morini, 1925

der der Kopfsatz erklang, resultierten in einer seltenen, ja einmaligen Reaktion des Publikums: Es applaudierte spontan nach dem ersten Satz, fasziniert und gebannt von einer Interpretation, die wohl ungewohnt schien, die aber so untadelig, so perfekt und so suggestiv gewesen war wie keine zuvor. Die zierliche Solistin schien für einen Augenblick etwas verwirrt und lächelte dann glücklich, als sie gewahr wurde, daß hier keine unwissende Hörerschar vorschnell geklatscht hatte, sondern ein erfahrenes Publikum die spontan empfangene Faszination ebenso spontan kundgetan hatte. An Erica Morinis Platteneinspielung des Tschaikowski-Konzerts von 1957 ist diese so selten anzutreffende Mischung von absoluter geigerischer Souveränität und einer bewußt lyrischen Grundhaltung dieses oft derb, bestenfalls glitzernd dargebotenen Werks ablesbar. Mehr als ein Jahrzehnt danach, 1967, kam sie nochmals in die dortige Philharmonie zurück, um das Beethoven-Konzert zu musizieren: behutsam und geprägt von lyrischer Altersmilde.

In seinem erfahrungsreichen Geigerbuch hat Joachim Hartnack die These aufgestellt, Erica Morini sei seltsamerweise von der amerikanischen Kritik stets nur gepriesen und niemals kritisiert worden, obwohl sie, fast als einzige (!) der europäischen Emigranten, sich nicht »dem dort gehuldigten Schönheitsideal der Oberflächenpolitur hingegeben« habe. Das bedarf einer Korrektur: Außer Heifetz, der bereits bei seinem allerersten Konzert demselben Interpretationsstil huldigte, der seinen Weltruhm jahrzehntelang ausmachte, und vielleicht noch dem frühen Milstein, der alles noch brillanter, noch rascher spielen wollte als Heifetz, gibt es keinen Exeuropäer, der sich einer modischen »Oberflächenpolitur« verschrieben hätte: Szigeti, der fast spröde Denker unter den Geigern, schon gar nicht; Huberman war ein absolut fertiger Künstler, als er die Vereinigten Staaten betrat, ebenso wie der »innerliche, deutsche« Adolf Busch, dessen Auftritte gewiß nicht »poliert« waren. Kreisler, der Klangcharmeur, wurde gerade in Amerika heiß geliebt, und der Name Elman stand dort gewiß nicht für stürmische Glitzerware, sondern eher für intimes, sehr persönlich eingefärbtes Musizieren, von jeder Rekordsucht und Trotzgebärde weit entfernt. Und die Einheimischen? Der junge Menuhin geigte zwar phänomenal, aber gerade seine unbegreiflich frühe »Beseeltheit« des Vortrags riß die Menschen zur Begeisterung hin; und schließlich Isaac Stern, der schon früh in seiner Laufbahn neben dem Virtuosen den Musiker herauskehrte. Der junge Ruggiero Ricci war gewiß ein geigender Glitzerbube, aber David Oistrachs gewaltige Erfolge in den Vereinigten Staaten machen doch deutlich, daß gerade ein großer Geiger mit einem hörbar großen Gemüt ebenfalls in Amerika sein Publikum fand. Wer hätte also, um dem dortigen Geschmack (ist das New Yorker Publikum typisch »amerikanisch«?) zu huldigen, seine musikalische Persönlichkeit geopfert, um dort zu reüssieren?

Auch Erica Morini, die zur allgemeinen Verwirrung ausgerechnet Jascha Heifetz zu ihrem geigerischen Leitbild erhoben und dies auch stets ohne Scheu zugegeben hat, ist ihrem musikalischen Naturell und ihren geigerischen Qualitäten treu geblieben. Bis in die siebziger Jahre hinein hat sie beispielsweise mit nachweisbarem Erfolg solche »Glitzerstücke« wie Wieniawskis zweites Konzert in d-Moll gespielt, und wenn man das Halbdutzend Aufnahmen anhört, die sie in den fünfziger Jahren eingespielt hat, fällt erst einmal auf, wie unerhört präzise und sicher diese Frau Geige spielt: nicht mit einem Riesenbombenton, aber mit einer von ihrem Temperament bestimmten Vielseitigkeit des geigerischen Ausdrucks, der noch über den Lautsprecher hinweg in Aufregung versetzt. »Für mich ist die Bogenhand die interessantere von beiden. Ich glaube, daß man gar nicht genug ihre Probleme studieren kann. Nicht, daß ich vielleicht mehr Zutrauen zu meiner Linken hätte, aber ich bin überzeugt, ich kann mit der Rechten immer noch dazulernen – eine Lebensaufgabe für jeden Geiger!« Variabilität des Tons, selbst im Piano ganz dichtes Spiel auf der Saite, Vermeidung aller »Kratz«-Geräusche durch Bevorzugung der oberen Bogenhälfte, dabei keine Scheu vor bewußt forcierten Akzentuierungen, häufiges Benutzen von nur zwei Fingern (Zeige- und Mittelfinger) zum Bogendruck bei Détaché und Martellé, Legatospiel möglichst eng am Steg, so daß der Ton möglichst intensiv erklingt; dazu sparsames Vibrato und eine glockenreine Intonation: das sind nur ein paar Bestandteile ihrer geigerischen Kunst, die man entweder sehen oder hören kann und die Erica Morini selbst bereitwillig beschreibt.

Ein besonderer Glücksfall sind die beiden Platten, auf der sie gemeinsam mit Rudolf Firkušný zwei Beethoven-Sonaten (op. 24 und op. 30,2) musiziert, auf der anderen die Franck-Sonate und Mozarts Es-Dur-Sonate KV 481. Die Interpretation der c-Moll-Sonate halte ich für eine der allerbesten, vielleicht sogar für die überzeugendste, weil beide Partner sowohl das konzertante, das Wirkungselement, mit der gleichen Rückhaltlosigkeit ausspielen, wie sie die kammermusikalischen Passagen wirklich zurückgenommen, fast mit selbstverleugnender Intimität musizieren. Und in der Frühlingssonate herrschen bisweilen interpretatorische »Stürme«, die das angeblich so liebliche Melodiestück auf das rechte Maß unwirscher Konzertmusik zurückheben. Kantabilität und Eruption, strömendes Melos und strahlende Virtuosität kommen zu ihrem Recht. Firkušný, ein blendender Solist, ist für diese Klavier-Violin-Sonaten gerade gut genug. Blitzschnelle Stimmungsumschwünge erklingen in makelloser, temperamentgeladener Könnerschaft, und doch bleibt es »Kammermusik«.

Ähnlich Preisendes ist von den beiden anderen Sonateneinspielungen zu berichten: Mozarts kleingliedrige Virtuosität, seine im Adagio zur damaligen Zeit kühnen harmonischen Wanderungen durch die vorgegebene Melodik spielen die beiden Künstler mit einer inneren Sicherheit (die instrumentale versteht sich von selbst), die verblüfft und beglückt. Und der Franck ist ein pures Vergnügen an Klangsinn, virtuosem Duospiel und gemeinsamem melodischen Schweifen. Diese beiden Platten, die bei Westminster herauskamen und jetzt in Japan nachgepreßt werden, sollten schleunigst auch in Europa wieder greifbar sein. Sie sind beispielgebend für ideales kammermusikalisches Zusammenspiel, das soviel Rücksicht wie nötig und soviel Freiheit der Interpretation wie möglich präsentiert.

Berühmt geworden und geblieben ist Erica Morinis Wiedergabe des Brahms-Konzerts. Artur Rodzinski und das Philharmonic Symphony Orchestra of London (die auch das Tschaikowski-Konzert begleiten) sind wohlklingende, klug mitstreitende, dabei diskrete Partner. Das Brahms-Konzert musiziert Morini nicht ganz so bewußt kammermusikalisch wie das Tschaikowski-Konzert. Dennoch: der lyrische Grundzug ist unverkennbar, aber welch eine Vollkommenheit der geigerischen Bewältigung! Energie und Temperament kommen nicht zu kurz, weder in der von jagenden Sprüngen durchzogenen Durchführung des Kopfsatzes noch in der Solokadenz (Kreisler) noch in den dramatisch eingehüllten Meditationen des Adagios. Kluge Disposition jeder Phrase und klangliche »Beseelung« im Augenblick der Wiedergabe vermitteln stets den Eindruck, hier artikuliere jemand eine spannende Mitteilung, und zwar in der Weise, die jetzt und hier gültig ist. Niemals scheint Erica Morini selbst »überwältigt« oder gar beengt von der Forderung durch die Komposition; immer ist sie »Herr« ihres Notentextes, wach, kontrollierend und zugleich verdeutlichend. Und weil sie dies stets auf wohlklingende, traumwandlerisch sichere Weise unternimmt, hat man niemals ein Gefühl der Willkür oder gar Vergewaltigung durch den Interpreten.

Ist es da ein Wunder, daß die amerikanische Kritik in der Zeit ihrer langen Karriere freundlich, ja begeisternd mit ihr umgegangen ist? Es gibt natürlich noch zahlreiche weitere Klangdokumente aus ihren späten Glanzjahren, Mozart-Konzerte und Bach-Sonaten und natürlich die Glitzerware, kleine Stückchen aus der Arrangeurwerkstatt der Kreisler und David, der Burmester und Wilhelmj, die Erica Morini nicht mit abgefeimter akustischer Betörung musiziert, sondern mit fast simpler Könnerschaft, geigerisch-stilistisch mit jenem echten Maß an Verführung, das Verheißung bleibt, selbstverständliche Zuwaagen eines geigerischen Fundus, der vor allem den Meisterwerken angemessen und durch ihre Kunst zugute gekommen ist. Sogar den angeblichen Tschaikowski-Feind Igor Strawinsky soll sie überzeugt haben, als sie das Tschaikowski-Konzert 1940 in New York bei der Hundertjahrfeier für den russischen Meister musizierte, und zwar unter der Leitung von Strawinsky!

÷

Die italienische Geigerin *Gioconda De Vito*, die am 26. Juli 1907 in Martina Franca (Apulien) zur Welt kam, gehörte während der dreißiger und vierziger Jahre in Deutschland, vor allem in Berlin, zu den wenigen Geigern von internationalem Format, mit deren regelmäßigem Auftreten der empfindliche Mangel an Geigertalenten nach der Machtübernahme durch die Nazis 1933 und deren ebenso absurde wie grausame Rassenpolitik gegengesteuert werden sollte. Georg Kulenkampff und Váša Příhoda, Guila Bustabo und eben Gioconda De Vito traten unverdrossen auch in der deutschen Reichshauptstadt auf, als der Krieg bereits im Gange war, und in einer Saison holten sich Furtwängler und Karajan, bereits damals sich beargwöhnende Rivalen, jeder »seine« Solistin für das Bruch-Konzert (das Mendelssohn-Konzert hatten die Nazis aus den Programmen verbannt). Nach dem Krieg hat man dieses (immer stark umjubelte) Auftreten während der Zeit des »Dritten Reichs« der De Vito eine Zeitlang verübelt, und die Künstlerin, die bereits in den dreißiger Jahren eine Professur an der römischen Accademia di Santa Cecilia innehatte, verlegte einen Großteil ihrer künstlerischen Tätigkeit nach England. In Italien trat sie freilich auch häufig auf, und zwei Mitschnitte ihrer Konzerte mit Furtwängler in Turin vom März 1952 (Brahms- und

Mendelssohn-Konzert) sind, man muß fast sagen leider, aus einem primitiven Privatmitschnitt zu zwei Platten der Cetra-»Furtwängler-Edition« umgepreßt worden; ihre tontechnische Qualität ist so miserabel, daß es für Dirigenten und Solisten beinahe rufschädigend ist. Beide Aufnahmen, obwohl für teures Geld im Handel, müßten daraus verbannt und vergessen werden.

Wer Gioconda De Vito also nicht seinerzeit in Berlin erlebt hat oder einen ihrer Auftritte danach, der ist – zumal die Künstlerin seit einiger Zeit nicht mehr öffentlich konzertiert – auf das Plattenœuvre angewiesen, das seit Mitte der achtziger Jahre in Form einer in Japan produzierten Wiederauflage aller ihrer EMI-»Angel«-Platten greifbar ist. Wie gering die Mutterfirma das europäische Interesse an dem wuchtigen Lebenswerk der italienischen Geigerin einschätzt, erhellt der Umstand, daß alle über die nötigsten Werkangaben hinausgehenden Informationen auf japanisch abgefaßt sind. Der prospektive Hörer sollte sich davon nicht abschrecken lassen – der klingende Inhalt ist reiner Okzident.

Diese De-Vito-Einspielungen waren früher natürlich auch als Einzelveröffentlichungen bekannt und geschätzt – so vor allem das Brahms-Doppelkonzert, gemeinsam mit dem Cellisten Amedeo Baldovino und dem Philharmonia Orchestra unter Rudolf Schwarz in herrlicher musikalischer Übereinstimmung musiziert. Die beiden Solisten spielen dermaßen synchron, so eines Sinnes, daß sich die Begeisterung auf den Hörer überträgt. Diese Einspielung halte ich, nach öfterem Durchhören aller übrigen Aufnahmen, für die gelungenste und bleibendste.

Man hat Gioconda De Vito häufig als die Melodikerin, ja als die lyrische Sängerin auf der Geige tituliert, und das ist genauso unsinnig wie zutreffend, weil damit alles und nichts ausgesagt wird. Ihr kammermusikalisches Repertoire reicht in dieser Kassette von barocken Sonaten und Konzerten (Purcell, Händel, Vitali, Bach), Triosonaten und Duos von Bach, Viotti und Spohr (gemeinsam mit Yehudi Menuhin) bis zu den Beethoven-Sonaten op. 30,2 und op. 47, der Franck-Sonate und Brahms' A-Dur-Sonate mit dem ausgezeichneten Tito Aprea sowie den beiden anderen Brahms-Sonaten mit keinem Geringeren als Edwin Fischer. Das klingende Resultat ist imponierend, immerhin zuweilen stark geschmälert von mancherlei technischen Handicaps, zum Beispiel in der d-Moll-Sonate, die so voller falscher Noten in beiden Instrumenten steckt, daß man ganz traurig wird und die sicherlich gutgemeinte musikalische Intention nicht recht wahrnimmt. Was nützen tiefempfundene Passagen,

Gioconda De Vito, 1940

wenn sie instrumental nicht bewältigt werden, wenn zögerliches Musizieren nicht interpretatorischen Tiefgang, sondern technisch begründete Vorsicht signalisiert? In den Barocksonaten, zum Beispiel in Händels D-Dur-Sonate, machen sich überdies unsichere Tempowahl und -relation bei den einzelnen Sätzen bemerkbar.

Bei den Solokonzerten – von Mozart (G-Dur – einmal unter Thomas Beecham 1949, ein andermal unter Rafael Kubelik 1959) über Viotti (Nr. 22) und Mendelssohn bis Brahms – gibt es eigentlich keine Interpretation, die völlig beglückt. Selbst die sogenannten gesanglichen Partien, und derer gibt es viele, verströmen nicht jenes Maß an geigerischer Sicherheit, die jedes Tempo, und sei es noch das langsamste, durch Entschiedenheit und Entschlossenheit rechtfertigt. Es klingt bei manchmal extrem langsamer Tempowahl immer wieder »vorsichtig«, als wenn die Solistin nicht die rechte Courage hätte, so zu interpretieren, wie *sie* es will, und »nicht, wie die Noten wollen«. Im Mozart-Konzert hilft alle innere Beseelung nichts, wenn die Bogenführung zitterig klingt; die Übergangspassage zum Mendelssohn-Finale, wahrhaftig ein gesanglicher Abschnitt, wird nicht »gesungen«, sondern den offenbar schwer zu bändigenden Schwerkräften des Bogens unterworfen; und die extrem scheu und tastend angegangene Solokadenz im Kopfsatz des Brahms-Konzerts scheint überhaupt kein Ende zu nehmen, weil die Schlußtriller über jede den bisherigen Ablauf plausibel machende Art hinausgezögert werden, daß man an Unsicherheit glaubt und nicht an interpretatorisch eindeutig fixierten Willen. Daneben gibt es herrlich verströmende Stellen, in denen die natürliche Musikalität unverstellt zu vernehmen ist. Die Bogenhand De Vitos verfährt jedoch nach einem eher verwischenden als nach einem markierenden Ideal, und das macht sich bei diesen Aufnahmen, die technisch den Erfordernissen der späten Monozeit durchaus entsprechen, auf enttäuschende Weise bemerkbar. Mit den zur gleichen Zeit entstandenen Stereoaufnahmen, die in den fünfziger Jahren mit Erica Morini, und zwar ebenfalls in London, aufgenommen wurden, sind sie leider gar nicht zu vergleichen. »The Art of Gioconda De Vito« heißt diese wuchtige Kassette, die elf Stunden Musik birgt. Des historischen Interesses kann diese Veröffentlichung sicher sein; aber »Aufzubewahren für alle Zeit« ist bestimmt das Brahms-Doppelkonzert.

*

Es gehört zu den historischen Unarten, zu fragen: »Was wäre geschehen oder nicht geschehen, wenn...?« Dennoch gibt es wohl keinen Zweifel an der Vermutung, daß die französische Geigerin *Ginette Neveu,* die – zusammen mit ihrem Bruder Jean-Paul Neveu – am 28. Oktober 1949 mit gerade 30 Jahren in einer Constellation über den Azoren tödlich verunglückte, eine große, weltumspannende Karriere erlebt hätte, wenn nicht... Alle Zeichen ihres frühen künstlerischen Werdegangs deuteten darauf hin. Es waren nur ungefähr zehn Jahre, während derer Ginette Neveu die Musikwelt von ihrer hohen geigerischen wie interpretatorischen Begabung überzeugen konnte, und diese Welt war von 1939 bis 1945 durch den zweiten Weltkrieg stark eingeschränkt. Doch die letzten vier Jahre ihres Lebens hatten eine explosionsartige Ausweitung ihrer Konzerttätigkeit mit sich gebracht – mehrere Amerikatourneen und ein Halbdutzend Platteneinspielungen, die es uns möglich machen, auch heute noch den frühen und dann plötzlich endenden Ruhm der Künstlerin nachzuempfinden.

Um die Biographie Ginette Neveus haben sich eine ganze Reihe von Anekdoten, ja Legenden gerankt, deren Wahrheitsgehalt umstritten bleibt. So hat man später behauptet, man hätte in dem Flugzeugwrack ihre Geige, wenn auch zerbrochen, in ihren Armen gefunden; in Wirklichkeit hat man sie zunächst gar nicht identifiziert und sogar einen fremden Leichnam auf dem Elsässer Friedhof beigesetzt. Der Bruder Jean-Paul ist niemals identifiziert worden. Die sterblichen Überreste der Neveu ruhen nun auf dem Friedhof Père Lachaise in Paris, wo auch Chopin begraben liegt. Geboren wurde Ginette Neveu am 11. August 1919 in Paris als Kind eher ärmlicher Musikereltern. Man erzählt sich, das kleine Mädchen hätte jede Gelegenheit wahrgenommen, auf sein musikalisches Interesse aufmerksam zu machen, so daß die Mutter, selbst Geigenlehrerin, der ungeduldigen Tochter bereits auf einer Viertelvioline Unterricht zu geben begann. Mit fünfeinhalb soll die Frühbegabte schon halboffiziell in der Öffentlichkeit mit Schumanns »Choral und Fuge« aufgetreten sein, aber das richtige Debüt erfolgte erst zwei Jahre später, als die knapp Achtjährige in der Salle Gaveau Bruchs g-Moll-Konzert vortrug. Im Jahr 1928 gewann sie nicht nur den ersten Preis der École supérieure de musique, sondern auch den Ehrenpreis der Stadt Paris, wo sie im selben Jahr auch Mendelssohns Konzert sowie Saint-Saëns' »Introduction et Rondo capriccioso« spielte.

Die Eltern, deren frühreifes Kind augenscheinlich ans Licht einer musikalisch interessierten Öffentlichkeit katapultiert worden war, scheinen sehr vernünftig allen möglichen verführerischen Angeboten, das enorme Talent ihrer Tochter durch raschen Verschleiß »auszubeuten«, widerstanden zu haben und gaben ihre Tochter bei einem der damals einflußreichsten Geigenpädagogen, zu George Enescu, in die Lehre. Ende 1930, also mit elf Jahren, war Ginette so weit, im Konservatorium aufgenommen zu werden, wo sie sich schon nach einem dreiviertel Jahr mit dem ersten Preis qualifizierte, was damals (wie heute) ein außergewöhnliches Ereignis war. Im Jahr darauf stellte sie sich beim Internationalen Violinwettbewerb in Wien einer strengen Jury, zu der auch der berühmteste Pädagoge der damaligen Zeit, Carl Flesch, gehörte. Er hielt die junge Neveu für exzeptionell begabt und soll ihr (wie Marie Jeanne Ronze-Neveu in ihrer Biographie überliefert) gesagt haben: »Mein Kind, du bist mit einer Gottesgabe beschenkt, die ich gar nicht anrühren möchte. Alles, was ich machen kann, ist, dir ein paar technische Ratschläge zu geben.« Diese Ratschläge dauerten dann doch vier Jahre, zunächst in Baden-Baden, dann (nachdem Flesch emigrieren mußte) im belgischen Knokke. 1935 war es so weit, daß die 16jährige den wichtigen Wieniawski-Wettbewerb in Warschau mitmachte – und den ersten Preis gewann (den zweiten holte sich David Oistrach). Flesch scheint diese Reise, die natürlich mit finanziellen Opfern verbunden war, aus eigener Tasche mitgetragen zu haben. Bryan Crimp zählt in seiner Einleitung zur Neveu-Plattenkassette die Werke auf, welche die Neveu für Warschau vorbereitete: eine Bach-Solosonate, das zweite Wieniawski-Konzert und weitere kleinere Stücke dieses Wettbewerbspatrons sowie Ravels »Tzigane«. Es hatten sich 180 Teilnehmer gemeldet, alle unter 30 Jahre.

Dieser außerordentliche Erfolg, der für die Fachwelt (die den 27jährigen Oistrach favorisiert hatte) fast überraschend kam, resultierte in den ersten wichtigen internationalen Engagements (Brahms-Konzert unter Eugen Jochum in Hamburg; erste Rußland- und Amerikatournee). Das deutsche Publikum scheint sich damals schon für sie begeistert zu haben, und die allerersten Schallplattenaufnahmen mit ihr fanden in den Jahren 1938 und 1939 in Berlin statt: kleinere Stücke von Wilhelm Friedemann Bach und Josef Suk, Gluck- und Chopin-Transkriptionen sowie die Corelli-Variationen und Richard Strauss' frühe Geigensonate (Bruno Seidler-Winkler und Gustav Beck begleiten am Klavier). Wir vernehmen einen sonoren, ungestüm, ja fast aggressiv wirkenden Geigenton, der niemals auf einschmeichelnde Lieblichkeit getrimmt ist, sondern offensiv und fordernd klingt. Ein willensstarkes musikalisches Temperament macht sich da bemerkbar, imponierend wohl, aber noch nicht recht beglückend, weil jeder Anflug von klanglicher Raffinesse vermieden ist. Das Suk-Stück op. 17,2 (»Appassionato«) hat Ginette Neveu nochmals, diesmal mit ihrem Bruder, 1946 eingespielt, und da hört man (jenseits der besseren Aufnahmetechniken) überdeutlich die Entwicklung, die das frühe Talent inzwischen erfahren hatte: wesentlich geschmeidigerer Ton, interpretatorische Sicherheit und die Bereitschaft, die Geige nicht nur als Instrument offensiver Entschlossenheit, sondern als Mittel der klanglichen Überredung einzusetzen.

Ginette Neveu, um 1946

Diese Entwicklung war gewiß auch das Resultat relativ ungestörter musikalischer Studienjahre, die der Krieg erzwang. Sobald die alliierten Truppen die Heimat befreit hatten, begann Ginette Neveu wieder im ganzen Land zu konzertieren und stand bereits am 21. November 1945 vor den Mikrophonen der Londoner Schallplattenstudios. Auch während der Besatzungszeit in Frankreich war sie aufgetreten – unter anderem mit einer Geigensonate von Francis Poulenc, die dieser ihr gewidmet hatte, und mit dem Konzert von Fred Elizalde, das sie im Februar 1944 uraufführte.

Die Aufnahmen zum Sibelius-Konzert im November 1945 waren in dreifacher Hinsicht Premieren: Es war die erste wichtigere Aufnahme für das gerade erst gegründete Philharmonia Orchestra; der Dirigent Walter Susskind absolvierte seinen ersten internationalen Auftrag, und für Ginette Neveu war es die erste Plattenaufnahme mit Orchester. Das Resultat ist in jeder Hinsicht imponierend, wenn auch das sonst als typisch empfundene »Fordernde« hier nicht so recht herauskommt. Der rhapsodische Koloß, eher eine Fantasie für Sologeige und Riesenorchester, ist nicht zusammenfassend gerafft und mit raffiniert eingesetzter technischer Überlegenheit gestaltet, sondern zerfällt in eine Reihe schön und bestimmt musizierter Partikel. Diese Wiedergabe deshalb schon für »moderner« als die noch immer durch ihre Vollkommenheit in Atem versetzende Heifetz-Aufnahme zu halten (wie es Joachim Hartnack tut, vielleicht um Heifetz wieder einmal eins auszuwischen) scheint mir etwas verwunderlich. Ich finde, man spürt einfach, daß hier eine hochbegabte Solistin sich erstmals mit Orchester hören läßt, daß sie aber – ganz verständlicherweise – noch nicht so souverän musiziert, wie es ihr in späteren Aufnahmen und Konzerten möglich gewesen ist. Die 1980 endlich erschienene Kassette, welche »The Complete Recorded Legacy of Ginette Neveu« auf vier Langspielplatten enthält (durchweg als Achtundsiebziger-Aufnahmen entstanden), bringt als Beigabe zum Sibelius-Konzert die im März 1946 entstandene Einspielung der »Tzigane« von Ravel. Hier entfaltet sich Neveus schon in früher Jugend so bemerkenswertes ungestümes Talent in geradezu explosionsartiger Weise. Dieses Werk ist in den letzten Lebensjahren der Künstlerin so etwas wie ein typisches Gütesiegel geworden, ein Lieblingsstück, das – im Vergleich zu der Sibelius-Orchesterpremiere – ganz weiträumig, ganz frei und überlegen gemeistert ist.

Alle Menschen, die mit der jungen Geigerin zusammengekommen sind oder mit ihr gearbeitet haben, erinnern sich an ein höchst ernsthaftes Mädchen von hoher künstlerischer Moral, an eine sehr willensstarke und impulsiv handelnde Musikerin. Die erhaltenen Bilder zeigen eine zumeist gesammelt-konzentriert blickende Dame mit kurzem Haar und starken Augenbrauen über weiten, etwas quellenden Augen. Die Geigerin, die zu ihrer »Entspannung« komponierte, muß, nach dem Zeugnis des Schallplattenproduzenten Walter Legge, von einer ursprünglichen Leidenschaft gewesen sein, »die einem Überborden nahe schien«. Unermüdlicher Fleiß und die Sehnsucht nach einer nicht nur geigerischen, sondern auch künstlerischen Vollkommenheit sind immer wiederkehrende Attribute, die ihre Kollegen und Freunde bezeugen. »Im Augenblick, da ihre Finger die Saiten berührten, erhielt ihr Gesicht eine hinreißende, ekstatische Schönheit«, schreibt Legge in seinem Nachruf 1949. »Wenn sie spielte, war sie gleichsam über ihr Instrument gebeugt wie eine sprungbereite Pantherin, und der Ton, den sie erklingen ließ, war von packender Intensität.«

Das sicherlich gültigste Dokument dieser Geigerin ist ihre Einspielung des Brahms-Konzerts, die im August 1946 – ebenfalls in London mit dem Philharmonia Orchestra, diesmal unter Issai Dobrowen – erfolgte. Es ist wohl die dramatischste, die von intensivster Lust am Espressivo erfüllte Aufnahme dieses Werks. Hier wird an keiner Stelle süße Tonschönheit produziert, hier gilt es keinen tänzerischen Schnelligkeitsrekord aufzustellen (obwohl die Tempi angezogen sind, die Grundhaltung eher stürmisch denn kontemplativ ist) und keine chevalereske Visitenkarte abzulegen. Der Tenor ist heroisch, ja pathetisch zu nennen, obwohl dieses Pathos immer wieder von impulsiver Akzentuierung belebt wird. Das Akkordspiel ist bravourös, im Seitenthema sind Portamenti wirkungsvoll eingesetzt, jedes Detail ist durchglüht von leidenschaftlicher Kraft des Ausdrucks. Dobrowen musiziert mit seinem manchmal etwas übertönenden Orchester eine Symphonie; doch die Übereinstimmung des Wollens ist unverkennbar. Mag sein, daß der Mitschnitt dieses Werkes, das Ginette Neveu im Mai 1948 in Hamburg, der Stadt ihres ersten wichtigen Erfolgs, unter Hans Schmidt-Isserstedt musizierte, noch gelungener ist. Wir wollen uns mit der EMI-Platte begnügen; sie vermittelt ein Dokument von beeindruckender nachschöpferischer Kraft, wie sie in ähnlich »männlich«-heroisch packender Art der russische Geiger Viktor Tretjakow zustande bringt.

Es waren noch viele weitere Aufnahmen geplant – das Beethoven-Konzert, das Ginette Neveu 1949 fünfmal mit dem Hallé Orchestra unter John Barbirolli spielte, und das von Tschaikowski. Zustande kamen lediglich das »Poème« von Chausson sowie, mit dem Bruder Jean-Paul am Klavier, die Debussy-Sonate – Zeugnisse großer geigerischer nachschöpferischer Kraft. »Meisterwerke immer wieder neu zu erschaffen«, schrieb Ginette Neveu, »ist unsere ständige Aufgabe, und das Instrument, das dazu dient, ist nur das Mittel zu diesem Zweck.«

Die Jahre vom Ende des Kriegs bis zu ihrem frühen Tod waren bis zum äußersten angefüllt mit Konzerten in Europa, Amerika und Australien. Von dort hat Ginette Neveu 1948, mitten in einer strapaziösen Konzertreise steckend, über sich selbst geschrieben: »Ich habe das Gefühl, eine ganz neue Entwicklungsphase zu erleben. Möge sie mich in meiner Kunst weiter in die Höhe bringen!« Die Zeit dazu blieb begrenzt: In Edinburgh bei den Festspielen 1949 trat sie mit dem Sibelius-Konzert unter André Cluytens auf. Am 20. Oktober desselben Jahres gab sie in Paris einen Abend, der ihr letztes öffentliches Auftreten werden sollte: Bachs Chaconne und Ravels »Tzigane« standen auf dem Programm. Acht Tage später waren eine exzeptionelle Karriere und ein künstlerisch früh vollendetes Leben zu Ende.

*

Als die 16jährige Ginette Neveu sich unerwartet den ersten Siegerinnenpreis beim Wieniawski-Wettbewerb in Warschau 1935 holte, gab es unter den 180 angemeldeten Teilnehmern ein gerade zehnjähriges Mädchen, die jüngste von allen: *Ida Haendel.* Sie hatte es kraft ihres Talentes geschafft, in die Gruppe der Finalisten zu gelangen, und wurde daher mit ihren Kollegen vom polnischen Präsidenten zu einem Tee-Empfang geladen. Die Siegerin Ginette sollte sie während ihrer Studienzeit bei Carl Flesch wiedersehen; in ihrem Buch »Woman with Violin« erinnert sich die Autorin an Ginette Neveu als an eine furchtlose, unerhört vitale und temperamentvolle Musikerin, mit der sie bis 1949 eine herzliche Freundschaft verband.

Ida Haendel, geboren am 15. Dezember 1924 in Cholm, ist Polin und gehört, wenn sie auch in Deutschland verhältnismäßig selten auf dem Podium zu hören ist, zu den ganz Großen ihres Fachs; ich würde sie ohne Zaudern als eine jüngere Kollegin der eminenten Erica Morini bezeichnen. Beim Geigermarathon anläßlich des 100. Geburtstags von Bronisław Huberman in Tel Aviv im Dezember 1982 erschien sie in der vom Staat Israel veranstalteten Festwoche gemeinsam mit Isaac Stern, Ivry Gitlis, Henryk Szeryng, Pinchas Zukerman, Itzhak Perlman und Shlomo Mintz und spielte im dortigen Mann-Auditorium mit dem Israel Philharmonic Orchestra das Sibelius-Konzert. Es war eine eindrucksvolle Demonstration und durch die seltene Ballung von weltberühmten Geiger-»Königen« einladend zu den interessantesten Vergleichen. Ida Haendels Spiel war, ohne zu übertreiben, eine Art Krönung des Festivals. Kein anderer (und dieser Vergleich geschieht auf allerhöchstem

Ida Haendel

Niveau angesichts der erlauchten Namen) griff so rein, so makellos, geigte so tonschön, so kultiviert und doch voller Intensität. Das wurde kein temperamentgeladen auftrumpfender Sibelius, sondern – eben ähnlich dem Spiel Morinis – ein Fest der heiteren Makellosigkeit und des klangbewußten, vollendeten Musizierens. Die leise Sorge, die jeden Hörer beschleicht, wenn es ein Wiederhören nach langen Jahren zu feiern gilt, erwies sich als völlig unbegründet. Und als am Ende des Konzerts der ältere Kollege Stern und der jüngere Mintz auf die Bühne kamen, um gemeinsam mit dem Orchester, das sich erhoben hatte, »Happy Birthday« aufzuspielen, war es bewegend zu erleben, wie sichtlich gerührt die große polnisch-amerikanische Künstlerin reagierte.

Kurze Zeit darauf konnte sich der grandiose Eindruck, den das Spiel Ida Haendels hinterlassen hatte, in Frankfurt bestätigen, wo die Geigerin gemeinsam mit Eliahu Inbal (mit dem sie gern gelegentlich konzertiert) und dem dortigen Radio-Symphonie-Orchester Saint-Saëns' h-Moll-Konzert spielte. Zwei glückliche Zusammentreffen: eine selten zu hörende Künstlerin *und* ein Werk, das man in Deutschland öffentlich kaum musiziert hört. Wiederum der beherrschende Eindruck makelloser Intonation und einer sicher-heiteren Vollkommenheit, der nichts Herrisches anhaftete, sondern die fast mühelos mit lauteren geigerischen Mitteln erzielt war; wiederum ging die Erinnerung zurück an die unvergessenen Qualitäten Erica Morinis: Überzeugung durch höchstmögliche Reinheit und größtmögliche Sicherheit – ohne missionarische oder überhitzte Feurigkeit, aber auch weit entfernt von bravourös-unterkühlter Perfektion. Ist es das polnisch-jüdische Erbe, ist es die Schulung durch Flesch und andere, die solches fast ein wenig anachronistisch anmutendes Geigenspiel zustande bringt?

Da mag es beinahe überraschen, wenn man liest, bei wie vielen Lehrern die junge Geigerin seinerzeit Unterweisung und Rat gesucht hat: Mit 13 Jahren hatte sie bereits unter Henry Wood in London das Brahms-Konzert gespielt (vielleicht war sie auch schon ein oder zwei Jahre älter, weil ihr Geburtsjahr taktvollerweise in den verschiedenen Quellen variiert), aber die diesem Londoner Debüt folgende Reihe von Lehrern ist eher irritierend als imponierend. Da tauchen neben Carl Flesch auch Stefan Frenkel, der ehrwürdige George Enescu sowie die Flesch-Schüler Szymon Goldberg und Roman Totenberg auf, und auch Joseph Szigeti hat offenbar seine schützende Hand gehalten. Aber wenn man sie nach ihrem geigerischen Idol befragt, gibt sie überraschenderweise die gleiche Antwort wie Erica Morini (und wie so viele hervorragende Geiger in unserer Zeit): Jascha Heifetz. Gemeint ist damit jenes Suchen nach Vollkommenheit, aus welcher heraus der Weg zur Interpretation jeder großen Musik zu erwachsen vermag. Und, im Gegensatz zu Gioconda De Vito, die glaubhaftem Vernehmen nach niemals eine Note musiziert hat, die in unserem Jahrhundert komponiert wurde, ist Ida Haendels Repertoire weitgespannt, bezieht sogar Max Regers umfängliches Violinkonzert mit ein. Die Platten von Ida Haendel, zum Beispiel eine schon etwas betagte Einspielung des Beethoven-Konzerts mit Rafael Kubelik und eine vom Brahms-Konzert mit Sergiu Celibidache, sind leider längst vom Markt verschwunden. Bei Ariola gab es eine Zeitlang die Einspielung von Ravels »Tzigane« und von Lalos »Symphonie espagnole« zu bewundern – leuchtende Beispiele makelloser Geigenkunst, unprätentiös und vollkommen zugleich.

Der Denker

Joseph Szigeti

Die Zahl jener Weltklassegeiger, die im ersten Drittel unseres Jahrhunderts in deutschen Konzertsälen den Ton angaben und die nach der Nazizeit und den Nachkriegsjahren wieder den Weg zur Stätte ihrer einstigen Triumphe zurückfanden, ist vergleichsweise gering. Das hat verschiedene Gründe: Sie waren, wie etwa Bronisław Huberman, Georg Kulenkampff oder Carl Flesch, während der vierziger Jahre gestorben, und bei Huberman ist es sehr fraglich, ob er sich jemals entschlossen hätte, nochmals in Deutschland aufzutreten; Jascha Heifetz und neben ihm vor allem Isaac Stern haben bei ihren Tourneen unser Land absichtsvoll ausgespart; Nathan Milstein tat es ihnen jahrelang gleich, fand dann aber zögernd schließlich doch den Weg in die mitteleuropäischen Konzertsäle zurück. Fritz Kreisler war bei Kriegsende 70 Jahre alt, litt noch an den Folgen eines Unfalls und ersetzte eine sicherlich strapaziöse Deutschlandreise durch Entsendung von Spenden und Hilfsgütern aus eigener Tasche an hungernde Kinder in Berlin und Wien. Der Jüngste der Weltelite, mit immerhin schon mehr als anderthalb Jahrzehnten Karriere hinter sich, Yehudi Menuhin, besuchte das Trümmerdeutschland schon im Sommer 1945 (wo er mit Benjamin Britten für die Überlebenden von Bergen-Belsen spielte) und fuhr kurz danach demonstrativ nach Berlin, der Stadt seiner jugendlichen Triumphe, musizierte, allen Anfeindungen von seiten jüdischer Kollegen zum Trotz, mit Wilhelm Furtwängler, auch im Ausland schon 1948 in London, und hat unser Land seit vier Jahrzehnten ganz selbstverständlich einbezogen in seine weltumspannenden Tourneen.

Es gab jedoch noch eine kleine Gruppe von Künstlern, die es bei einer kurzen Visite bewenden ließen: Der fast 70jährige Jacques Thibaud ließ sich Ende der vierziger Jahre noch einmal in Berlin hören, konzertierte in diesem für einen Geiger doch schon hohen Alter unermüdlich weiter und starb durch ein Flugzeugunglück 1953. Knapp zehn Jahre jünger als Thibaud, erschien Adolf Busch 1949/50 zu kurzen Gastspielen beim Bonner Beethoven-Fest, in Berlin und andernorts (im Jahr darauf auch mit

Joseph Szigeti, um 1972

seinem Streichquartett) und muß gespürt haben, daß die Zuneigung, die ihm allerorten entgegengebracht wurde, eher dem Wiedersehen mit einem großen Künstler und Menschen galt. Noch ein weiterer grandioser Geiger – er hatte bereits zu Arthur Nikischs Zeiten das Violinkonzert von Glasunow in Berlin uraufgeführt! – kam noch ein paarmal nach Berlin: Der 73jährige Mischa Elman führte in der dortigen Philharmonie 1964 das Mendelssohn-Konzert auf, ein Ereignis, dessen rein virtuoser Aspekt sicherlich von dem dieser fast schon historischen Wiederbegegnung weit übertroffen wurde. Zwei Jahre später ist Elman gestorben.

Wenige Jahre zuvor hatte auch Joseph Szigeti, inzwischen 68 Jahre alt, das Wagnis unternommen, für einen einzigen Soloabend mit drei Sonaten von Bach an die Stätte seiner unvergessenen Triumphe zurückzukehren. War er doch in den zwanziger Jahren regelmäßig als Solist, vor allem in den Philharmonischen Konzerten unter Furtwängler, aufgetreten und hatte mit diesem von ihm außerordentlich bewunderten Dirigenten und dessen Orchester nach dem Krieg in Paris Brahms' Doppelkonzert, gemeinsam mit Pierre Fournier, musiziert.

Das Echo auf seinen Soloabend im Jahre 1960 war zwiespältig, ja ein wenig melancholisch; Publikum und Presse blieben zurückhaltend. »Vieles von dem einstigen Glanz ist verblaßt«, hieß es in einer Besprechung. »In der einleitenden h-Moll-Partita fürchtete man sogar für den Fortgang des Konzerts... Man verließ den Saal mit einem Gefühl von melancholischer Bewunderung.« Und Joachim Hartnack überliefert in seinem Geigerbuch eine noch viel harschere Kritik. Das physiologische Wunder, das wir an dem greisen Elman erlebten und heute noch an dem das biblische Alter weit hinter sich lassenden Milstein erleben, erfüllte sich bei Szigeti nicht; ja man darf behaupten, daß dieser von Kollegen wie Hörern gleichermaßen bewunderte Künstler den Zenit seiner Laufbahn bereits in den Jahren nach dem Ende des zweiten Weltkriegs überschritt. Schon in den fünfziger Jahren, beispielsweise beim Brahms-Konzert 1954 in Louisville (Kentucky), waren zwar Intonation und künstlerisches Wollen gleichermaßen bewundernswert, während die Kontrolle des Bogens diesem Wollen sich spürbar nicht mehr untertan machen lassen wollte. Die späten Plattenaufnahmen, darunter auch die Gesamteinspielung der Bachschen Solosonaten und -partiten, wurden zwar stark akklamiert, zumal sie als Hommage an den inzwischen ehrwürdigen Künstler gedacht waren, aber das wahre Abbild dieses grandiosen Geigers läßt sich ausnahmslos nur an Aufnahmen festmachen, die vor

1945 entstanden sind. Im Jahr 1949 erschienen Szigetis sehr lesenswerte
Erinnerungen unter dem Titel »With Strings Attached« (deutsch »Zwischen den Saiten. Sechs Jahrzehnte als Geiger in einer sich wandelnden
Welt«), und am 20. Februar 1973 ist Szigeti, nach langer Abwesenheit
von den Vereinigten Staaten, in Luzern gestorben.

*Carl Flesch. Gemälde von
Eugen Spiro, 1919*

Szigeti ist über 80 Jahre alt geworden, und die von ihm beschriebene
»sich wandelnde Welt« hat er ganz bewußt miterlebt, ja er war ein Teil
derselben. Mit einer Mischung von Skepsis und Sympathie zitiert er eine
Reihe von Kollegen der älteren Generation, die – um ein Fontane-Wort
etwas abzuwandeln – der festen Überzeugung war, mit ihr ginge die
Welt der wahren Geiger und ihrer musikalischen Empfindsamkeit verloren, während die jüngere glaubte, mit ihrer neuentdeckten geigerischen
Vollkommenheit begänne diese Welt erst wahrhaft. Das scheint indessen
der Lauf dieser Welt zu sein, auch unter Geigern, und klingt oft wie die
Geschichte von den sauren Trauben. »Obwohl das handwerkliche und
mechanische Können unübertroffen sind«, schreibt Carl Flesch, der ge-
strenge Geigenpädagoge (der in so vielen Beurteilungen recht gehabt

hat), nach dem Ysaye-Wettbewerb 1937 in Brüssel, »sind die Herzenstöne, die Mystik der Musik verschwunden.« Immerhin gingen aus den wichtigsten Wettbewerben in Brüssel und Warschau (1935) Künstler wie Ginette Neveu und David Oistrach hervor, deren beeindruckendes geigerisches Können nach unserer heutigen Erkenntnis die »Herzenstöne« überhaupt nicht zu verdunkeln vermochte. »Weil unser Instrument in seiner Konstruktion eines der wenigen beständigen Dinge unserer Zeit ist, kann man doch nicht behaupten, daß auch die Konzeption des Stils immer gleichbleibend sein muß«, hält Szigeti dagegen, und er ist so ehrlich zuzugeben, daß von der beschworenen »sinnlichen Schönheit des Tones, der schillernden Qualität und dem gleichmäßigen Wohlklang« bei der für ihn »älteren« Generation der Henri Petri, Adolph Brodsky, Arnold Rosé, Hugo Heermann und anderer »damals wohl nicht viel zu bemerken gewesen sein« dürfte. Und das traf seiner Meinung nach auch auf Geiger wie Willy Burmester, Henri Marteau, Juan Manén, Felix Berber und manche andere zu.

Fleschs melancholischer Abschied von den »Herzenstönen« und das Bedauern über die zunehmende Überschätzung des technischen Moments überrascht insofern, als er selbst bei seinen Urteilen über prominente Kollegen den technischen Aspekt stets in den Vordergrund kritischer Würdigung hob. Selbst sein zehn Jahre jüngerer Kollege Szigeti kam nicht ungeschoren davon: »Auch Szigeti ist wie so viele andere seiner Generation allzu früh der Schule entlaufen und sich selbst überlassen geblieben. In früheren Zeiten haben die Geiger, auch wenn sie schon als Knaben Bedeutendes leisteten, sich stets noch einige Jahre ausschließlich dem Studium gewidmet, bevor sie das Konzertpodium betraten ... während die Jungen in unserer Zeit zumeist den Sprung aus der Schulstube unmittelbar in den Konzertsaal wagen. Szigeti ist der einzige bedeutende Geiger unserer Zeit, der in seiner Bogenführung den tiefgehaltenen Oberarm ... beibehalten hat, angeblich, weil seine Arme zu lang sind, in Wirklichkeit jedoch, weil ihm der Lehrer gefehlt hat, der ihm geholfen hätte, sich dieser Jugendsünde zu entledigen ... Sein Ton ist im Piano von keuscher Schönheit, insbesondere in mechanischer Übertragung, im Forte nicht immer frei von kratzigen Nebengeräuschen, was auch für seinen raschen Détaché und Springbogen zutrifft, die er zu nahe am Steg ausführt.«

Der Lehrmeister Flesch verband mit dieser Beurteilung die Strenge der Beobachtung mit der logischen Erkenntnis der Ursachen. Tatsächlich hat Szigeti, am 5. September 1892 in Budapest geboren, in dem kleinen Karpatenstädtchen Máramarossziget, wo der Knabe aufwuchs, nur relativ kurze Zeit qualitätvolle Unterweisung erhalten. Zunächst nahmen verschiedene musikbegeisterte Verwandte die musikalische Erziehung in die Hand – »Lektionen von einer heute unvorstellbaren Primitivität«, erinnert sich Szigeti, »aber doch Fragmente von Substanz in der schattenhaften, tagträumerischen Existenz eines von Natur trägen Knaben«. Diese von verschiedenen Onkeln betriebene Unterweisung wurde abgelöst von dem Besuch der Budapester Musikschule, wo ebenfalls, nach Szigetis Erinnerung, der Unterricht »eine groteske Mischung aus Verschrobenheit und Scharlatanerie« blieb, bis der große Virtuose Jenő Hubay den kaum Zwölfjährigen, der sich gewissermaßen von allein zu einem Wunderkind auf der Geige entwickelt hatte, in seine Klasse aufnahm. Zwei Jahre bei Hubay waren offenbar genug, und bereits 1906 taucht der junge Geiger in Berlin auf, spielt vor entzückten Gesellschaftsdamen in den einschlägigen Salons, schlägt es aber aus, bei Joseph Joachim weiterzustudieren, und verdingt sich an den Frankfurter Schumann-Zirkus, wo er neben Akrobaten und Equilibristen als junges musikalisches Wundertier auftritt. Obskure Agenten, die den jungen »Jóska« gewinnbringend vorzuführen gedachten, vermitteln den Knaben, den sein Vater wie ein treuer Schatten begleitet, nach England. Hier ermöglicht es ihm ein musikliebender Mäzen, auf seinem Landsitz in Surrey seine bislang ziemlich autodidaktisch betriebene Laufbahn durch die Bekanntschaft mit einer gebildeten Gesellschaftsschicht zu erweitern, zu vertiefen, zu festigen. Mit der jungen Pianistin Myra Hess dringt er in die Welt der Beethovenschen Sonaten ein; hier sammelt er die ersten Lorbeeren als ernsthafter junger Musiker, der von da an seine Konzerte nach Paris und anderen Städten auf dem Kontinent ausdehnt.

Konzert- und Theaterbesuche erweiterten den Horizont des mittlerweile 15jährigen, der »fast ohne jede Schulbildung aus meiner ungarischen Heimat in ein Land verpflanzt« worden war, in dem er seine mangelnde Bildung »mit Hilfe eines angemessenen Akzents« verdecken konnte. Seit seinem Berliner Debüt 1906, als sein Repertoire lediglich aus den Konzerten von Viotti, Vieuxtemps, Ernst und Mendelssohn zuzüglich einiger Bruchstücke von Bach, Tartini, Paganini, Sarasate, Saint-Saëns und einiger Salonstücke von Hubay bestanden hatte, machte sich bereits in den frühen Englandjahren seine Neugierde auf eher Unbekanntes, auf Zeitgenössisches bemerkbar. Daß daneben das klassische und romantische Repertoire nicht zu kurz kam, dafür sollten die leidigen, doch nötigen Konzertagenten sorgen. Noch in den dreißiger Jahren warnte ihn einer dieser »Betreuer«, die »verdammte Krüützer-Sonate« aufs Programm zu setzen. »Damit langweilen Sie doch die Hörer zu Tode, und ich kenne, glauben Sie mir, mein Publikum.«

Szigetis Ruf als Künstler hatte sich bereits in den Jahren des ersten Weltkriegs so gefestigt, daß ihm 1917 die Nachfolge von Henri Marteau am Genfer Konservatorium angetragen wurde. Erste Schallplattenaufnahmen hatte er bereits erfolgreich absolviert, und er erweiterte – nach einer längeren Krankheit – seine Konzerttätigkeit enorm, vor allem in die junge, damals westlicher Kunst bewußt offenstehende Sowjetunion, die er in den Jahren um 1930 alle sechs Monate bereiste. Einige Zeit zuvor hatte er mit dem Beethoven-Konzert unter Leopold Stokowski sein Amerikadebüt hinter sich und kam als regelmäßiger Gast in die damalige Musikmetropole Europas, nach Berlin.

Szigetis geigerische und interpretatorische Fähigkeiten sind untrennbar mit seiner Eigenschaft einer musikalisch-intellektuellen Neugierde verknüpft. »Wenn man mich nach dem Wie und Warum der Virtuosenlaufbahn befragt, komme ich stets in Verlegenheit ... Es kann nicht die Liebe zur Musik sein, denn diese Eigenschaft haben wir mit vielen anderen Menschen gemeinsam«, heißt es in seinen Erinnerungen. »Da ist unter anderem die ständige Notwendigkeit, seine Technik auf der Höhe zu halten, ja zu verbessern, sowie andere Faktoren, die mit der Liebe zur Musik nichts zu tun haben. Im Gegenteil: Die Liebe würde größer sein, wenn man auf sie verzichten könnte.« Er erwähnt dann ein gewisses »körperliches Hochgefühl«, einen außergewöhnlich stark entwickelten Geltungsdrang des Künstlers, vielleicht einen Schuß Exhibitionismus, das Streben nach Erfolg – alles »nur halbe Wahrheiten«, wenigstens was Szigeti betrifft. Denn er gilt, je länger man seine imponierende Geigerlaufbahn zu überblicken vermag, als derjenige, der die intellektuelle Neugier und Lust auf Unbekanntes mit Meisterschaft des musikalischen Ausdrucks, des geigerischen Expressionismus, zu verbinden wußte. Der Denker *und* der Ausdrucksmusiker, das sind die beiden Komponenten, aus denen Szigetis Künstlertum genährt wurde. »Stets auf der Suche nach Neuem, Unbekanntem, Halbvergessenem«, schreibt Flesch mit einem unüberhörbar ironischen Unterton, ist sein Fleiß »sprichwörtlich; er scheut keine Mühe, um das Ziel, das er sich einmal gesetzt hat, zu erreichen. Er zögert nicht, ein Stück *Jahre* hindurch täglich zu üben, wenn er sich einmal in den Kopf gesetzt hat, es öffentlich zu spielen, und er scheut sich auch nicht, es einzugestehen. Seine bewußte Einseitigkeit [!] hat für den Beobachter etwas Reizvolles. Die Geige ist ihm alles, sie ist die Welt, in der er und um derentwillen er lebt.«

Nun kann man diese Eigenschaften vielmehr auch als Vielseitigkeit deuten und als Indiz dafür, daß für Szigeti die Geige allein eben nicht alles bedeutete; daß es vielmehr die Sucht nach immer neuer Musik war, die ihn über die Grenzen des Standardrepertoires hinaus lockte. Ein Denker, ein geistiger Musiker par excellence war er, der seine Programme nach geradezu wissenschaftlichen Gesichtspunkten zusammenstellte. Ihm und seinem unermüdlichen Plädoyer, nicht sich selbst, sondern die zu interpretierende Musik in den Vordergrund zu schieben, ist es zu

Joseph Szigeti, 1931

verdanken, wenn reine Bach-Abende, Sonaten in sinnvoller Reihenfolge, zeitgenössische Werke und Stücke mit vielleicht wechselnder kammermusikalischer Besetzung anstelle der noch vor dem letzten Krieg üblichen Reihung von Zuckerplätzchen, vielleicht garniert mit einigen Konzertsätzen mit Klavierbegleitung, getreten sind.

Es ist also kein Wunder, daß bedeutende (mittlerweile auch vergessene) Komponisten mit ihm und für ihn Werke geschaffen haben, die Szigeti in der Welt bekannt gemacht oder zumindest unermüdlich aufgeführt und damit zur öffentlichen Diskussion gestellt hat. Zwei Komponisten haben es ihm zu verdanken, wenn sie durch Szigeti ihren Ruhm haben mehren lassen können: Sergei Prokofjew und Béla Bartók. Prokofjews erstes Violinkonzert in D-Dur hat in Szigeti einen ganz besonders überzeugenden Interpreten gefunden, der das frische Werk nicht uraufführte, aber vor allem in Rußland oft zu Gehör brachte. »Als ich es in Charkow spielte, sandte die Hauptzeitung zwei Kritiker ins Konzert, einen, der zu der konservativen Richtung zählte, und einen Vertreter der fortschrittlichen Schule... Mit solchem jugendlichen Ernst wurden Erstaufführungen in diesen heroischen Zeiten behandelt.« Auch die erste Schallplattenaufnahme dieses Werks mußte Szigeti sich erst erkämpfen; der drohende kommerzielle Mißerfolg (der sich später in sein Gegenteil verkehren sollte) schreckte die Firma ab. »Buchstabieren Sie mal den Namen des Komponisten«, bat einer der Plattengewaltigen den Geiger. Man kannte ihn nicht, aber man mißbilligte ihn.

Diese Aufnahme aus dem Jahre 1935 ist in jener umfänglichen Kassette enthalten, die zum 80. Geburtstag des Künstlers herauskam und die heute die Grundlage für die Beurteilung des Geigers Szigeti bildet. Sie vereinigt Aufnahmen aus den Jahren 1908 bis 1948 und vermittelt trotz außerordentlich unterschiedlicher Aufnahmequalität ein überzeugendes Bild des Geigers und Künstlers. Nimmt man noch die Aufnahme des Alban-Berg-Konzerts unter Dimitri Mitropoulos aus dem Jahr 1945 sowie den (erst sehr spät edierten) Mitschnitt des Sonatenabends mit Bartók in Washington 1940 hinzu, dann hat man eine gültige Diskothek. Das Prokofjew-Konzert (mit dem London Philharmonic Orchestra unter Thomas Beecham) bedeutet zweifelsohne einen interpretatorischen Höhepunkt: Szigetis Neigung zur Nuancierung (einer Tongebung, die – wie schon Flesch bemerkt – von keuscher Schönheit bis zu geräuschvollem Kratzen reicht) ist hier bei Prokofjew klar und eindeutig, sie wirkt niemals getüftelt und gekünstelt und erhält durch ein rasches, enges Vibrato eine Intensität, wie man sie bis dahin bei ihm nur gelegentlich erfahren konnte. Hand in Hand damit geht eine gewisse Emphatik, gewissermaßen eine immer wieder abgestufte Ausdruckskraft, die dem Werk des russischen Komponisten, der auch hier höchste Meisterschaft des Espressivos mit jener ganz bewußten musikalischen Ironie zu verbinden weiß, herrlich bekommt. Selbst spätere meisterliche Aufnahmen, etwa durch Isaac Stern oder David Oistrach, haben grundsätzlich keine musikalische Facette hinzuzufügen vermocht.

Fünf Jahre später – Szigeti steht im Zenit seines internationalen Ruhms – entsteht eine Plattenaufnahme, von der weder der Geiger noch sein Klavierpartner Bartók überhaupt wußten, daß sie entstehen würde: der Mitschnitt eines Sonatenabends, der am 13. April 1940 in der Library of Congress in Washington stattfand. Mit dem Landsmann Bartók verband Szigeti seit Jahrzehnten enge Partnerschaft, ja Freundschaft. Die erste Rhapsodie ist Szigeti gewidmet, und verschiedene Konzerte in ganz Europa sowie Schallplatteneinspielungen hatten die beiden Ungarn schon früher zusammengeführt, schließlich auch jene »Contrasts« für Klavier, Violine und Klarinette entstehen lassen, die Szigeti in den vierziger Jahren im Namen des Jazzklarinettisten Benny Goodman »bestellt« hatte und die von den drei Künstlern in den Vereinigten Staaten uraufgeführt worden waren. Den beiden (übrigens nichtjüdischen europäischen) Künstlern war die radikale Ablehnung des Hitler-Regimes in Deutschland gemeinsam, und Szigeti, der bereits die repräsentative Brahms-Feier im April 1933 in Berlin wegen der gerade begonnenen Naziherrschaft absagte, hat, bis zu seiner einmaligen Rückkehr nach Berlin 1960, nie wieder in Deutschland gespielt. Im Frühjahr 1940, als Szigeti bereits in den Vereinigten Staaten ansässig war, kam Bartók ebenfalls als Flüchtling – übrigens genau zwei Tage, bevor die beiden Künstler in Washington auftraten.

Ihr Programm enthielt die erste Rhapsodie sowie Bartóks zweite Sonate, ein technisch ebenso anspruchsvolles wie musikalisch kühnes Werk von 1922, sowie Beethovens Kreutzersonate und die Sonate von Debussy. Die beiden Bartók-Werke erfahren eine authentische und überraschend »unintellektuelle« Interpretation, wie sie bereits der irische Philologe Walter Fitzwilliam Starkie in seinem Buch »Raggle Taggle« zutreffend beschrieben hat: »Szigeti spielte Bartóks Sonate fast barbarisch, und die exotischen Melodien hatten etwas von den phantasiereichen Improvisationen des Flötenspiels der Schafhirten an sich. Die Geige schwelgte in Arabesken, die jedoch primitiver als jene der Zigeuner waren... Auch die verschiedenen Rhythmen vermittelten den gleichen Eindruck orientalischer Primitivität, aber ohne die geringste Spur von Eintönigkeit.« In der Tat: dieses Werk, das die Anhänger der Zwölftontechnik gern als eines der wenigen von Bartók für die Dodekaphonie reklamieren, hat in diesem Mitschnitt eine impulsive Ursprünglichkeit, die den Impuls, nach der »Machart« des Werkes zu fragen, zunächst vergessen läßt. Ähnliche Eindrücke vermittelt die Wiedergabe der Sonate

Beispiel 7
Aus: Bartók, Violinsonate Nr. 2 Sz 76, 1. Satz

Bartóks Notation gleicht einer bis in die kleinste Verästelung festgelegten »Improvisation«, vor deren Fesseln manche Geiger, die zwar das technische Rüstzeug besitzen, dennoch kapitulieren. Joseph Szigeti, der das Stück mit dem Komponisten häufig aufführte, nimmt sich – mit offensichtlicher Zustimmung Bartóks – alle notwendige Freiheit, um die minuziös aufgezeichnete Violinstimme wieder wie eine Improvisation klingen zu lassen. Die kleingedruckten Noten sind dem Klavierpart entnommen und dienen zur Orientierung des Geigers.

von Debussy: Hier scheinen Szigetis Eigenart nach emphatischer Nuancierung und die farbenschillernde, von raschen Stimmungswechseln durchzogene Partitur des Franzosen fast deckungsgleich. Szigeti spielt außerordentlich präzis und zugleich frei; der Ton ist auch im verhauchendsten Pianissimo substanzreich, die Kraft des wechselnden Ausdrucks ausgeschöpft, temperamentgeladen, ebenso intelligent wie intensiv auftrumpfend eingesetzt. Wer das für Szigeti typische Spiel kennenlernen möchte, muß die Aufnahme der Kreutzersonate studieren. Beethovens Temperament, das durch klassische Form gebändigt bleibt, birgt für den Geiger (wie für den Pianisten, der hörbar ein paar Partien ziemlich al fresco musiziert) Gefahren: Die Neigung zu etwas fahrig wirkendem Détachéstrich ist unüberhörbar; in den Variationen sollen die Zweiunddreißigstel offenbar besonders liebevoll ausgespielt werden, aber der gewollte Ausdruck verwischt. Kurz, das geigentechnische Können unterliegt an vielen Stellen der interpretatorischen Absicht; die Emphase, Leitmotiv der Wiedergabe, zerrinnt bisweilen zur tonlich verschwommenen Artikulation. In jedem Augenblick begreift man Szigetis interpretatorische Botschaft, aber man versteht sie nicht immer. Sein Glaube, von der gedanklichen Erfassung des Musiktextes auszugehen und sie dann auf das Instrument zu übertragen, vollführt genau den umgekehrten Weg, den etwa Heifetz, Elman, Milstein und manche andere einschlagen, indem sie die klanglichen Möglichkeiten von vornherein einkalkulieren, denen sie dann das Optimum abverlangen.

In den beiden mit Artur Schnabel 1948 eingespielten Beethoven-Sonaten (op. 24 und op. 96) ist diese Art überkontrollierte und daher manchmal forciert wirkende Bogenführung hörbar, im Legato etwas spröde und im Springbogen geräuschvoll, ohne den Ausdruck zu verstärken. Mag sein, daß tatsächlich Szigetis geneigter rechter Oberarm sowie eine ausladende Grundhaltung nach rechts (ein Photo von einem Konzert in Tokio 1953 spiegelt diese Grundposition in geradezu absurd übertrieben wirkender Weise wider) die Tongebung beeinflußten: Der Bogen mußte stets mit Extrakraft seitlich eingesetzt werden, ohne daß das Gewicht des Bogens und des Arms senkrecht ausgenutzt wurden. Geiger wie Milstein und Heifetz scheinen sich dagegen fast nach links zurückzulehnen und die volle Kraft von Bogen und Arm zur Tongebung zu nutzen, aber es bleibt die Frage, ob wirklich die Körperhaltung die Tongebung bestimmt oder ob nicht vielmehr die geistige Tonvorstellung eine ihr entsprechende Körperhaltung erst bewirkt.

Sollte, wie gesagt, die Geigenhaltung den Ton des älteren Szigeti beeinträchtigt haben, so ist beispielsweise in seiner Einspielung des Brahms-Konzerts aus dem Jahr 1928 (er war damals 36 Jahre alt) nichts davon zu spüren. Der Kopfsatz wird brillant, ja feurig-drängend exekutiert. Sehr dezidiert und mit leuchtendem Ton vermag sich die Solovioline gegen das etwas topfig klingende Hallé Orchestra unter Hamilton Harty (der übrigens ein eigenes Geigenkonzert komponierte und es Szigeti widmete) durchzusetzen. Fast etwas atemlos wirkt dieser Kopfsatz, keineswegs abgeklärt, sondern auf beinahe nervöse Art emphatisch, wie übrigens dieses Wort »emphatisch« bei den Notizen während des Wiederabhörens vieler Szigeti-Platten oft wiederkehrt. Der Mittelsatz wird auffallend gemächlich genommen, während das Rondo wiederum von einer fast zwitschernden Eiligkeit durchpulst ist, lustig und graziös absolviert. Vier Jahre später: das Beethoven-Konzert unter Bruno Walter mit dem British Symphony Orchestra (das in dieser Aufnahme von 1932 tontechnisch mißgebildet klingt). Auch hier eine teilweise feurige Interpretation, die sowohl Kreislers Harmlosigkeit wie Hubermans Pathos vermeidet; die Kadenz dagegen fast vorsichtig, tastend, nach Genauigkeit strebend. Die oft strahlend wirkende Interpretation wird an vielen Stellen und in vielen Passagen durch Temporückungen und zögerliche Übergänge unterbrochen – eine Tradition, die bekanntlich bis in unsere Tage aus der apollinischen Heiterkeit dieses Werks ein Opfer übertriebenen, aufgesetzten Tiefsinns gemacht hat. Aber auch hier wie in fast allen verfügbaren Platten Szigetis: stets makellose Intonation.

Von besonderem Interesse ist – neben dem lyrisch und edel musizierten Mendelssohn-Konzert (das von Tschaikowski ist niemals auf Platten erschienen) – der Vergleich seiner Einspielung des Violinkonzerts von Busoni mit derjenigen durch Adolf Busch. Beide Künstler waren keine Nurvirtuosen, sondern neuen Pfaden nachforschende Musiker, die das Werk des allseits Verehrten in ihr Repertoire aufnahmen. Buschs Einspielung geschah in dessen Blütezeit, Szigetis erst 1949, als er auf die Sechzig zuging. Hier scheint der Klang in gewisser Weise der geistigen Struktur des Werkes geopfert; die Eloquenz des klassizistisch schillernden Stückes erfährt zwar eine eher leidenschaftliche als gelehrte Wiedergabe, aber im langsamen Satz sind die bemühte, dünne Tongebung sowie ein überraschend langsames Vibrato nicht zu überhören, während in den raschen Sätzen viele Passagen überlegen zusammenfassend gerafft musiziert werden. Klangmelos hat sich in Klangrede gewandelt.

Während das wichtigste Tondokument Szigetis von Mozarts Musik (das Konzert D-Dur KV 218 mit dem London Philharmonic Orchestra unter Thomas Beecham, von 1934) Szigeti als behenden, klug-beherrschten Interpreten zeigt, der dieses Werk sehr rasch, aber auch untadelig rein spielt, den letzten Satz übrigens überraschend schnell, liegt die Sache bei der barocken Musik komplizierter. Die späte Bach-Einspielung, mit einem gelehrt scheinenden Vorwort des Interpreten versehen, gibt kaum mehr ein gültiges Abbild seiner geigentechnischen Möglichkeiten. Darüber hinaus ist aber auch, trotz mancher plausiblen Bemerkung, der interpretatorische Zugriff oft unklar: »In den Partiten ... trachte ich danach, soweit mir das möglich ist, deren volkstümlichen Ursprung in Erinnerung zu rufen.« Dies mag als Nebeneffekt willkommen sein, doch Szigeti mißachtet – und das scheint mir gravierender zu sein – die Temporelationen der Sätze untereinander sowie, in der h-Moll-Partita, die Relation von Tanz und Double, also der Auflösung des Notentextes in andere Bewegungselemente bei identisch bleibender Struktur. Bei Szigeti werden aus den Doubles ganz selbständige Sätze, die völlig andere Tempi einschlagen. Zudem ist die preziös und willkürlich wirkende, agogisch sehr freie Artikulation unserem heutigen, mehr auf gleichmäßigen (nicht monotonen!) Bewegungsablauf gerichteten Barockverständnis so entgegengesetzt, als daß sie noch beispielgebend sein könnte. Dagegen sind die frühen Heifetz-Einspielungen, die seinerzeit als glatt oder seelenlos etikettiert wurden, auch heute noch mit Genuß an der perfekten geigerischen Meisterschaft zu hören.

Von den Bach-Konzerten gibt es das in a-Moll in einer Aufnahme von 1931: Ziemlich gelehrt und niemals sehr vital und natürlich wirkend, scheint der geigenklangliche Aspekt eher versteckt als herausgekehrt. Die Intonation ist außerordentlich sauber, der Zugriff eher schüchtern als auftrumpfend, einem interpretatorischen Motto gehorchend, das man mit »durch Klugheit zum Sieg« bezeichnen könnte. Das Adagio scheut sich nicht vor ausdrücklichen Portamenti und klingt wie eine immer wieder stockende Erzählung. Und die Überraschung: das Finale erstrahlt makellos, schlank und sehr virtuos. Eine wie auch immer geartete Bach-Auffassung ist hieraus nicht zu erkennen, ebensowenig in der Aufnahme des Doppelkonzerts von 1937 mit Flesch: Beide Künstler spielen hier zwar »historisch-modern«, also ohne unziemliche Temposchwankungen, dafür ohne jede Lust am tonlichen Schwelgen und ziemlich starr. Eine Händel-Sonate (D-Dur) in der Aufnahme aus demselben Jahr (mit dem Schwiegersohn Nikita Magaloff am Klavier) atmet dezidierte Strenge und Starrheit. Der zweite, schnelle Satz steht wiederum in keinerlei Temporelation zum Kopfsatz, was uns heute sehr willkürlich erscheint, während das folgende Larghetto ganz »modern«, ganz intensiv, ohne Mithilfe von viel Vibrato, sehr überzeugend klingt. Weitere Barockaufnahmen, das d-Moll-Konzert (Transkription des Cembalokonzerts BWV 1052), das g-Moll-Konzert (Transkription des Cembalokonzerts BWV 1056) oder das d-Moll-Konzert von Tartini bestätigen solche widersprüchlichen Eindrücke von Szigetis oft imponierender, aber stilistisch keineswegs einheitlicher Interpretation.

Die wenigen erhaltenen Aufnahmen von Salonstücken machen Szigetis Reserviertheit gegenüber derlei leichter Geigerware deutlich. Um so imponierender ist die Zahl jener Werke, die zeitgenössische Komponisten durch Szigetis Einsatz bekannt machten, ja die er initiierte. Leider ist die Mehrzahl dieser Werke nicht auf Platten erschienen, und wenn dies einmal geschah, sind sie längst nicht mehr im Handel. Daß Bartók mit einer ganzen Reihe von Aufnahmen vertreten ist, verwundert nicht. Die Konzerte von Alban Berg (unter Mitropoulos, 1945) und Ernest Bloch (unter Charles Münch) waren damals seltene Attraktionen. Emmanuel Chabrier und Henry Cowell, Paul Hindemith und Arthur Honegger, Charles Ives und Darius Milhaud, Alexandr Skrjabin und Igor Strawinsky (mit vier Aufnahmen), schließlich Anton von Weberns »Vier Stücke für Geige und Klavier« fand man in den dreißiger Jahren sicherlich in keiner Diskographie eines anderen Geigers, sucht sie bei vielen auch heute noch vergebens. »Selbst wenn die Mehrzahl der sogenannten modernen Kompositionen sich als totgeboren erweist – der junge Spieler wird immer einen Gewinn mit nach Hause nehmen, nachdem er mühsam seinen Weg auf unbegangenen Pfaden gefunden hat«, heißt es in Szigetis Erinnerungsbuch. Was wäre sein Interpretenleben denn gewesen ohne die befruchtende, stets anregende Bekanntschaft mit den lebenden Komponisten, also mit Bartók und Milhaud, mit Ravel und Prokofjew, mit Busoni und Honegger, Dohnányi und Bloch sowie vielen anderen? Szigeti glaubte fest daran (und hat es auch schriftlich öfter bekräftigt), daß es in jedem Fall wichtiger sei, der zeitgenössischen Produktion zu folgen als dem Einerlei ständig wiederholter Meisterwerke.

Diese Theorie setzte er in die Tat um, indem er, nach 1945, in den Vereinigten Staaten und in Europa Programme mit Werken in streng chronologischer Reihenfolge aufführte – Programme, die er mit leidenschaftlichem Spürsinn für das Unbekannte, Ungewöhnliche zusammenstellte. Hier ist seine kompromißlose Haltung beispielgebend geblieben; unsere Konzertprogramme und unsere Rundfunk- und Plattenangebote sähen noch weit trister aus, als sie es sind; ohne die Pionierarbeiten von Musikern wie Szigeti (heute geben Sänger wie Dietrich Fischer-Dieskau und Pianisten wie Maurizio Pollini ähnliche Beispiele, wie sie kraft ihres Könnens und ihrer Popularität auch weniger bekannten Werken, von nicht in Mode befindlichen Komponisten, zur Bekanntheit verhelfen können) wäre unser Musikleben eintöniger. Diese Ernsthaftigkeit des künstlerischen Wollens hat Szigeti zu einem Musiker werden lassen, von dem die erhaltenen Schallplatten und die verblassenden Erinnerungen immer spärlicher Zeugnis zu geben vermögen. Der Geiger Szigeti mag inzwischen durch perfektere Instrumentalisten ausgestochen worden sein, durch Künstler, die der alternde Szigeti durchaus anerkannte, ja schätzte. Seine Altersgenossen, der Zauberer Kreisler, der strenge Moralist Huberman, der technisch unerreichte Mythos Heifetz – sie bilden eine Palette von Geigertalenten, in der der neugierige Denker Joseph Szigeti ebenfalls einen unverrückbaren Platz eingenommen hat.

Der Glückbringer

David Oistrach

Als im Herbst 1974 die Kunde vom Tode des 66jährigen David Oistrach eintraf, der während seiner Konzerttournee am 24. Oktober in einem Amsterdamer Hotel einem Herzschlag erlegen war, gab es wohl keinen Musikfreund in Ost und West, dessen Herz ohne Gram blieb. Man erinnerte sich dankbar an einen großen Musiker, an einen phänomenalen Geiger und an einen gütigen Menschen, der – wie es in einem Nachruf hieß – sein künstlerisches Dasein der Aufgabe gewidmet hatte, den Menschen mit seiner Musik Glück zu bringen.

Dieses Glück für andere hat Oistrach offenbar teuer bezahlen müssen, sein ganzes Leben lang. Der Spender wurde zuletzt das Opfer seiner künstlerischen Generosität. »Ich habe in meinem Leben immer sehr viel arbeiten müssen«, hat er in einem Interview kurz vor seinem Tode bekannt – nicht eigentlich klagend, sondern eher als Feststellung des Unvermeidlichen. Wenn man in seinen Briefen liest, die er regelmäßig von seinen Konzertreisen in aller Welt nach Hause schrieb, mag man fast erschrecken. Im Jahr 1958 berichtet er von unterwegs: »Fühle mich schlecht, völlig übermüdet. Die Reisen werden unerträglich, die Sehnsucht nach einem eigenen Winkel macht jede Reise zu einer Qual.« Zehn Jahre später, aus Deutschland: »Es ist wie immer ein fürchterlicher Wirbel, wir leben in einem schweren, schier unerträglichen Tempo.« War das das Leben eines Menschen, der Glück brachte? Eher ein Märtyrerdasein. Schon aus dem Jahr 1945, also lange bevor Oistrach seine ausgedehnten Tourneen in die westlichen Länder unternahm, berichtete er einem Freund: »Du hast recht, wenn Du schreibst, daß man sich schonen soll, aber Du weißt doch genau, daß mir gerade *das* immer am wenigsten gelang. Meine einzige Hoffnung ist, daß ich nicht einmal fürs Sterben Zeit finden werde. Na, Schluß damit!«

Oistrachs Arbeitspensum ist tatsächlich außerordentlich gewesen, war es auf mehreren Gebieten, die – jedes für sich – eines Mannes volle Kraft verbraucht hätten: Da war der weltweit konzertierende Virtuose und Kammermusiker; da war der gesuchte, vielgefragte Geigenpädagoge;

und da war, vor allem in den letzten Lebensjahren, der Dirigent. Und da gab es den Plattenstar, der für sowjetische und westliche Firmen ganze Stöße von wichtigen Schallplatten einspielte – ein Vermächtnis, das bei allem schmerzlichen Verzicht auf die ausdrucksstarke Präsenz des Künstlers dennoch ein umfassendes Bild seiner geigerischen Potenz und seiner interpretatorischen Auffassungen vermittelt. Wenn man den Schätzungen der Diskofanatiker glauben darf, dann hat es mehr Platten von Oistrach gegeben als von jedem anderen Geiger dieses Jahrhunderts; ein Großteil davon ist inzwischen längst vom Markt verschwunden, ist unter anderen Etiketten wiederaufgetaucht, wurde umgepreßt, umgeschnitten. Dennoch dürften die erhaltenen und noch erhältlichen Platten ausreichen, wochenlang allabendlich ein Oistrach-Konzert zu veranstalten.

Kritiker seiner Konzerte und seiner Schallplatteneinspielungen haben Oistrach bisweilen vorgeworfen, er könne mit barocker und frühklassischer Musik, mit Bach und Mozart, im Grunde nicht viel anfangen; das sei seine Domäne nicht, denn er sei doch eigentlich ein »romantischer« Musiker gewesen, dessen Tonideal das Blühende, Schwelgerische, Sonore war, und das ließe sich ja mit der Musik des 18. Jahrhunderts nicht vereinbaren. Die müsse man spielen wie damals (wer das wohl so genau weiß?): zurückhaltend im Ausdruck und klein im Volumen, mit wenig Vibrato und nicht allzu großer Empfindung. Dergleichen törichte Postulate sind heute billig zu haben, unsinnige Katechismen derer, die das trockene Notenbild heiligsprechen, weil der eiserne Glaube an einen wie auch immer gearteten Historismus sie so stranguliert, daß sie die ehrliche Bemühung eines Künstlers wie Oistrach (oder Heifetz oder Kremer, was das betrifft) nicht zu begreifen imstande sind.

Neben vielen Bach-, Vivaldi- und Tartini-Aufnahmen, die Oistrach als einen Musiker von sonorem Ton und außerordentlich kultiviertem geigerischen Geschmack enthüllen, existieren zahlreiche Mozart-Sonaten, die er gemeinsam mit dem österreichischen Pianisten und Musikologen Paul Badura-Skoda musiziert hat. Zwei Künstler fanden sich da zusammen, die an Alter und Temperament und wissenschaftlicher Bildung verschiedener nicht hätten sein können. Badura-Skoda faßte ihre gemeinsamen Erfahrungen in die kurzen Worte zusammen: »Hatte es am Beginn unserer Mozart-Interpretationen noch einige Eigenheiten der älteren romantischen Schule (großer pastoser Ton, Überwiegen des Legato-Spiels, stärkere Temporückungen, gelegentliche Rutscher auf der Saite) gegeben, so wurde es im Laufe der Zeit noch schlackenloser, reiner und schlanker . . .« Und er resümiert: »Überhaupt herrschte zwischen uns von Anfang an beglückende Übereinstimmung im Mozart-Stil, jener einmaligen Mischung von Heiterkeit und Ernst, Humor und Melancholie, zarter Kindlichkeit und männlicher Kraft.«

Männliche Kraft: das ist ein Attribut, das man Oistrachs Musizierweise seit jeher angehängt hat, doch es trifft freilich nur eine Facette seiner künstlerischen Eigenheit. Die ganz Großen der musikalischen Zunft erkennt man ja nicht daran, daß sie männlichen Geschlechts sind und Kraft besitzen (das trifft ja wohl auf die Hälfte der Menschheit zu), sondern welche Qualität, welches ganz persönlich gefärbte Timbre sie dem musikalischen Material zu geben vermögen. Die Sänger sind vergleichsweise fein heraus, vieles an ihrem Timbre, an ihrer Stimme, ist ihnen angeboren. Pianisten haben es in der Regel viel schwerer: Sie müssen durch den »Anschlag« allein versuchen, Persönlichkeit zu entwickeln. Der Geiger, mit ihm jeder Spieler von Streichinstrumenten, steht etwa in der Mitte zwischen beiden: Sein Bogen muß den Ton produzieren durch Druck und genau dosierte Wahl des rechten Standortes auf der Saite sowie die Präzision und die Vibrationsfähigkeit seiner linken Hand. Karl Klingler, einer der großen deutschen Geiger und Kammermusikspieler während der ersten Jahrzehnte dieses Jahrhunderts, formulierte es so: »Die Fingerspitzen sind für das künstlerische Wollen verantwortlich«; und er meinte damit die Finger der rechten, der Bogenhand. Sein ehrwürdiger italienischer Vorfahre Giovanni Battista Viotti (dessen Violinkonzerte jeder Konservatorist mit Eifer studieren sollte) brachte es bekanntlich auf die Formel: »Le violon? C'est l'archet!«

So hat sich unter den Experten und dem musikverständigen Publikum die Meinung durchgesetzt, einen Geiger (freilich erst recht einen Sänger und, etwas eingeschränkt, auch einen Bläser) nach seinem »Ton«, dem spezifischen Timbre, kurz, seiner physiologischen Ausstrahlung zu beurteilen. Eine Zeitlang war es Mode, diese jahrhundertealte Elle des künstlerischen Maßstabs wegzulegen und ihren Gebrauch tüchtig in Mißkredit zu bringen. »Besucht ein Bildungskonsument das Konzert eines Geigers«, so lesen wir in Theodor W. Adornos »Theoretischen Vorlesungen« mit Betroffenheit (und jeder Konzertgänger und Plattenhörer muß sich hier angesprochen fühlen), »interessiert am Geiger, was er dessen Ton nennt, beim Sänger die Stimme . . . Seine Ideologie ist dann wohl meist reaktionär kulturkonservativ.« Eine starke Meinung, und

David Oistrach

jeder Leser dieses Buches sei hiermit gewarnt; er ist »wohl meist« reaktionär!

Sei es, wie es will und Adorno es nicht will: Eine Reihe großer Geiger besitzt von Natur aus einen unverwechselbaren Personalstil oder hat ihn im Laufe seiner Entwicklung sich angeeignet. Wissen wir doch ziemlich rasch, wer jene Geigentöne zu produzieren vermag, die fast wie eine Art stählernes Schluchzen wirken: Es ist Jascha Heifetz. Und jene etwas heiserne Intensität? Das wird Gidon Kremer sein. Und Oistrach? Ich würde sagen, eine immer runde und wohllautende Wärme des Tons, zugleich aber eine niemals erlahmende Intensität, eine Spannung, die an kein spezifisches, gar rasches Tempo gebunden ist, sondern durchaus in einem behutsamen Adagiosatz zu fesseln vermag. Besonders freilich in einem schnellen, von Temperament sprühenden Satz wie dem Kopfsatz oder dem Finale der Beethovenschen Kreutzersonate. Temperamentvoll gespielt ist sie allemal, technisch makellos, mit rundem, klangvollem Ton noch in der raschesten Passage. Diese Aufnahme ist glücklicherweise in jener »Kammermusik«-Kassette enthalten, als zweiter Band des »Vermächtnis« benannten Plattenwerks, in dem Oistrach als Sonatenpartner, als Quartettspieler und als virtuoser Solist zu Wort kommt. Seine Partner sind Frieda Bauer und Swjatoslaw Richter, Wladimir Jampolski und Lew Oborin sowie, bei den Mozart-Aufnahmen, Badura-Skoda. Bemerkenswert wegen ihrer Qualität und Seltenheit ist die erste Sonate von Bartók in einem Mitschnitt aus dem Jahr 1972 gemeinsam mit Richter: eine spannunggeladene Aufführung von ungewöhnlicher instrumentaler Vollkommenheit und einer wie selbstverständlich wirkenden geistigen Durchdringung eines eher verschlossen sich gebenden musikalischen Textes. Janáček, Prokofjew und Schostakowitsch sind weitere Namen dieses Jahrhunderts, für dessen Musikproduktion sich Oistrach niemals nur interessiert, sondern als geigender Künstler ständig mit seiner Autorität eingesetzt hat.

Den ersten Teil des »Vermächtnisses«, eine dickleibige schwarze Kassette mit 20 Konzertwerken (plus ein paar Dvořák- und Sibelius-Füllstücken) auf 13 Langspielplatten, brachte die Ariola fast auf den Tag genau ein Jahr nach dem Tod des Künstlers heraus – überwiegend Konzertmitschnitte und Aufnahmen, die zwischen 1947 und 1968 in der Sowjetunion entstanden. Beigelegt ist das schon erwähnte Interview, in dem sich Oistrach ziemlich skeptisch äußert über die Versuche, die künstlerischen Entwicklungen und interpretatorischen Qualitäten eines

Geigers allein aus Plattenaufnahmen ableiten zu wollen. Schon sein Sohn Igor Oistrach berichtet, daß für seinen Vater jene Aufnahmen die liebsten waren, »die optimal die Illusion einer Konzertaufführung erweckten. Ob man sich eine Schallplatte anhört oder sich als Zuhörer im Konzertsaal befindet, in beiden Fällen muß man den gleichen starken musikalischen Eindruck empfangen. Das war Vaters grundlegende Forderung.«

Die Kassette konzentriert sich auf Einspielungen aus der Sowjetunion. Ihr historischer Wert übersteigt den technischen bei weitem; das klangliche Qualitätsgefälle wird deutlich durch die eine von der EMI ausgeliehene Aufnahme des Brahms-Konzerts mit dem Cleveland Orchestra unter George Szell aus dem Jahr 1969 – allen Oistrach-Freunden vertraut als ein gültiges Beispiel überlegener, bewußt verhaltener Interpretation von selbstbewußter, doch eher klassischer, gedämpft temperamentvoller Grundhaltung. Alle übrigen Aufnahmen sind begleitet von Moskauer und Leningrader Orchestern unter Kirill Kondraschin, Jewgeni Mrawinski, Rudolf Barschai und Gennadi Roschdestwenski. Die ersten datieren aus den späten vierziger Jahren: Das Glasunow-Konzert (1947), das a-Moll-Konzert von Viotti sowie die beiden von Dvořák und Mendelssohn stellen klar das technisch-geigerische Moment in den Vordergrund; vollblütig-musikantische Wiedergaben, oft reichlich robust begleitet, mit akustischen Mängeln des damaligen Aufnahmestandards behaftet. Leider ist dies auch bei der Aufnahme des Beethoven-Konzerts der Fall, in welcher der Solist schwungvoll und etwas unbekümmert, der Orchesterpart jedoch geradezu absurd blechern und flach klingt.

Auf der beigelegten Interviewplatte kann man Oistrachs Aussage vernehmen, daß er sich nur selten seine eigenen Aufnahmen später angehört habe. Das irritierte ihn (was in manchen Fällen im nachhinein begreiflich erscheint). Vielleicht hätte er sein »Vermächtnis« gerade mit den zuletzt angeführten Konzerten lieber aus anderen, späteren Aufnahmen rekrutiert.

Aus den fünfziger Jahren stammen die beiden Bach-Konzerte (a-Moll und E-Dur) sowie Szymanowskis erstes und Schostakowitschs erstes Konzert. Schon hier wird deutlich, welch ein herrlicher Melodiker Oistrach gewesen ist, ein souverän artikulierender, also gestaltender Musiker – ein Meister der musikalischen »Rede« auf seinem Instrument. Unbestrittener Favorit unter den Aufnahmen aus diesen mittleren Jahren ist – manchen puristisch verbogenen Urteilen zum Trotz – diejenige von Mozarts G-Dur-Konzert. Man mag vom jungen Menuhin, von Grumiaux schwärmen, Oistrachs musikalische und geigerische Qualitäten werden hier besonders beglückend hörbar: ein voller, warmer, doch gar nicht verzärtelnder Ton, ein lyrisches Timbre, dessen Ursprung immer eine warme Intensität bleibt, ohne daß auch nur eine Note forciert klänge; selbst in den Kadenzen noch singend heiter, kurz, ein Juwel des zwanzigfach erklingenden Vermächtnisses.

Oistrachs schönste Aufnahme des Tschaikowski-Konzerts ist wahrscheinlich die unter Franz Konwitschny bei der Deutschen Grammophon. Da sie für die Ariola-Kassette nicht erhältlich war, nahm man für sein »Vermächtnis« eine (fast) gleichwertige als Mitschnitt aus dem Jahr 1968 unter Roschdestwenski, dessen Mitwirkung, wie in anderen Aufnahmen der Kassette, stets höhere Qualitätsgrade der Begleitung garantiert. Das gilt vor allem für das erste Bartók-Konzert, eines der überzeugendsten Beispiele von Oistrachs interpretatorischer Kunst. Es ist eine aus dem Jahr 1962 stammende Aufnahme jenes zweisätzigen Werkes, das Bartók schon 1907/08 komponierte und dessen erster Satz identisch ist mit einem der beiden Orchesterstücke mit obligater Violine, die man unter dem Titel »Deux portraits« kennt. Erst im Jahr 1958 wurden die beiden Sätze (der zweite lautet Allegro giocoso) als »erstes Violinkonzert« uraufgeführt. Bartók hatte das Manuskript seinerzeit der von ihm heiß verehrten schweizerischen Geigerin Stefi Geyer übersandt, die das ihr gewidmete Werk niemals öffentlich gespielt hat. Erst zwei Jahre nach ihrem Tod erklang es zum erstenmal in der Schweiz. Im Gegensatz zu Bartóks großem Violinkonzert (das kein Oistrach-Verzeichnis registriert) hat der Geiger das Bartóksche Frühwerk häufig musiziert, mit großer melodischer Energie und einer geradezu hymnischen Besessenheit, mit der er sich über dem großen Orchesterapparat mühelos behauptet. Die melodische Energie ist verblüffend, die Fähigkeit, auf ruhevolle, völlig unbeirrbare Art über lange Perioden eine Art epische Dramatik aufrechtzuerhalten, überwältigend.

Auch das Konzert von Sibelius, diesen rhapsodischen Koloß von symphonischem Ausmaß, geigt er traumwandlerisch sicher und mit einer mühelos scheinenden Durchdringung des Textes, daß selbst die Erinnerung an die legendäre Heifetz-Aufnahme, die durch eine stählern-unerbittliche Nervosität bestach, zu verblassen droht. Oistrach fügt eine Komponente von romantischer Wärme hinzu. Ebenso sind die Konzerte von Prokofjew (D-Dur), Hindemith (1939) und Chatschaturjan (unter des Komponisten Leitung) sowie Schostakowitschs erstes Konzert herrliche Beispiele geigerischen Einsatzes für Musik jenseits des bekannten klassisch-romantischen Repertoires. Auch hier: der plausibel artikulierende Melodiker durchdringt die Partituren mit grandioser gestalterischer Kraft.

Auf der letzten Plattenseite des »Vermächtnisses« endlich zwei ganz frühe Einspielungen von 1948, aufnahmetechnisch unzureichend, aber exemplarische Zeugnisse des überragenden Geigers: Chaussons »Poème« und, vor allem, die »Tzigane« von Ravel, wo der 40jährige Oistrach ein verblüffendes Feuerwerk seiner virtuosen Möglichkeiten vorexer-

Beispiel 8
Aus: Ravel, Tzigane (1924), Einleitung

David Oistrach spielt die umfängliche Einleitung sowohl mit technisch bravouröser Vollkommenheit als auch mit überraschend diszipliniertem, das heißt sparsamem Rubato. Die rhapsodische »Erzählung« ist immer in ein genaues metrisches Gerüst eingebettet. Das dunkel gefärbte, sonore Timbre von Oistrachs Geigenton verleiht dieser Introduktion, bei der häufig nur das virtuose Element herausgekehrt wird, eine klanglich herrliche Fülle.

ziert, das alle Mängel der Aufnahme verblassen, ja vergessen läßt. Leonid Kogan oder Itzhak Perlman mögen mehr Energie, mehr Süße oder einschmeichelnde Eleganz auffahren, aber die temperamentvolle Sicherheit, allein die gliedernde Kraft der langen Solointrodukion wirken noch heute als das Beispiel eines uneitel und mit ausschließlich lauteren geigerischen Mitteln arbeitenden Künstlers.

Oistrach ist eigentlich kein Wunderkind gewesen; er hat nicht – wie Heifetz – mit acht Jahren das Mendelssohn-Konzert öffentlich vorzeigen können; er hat nicht – wie der Teenager Menuhin – drei große Violinkonzerte an einem Abend vorgetragen. Er war gewiß ein überdurchschnittlich begabter junger Geiger, der wie manche seiner prominenten Kollegen aus der Gegend von Odessa stammte. Dort kam er als Sohn eines bescheidenen Angestellten und einer Opernchorsängerin am 30. September 1908 zur Welt. Er wuchs in einer Zeit auf, die (wie der Sohn rückblickend berichtet hat) »alles andere als leicht genannt werden kann. Sie bewohnten ein kleines, halbdunkles Zimmer, das statt eines Fensters nur Oberlicht hatte. Es ging ihnen also nicht gerade rosig. Aber das wirkte sich nie auf die Atmosphäre des Elternhauses aus. In der Familie herrschten stets Friede und Eintracht . . . Ich bin fest überzeugt: Vaters Optimismus und Lebenskunst wurden schon in der Kindheit vom Geist der Stadt erzeugt. Dieser Zug äußerte sich natürlich auch in seiner Künstlernatur.«

Menuhin, der Oistrach bereits 1945 in Moskau traf und sich mit ihm befreundete, hat ihn mit großer Sympathie beschrieben: »Obwohl damals Oistrach noch nicht dirigierte, war offenkundig, daß er zu jenen Musikern gehörte, die alles anpacken können: ein Vollblutmusiker, dabei alles andere als einseitig und von einer so profunden wie umfassenden musikalischen Bildung. Natürlich kam er aus Odessa, Sohn eines armen Buchhalters, der zum eigenen Vergnügen die Violine strich und seinen Sohn David früh mit ihr bekanntmachte. Nach dem Abschluß des Odessaer Konservatoriums 1926 erspielte sich Oistrach bald Ruhm und Zuneigung. Als ich ihn traf, war er nicht nur Professor am Moskauer Konservatorium, sondern der Liebling des Landes . . . Ich liebte ihn vom ersten Augenblick an. Nicht nur war er der Freundlichste, Warmherzigste, Zuverlässigste von allen, sondern auch noch bescheiden und klug. Niemals wollte er mehr oder anders sein als er selbst, niemals wollte er klüger scheinen als andere; stets trat er einem offen entgegen, ohne Hintergedanken, unbefangen und ohne jede Scheu: ein wahrer Mensch.«

Solchen edlen Worten für einen noch edleren Menschen möchte man fast entnehmen, ein hehrer Musiker wie Oistrach habe sich nur mit hehrer klassischer Musik beschäftigt, unfähig oder zumindest unwillig, seine geigerische Kunst auch in den Dienst vermeintlich geringklassiger Stücke zu stellen. Weit gefehlt! Das virtuose Element, die im Salon beheimateten Stückchen, war für ihn vielleicht keine abendfüllende Domäne, aber wer ihn jene »klassischen« Virtuosenstücke von Wieniawski, Sarasate oder Vieuxtemps hat geigen hören (auch Kreislers empfindungsreiche Zuckerplätzchen wußte er »aufzuspielen« wie kaum einer seiner Altersgenossen), weiß, wie wichtig dieses virtuose Element für ihn gewesen sein muß. Mit gutem, zumindest stets sicherem Geschmack bewegte er sich auf diesem angeblich seichten Terrain und hätte auch im Salon des alten Hotel Adlon seinen Mann gestanden. Zwei Vieuxtemps-Stückchen beispielsweise sind in der zweiten »Vermächtnis«-Kassette zu bestaunen. »Le Désespoir« nennt sich das eine, und wer sich ganz auf die Interpretation konzentriert, kann Oistrachs Meisterschaft bewundern, mit der er mit immer stärker drängendem, deutlicherem Crescendo die »Verzweiflung« sich steigern läßt, wie er immer kräftigere Dosierungen durch genau abgestufte Tongebung deutlich zu machen versteht – meisterlich angewandt bei einer Musik, deren Erfindung vielleicht zweitrangig ist, innerhalb dieser Rangfolge aber durchaus erstklassig.

Der Weg in die Höhen solcher Meisterschaft ist auch für eine eminente Begabung wie Oistrach mühevoll und nicht ohne Rückschläge gewesen. Seit Jahren haben wir beobachten können, daß die Sowjetunion bei sportlichen wie bei künstlerischen Manifestationen ausgesprochenen Ehrgeiz entwickelt, so vorzüglich vorbereitet und risikofrei wie möglich aufzutreten. Beim ersten Fritz-Kreisler-Wettbewerb 1979 in Wien beobachtete man beispielsweise, daß die Sowjetunion überhaupt keinen Teilnehmer entsandte und dafür seine qualifizierten Geiger an anderer Stelle um so sicherere Lorbeeren einheimsen ließ. Den Wiener Wettbewerb gewann denn trotzdem ein Moskauer Jankelewitsch-Schüler, Dmitry Sitkovetsky, der freilich zwei Jahre zuvor zu Ivan Galamian an die New Yorker Juilliard School emigriert war.)

Aber die Liste der russischen Geiger- und Pianistensiege bei internationalen Wettbewerben ist lang und imponierend. Beim Brüsseler Ysaye-Wettbewerb 1937 war es nicht anders: Eine sozusagen »bogenstarke« Delegation von fünf gleichrangigen Wettbewerbern meldete sich dort – Wochen vor dem eigentlichen Termin – zu Wort und genoß alle äußeren

Vorteile und Annehmlichkeiten eines musischen Trainingslagers. Oistrach, der im Jahr zuvor in Warschau beim Wieniawski-Wettbewerb die Silbermedaille errungen hatte (die Goldmedaille hatte Ginette Neveu erlangt), gedachte in Brüssel nach dem Gold zu greifen, was ihm auch gelang. Zweiter wurde ein Südamerikaner, der Flesch-Schüler Ricardo Odnoposoff, der allerdings am Abend vor dem ersten Brüsseler Durchgang noch als Konzertmeister in Wien Dienst tat und erst in der Nacht per Zug nach Belgien anreiste.

Dennoch: auch für die wohlpräparierten Russen war dieser Wettstreit kein Zuckerschlecken. In seinen zahlreichen Briefen an die Ehefrau hat der junge Oistrach ein ungeschminktes Bild seiner geigerischen und seelischen Verfassung überliefert. Von zunächst 125 Bewerbern waren schließlich 58 übriggeblieben, die sich der hochkarätigen Jury (unter anderem Jacques Thibaud, Joseph Szigeti, Carl Flesch, Abram Jampolski, Georg Kulenkampff) zu stellen wagten.

In Viktor Jusefowitschs Oistrach-Buch ist der Brüsseler Episode breiter Raum eingeräumt. »Wie ich schon schrieb«, heißt es da, »fühlte ich mich gestern dermaßen miserabel, daß ich mich mit dem Gedanken trug, auf die weitere Teilnahme am Wettbewerb zu verzichten ... Mir wurden buchstäblich die Knie weich. In dieser Verfassung fuhr ich zum Wettbewerb. Unterwegs wurde mir so übel, ich litt dermaßen an Atemnot, daß ich beschloß, nach meiner Ankunft gleich abzusagen. Übrigens wäre ich nicht der erste, der aufgibt. Viele halten diese wahnsinnige Anspannung nicht aus. Als ich ankam, spielte Odnoposoff Tschaikowski. Er spielte wunderbar. Ich saß mit hängenden Schultern in der Kulisse und wußte nicht, was tun ...« Und weiter: »Wenn Du wüßtest, was für ein Meer an Tränen, Enttäuschungen, fehlgeschlagenen Hoffnungen dieser Wettbewerb für die meisten ist.« Einen Tag später: »Hier wird eine unglaubliche Menge Blut vergossen. Morgen abend werden wir wissen, wer zu den neun gehört, die hinausfliegen. Wieder Tränen!« Aber dann, am 2. April: »Hurra, Tamarotschka, unsere Sache steht glänzend! Ich habe den ersten Preis erhalten. Mir scheint alles wie ein Traum, ich fürchte das Erwachen. Wenn Du wüßtest, was ich gestern durchgemacht habe ...«

Dieser Brüsseler Sieg war der wahre internationale Durchbruch für den immerhin schon 29jährigen, und es ist nur dem zwei Jahre später ausbrechenden Krieg zuzuschreiben, daß Oistrachs Geigerkarriere bis 1945 und die Jahre danach auf die Sowjetunion und Osteuropa beschränkt blieb; denn mit dem Beginn des zweiten Weltkriegs erlosch auch der aufgehende Oistrach-Stern am internationalen Geigerhimmel. Konzerte in Belgien, Holland, England und anderen europäischen Ländern hatten nur für kurze Zeit den sich anbahnenden Weltruhm signalisieren können.

Jahrelang gehörte sein Violinspiel zum Geheimtip der angeblich Eingeweihten, und sein Ruhm nach dem Ende des Kriegs verbreitete sich, bevor Oistrach selbst die westlichen Podien erklomm. Erst 1955 erschien er in den Vereinigten Staaten, längst erwartet. Beim zweiten Konzert in der New Yorker Carnegie Hall hatten sie sich alle versammelt, die internationalen Kollegen, und es bleibt ein Geheimnis, wieso an jenem Oistrach-Abend Fritz Kreisler und Nathan Milstein, Samuel Dushkin, Mischa Elman, Zino Francescatti, Isaac Stern, Tossi Spiwakowski, der Bratscher William Primrose, der Dirigent Pierre Monteux und die Sängerin Elisabeth Schwarzkopf partout nichts anderes zu tun hatten, als sich in den Saal zu setzen, in dem Oistrach spielte. »Eine nette Garnitur, nicht wahr?« schrieb er nach Hause. Doch er wußte, daß es eine Huldigung gewesen war für einen Künstler, auf den die westliche Welt fast zwei Jahrzehnte hatte warten müssen. »Der beste Geiger, den ich in meinem Leben gehört habe«, resümierte ein New Yorker Kritiker das Erlebnis dieses Konzertabends.

Nach Deutschland war Oistrach schon Anfang der fünfziger Jahre gekommen – freilich zunächst nach Ostdeutschland, und die Kunde von seinem ersten Auftreten in der Berliner Staatsoper Unter den Linden verbreitete sich wie ein Lauffeuer in der damals noch ungeteilten Stadt. Den Musikfreunden offenbarte sich damals ein Künstler, der sich durch seine machtvolle Anbetung des Klangs und des Temperaments wesentlich unterschied von dem, was wir in der Zeit nach 1945 an großen Geigerpersönlichkeiten erlebt hatten. Wir hatten Yehudi Menuhins edle Interpretationen kennengelernt (zumeist unter Wilhelm Furtwängler); wir bestaunten immer wieder Váša Příhodas Hexenkünste auf dem Geigengriffbrett, hatten ein letztes Mal den alten Grandseigneur Jacques Thibaud bejubelt, flüsterten von Jascha Heifetz, der angeblich in Berlin gewesen war, um für die amerikanischen Truppen zu spielen, und feierten bewegendes Wiedersehen mit Erica Morini. Keiner dieser großen Künstler hatte jedoch mit einer solchen beeindruckenden Fülle seines sonoren Tons aufgewartet, keiner hatte bei aller dieser Tonfülle eine solche Virtuosität entfaltet wie Oistrach – ein Virtuose, der doch niemals der Anbetung des geigerischen Glitzerwerks verfiel, der vielmehr stets sein glänzendes Spiel in ein musikalisches Dreieck von Form, Klang und Temperament bettete, so daß man nicht wußte, welcher der drei Seiten man die größere Reverenz erweisen sollte. So bleibt die erste Erinnerung an ihn als einen temperamentgeladenen Sonatenspieler, aber zugleich an einen klangvoll hypnotisierenden Virtuosen. In die Bundesrepublik kam er ein paar Jahre später, dann freilich auch regelmäßig. Seine Triumphe in aller Welt – von London bis Rio de Janeiro, von Moskau bis Sydney – erfüllten die letzten beiden Jahrzehnte seines Lebens, in denen er zusehends sich auch als Dirigent engagierte. Das war bedeutend und stets von seiner Persönlichkeit geprägt; doch als Geiger blieb er eine singuläre Erscheinung.

Die Großen seiner Zunft haben sich häufig auf das Standardrepertoire beschränkt und sind der Musik ihrer eigenen Zeit aus dem Weg gegangen. Ausnahmen wie Szigeti studierten monatelang an einem neuen, unbekannten Werk, von dem sie wußten (oder zumindest ahnten), daß es über die Uraufführung wohl nicht hinausgelangen würde. Auch ein Geiger wie Heifetz hat sich – was bisweilen absichtsvoll übersehen wird – für Dutzende von zeitgenössischen Komponisten und ihre Werke eingesetzt. Oistrach – in seiner Heimat schon 1945 (wie Menuhin berichtet) eine nationale Figur und der Liebling der musikalischen Welt, fand schon früh enge, bisweilen freundschaftliche Verbindung zu seinen komponierenden Zeitgenossen, unter denen Sergei Prokofjew, Dmitri Schostakowitsch, Dmitri Kabalewski, Aram Chatschaturjan und Nikolai Mjaskowski herausragen. »Vaters Repertoire«, hat der Sohn Igor berichtet, »war nahezu unbegrenzt und erweiterte sich ständig. Ich kann mich erinnern, daß er im Sommer 1946 drei Monumentalwerke vorbereitete: die Konzerte von Elgar, Sibelius und William Walton.« Natürlich hat er viel mehr Stücke studiert und öffentlich gespielt als Platten davon eingespielt. Unter den Verzeichnissen in Jusefowitschs Erinnerungsbuch finden sich immerhin rund 50 Stücke aus diesem Jahrhundert (wenn man Namen wie Maurice Ravel und Claude Debussy einrechnet). Und das Beispiel der öffentlichen Aufführung der ersten Bartók-Sonate, die nun gewiß keinen musikalischen »Realismus« offenbarte, mag nicht nur als musikalische, sondern fast als musikpolitische Geste empfunden worden sein. Daß er andererseits sich, nicht zuletzt bei seinen Tourneen ins »kapitalistische« Ausland, besonders für seine sowjetischen Landsleute und ihre Kompositionen einsetzte, entsprang sicherlich ebenfalls keinem ausschließlich musikalischen Motiv, sondern gehörte zum selbstverständlichen Ritual eines sowjetischen Künstlers; die patriotische Geste des Musikmissionars verband sich mit dem Dienst an den Komponistenfreunden. Aber auch westliche Konzerte hat er aufgeführt und auf Platten eingespielt: beispielsweise Hindemiths Konzert von 1939, selten gespielt in einer Periode, da sein Spätwerk als aus der Mode gekommen eingestuft wurde; und das Konzert des DDR-Komponisten und Musikologen Ernst Hermann Meyer; vor allem aber das Konzert von Strawinsky, dessen Plattenaufnahme mit besonderen Preisen und Auszeichnungen bedacht wurde.

David Oistrach,
München 1972

Obwohl diese Komposition des russischen Kosmopoliten in die vergleichsweise unproblematische Periode des Neoklassizismus zwischen ungefähr 1920 und 1940 einzuordnen ist (es entstand Anfang der dreißiger Jahre und wurde am Berliner Rundfunk uraufgeführt), galt es während der Stalin-Periode und seiner rigorosen Kulturpolitik als Ausgeburt westlicher Dekadenz und Beispiel verwerflichen Formalismus. Jahrzehntelang galt Strawinsky offiziell in der Sowjetunion als »Lakai des amerikanischen Imperialismus« und als »Speichellecker der katholischen

Kirche«, kurz als eine Persona non grata, die es zu attackieren, jedenfalls zu unterdrücken galt. So mußte es die musikalische Welt überraschen, als ausgerechnet Strawinsky zur Zeit des offiziellen Tauwetters in der Ost-West-Politik, 1961, aufgefordert wurde, seine inzwischen zum Sowjetstaat gewordene russische Heimat wiederzubesuchen. Galakonzerte, Galadiners, offizielle Ehrungen und die offizielle Umarmungstaktik, Strawinsky, den eben noch Verfemten, flugs zum russischen Komponisten Nummer eins zu erheben, begleiteten die historische Heimatvisite des damals bereits 80jährigen. Sein in Moskau beheimatet gewesener Kollege Schostakowitsch, der zu Beginn des kalten Kriegs 1947 auf einem New Yorker »Friedenskongreß« (notgedrungen, wie er später bekannte) mächtig ins sowjetische Propagandahorn geblasen hatte, wobei er keine der offiziellen Verdammungslitaneien aussparte, schreibt in seiner postum erschienenen Autobiographie erbittert davon, daß dieselben Funktionäre, die Strawinsky zuvor lautstark verdammt hätten, auf deutlichen politischen Wink von ganz oben den eben noch Verfluchten als einen der Ihren feierten.

Ein Künstler wie Oistrach, nach Mitteilung westlicher Kollegen wie Menuhin, politisch eher abstinent-neutral, ja furchtsam, hatte sicherlich weder Neigung noch Möglichkeit, wider den Stachel der jeweils offiziösen sowjetischen Kulturpolitik zu löcken, und mochte allenfalls achtgeben, sich und seine Kunst kulturpolitisch nicht allzu arg mißbrauchen zu lassen. Natürlich fühlte er sich als Botschafter seines Landes, und offensichtlich ist er darauf auch, rechtens, stolz gewesen. Doch wie kosmopolitisch er daneben auch gesinnt war, zeigt sein Verhalten nach Strawinskys Sowjetunionbesuch. Kaum war des verfemten Komponisten Name und Werk von der schwarzen Liste der offiziellen Spießerbürokratie gestrichen, machte er sich an das Studium der Strawinsky-Partitur, führte das Konzert öffentlich auf und spielte eine hochdekorierte Platte mit dem Orchestre Lamoureux Paris unter Bernard Haitink ein. Der Grand Prix du Disque war eine unerwartete Auszeichnung für eine Interpretation, die dem klassizistischen, trotzdem aufregenden Konzert die Selbstverständlichkeit (für Oistrach immerhin eine ziemlich unvertraut gewesene musikalische Welt), die sonore Tonschönheit und gelassene Kraft überstülpte, die das Werk endgültig in der Arena des »klassischen« Repertoires heimisch machte. Sogar wer die herrlichen Aufnahmen von Stern (mit Strawinsky am Pult) oder die einschmeichelnd-virtuose von Perlman liebt, wird von Oistrachs selbstverständlicher, technisch völlig

Beispiel 9
Aus: Strawinsky, Violinkonzert D-Dur (1931), Aria II

Erst spät, nach der Rehabilitierung Strawinskys in der Sowjetunion, hat David Oistrach dessen Konzert öffentlich gespielt. Seine Platteneinspielung davon brachte ihm Preise und Anerkennung: Wieder besticht seine Interpretation durch Fülle des Wohllauts bei strengster Beachtung der rhythmischen Verläufe. Das Resultat ist ein arioser Gesang von großer innerer Ruhe; notierte Vorschrift und klingender Vortrag sind völlig kongruent.

makelloser, wohlklingender Wiedergabe beeindruckt sein. Nachempfundene Bachsche Linearität in den beiden »Arien« und virtuose Spiellaune in den burlesken, kräftige Tonfarben aufmischenden Ecksätzen zeigen, wie rasch und kompetent Oistrach unbekannte Partituren durchdringen und sich verblüffend perfekt aneignen konnte.

Zwei Jahrzehnte zuvor hatte er bereits bei der Entstehung eines Violinkonzerts Pate gestanden, das von ganz anderer Art war. Wir wissen, daß gerade Oistrachs Landsleute – von dem ernst-vergrübelten Schostakowitsch bis zum melodieseligen Armenier Chatschaturjan – ihren Ehrgeiz daransetzten, für den berühmten Künstler des sowjetischen Volkes Konzerte, Sonaten, Violinstücke jederlei Art zu komponieren. Kurz vor dem Ausbruch des russischen Kriegs, 1940, entstand Chatschaturjans stark folkloristisch gefärbtes Violinkonzert, das nach 1945 in Deutschland hundertfach aufgeführt wurde (da es zuerst in der Sowjetunion gedruckt wurde, war es obendrein – weil die UdSSR damals keinem Urheberrechtsabkommen beigetreten war – tantiemefrei, bis zum heutigen Tag!). Der Komponist widmete Oistrach das Werk, und der besorgte im November desselben Jahres die Uraufführung.

»Aram Iljitsch und ich sind fast gleichaltrig«, berichtete Oistrach zur Entstehungsgeschichte. »Uns trennen nur wenige Jahre. Ich hatte die Möglichkeit, Zeuge seiner ersten kompositorischen Erfolge zu werden, und kann mich genau erinnern, wie sehr mich seine frühesten Werke beeindruckten, darunter der Violintanz in B-Dur, der in der Liste seiner Kompositionen wohl als erstes Opus gilt...« Seine Meinung über das Werk: »Eine Musik voller Eigenart und Aufrichtigkeit, melodischer Schönheiten, volkshaften Kolorits, und so geistreich, daß sie förmlich zu sprühen scheint. Alle diese Züge, die die Zuhörer noch immer erfreuen, machten damals einen unvergeßlichen Eindruck auf mich. Ich war sogleich bezaubert vom ganzen Kolorit der Musik: der mitreißenden tänzerischen Beschwingtheit des Finales, den verinnerlichten lyrischen Episoden im zweiten Satz, der unglaublich dynamischen Wucht des ersten Themas im ersten Satz, ja überhaupt von der Fülle raffiniertester Details, orchestraler Lösungen und Effekte.« Oistrach hat das Konzert viele Male auch im westlichen Ausland gespielt, gemeinsam mit Chatschaturjan auch in London eine Platte davon eingespielt.

»Ich habe in meinem Leben viel gearbeitet«, hatte er im Jahr seines Todes bekannt, »als Künstler, als Dirigent und als Pädagoge.« Seine Schüler, die er unterwies und beriet, waren freilich in den überwiegenden Fällen junge Künstler, die ihre instrumentale Ausbildung schon hinter sich hatten, bevor sie Oistrach-»Schüler« wurden. Und sie alle, die am Moskauer Konservatorium bei ihm studierten, konnten an geigerischem Temperament und künstlerischer Ausstrahlung kaum verschiedener sein: Da war zunächst einmal sein Sohn Igor, seit Jahren als durchaus eigenständiges Geigertalent ausgewiesen, ein Künstler, der – wen wundert es? – immer mehr dem äußeren Habitus des Vaters zu ähneln beginnt; sodann der im Westen binnen weniger Jahre fast kometenhaft aufgestiegene Gidon Kremer, der eine ganz andere Ton-, Klang- und

Igor und David Oistrach

Interpretationsvorstellung besitzt als sein berühmter Lehrer – der von ihm mit dem ersten Preis beim Tschaikowski-Wettbewerb ausgezeichnet wurde –, ein feuriger, von einer Art heiserer Intensität getriebener Geiger, dessen künstlerischer Motor ein unruhiges, fast nervöses, stets neugieriges Temperament ist; da sind weitere bedeutende Künstler, längst zu nationalem, oftmals zu weltweitem Ruf inzwischen aufgestiegen: Viktor Pikaisen, der grandiose Bach-Interpret, der noch jüngere Oleg Kagan, der sich auch im Ausland für die progressiven sowjetischen Komponi-

179

sten (wie Alfred Schnittke) einsetzt; schließlich Liane Issakadse, die sieben Jahre lang bei ihrem Meister Unterricht nahm und die zusammenfaßte, was sie ihm zu danken habe: »Er interessierte sich für alle Einzelheiten meines Lebens, kümmerte sich nicht nur um künstlerische, sondern auch um persönliche Dinge, und zwar erstaunlich unaufdringlich und zart. Er sorgte wirklich wie ein Vater für mich.« Der schlanke, feurige Viktor Tretjakow, der inzwischen regelmäßig in aller Welt konzertiert, gehört allerdings nicht zu den Oistrach-Schülern, sondern war einer von Juri Jankelewitschs Adepten; doch Oistrach war klug und fair genug, sein überraschendes Talent beim Tschaikowski-Wettbewerb 1966 als Jurymitglied mit geradezu hymnischer Gerechtigkeit zu loben: »Tretjakow ist vielleicht das reizvollste und aufrichtigste Talent, das ich je bei uns getroffen habe.« Tretjakow gewann den Wettbewerb.

Wer eine so verschiedenartige Palette von Schülern und anderswo ausgebildeten Geigern zum Erfolg zu erziehen vermag oder zu inspirieren versteht, muß eine gute pädagogische Hand besessen haben. Und eine innere Unabhängigkeit und Großzügigkeit, die ihn daran hinderte, nur Schüler nach dem eigenen idealen Ebenbild zu formen. Oistrach muß für die meisten Menschen, die ihm näher verbunden gewesen sind, wirklich ein erstaunlicher Charakter von offenbar nur guten, humanen Eigenschaften gewesen sein. Seinen Konzert- und Plattenhörern ist er nur durch seine Interpretationen vertraut geworden, und das haben sie mit Liebe und Zuneigung honoriert; da mag es einen zusätzlichen Reiz bedeuten, zu wissen, daß er auch hinter der Bühne, im privaten Umkreis, ein Mensch gewesen ist, der geliebt wurde. Ein Mensch, ein Künstler, der also überall Glück brachte? So scheint es. Isaac Stern, musikalischer Weltbürger, formulierte es beim Eintreffen der Nachricht vom plötzlichen Tod Oistrachs so: »Ich weiß, daß die Welt nach seinem Hingang viel ärmer und langweiliger geworden ist. Er war ein goldener Mensch.«

Der Humanist

Yehudi Menuhin

Unter den zivilisierten Ländern dieser Erde gibt es wohl keines, das sich nicht einer besonderen Beziehung zu Yehudi Menuhin rühmen kann. Der Geiger und Dirigent, der Philanthrop und humanistische Missionar, der Organisator und Kulturpolitiker, der Ökologe und Künder beispielgebender Lebensweise ist in jedem Winkel der Welt aufgetreten und bejubelt worden. Wo man seinen Ansichten nicht zu folgen bereit war, hat man ihm wenigstens den Respekt nicht verweigert. Wer sich mit der Figur Menuhin beschäftigt, kann sich nicht mit dem Violinisten allein abgeben, weil das Geiger-, das Musikerdasein von seinen übrigen Aktivitäten umrankt, ja immer mehr beansprucht wird. Schließlich ist es zunehmend schwierig geworden, eine wohlmeinende oder kritische Ansicht über den Geigespieler Menuhin zu entwickeln, ohne daß man alles das berücksichtigt, was Menuhin selbst über das Thema, nämlich seine eigene Person, seine eigenen Gedanken, Forderungen, Hoffnungen, Meinungen, geäußert hat. Und wer es unternähme, alldem zu entrinnen, indem er Menuhins zahllose Bücher, Aufsätze, Reden und Deklarationen ungelesen läßt, würde ihm ohne Zweifel am Bildschirm begegnen, wo Fernsehfilme von Menuhins Kunst und Lebensmoral künden. Mit über 70 Jahren ist Menuhin eine »Instanz«, deren Zielen und beispielsetzenden Forderungen kein zivilisierter Mensch widersprechen mag.

»Unvollendete Reise« hat Menuhin seine Lebenserinnerungen genannt, was auf ungebrochene Aktivitäten und auf immer neue Lebensstationen und Erkenntnisse schließen läßt. Seine Lebensreise ist, wie schon angedeutet, in fast alle Länder dieser Erde gegangen; die aus Südrußland nach den Vereinigten Staaten ausgewanderten jüdischen Eltern nannten ihren am 22. April 1916 in New York geborenen Sohn zwar demonstrativ Yehudi, predigten aber ihren Kindern – als die beiden Schwestern Hephzibah und Yaltah hinzugeboren waren – mehr Toleranz als Orthodoxie, was eine Lebensmaxime des jungen Yehudi geworden ist, die ihm neben mancher Dankbarkeit manche Enttäuschungen bereitet hat. Die Vereinigten Staaten, Kinderheimat und Schauplatz früher

Triumphe als geigendes Wunderkind, hat Menuhin seit vielen Jahrzehnten mit England vertauscht, wo er seine zweite Ehe mit der englischen Tänzerin Diana Gould schloß und wo er seine Söhne aus dieser Verbindung aufwachsen ließ. England ist auch das Zentrum seiner pädagogischen Tätigkeit; seit 1963 existiert die Musikschule seines Namens, und verschiedene Musikfestivals in diesem Land verdanken Menuhin ihre Existenz und ihren Ruf. England ist zur zweiten Heimat geworden, zum Zentrum aller übrigen Tätigkeiten.

Frankreich darf sich rühmen, für das Wunderkind eine wichtige Lebensstation gewesen zu sein – der geliebte Lehrer George Enescu und die in Paris und anderswo im Land versammelten musikalischen Freunde haben den jungen Geiger entscheidend geformt. »Enescus Einfluß«, schreibt Menuhin noch im Februar 1986, »hat – dessen bin ich sicher – mein Leben musikalisch und menschlich bestimmt.« Im Sommer 1944, den alliierten Truppen beinahe auf dem Fuße folgend, hat er in der Oper der gerade befreiten französischen Hauptstadt drei umjubelte Konzerte gegeben.

Im Zuge der kulturellen Kreuzzüge, die Menuhin nach dem Ende des Kriegs unternahm, flog er erstmals nach Prag und nach Moskau, besuchte den verehrten Lehrer Enescu in Rumänien, gab aufsehenerregende Konzerte in Südafrika, wo er energisch der Rassendiskriminierung entgegentrat, und bereiste früh den neugegründeten Staat Israel, den er als eine Herausforderung *und* als eine Gefahr für das Judentum sieht. Schließlich entdeckte er für sich die Verheißungen und Geheimnisse der indischen Kultur, die seine Denkweise beeinflußten wie kein anderes fremdes Land. Selbst mit Australien verbanden ihn persönliche Beziehungen, einem fernen Kontinent, in dem seine erste Frau Nola Nicholas zu Hause war und wo der älteste Sohn, Krov, zur Welt kam.

Und Deutschland? »Ich habe zweimal in Deutschland Karriere gemacht«, heißt es in seinen Erinnerungen. »Einmal unter Bruno Walter als Musiker, und einmal nach dem Krieg, als ›Politiker‹, unter Furtwängler.« Als Menuhin damals, 1947, wieder als einer der ersten internationalen Musiker nach Berlin, der Stätte seiner musikalischen »Karriere«, zurückkehrte, gab es erstaunlich viele Menschen, die sich des damaligen Triumphes erinnerten, als der 13jährige drei Violinkonzerte (von Bach, von Beethoven und von Brahms) musizierte. Die Philharmonie muß viele tausend Menschen gefaßt haben, jeder scheint dabei gewesen zu sein: Albert Einstein, dessen rührendes Wort danach: »Nun weiß ich, daß es einen Gott im Himmel gibt« um die Welt ging, die halbe damalige Reichsregierung, die Militärs wie die Musikfreunde, die Herrschaften aus den Gesellschaftssalons – kurz, tout le Berlin scheint herbeigeströmt zu sein, weil es einen dicklichen Knaben zu bestaunen gab, der nicht nur ein tüchtiger Geiger war (dergleichen hatte man während der vergangenen Jahrzehnte in Berlin häufig erlebt), sondern, wie Einsteins Ausspruch bezeugt, bereits ein reifer Interpret und Musiker. Es ist gewiß nicht übertrieben, wenn man annimmt, daß Menuhin wohl das staunenswerteste musikalische Wunderkind des Jahrhunderts gewesen ist.

»A Prodigy who made good«, überschrieb die Londoner »Times« ihren Glückwunschartikel zum 50. Geburtstag Menuhins 1966, was verschiedene Auslegungen ermöglicht. Ein Wunderkind, das es (dennoch) geschafft hat, kann man herauslesen, aber das ist, wenn man die großen Geiger unseres Jahrhunderts betrachtet, die ausnahmslos als Kinder ersten Ruhm ernteten, nichts Außergewöhnliches. Bei Menuhin schon gar nicht: Seit Jahrzehnten spricht man immer wieder von seinen geigerischen Krisen, und er selbst hat in ungezählten Äußerungen aus solchen Krisen kein Hehl gemacht. Mit staunenswerter innerer Kraft muß der kleine Wunderknabe die ersten rund zehn Jahre des vorschnell über ihn hereinbrechenden Weltruhms verarbeitet haben, und auch die berüchtigte Pubertätskrise überwand er, indem er – wohl auch von ehrgeizigen, aber vernünftigen Eltern gefördert – anderthalb Jahre lang, 1936/37, pausierte und mit 22 Jahren seine Laufbahn als erwachsen gewordener Künstler fortsetzte. (In diesem Alter erleben wir heute ganze Scharen hochbegabter Geiger, sogar in Deutschland, bereits ziemlich dauerhaften Weltruhm genießen.)

Ganz glatt ist Menuhins Geigerkarriere nämlich nicht verlaufen, und das hatte nicht nur instrumentaltechnische Gründe; die lagen tiefer. Gewiß, das in jungen Jahren eher instinktiv und vom frühreifen Kunstverstand adaptierte Wissen um die technische Bewältigung und das interpretatorische Eindringen in die Werke hatten verhindert, daß die systematische Bewußtmachung der technischen Vorgänge ebenso intensiv und gründlich gefördert wurde wie diejenige der musikalischen. Menuhins amerikanischer Lehrer, Louis Persinger, ein gewiß erfahrener väterlicher Pädagoge, hat berichtet: »Ich weiß noch genau, wie sehr Yehudi das Mendelssohn-Konzert studieren wollte, und er hat in diesen frühen Jahren reine Wunder damit vollbracht. Bevor ich es ihm zum Studieren gab, hatte er (so erfuhr ich später) längst allein damit begonnen. Man kann seinen Schülern, wenn sie sich selbst reif dazu fühlen, nichts Anspruchsvolles vorenthalten.« Dennoch, dieser Mangel an zuverlässigen Stützen des geigentechnischen Fundaments kam dem damals zehnjährigen Yehudi abrupt zum Bewußtsein, als er dem legendären belgischen Geigenmeister Eugène Ysaye den ersten Satz der »Symphonie espagnole« von Lalo vorspielte. »Für mich war der ganze Auftritt«, erinnert sich Menuhin, »weniger ein Vorspielen als die Huldigung für einen verehrungswürdigen König ... Ich hatte meine Kunststückchen vorgeführt und seinen Segen empfangen ... Um so verblüffender fand ich seine Aufforderung, einen A-Dur-Dreiklang über vier Oktaven zu spielen. Ich tappte auf dem Griffbrett herum wie eine blinde Maus. ›Du tätest gut daran, Yehudi‹, sagte er lakonisch, ›Tonleitern und Arpeggien zu üben.‹«

Immerhin lagen vor dieser stillen Blamage des Knaben seine ersten öffentlichen Auftritte, und zwar nicht irgendwo, sondern 1925 mit Lalos Stück in San Francisco mit dem dortigen Symphony Orchestra sowie mit einem Violinabend im New Yorker Manhattan Opera House. Ob Ysayes Ratschlag befolgt wurde, ist von Menuhin nicht überliefert. Die Geigenpädagogen, die den Wundergeiger von nun an noch unter ihre Fittiche nehmen sollten, Enescu und, zwei Jahre später, Adolf Busch in Basel, waren ebenfalls eher verehrungswürdige Musiker als strenge, systematisch arbeitende Zuchtmeister; und über Busch hat sich der junge Yehudi, bei aller Verehrung, fast ein wenig mokiert wegen seiner bescheidenen Redlichkeit und so völlig »unvirtuosen« Einstellung zu seiner Kunst.

Zwischen den Studienaufenthalten bei diesen beiden Meistern lag das eigentliche Debüt des Elfjährigen mit dem Beethoven-Konzert unter Fritz Busch in der New Yorker Carnegie Hall, ein Ereignis, das den Ruhm des jungen Geigers zumindest in den Vereinigten Staaten zementierte. Soloauftritte in New York und eine Amerikatournee schlossen sich an; der Erfolg blieb bedeutend, und die Einnahmen daraus ermöglichten den Erwerb der ersten Stradivari-Violine, der »Fürst Khevenhüller«, die sich bis heute im Besitz Menuhins befindet. Auf ihr musizierte der Knabe seine drei Konzerte in der Berliner Philharmonie, und nun folgten bereits die ersten Schallplatteneinspielungen – zeit seines Lebens ist Menuhin der Firma »His Master's Voice« treu geblieben. Ihren ordentlich geführten Archiven und ihrem Sinn für historische Dokumentation verdanken wir, die wir Menuhins Aufstieg nicht miterleben konnten, eine Fülle von Neuausgaben ehemals gerühmter und geliebter Aufnahmen. An ihnen läßt sich ohne jeden Abstrich (durch vermeintlich unzulängliche Aufnahmequalität etwa) ablesen, daß Menuhin als rund 20jähriger ein hinreißend musizierender Geiger und ein temperamentvoller Interpret unterschiedlichster Werke von Mozart und Schubert bis hinauf zu Rimski-Korsakows »Hummelflug« und zu Paganinis »Moses in Ägypten« war. Die früheste Aufnahme (das Adagio aus Mozarts G-Dur-Konzert mit Persingers Klavierbegleitung) stammt vom Februar 1929 und klingt noch ein bißchen piepsig und zögerlich-maniert. Aber bereits Tartinis »Teufelstriller«-Sonate in Kreislers Arrangement (mit dem bis heute unermüdlichen Begleiter Artur Balsam) enthüllen einen

Yehudi Menuhin, London 1931

zupackenden, alle teuflischen Herausforderungen beherzt meisternden Geiger. Auch das erste Paganini-Konzert, das unter Pierre Monteux' Leitung in Paris aufgenommen wurde, verdient Bewunderung.

Dann kamen die Aufnahmen mit beziehungsweise unter dem verehrten Lehrer Enescu: Bachs a-Moll-Konzert, dessen Mittelsatz sehr empfindsam und mit kleinen, die Beseeltheit erhöhenden Portamenti ausgestattet wird; das Doppelkonzert mit Enescu selbst und das ganze G-Dur-Konzert von Mozart – alles bewundernswerte Zeugnisse eines scheinbar mühelos und traumwandelnd klangschön, technisch sicher musizierenden Menschen, der als Teenager eine Reife der Empfindung offenbart, die noch heute, über alle unvermeidlichen Geräuschpegel betagter Aufnahmen hinweg, ergreift. Chaussons »Poème« und das Mendelssohn-Konzert eröffnen dann den Blick auf den Virtuosen, der sich in keinem Augenblick hinter dem scheinbar traumverloren musizierenden Mozart-Spieler versteckt.

Nach mehrmaligem Durchhören dieser frühen Tondokumente und dem Vergleich mit denen, die nur kurze Jahre danach entstanden, muß man freilich zu dem Schluß kommen, daß jene vom Konzertieren abstinenten anderthalb Jahre dem geigerischen Selbstbewußtsein Menuhin ungemein wohlgetan haben. Die vielen Aufnahmen aus dem Jahr 1938 zeigen das hörbar gereifte, mit neuem, überzeugenderem Temperament aufgeladene Spiel eines nun 22jährigen, der obendrein das Glück hatte, mit einer damals hervorragenden Pianistin zusammenzuspielen, die ihrerseits das Glück hatte, seine Schwester zu sein. Hephzibah Menuhin war im Musikerkreis um George Enescu, Pierre Monteux (der auch Bratsche spielte), Jacques Thibaud und Alfred Cortot und ihrem Bruder zu einer prächtigen Klavierspielerin und Kammermusikerin herangewachsen, so daß man nach einigem Zögern beschloß, das Geschwisterpaar (Hephzibah war ganze 13 Jahre alt) solle gemeinsam auftreten. Im November 1933 machten sie, gewissermaßen als nichtöffentliche Generalprobe, eine Aufnahme der großen A-Dur-Sonate von Mozart und bekamen prompt den Candide-Preis für die beste Schallplatte des Jahres. Das Konzertdebüt folgte im Oktober 1934 mit eben dieser Mozart-Sonate, Beethovens Kreutzersonate und Schumanns Sonate d-Moll.

Die Schumann-Sonate halte ich für eine der hervorragendsten, packendsten Aufnahmen Menuhins überhaupt: Es ist ein düsterer Klangkoloß, der temperamentvolle Bezwingung und ein instinktives Auf- und Abschwellen dieser Bemühungen erfordert. Mit welchem Furor und klanglichem Einsatz die beiden jungen Musiker dieses aufgewühlt fast immer wieder um seine kurzatmige Thematik kreisende Werk angehen, bleibt staunenswert. Menuhins Klangvorstellung ist die eines satten, sinnlich aufgeladenen Geigentons, die keine andere (schon gar nicht spätere) Aufnahme so überwältigend demonstriert: Akzente werden nicht aus Kalkül, sondern aus dem (instinktiv richtigen) Affekt gesetzt; der Klavierpart erdrückt die Geige nirgendwo und klingt doch so mitreißend temperamentvoll, dabei so synchron musiziert mit dem Violinpartner, daß dieses oft mißachtete Spätwerk Schumanns eine ganz unerwartete neue, frische Dimension erhält. »Wir entdeckten«, berichtet Menuhin, »daß wir Zwillingsseelen waren. Wir konnten Rücken an Rücken spielen, und doch spürte jeder Gefühle und Absichten des anderen, so gut verstanden wir uns.«

Einen ähnlich erfrischenden, die virtuosen Solopassagen mühelos servierenden Eindruck macht die Aufnahme des Schumann-Violinkonzerts, das Menuhin unter John Barbirolli für die Vereinigten Staaten erstaufführte. Gegenüber der Kulenkampff-Einspielung (er hatte die Uraufführung in Berlin gespielt) klingt sie überzeugender, weil müheloser, gelöster, virtuoser und auch durchsichtiger, was die Orchesterbegleitung anbelangt. Menuhins geigerisch ausgerichtete Interpretation unterstreicht auch hier (wie in der d-Moll-Sonate) den Gefühlsgehalt durch saftige Tongebung, wobei Portamenti und Endglissandi keineswegs auf dem Index stehen. Der junge David Oistrach und ein Musiker wie Itzhak Perlman würden das ähnlich jubelnd, ähnlich voller sinnlich-klangvoller Emphase musizieren.

Manche anderen Einspielungen klingen entweder sehr behende, sehr fix und »knackig« (die Mozart-Sonaten vor allem und Schuberts Rondo brillant) oder – bei Solostücken von Paganini oder Brahms (Ungarische Tänze) – etwas scharf, ein Klangeindruck, dessen Ursprung man angesichts der damaligen Aufnahmeschwankungen nicht genau feststellen kann. Rimski-Korsakows »Hummelflug« und Ottokar Nováčeks »Perpetuum mobile« absolviert der junge Geiger in absoluter Bestzeit, Heifetz' hanebüchene Bearbeitung von Grigoraş Dinicus »Hora staccato« gelingt nur achtbar (gegenüber Heifetz' einzigartiger Vollkommenheit verblaßt hier auch ein Talent wie Ginette Neveu). Aber das tut nichts. Diese Aufnahmen aus den späteren dreißiger Jahren zeigen unverstellt ein großes Geigertalent und einen jungen Mann, der offenbar nicht mehr aus dem puren Gefühl heraus (dessen Regungen er allerdings nie unterdrückt), sondern mit wachem Kunstverstand den Werken zuleibe geht. Wenn diese neu gefundene Reife ihn schon als Kind auf der Geige ausgezeichnet haben sollte, was alle Welt so entzückte, dann hatte der junge Geiger bereits ein gutes Jahrzehnt sensationelle Laufbahn hinter sich.

Die erste große Krise kommt Ende des Krieges, nach einer viele hundert Konzerte umfassenden »Truppenbetreuung« in der ganzen Welt und angesichts einer offenbar zum Scheitern verurteilten Ehe: physischer Dauereinsatz sowie die psychische Belastung durch Probleme, auf deren Lösung der junge, natürlich sowohl einseitig behütete wie einseitig belastete Musiker überhaupt nicht vorbereitet war. »Das Schlimmste war wohl«, schrieb Hephzibah ihrem Bruder, »daß wir nicht mit dem Leben in Berührung gekommen waren wie die anderen, die nicht wie wir vor allen Alltagssorgen behütet wurden. Wir blamierten uns schrecklich, als wir zum ersten Mal dem wirklichen Leben gegenüberstanden. Wir waren unfähig, uns wie Wesen mit freiem Willen zu benehmen. Wir kannten und wußten alles, aber nur theoretisch . . . Unser Leben war darauf aufgebaut, ein einziges, genau begrenztes Teilgebiet zu meistern . . . Sobald Menschen mit anderen Maßstäben in unser Leben traten, waren wir hilflos vor dem Konflikt zwischen dem, was man uns gelehrt hatte, und dem, was wir jetzt lernen mußten . . .« Und Menuhin fügt dieser »Analyse« die schlichte Erkenntnis hinzu: »Ich hatte Nola geheiratet, ohne auf die Ehe vorbereitet zu sein. Ich hatte die Geige gespielt, ohne sie technisch zu beherrschen.« Es ist paradox, daß gerade jene Klangdokumente, die angeblich »ohne Beherrschung der Technik der Geige« entstanden, zu den bewegendsten Violineinspielungen Menuhins, ja der Interpretationsgeschichte jener Jahre zählen.

Die Zeit nach dem Krieg brachte indessen, trotz mancher selbstverordneter Bewegungstherapien und der Versenkung in die Musik Béla Bartóks, dessen zweites Violinkonzert Menuhin studierte und aufführte und dessen Solosonate er im November 1944 in New York aus der Taufe hob, keine wirkliche Ruhepause. Vielmehr sehen wir den mittlerweile 30 Jahre alten Künstler unermüdlich, vor allem in Europa, konzertierend tätig. Unvergessen ist sein frühes Erscheinen im zerstörten Nachkriegsdeutschland. Mochte Menuhin sich für technisch verbraucht, musikalisch ausgebrannt und deprimiert angesichts einer gescheiterten Ehe halten: Bereits im Sommer 1945 erschien er, gemeinsam mit Benjamin Britten, in der damaligen britischen Besatzungszone, um für die Überlebenden der Konzentrations- und Flüchtlingslager zu spielen: das Geigenspiel nicht länger im reinen Dienst der Musik stehend, sondern die musikalische Botschaft im Dienst der Humanität. Dann sein demonstrativer Auftritt in Berlin, wo er mit dem stark angefeindeten Dirigenten Wilhelm Furtwängler in den Trümmern der Stadt mehrere Konzerte gibt – Benefizveranstaltungen zugunsten der Philharmoniker (damit sie sich wieder Saiten und Rohrblätter und Noten beschaffen konnten) und für die »displaced persons«, jene armen Vertriebenen, die der unselige Krieg durch halb Europa gescheucht hatte. Das war Menuhins zweite, seine »politische« Karriere in Deutschland, auf die er stolz ist.

Aus diesen Jahren, da Menuhin bewußt als Humanist und Botschafter der Versöhnung tätig war, datiert aber auch eine Reihe wichtiger Aufnahmen – berühmt gewordene Einspielungen großer Konzertliteratur: Beethoven, Brahms, Bartók, die er mit seinem geistigen Vorbild Furtwängler musizierte – in Berlin, bei den Festspielen in Luzern und in London. Dort, in der riesigen Royal Albert Hall, trat er 1948 erstmals in Begleitung Furtwänglers in England auf, dort habe ich den berühmten

Sergiu Celibidache und Yehudi Menuhin, Berlin 1947

Mann zum erstenmal gehört. Das Ereignishafte dieser Begegnung mag den rein musikalischen Eindruck noch übertroffen haben, und viele spätere Auftritte sind immer wieder zu Erlebnissen geronnen, in denen das Glück über die Wiederbegegnung mit der Trauer über rein geigerisch unüberhörbare Enttäuschungen im Streit lag. Doch im Grunde hatte Menuhin schon damals den schlichten L'art-pour-l'art-Standpunkt, lediglich schöne Töne auf seiner Geige produzieren zu müssen, hinter sich gelassen. Er war ein weltberühmter Musiker und glaubte wohl an die Kraft seiner Interpretationen. Doch in dem Maße, in dem sich seine geigentechnische Fertigkeit zu einer allgemein-musikalischen Missionstätigkeit sublimierte, nahmen andere, selbstgewählte Aufgaben die inzwischen freigesetzten Kräfte in Anspruch.

Dennoch sind die künstlerischen Resultate jener wichtigen Einspielungen großer Konzertliteratur, die durch Neuauflagen auch späteren Generationen bekannt gemacht wurden, von imponierender Einheitlichkeit der Aussage. Das Beethoven-Konzert erfuhr beispielsweise gleich zwei Einspielungen unter Furtwängler, wobei die frühere, in Luzern mit dem dortigen Festspielorchester 1947 aufgenommen, mir die spontanere, die lebendigere scheint, wenn auch die spätere den begehrten Grand Prix du Disque erhielt (die sehr viel später entstandenen Aufnahmen unter Rudolf Kempe und Kurt Masur mögen außer Betracht bleiben). Die Luzerner Aufnahme besitzt noch die überredende Eloquenz der Spontaneität, verströmt noch sinnlichen Schmelz, hält den puren Geigenklang noch immer für das geeignete Vehikel zur Deklamation der Botschaft Beethovens. Das Bartók-Konzert, in dem Furtwängler spätromantisch eingekleidete Orchesterregie führt, ist von einer Weiträumigkeit der Disposition, zugleich aber auch von einer Intensität der solistischen Entfaltung, wie man sie in diesem Spätwerk nicht wieder vernommen hat. Menuhin hat übrigens seine Beethoven-Aufnahme von 1947 selbst für schlechterdings unübertreffbar angesehen. In seinen Memoiren berichtet er von einer Übertragung, die er zufällig im Salon eines Atlantikdampfers anhörte, ohne zu wissen, wer da spielte – »so, wie ich es in meinem Leben gern einmal gespielt hätte, und mußte dann feststellen, daß es meine eigene Aufnahme unter Furtwängler aus dem Jahr 1947 war«.

Auch jene bedeutenden Einspielungen, aus denen eine vergangene Epoche herüberklingt, sind bereits Geschichte. In den vier Jahrzehnten seitdem hat sich Menuhin immer wieder neuen, auch außermusikalischen Aufgaben zugewandt. Natürlich sind in den vergangenen 40 Jahren Dutzende von neuen Platteneinspielungen entstanden, darunter Beethovens Violinsonaten mit dem von ihm hochverehrten Wilhelm Kempff; Bartóks Violinkonzert ist, zusammen mit dem Violakonzert, unter Antal Dorati neu aufgenommen worden; mit dem eigenen Kammerorchester gibt es eine Gesamtaufnahme aller (auch der vielleicht nicht »echten«) Mozart-Konzerte, die nun zwangsläufig den Vergleich mit den früheren Einspielungen der dreißiger Jahre nahelegen. Das neuere Resultat besticht durch noch immer makellose Intonation. Die Artikulation, die Klang»rede« kommt jetzt bewußter, deutlicher markiert, aber was sich durchweg geändert hat, ist die Qualität (im Sinn von »qualitas«) des Geigentons. Wo keusche oder auch strotzende Sinnlichkeit vorherrschte, wo die Legatobögen unbeirrt die Melodik makellos nachzeichneten, herrscht ein eher glatter Ton von oft leuchtender Durchdringlichkeit vor, der wohl von edler Reinheit sein kann, aber der jeder klanglich-erotischen Ausstrahlung enträt. Man mag dies bedauern, wenngleich wir daran gewöhnt sind, daß die allermeisten großen Geiger der Vergangenheit und unserer Zeit dieser sinnlichen Komponente mehr und mehr im Alter verlustig gehen. Das trifft auch für Menuhins Bach-Einspielungen zu, die einen ähnlichen Prozeß der »Immaterialisierung« durchgemacht haben wie die späten Platten von Szigeti.

Unter den zum 70. Geburtstag des Künstlers wiederaufgelegten älteren Einspielungen figuriert eine Reihe zeitgenössischer Werke. Wie Heifetz sich von Walton ein Violinkonzert schreiben ließ und Oistrach verschiedene Werke von Schostakowitsch und Prokofjew, so hat Menuhin mehrere Zeitgenossen um Werke gebeten und sie nach Möglichkeit häufig aufgeführt: von Bartók die Solosonate, von Walton eine (ein bißchen sehr konstruiert klingende) Sonate; von Lennox Berkeley ein nicht enden wollendes, teilweise neobarockes Violinkonzert, weitere Werke von Ernest Bloch und Frank Martin und Darius Milhaud und anderen.

Die Plattenhommage enthält auch zwei Aufnahmen aus der Zeit von 1953–55, die lieber unerweckt geblieben wären: Die Aufnahme des Sibelius-Konzerts zeichnet eine Schärfe der Tongebung und eine teils zitterige, teils forcierte Bogenführung aus, angesichts derer die Ankündigung »einzige, sehr charakteristische Einspielung« etwas kühn wirkt. Auch das wiederaufgelegte h-Moll-Konzert von Saint-Saëns in seiner Atmosphäre von unentschlossener Emphase, der es aber an Süße mangelt, weckt wehmütige Erinnerung an Menuhins Glanzzeit.

Zu den von Menuhin besonders geschätzten Exkursionen in andere Gefilde musikalischer Betätigung zählen seine Musiziererlebnisse mit dem indischen Sitarvirtuosen Ravi Shankar, mit dem er auch eine Reihe »exotischer« Platten (»West Meets East«) eingespielt hat; und natürlich seine launigen Exerzitien mit dem genialen Jazzgeiger Stéphane Grappelly, denen wir ebenfalls einen kleinen Stoß Schallplatten (»Tea for Two« und andere) verdanken. Menuhin ist sich nie zu schade, neues musikalisches Terrain zu erforschen, und das Erlebnis des Dirigierens, auch von großen symphonischen Werken und ganzen Mozart-Opern, kennt und genießt er schon lange.

Der Pädagoge hat Musikfeste in Bath, in Windsor, im schweizerischen Gstaad und anderswo ins Leben gerufen, ja am Leben erhalten und erfüllt sie bis zum heutigen Tag, da er über 70 Jahre alt geworden und von Königin Elisabeth II. in den Adelsstand gehoben wurde, mit jenem missionarischen Feuer, das ihn auch bewog, in fremde Kulturen geistig einzudringen und sie in immer neuen, unermüdlichen Versuchen der westlichen anzunähern, sie miteinander zu versöhnen oder gar zu verschmelzen. Vor einigen Jahren, beim ersten Fritz-Kreisler-Wettbewerb 1979 in Wien, rief Menuhin als Ehrenvorsitzender der Jury dazu auf, bei ähnlichen Wettbewerben in Zukunft den Kandidaten von Rang auch zusätzlich ihre Fähigkeiten der vor allem in der indischen Musik noch blühenden schöpferischen Improvisation abzufordern.

Selbst in kurzgefaßten Abrissen der Vita eines Menuhin dürfen jene außermusikalischen Aktivitäten nicht fehlen, die ihren sichtbarsten Ausdruck in seiner Wahl zum Präsidenten des Internationalen Musikrats der UNESCO 1969 fanden, als der seinen Kongreß im folgenden Jahr in Moskau abhielt. Menuhin hielt dort eine programmatische Rede, während derer der damals im Ostblock als Personae non gratae geltenden Namen von Alexandr Solschenizyn und Mstislaw Rostropowitsch gedacht wurde. Menuhin als »moralische Instanz« hat gerade im Ost-West-Dialog enorm viel dazu beigetragen, daß ein kultureller Austausch, allen frostigen Schwierigkeiten während des kalten Krieges zum Trotz, zustande kam. Sein verehrter Freund und Kollege David Oistrach, der ihn im Winter 1945 auf dem Moskauer Flughafen willkommen geheißen hatte, war denn auch der erste Sowjetmusiker von internationalem Rang, der ein Jahrzehnt später von Menuhin in den Vereinigten Staaten begrüßt wurde. Diese Fähigkeit zu aktiver Versöhnung hat Menuhin freilich auch eine Menge Gegner, ja Feinde eingebracht – nicht zuletzt von seiten jener jüdischen Brüder, die sich in dem wiedererkämpften Staat Israel noch buchstäblich *und* ideologisch verschanzten, als ein Musiker wie Menuhin längst das praktizierte, was die Welt später als den »Geist von Camp David« bewundern lernte. Seine unbeirrbare Aktivität als Musiker wie als Redner und Organisator führte dazu, daß er – ausgerechnet in Moskau – zum Präsidenten des Weltmusikrats einstimmig wiedergewählt wurde. »Sogar mit den Stimmen der Ägypter?« wurde er im Westen gefragt. »Ja, sogar mit denen der Ägypter«, lautete seine Antwort. Und lächelnd fügte er hinzu: »Das muß wohl ein Versehen gewesen sein.«

Der phänomenale Geiger Menuhin, das Wunderkind, das ein Jahrzehnt lang die halbe Welt zu Bewunderung, ja zu Tränen rührte, ist unvergessen, aber Menuhin ist seit Jahren schon nicht mehr jener Wundergeiger, den die Menge bejubelte. Man mag dies bedauern; doch jeder

Yehudi Menuhin

anspruchsvolle Konzertgänger oder Schallplattenfreund kann seit längerer Zeit zu der Überzeugung gelangen, daß heutzutage Dutzende von solistisch konzertierenden Geigern ihr Instrument mittlerweile technisch müheloser und perfekter beherrschen als Menuhin – es sei denn, man erinnert sich mit Nostalgie an jene frühen Platteneinspielungen aus den dreißiger und vierziger Jahren, in denen die Könnerschaft des eminenten

Musikers festgehalten worden ist. Doch die Musik ist, wenn man in den mannigfaltigen Schriften liest, die im Lauf der vergangenen Jahre publiziert wurden, für Menuhin niemals alleiniger Endzweck gewesen. Er ist längst zu einem neuen, anderen Künstler gewachsen, der seine Mission als Geiger, als Pädagoge, als Dirigent neu definiert hat und begreift: ein Künstler der Versöhnung zu sein, dessen alleinige Waffe die Geige ist; ein jüdischer Künstler und Kämpfer, der weiß, daß das geistige Klima in unserer Welt nur mit lauteren intellektuellen und künstlerischen Mitteln zu beeinflussen und zu retten ist, selbst wenn dabei Leidenschaften entfacht werden, die es eigentlich zu besänftigen gilt. Der bloße Instrumentalist, der flinke Finger besitzt und sonst nicht viel mehr, ist für Menuhin – selbst wenn es sich um einen hervorragend »funktionierenden« Geiger handeln sollte – kein Ideal und kein Abbild von Größe. Seine Maßstäbe greifen über die Brillanz der mechanischen Fähigkeiten auf dem Instrument weit hinaus. So konnte er, ohne hochmütig zu wirken, beiläufig bemerken, als er vom Entstehen des vorliegenden Buches erfuhr: »Nun, das wird wahrscheinlich nur ein schmales Bändchen geben, nicht wahr?« Seine Maßstäbe an sich selbst sind hoch. Sind es auch die Hoffnungen, die er an die Musik hegt? Dazu hat sich Menuhin in seinen Memoiren »Unvollendete Reise« unmißverständlich geäußert:

»Als Kind sah ich in der Musik eine unwiderstehliche Macht des Guten, etwas, das die Menschheit über alles Trennende hinweg vereinen könne, jenes Wunder, das Schiller in seinem ›Lied an die Freude‹ mit den Worten ›deine Zauber binden wieder, was die Mode streng geteilt‹ umschreibt. Ein Leben im zwanzigsten Jahrhundert kann jedoch solche Hoffnungen nicht vor schrecklichen Enttäuschungen bewahren. In der heutigen, zusammengeschrumpften Welt ist die Musik zu einem beliebig exportierbaren Handelsartikel geworden, deren Botschaft in den Tonarten sämtlicher Kulturen jedermann zugänglich ist, aber die Barrieren sind unverrückbar geblieben, und die Musik dient allzu oft dazu, sie noch zu feiern. Auch wenn mein eigener Ehrgeiz, wenigstens gelegentlich die Menschen zu versöhnen, vom Fehlschlag bedroht ist, bedeutet das nicht, daß ich dieses Ziel völlig aufgegeben habe. Ich bin mit meinem Kopf schon gegen eine ganze Reihe von ideologischen Wänden gerannt, aber die Erfahrung hat mich nicht davon überzeugt, daß die Musik vor der Unversöhnlichkeit der Menschen kuschen muß oder daß der Musiker nur dumpf vor sich hinfiedeln darf, während die Welt in Flammen steht.«

Der Weltbürger

Isaac Stern

»Wir spielten Vivaldis Konzert für zwei Violinen«, erinnert sich Isaac Stern. »Bemerkenswert daran ist der folgende Umstand: Als ich mir mehrere Jahre später die Einspielung anhörte, konnte ich nur mit Mühe feststellen, wer von uns welchen Part spielte.« Sterns Partner David Oistrach reagierte über die gemeinsame Aufnahme fast genauso: »Heute abend«, erzählte er, »legte ich beim Abendtee die Platte mit unserem Vivaldi-Konzert auf. Ich hatte die Platte lange nicht gehört und wußte nicht mehr, wer von uns die erste Geige spielt... Es war ein großes Vergnügen, eine wunderbare Aufnahme!« Diese Einspielung hat in gewisser Weise Geschichte gemacht. Sie dokumentiert eine friedliche musikalische Koexistenz zwischen amerikanischen und sowjetischen Geigern im kalten Krieg, in den fünfziger Jahren. Ein Musikfreund, der jene Aufnahme miterlebte, bei der Eugene Ormandy das Philadelphia Orchestra leitete, hat den bemerkenswerten Satz überliefert: »Diese beiden Geiger müssen miteinander verwandt sein. Sie haben beide das gleiche Lächeln.« Über diese Kollegialität hinaus bestehen unter den großen Geigern der Welt, die in diesem Buch abgehandelt werden, ohnehin offene und geheimnisvolle Affinitäten: Jascha Heifetz beispielsweise, der als unnahbar und ungesellig denunzierte König der Geiger dieses Jahrhunderts, überraschte seine Kollegen, als er an Fritz Kreislers 70. Geburtstag eine herrliche Komikerrolle übernahm; Kreisler wiederum saß in der Jury beim Brüsseler Wettbewerb 1937, bei dem Oistrach den ersten Preis erhielt; Oistrach, 1955 erstmals nach New York zu Konzerten gekommen, spielte jene kulturhistorisch wichtige Aufnahme gemeinsam mit Stern ein; Stern war einer derjenigen, die zum 100. Geburtstag Bronisław Hubermans 1982 das große Fest der Geigerkönige organisierten, und Adolf Busch schließlich, der legendäre deutsche Kammermusiker, trat als erster Solist im ersten Konzert des von Huberman ins Leben gerufenen Palestine Symphony Orchestra auf, das wir heute unter dem Namen Israel Philharmonic kennen – ein Orchester, in dem Heifetz jahrelang als Solist nach dem vergangenen Krieg aufgetreten ist.

Stern, der große international gefeierte Musiker, gilt, und das mag dem Etikett seines Weltbürgertums zunächst widersprechen, als der »amerikanischste« Geiger der Gegenwart, eine eher äußerliche Kennzeichnung, die besagen soll, daß Stern seine musikalische Ausbildung ausschließlich in den Vereinigten Staaten erhielt. Geboren ist er freilich in Rußland und stammt aus einer jüdischen Familie wie seine älteren Kollegen Heifetz, Milstein, Menuhin und andere. Im Jahre 1920 (am 21. Juli in Kremenez in der Ukraine) zur Welt gekommen, steht Stern inzwischen im Pensionierungsalter; und die deutschen Musikfreunde können es nur bedauern, daß er sich bis heute nicht dazu hat entschließen können, auch in Deutschland aufzutreten. Er hat unsere, die deutsche Vergangenheit – wie er es selbst formulierte – »bis heute nicht in seinem Inneren bewältigen können«. Wer Stern heute hören will, muß in Straßburg oder Luzern, in Basel oder Paris sein Glück versuchen.

Obwohl in der amerikanischen Welt musikalisch großgeworden, ist ein so international interessierter Musiker wie Stern kaum ein zweites Mal denkbar. Für die Musik unserer Zeit hat er sich von jeher tatkräftig eingesetzt, und die großen Konzerte von Strawinsky und Bartók und Prokofjew nehmen in seinem Repertoire einen ebenso festen Platz ein wie die Standardwerke der Klassik und Romantik. »Ich liebe«, hat er einmal zu Jean Améry gesagt, »jede Musik, auch die moderne, weil sie uns Heutigen etwas zu sagen hat, aber ich werde auch der alten Schlachtrösser wie Mendelssohn und Tschaikowski ebensowenig müde wie das Publikum.« Natürlich hat Stern im Laufe seines Künstlerlebens sämtliche Konzerte der klassischen und romantischen Standardliteratur auf Schallplatten eingespielt; er hat viele Jahre lang Trio gespielt; er hat die orientalische Musik erforscht und mit einigen empfindsamen Wiedererweckungen eigenhändig zu ihrer Verbreitung beigetragen; er hat sich als weltweit gesuchter Pädagoge und Protektor junger Talente immer wieder hergegeben und diese pädagogische Funktion auch mit Freude ausgeführt; er ist von ungebremster Schaffenskraft.

Zu den in unserer Zeit auf Platten eingespielten Werken dieses Jahrhunderts gehören Sterns Interpretationen der Konzerte und Sonaten von Bartók, ferner die häufiger zu hörenden beiden Konzerte von Prokofjew. Es gibt da eine frühe Einspielung unter Dimitri Mitropoulos und eine weitere unter Leonard Bernstein, seit neuestem zwei weitere mit den New Yorker Philharmonikern unter Zubin Mehta. Sensibilität und Sinnlichkeit, zwei Eigenschaften, die man in wohl jeder Platte – erst recht in jedem Konzert – aus Sterns Spiel heraushören kann, kommen hier besonders deutlich zur Geltung: makellos, saftig, aber niemals grob in unkontrolliert auftrumpfende Gebärden ausartend; mit einer symphonisch eingestimmten Vorstellung von dieser virtuosen, aber nie dem Virtuosenschaueffekt oder Selbstzweck dienenden Musik geht Stern da zu Werk. Das Blühen seines Geigentons geht nicht unter, verschmilzt aber mit dem üppigen, spätromantisch verfremdeten Orchesterklang Prokofjews. Kein Solistenstückchen wird hier vordergründig zur Schau gestellt; Sterns geigerische Noblesse nimmt sich hier zwar Zeit, aber es entstehen eigentlich Orchesterkonzerte mit Violine – breit musiziert. Es

Nathan Milstein, David Oistrach, Isaac Stern, Eugene Ormandy und Sol Hurok

ist eigentümlich, daß fast auf die Sekunde gleich rasch die zur gleichen Zeit aufgenommenen Platten derselben Stücke durch den mit Stern sehr befreundeten jungen israelischen Geiger Shlomo Mintz eingespielt wurden.

Stern ist im eigentlichen Sinne kein Wunderkind gewesen; seine Laufbahn war keine jäh zum Himmel auflodernde Flamme. Stern ist, auch in dieser Hinsicht eher Amerikaner, in seiner geigerischen Ausbildung ein Selfmademan. Als Einjähriger war er mit seinen Eltern nach San Francisco eingewandert; die Mutter hatte in Petersburg eine sängerische Ausbildung genossen, und sie war es wohl, die dem Sohn Isaac die Musikalität vererbte. Er sei, berichtet Stern, wohl hin und wieder in ein Konzert mitgenommen worden, aber weder hätte es ihn hinterher nach einer Geige verlangt, noch hätte er sofort die gerade gehörten Stücke nachgesummt oder gar aufschreiben können. Das Talent zum Wunderkind fehlte ihm. Es gibt eine Geschichte, nach der der kleine Isaac einem Schulkameraden dessen Geige entlieh, nur »so um zu probieren«, und das sei ihm so rasch und so gut gelungen, daß man den Zehnjährigen ins Konservatorium steckte, wo er dann als Halbwüchsiger ein paar Konzerte gab, die zwar wohlwollend, aber eher mit Gleichgültigkeit registriert wurden.

Nach seinem 17. Lebensjahr hat er niemals mehr geregelten Geigenunterricht erhalten. »Für meine Fehler«, hat er bekannt, »bin ich daher auch ganz allein verantwortlich. Es ging mir vielmehr um die Entwicklung einer persönlichen *und* intellektuellen Beziehung zur Musik als Idee, die ja auch eine mögliche Art ist, sein Leben zu gestalten. Ich habe das nicht als eine Karriere, als ein Sprungbrett zu einer solchen aufgefaßt, sondern als einen ständigen Austausch mit Menschen, die sich Gedanken gemacht haben, die Gefühle und Sorgen hegen, und dabei muß man zunächst seine eigene Denkweise, die eigenen Gefühle und Sorgen verstehen lernen.«

Als Stern dann, mit 17 Jahren, den ersten Sprung nach New York wagte, spielte er in der gutbesuchten Town Hall, und zwar Tartinis »Teufelstriller«-Sonate und Glasunows Violinkonzert – mit Klavierbegleitung, versteht sich, wie dies damals dort und auch in Deutschland bis vor dem zweiten Weltkrieg so üblich war, wenn ein armer Klavierdackel dazu verdammt wurde, ein veritables Orchester zu imitieren. Sterns erster New Yorker Auftritt war ein Sprung ins kalte Wasser. Die Aufnahme war eher kühl und gipfelte in dem später berühmt gewordenen Verdikt: »Kalifornien, das Land der Orangen, sandte uns einen neuen Wunderfiedler. Er hat eine dicke G-Saite und sonst nicht viel zu bieten.« Im Jahr darauf, in der Carnegie Hall, war ihm schon eine zünftigere Aufnahme beschert, und nach weiteren Jahren, während des Kriegs 1943, schrieb der sehr einflußreiche Kritiker der »New York Herald Tribune«, Virgil Thomson, den nicht minder berühmt gewordenen Satz über Stern: »One of the world's master fiddle players.«

Seit über 40 Jahren ist Stern seither auf allen internationalen Konzertpodien zu Hause, von denen in Deutschland betrüblicherweise noch immer abgesehen. Wer Stern zum erstenmal aufs Podium treten sieht, mag verblüfft sein ob der fast irritierenden Unscheinbarkeit seines äußeren Habitus; man mag darüber erstaunt, ja enttäuscht sein, daß man bei Stern die Vorstellung vom »romantischen« Künstler, von der vielleicht erwarteten Künstler-»Dämonie«, radikal vergessen muß. Kurzbeinig und untersetzt, in den letzten Jahren sogar etwas füllig geworden, verkörpert er den Typus des gesunden, gradlinigen, vitalen Musikanten, dem der sinnliche Wohlklang vielleicht mehr bedeutet als seine geistige Durchdringung oder künstlerische Botschaft.

Das ist die eine Seite; Stern ist Amerikaner. Améry hat ihn in einem schweizerischen Zeitungsartikel vor 25 Jahren mit folgenden Worten beschrieben: »Stern liebt ein gutes Football- oder Baseball-Spiel. Er interessiert sich für Physik und Kybernetik. Er liebt handfeste Scherze, sogenannte ›practical jokes‹. Er lebt in keinem Turm von Elfenbein oder Weltekel, sondern freut sich am Schrillen des Telephons, führt selbst gern zahllose stundenlange Telephonate mit Freunden und Kollegen, lenkt sich gern bei einem Kartenspielchen ab, ißt gut und gerne (und gerne gut), liebt ein nachbarliches Gespräch im Flugzeug genauso mit einem Handelsreisenden wie die fachmännische und niemals metaphysisch transformierte Unterhaltung mit Berufskollegen.«

Aber es gibt eine andere Seite im Künstlerdasein von Stern – maßgeblich und mitverantwortlich für die künstlerische Ausstrahlung des »master fiddler«. Dem Musiker und Musikschriftsteller Joseph Wechsberg, der Stern ziemlich gut kennt, hat er einmal bekannt: »Das größte Verbrechen besteht darin, Noten zu spielen, statt Musik zu machen. Geige spielen kann man nur, wie man liebt – entweder ganz oder gar nicht... Meine eigentliche Stärke und meine eigentliche Schwäche liegen darin, daß ich beim Spiel unaufhörlich denke. Ich spiele niemals aus dem Instinkt. Das ist gefährlicher, aber auch lohnender. Jeder einzelne Augenblick hat seine Bedeutung. Ohne innere Spannung keine rechte Aufführung, und jeder muß diese Spannung auf seine Art lösen. Der automatische Spieler überwindet alle Schwierigkeiten, indem er zu einer Art Maschine wird. Er macht das manchmal so gut, daß seine Zuhörer gar nichts davon merken. Was mich angeht, so unterliegt der Mechanismus stets dem Diktat des Intellekts. Der denkende Spieler sieht sich ständig von Gefahren umgeben; er sieht mehr als der nichtdenkende Solist. Der automatische Spieler verbirgt sich vor den Gefahren wie in einer Rüstung, doch wenn die Rüstung ihm nicht genau paßt, fängt sie an zu rasseln, und das geht auf Kosten der Musik.«

Ein bemerkenswertes Dokument der eigenen Berufstätigkeit, und daß Wechsberg sie sinngetreu überliefert hat, daran ist nicht zu zweifeln. Bemerkenswert nicht zuletzt darum, weil diese außerordentlich kluge, durchdachte Selbstanalyse im krassen Widerspruch zu stehen scheint zu dem äußeren Erscheinungsbild des Künstlers, von dem sich ein so sensibler Beobachter wie Améry hat leiten, ja verleiten lassen. Hier der behäbige, fast gemütlich wirkende Pykniker Stern, dessen Habitus eher Gelassenheit und Freude am reinen sinnlichen Wohllaut zu verraten scheint, dort der gescheit und sehr bewußt analysierende Künstler, dessen Spiel sich niemals forttreiben läßt, weder von der musikantischen Vitalität noch vom bloßen Mechanismus technischer Vollkommenheit. Scheint es da noch rätselhaft, wenn ein solcher Mensch durch sein Spiel nicht nur akustisch zu beglücken versteht, sondern auch musikalisch zu fesseln vermag? Es steht dazu nicht im Widerspruch, wenn man von einer etwas burschikos wirkenden Äußerung erfährt: er präpariere sich für den Vortrag einer Bachschen Solosonate, »wie ein Preisboxer für die Weltmeisterschaft trainiert«.

Man kann die verschiedensten Interpretationen Sterns von den großen Violinkonzerten der Standardliteratur auflegen, um die spezifischen Merkmale seines Spiels zu überprüfen, diese merkwürdige Mischung aus vollblütig und sinnlich wirkender Musikantennatur und dem hochsensiblen, die geistige Substanz durchdringenden Künstler mit dem stets wach bleibenden Intellekt. Es gibt eine beeindruckende Einspielung des Beethoven-Konzerts unter Bernstein mit den New Yorker Philharmonikern – geigerisch durchaus temperamentvoll (wenn auch nicht ganz so pathetisch wie die von Huberman) und vielleicht nicht so apollinischheiter entrückt wie jene von Heifetz, aber doch den Beethovenschen Text ins Nobel-Dramatische rückend.

Mit einer ähnlich überredenden wie überzeugenden, fast bardenhaften Erzählkunst begegnet uns Stern im langsamen Satz des zweiten Violinkonzerts von Bartók (diese Aufnahme, auch unter Bernstein, ist vor mehr als zwei Jahrzehnten entstanden). Stern als Deklamator, als Erzähler, als jemand, der – ich möchte fast sagen – beinahe »zufällig« seine künstlerische Botschaft auf seiner Violine überbringt. Vielleicht könnte er es auch in Form eines Gedichts tun, einer emphatisch-leisen Deklamation, einer tänzerischen Geste. Das soll heißen: Stern entwickelt hier eine Art der musikalischen Artikulation, die genau dahin zurückführt, wo wir ihn haben bekennen hören: Musik als Austausch von Gedanken, von

Beispiel 10
Aus: Bartók, Violinkonzert Nr. 2 Sz 117, 2. Satz

Bartóks Notierung ist, im Vergleich zur Violinsonate (s. Notenbeispiel 7, S. 155) anderthalb Jahrzehnte später, sehr viel einfacher geworden. Isaac Stern musiziert den Beginn des langsamen Satzes ganz frei im Erzählton, scheinbar improvisierend, und doch ohne unziemliches Rubato. »Das größte Verbrechen«, hat Stern bekannt, »ist, Noten zu spielen, anstatt Musik zu machen.«

Gefühlen, von Sorgen, von Freuden. Wer so weit gekommen ist, über sein Instrument hinauszublicken (und der es freilich perfekt beherrschen muß), darf sich getrost zu den »master fiddlers«, ja zu den »master musicians« zählen.

Es verblüfft immer wieder zu hören, wie viele verschiedene, vermeintlich kaum zu vereinende Facetten sein künstlerischer Charakter zusammenbindet: der herzlich-joviale Mensch, der gern ins Kino geht und sich mit Vorliebe zünftige Western ansieht, der sich aber in der Gesellschaft von Wissenschaftlern besonders wohl fühlt und der jahrelang mit dem amerikanischen Atomforscher Leo Szilard freundschaftlichen Umgang pflegte und sich selbst auf diesem Gebiet verblüffende Kenntnisse aneignete. Über seinen einstigen Lehrer Naoum Blinder, der ihn (als einziger Pädagoge von einflußreicher Kraft) acht Jahre lang unterrichtete, weiß Stern zu berichten, daß sie im Unterricht oft gar nicht über Fingersätze oder Intonation gesprochen hätten, sondern über rein künstlerische Fragen. Vielleicht hat diese Form des Pädagogiums dazu beigetragen, daß Stern immer stärker ein intellektuelles Vermögen entwickelte, sich jenseits aller rein geigerisch-technischen Exerzitien auch geistig mit einem neuen Werk auseinanderzusetzen. Das läßt sich an Strawinskys Violinkonzert feststellen: Stern war, vor vielen Jahren, Gast beim Casals-Festival in Puerto Rico gewesen, wo die Tage mit vielen Proben, die Abende mit ebenso zahlreichen Konzerten ausgefüllt waren. Stern studierte die Strawinsky-Partitur in der völligen Abgeschiedenheit der Nächte, und als er 15 Stunden auf das Studium des Werkes verwandt hatte, flog er in die Vereinigten Staaten zurück, wo ihn das Columbia Orchestra und der Komponist zur Einspielung des Konzerts erwarteten – eine Aufnahme, die – neben der mehrfach preisgekrönten Oistrach-Einspielung – inzwischen als ein Klassiker moderner Interpretationskunst gilt.

Zum Bild des 65jährigen Stern gehört allerdings nicht nur der naheliegende Hinweis auf seine vielseitigen Aktivitäten als solistisch tätiger Geiger, dessen Vitalität selbst fleißige Kollegen schier schwindeln macht. Bis zu 150 Konzerte im Jahr sind für ihn beinahe die Regel, und Harold Schonbergs Ausspruch, Stern sei ein »Dynamo mit Violine«, scheint daher kaum übertrieben. Er schließt auch den voller Dynamik tätigen Pädagogen, den rastlosen Lehrer bei den Meadow-Brooks-Kursen und im Jerusalemer Music Center ein, den tatkräftigen Kulturpolitiker, der sich dem drohenden Abriß der New Yorker Carnegie Hall, des traditionsreichen Konzerthauses, widersetzte, aber auch den Vorsitzenden der American-Israel Cultural Foundation, der sich nicht scheute, der UNESCO öffentlich den Rücken zu kehren, solange diese Weltorganisation ihre zweideutige Israelpolitik nicht revidiere. Daneben ist Stern auch in Hollywood-Filmen aufgetreten und musizierte jahrelang mit dem Cellisten Leonard Rose und dem Pianisten Eugene Istomin in einer auch durch viele Schallplattenaufnahmen berühmt gewordenen Kammermusikvereinigung. Mit Pablo Casals hat er in Prades und Puerto Rico sich hören lassen, hat mit David Oistrach und mit jüngeren Kollegen wie Pinchas Zukerman Konzerte gegeben und Platten eingespielt. Dabei erkundet er immer wieder unerschlossene Pfade außerhalb der

Isaac Stern

ausgetretenen Konzertprogramme und erweitert sein Repertoire ständig. Alles das gehört zum Erscheinungsbild des »geigenden Dynamos«.

Bei alledem ist noch gar nicht seine vielseitige Betätigung als Dirigent erwähnt, der sicher und stilsicher sowohl als Orchesterleiter wie auch als dirigierender Solist hervortritt. Eine der frühesten Aufnahmen, die von dieser Tätigkeit zeugen, ist die Einspielung von Mozarts Sinfonia concertante, gemeinsam mit Walter Trampler, dem eminenten Bratscher, der – ein vor dem Krieg im deutschen Strub-Quartett spielender Kammermusiker – aus freien Stücken in die Vereinigten Staaten emigrierte und dort eine fabelhafte Karriere als solistischer Violaspieler begann.

Solange Stern in deutschen Konzertsälen nicht zu hören ist, bleiben die hiesigen Musikfreunde auf seine Schallplatten angewiesen. Empfehlenswert sind sie im Grunde alle – ob es die Standardwerke von Brahms oder Bruch oder Mendelssohn sind oder seine qualitätvollen Darbietungen der geigerisch virtuosen Stücke von Lalo, Wieniawski oder Sarasate. Für die Freunde der Musik unseres Jahrhunderts werden seine Interpretationen des Strawinsky- und des Alban-Berg-Konzerts maßstabsetzende, unentbehrliche Einspielungen geworden sein. Schuberts Es-Dur-Trio und dessen Streichquintett (mit Casals am ersten Cellopult) sind zwei von ungezählten Beispielen kammermusikalischer Aktivität. Und natürlich die Konzerte von Mozart.

Über Sterns Abstinenz von Konzertsälen in Deutschland mag rechten, wer will; sie ist nicht von Logik bestimmt (denn in seinen Konzerten sind ihm deutsche Zuhörer stets willkommen), sondern von einem Gefühl gewollter innerer Distanzierung, das man beklagen, jedoch in jedem Fall respektieren wird. Sind doch zahlreiche Mitglieder seiner Familie dem nazistischen Rassenwahn zum Opfer gefallen. Es handelt sich also gewiß nicht um eine politisch verbrämte Künstlercaprice, eine Laune oder einen Akt der Willkür, sondern es entspringt einer moralischen Grundhaltung, an deren Konsequenz Stern inzwischen selbst leiden mag. Dafür gibt es zu viele Zeugen, die Sterns außerordentliche Bescheidenheit und seine selbstkritische, liebenswürdige Haltung rühmen. Das macht eine Bemerkung deutlich, mit der er schon vor Jahren einem deutschen Journalisten gegenüber die Motive seines Deutschland-Boykotts offenbarte: »Sagen Sie Ihrer Generation«, ließ er wissen, »Menschen, die in einem Land leben, das so herrliche Komponisten hervorgebracht hat, haben viel mehr davon, wenn sie sich mit deren Werken beschäftigen. Daneben wird die Tatsache eigentlich recht unwichtig, daß ein Mann nicht in ihr Land kommt, der vielleicht ganz gut Geige spielt.«

Auch von dem Pädagogen Stern wäre noch zu berichten, zudem von dem Weltbürger, dem Filmemacher, dem Israelfreund, dem Kulturpolitiker und von seinen weiteren Aktivitäten, was dazu geführt hat, daß man, beispielsweise in New York, Stern bisweilen vorgeworfen hat, er übe dort einen so mächtigen Einfluß aus, daß andere Geiger, wenn sie ihm nicht genehm oder nicht geheuer seien, gegen sein Veto (und schließlich ist er auch Präsident der Carnegie-Hall-Gesellschaft, Herrscher über jene Halle, die noch immer der beste und begehrteste Konzertsaal der Zehnmillionenstadt ist) gar keine Chance dort hätten. Das ist

schwer nachprüfbar, auch wenn es begabte Geiger gibt, die darüber
Klage führen, selbst wenn damit die rückhaltlose Bewunderung für den
Künstler Stern verknüpft bleibt.

Obwohl er seinen Wohnsitz in New York hat, fühlt sich Stern vor
allem in Israel zu Hause. Hier konzertiert er häufig, sagte während des
Jom-Kippur-Kriegs Gastspiele in aller Welt ab, um nach Israel fliegen
und dort für die Truppen konzertieren zu können. Er ist der Spiritus
rector des Music Center in Jerusalem – einer Musikschule mit Hoch-
schulcharakter, die es sich leisten kann, die begabtesten Israeli (und solche, die – aus Osteuropa kommend – dort gerade seßhaft werden wollen)
auszusuchen und ihnen eine solide musikalische Grundausbildung zu

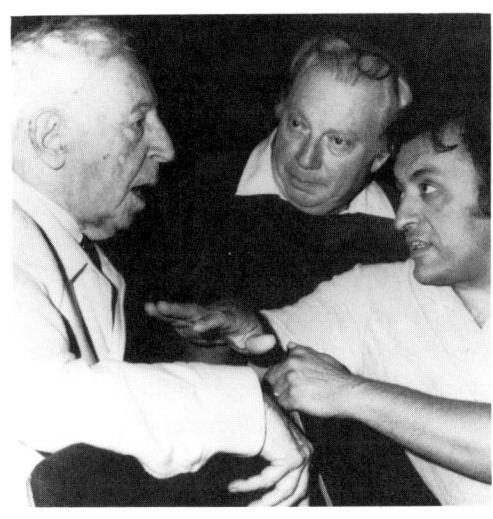

Arthur Rubinstein,
Isaac Stern und
Zubin Mehta,
Tel Aviv 1977

geben. Eine ganze Reihe inzwischen weltberühmt gewordener Geiger ist
hier großgeworden: Zukerman, Perlman, Mintz und Miriam Fried sind
unter ihnen, und immer wieder hören wir von jungen Talenten, die in
Israel den Grundstock zu einer Karriere gelegt haben, die dann nach
einer Weiterbildung an einem der großen amerikanischen Institute, an
der New Yorker Juilliard School, am Curtis Institute in Philadelphia
oder an der Music School in Bloomington, zur vollen, endgültigen Entfaltung kam.

Auch am Jerusalemer Music Center ist Stern der treibende »Dynamo«. Gastdozenten haben hier regelmäßig oder sporadisch die Weltelite
von morgen unterrichtet: Gina Bachauer, die unvergessene Pianistin, der

greise Casals, William Steinberg, Stern selbst, sein Kollege Alexander Schneider vom Budapester Streichquartett; auch der Gründer dieses eminenten Ensembles, der Ungar Emil Hauser, der nach langer Tätigkeit bei Juilliard nach Jerusalem »heimkehrte« und dort hochbetagt starb. Von vielen dieser pädagogischen Tätigkeiten gibt es im Center Filmaufzeichnungen, die einen lebendigen Eindruck vermitteln von der Energie, von der fachlichen Qualifikation und von der Sympathie, mit der Stern und seine Kollegen dort den Elitenachwuchs von morgen und übermorgen fördern und formen. Auch die sogenannte Huberman-Woche 1982 zu Ehren des 100. Geburtstags des großen Geigers, dem Israel die Existenz seines Philharmonic Orchestra verdankt, wäre ohne Sterns treibende Kraft nicht möglich gewesen. Die Geigerkönige, die dort auftraten, waren fraglos seine Favoriten, und weltreisende Virtuosen wie Ida Haendel, Ivry Gitlis, Shlomo Mintz, Itzhak Perlman, Henryk Szeryng, Isaac Stern und Pinchas Zukerman für eine ganze Woche im Tel Aviver Mann-Auditorium zu gemeinsamem Musizieren zusammenzuholen, war gewiß ein besonderes Kunststück kniffliger Terminabsprachen. Sterns kritischer Kollege Menuhin, der bekanntlich schon kurz nach dem Krieg seinen Frieden mit den Deutschen gemacht hatte und sich damit die Gegnerschaft von Stern und Heifetz, Horowitz, Rubinstein und Toscanini zuzog, spielte in der Huberman-Saison ein eigenes Konzert und probte während der Festwoche im Dezember mit den Berliner Philharmonikern. Ein deutsch-jüdisches Kuriosum: Von dieser Festwoche schnitt die Deutsche Grammophon alle Proben und Aufführungen mit, und Sterns Spiel ist, gemeinsam mit Mintz, mit Bachs Doppelkonzert in einer unter deutschem Etikett produzierten Kassette dokumentiert.

Über alle diese eher privaten Initiativen hinaus fungiert Stern aber auch zuweilen in offizieller Mission; er war zeitweilig Mitglied des National Council of the Arts, in den er vom amerikanischen Präsidenten Lyndon B. Johnson berufen wurde. Daneben ist er Vorstandsmitglied der amerikanisch-israelischen Kulturstiftung und wandte sich vor mehreren Jahren gemeinsam mit Bernstein mit einer imponierenden Unterschriftsliste gegen jene UNESCO-Resolution, deren Vollversammlung den Staat Israel von der regionalen Arbeit der UNESCO in Europa ausgeschlossen und dem jüdischen Staat die Zuschüsse für kulturelle Projekte gestrichen hatte. »Wenn Israel aus der Kulturgemeinschaft der Welt ausgeschlossen wird«, so hieß es in ihrem Protest, »ist dies nur ein Schritt zu seiner physischen Ausschaltung.«

Dennoch darf man sich Stern nicht als eine verspätete Art kalter Krieger vorstellen, eher im Gegenteil. Er war es, der bereits in den fünfziger Jahren als erster amerikanischer Geiger eine lange Tournee durch die Sowjetunion absolvierte, nachdem Menuhin kurz nach dem Krieg für wenige Tage Moskau besucht hatte. Stern ist auch einer der ersten gewesen, die Rotchina bereisten, was für den Durchschnittsamerikaner jahrelang eine fast absurde Zumutung schien. Sein Film »Von Mao zu Mozart« war zwar nicht sein erster filmischer Erfolg (er hat in Hollywood bei einigen Geigerfilmen musikalisch und auch darstellerisch mitgewirkt), aber wohl der spektakulärste und kulturpolitisch wichtigste. Im Sommer 1979 reiste er – die Kulturrevolution lag also noch gar nicht so lange zurück – mit Kameraleuten, dem Regisseur Murray Lerner und einer Entourage von allerlei pittoresken Figuren der Kulturindustrie durch das Land der Mitte, weniger seiner verschiedenen Konzertauftritte halber denn als Beobachter der chinesischen Musikerziehung und als halboffizieller Kurier und Lehrer der westlichen klassischen Musik.

Eindringlich erlebbar macht dieser Film vor allem zweierlei: einmal die Herzlichkeit und die Spontaneität und der bei dem fremden Volk schier Begeisterung erweckende pädagogische Eros des großen Künstlers; sodann jene chinesischen Gesichter, vor allem die der musikalisch hochbegabten Kinder, in denen sich Freude am Lernen, an der westlichen Musik widerspiegelt. »Von Mao bis Mozart« heißt auch: Aus den eingepaukten Kenntnissen dieser Kinder über Bach, Beethoven oder Mozart wird oft blitzartig – durch Sterns Worte und durch das musikalische Beispielgeben auf der Geige und durch spontanes Singen – lebendige Aneignung und Verstehen: »Ja, so müßt ihr es machen, wunderbar!« Der Künstler ist (wie schon in den Aufzeichnungen seiner Jerusalemer Unterrichtsstunden) ein wahrer Ausbund an herzlicher Güte, an Humor, an überlegener, doch nie überheblich eingesetzter Kenntnis, an Wandlungsfähigkeit und pädagogischer Schläue.

Zionist und Kulturpolitiker, Festspielorganisator und reisender Pädagoge, Dirigent und Musikbotschafter – ein »Dynamo« von seltener Vielseitigkeit und Präsenz, über den man den geigenden Künstler fast aus den Augen und Ohren zu verlieren droht. Auch hier besticht die Vielheit seiner Interessen: Ungestillt ist seine Neugier aufs Neue, und als der polnische Komponist Krzystof Penderecki 1976 sein neues Violinkonzert mit dem Solisten Isaac Stern uraufführen ließ, waren Erwartung und nachfolgende Enttäuschung gleich groß. Als Abkehr von der bisherigen kompromißlosen Haltung des Komponisten wurde es kritisch begutachtet, ja als modern aufgezäumte romantische Stimmungsmusik denunziert, und daß ein Musiker wie Stern es überall aufführte, sogar eine Platte davon einspielte, wollte manchem Musica-viva-Fan nicht einleuchten. Das 40-Minuten-Werk steht denn auch deutlich in einer eigenwillig verstandenen und klangmächtig fortgeführten Tradition der großen Konzerte der Romantik, und das mag Stern gereizt haben.

Ein sehr viel intimeres Beispiel seiner geigerischen Kunst vermittelt eine »Farewell«-Platte, die er Anfang der achtziger Jahre mit seinem langjährigen Partner Alexander Zakin einspielte, nachdem er mit ihm jahrzehntelang die Welt bereits hatte. So gibt es Platteneinspielungen mit beiden Künstlern, die mehr als 30 Jahre auseinanderliegen. Stern hat niemals (wie andere Geiger) für bestimmte ausgewählte Werke besonders hochklassige Pianisten herangezogen und für das landläufige Virtuosenmaterial schlichte Begleiternaturen, sondern stets seinen Freund Zakin. Mit ihm hat er Bartók- und Brahms-Sonaten eingespielt wie auch jene kleinen Genrestückchen, mit denen er seine Violinabende wie mit einem Dessert abzurunden pflegt. Als Abschiedsalbum – Zakin hat sich inzwischen ganz aus dem Konzertleben zurückgezogen – haben sie nochmals ein Melodienbukett zusammengestellt: kürzere Stücke von Enescu, Brahms, Schumann und anderen, darunter auch zwei »Romantische Stücke« von Dvořák. Vermeintlich nur simple Melodien, gewiß. Wer sich jedoch eine gewisse Hörnaivität bewahrt hat, wird sich beglückt wundern über die natürliche Einfachheit, mit der ein Geiger wie Stern hier zu interpretieren versteht: mit ruhiger Intensität, mit geschmackssicherer Grazie, mit bescheiden auftretender Überredungskunst – ein Geiger, der das vermeintlich Simple mit Geschmack und noch immer fabelhafter geigerischer Eloquenz zu formen versteht. Auch als unsteter Weltbürger, der im siebten Lebensjahrzehnt steht, hat er die schwere Kunst des Einfachen, des Intimen nicht verlernt.

Die mittlere Generation

Henryk Szeryng, Arthur Grumiaux, Leonid Kogan und Ivry Gitlis

Die Häufung von herausragenden Talenten innerhalb eines kurzen oder begrenzten Zeitraums gibt stets neuen Anlaß zur Verwunderung. Mag es Zufall oder Mode gewesen sein: im ersten Jahrzehnt dieses Jahrhunderts war es beispielsweise besonders signifikant, daß in Berlin, dem damaligen Zentrum der europäischen Musikwelt, nacheinander mehrere junge Geiger verschiedenen Alters und verschiedener Herkunft, wohl mit dem gemeinsamen Anspruch, hier internationale Karriere zu machen, sich erstmals dem Publikum vorstellten: Fritz Kreisler, wiewohl inzwischen ein erwachsener Musiker, der im Begriff war, seine zweite Geigerkarriere zu beginnen, erschien um die Jahrhundertwende. Ihm folgten Eugène Ysaye und Jacques Thibaud, die in der deutschen Hauptstadt ihre Visitenkarte abgaben, wobei ein Auftritt unter Arthur Nikisch mit den Berliner Philharmonikern als eine Art Ritterschlag galt. Der kleine Mischa Elman tauchte 1904 erstmals in Berlin auf, und Carl Flesch, längst dem Kindesalter entwachsen, spielte zwei Jahre darauf erstmals in der Philharmonie. Bald nach ihm debütierte Bronisław Huberman, der den musikalischen Ritterschlag noch in Wien durch Johannes Brahms persönlich empfangen hatte, 1905 Joseph Szigeti sowie das elfjährige Wunderkind Jascha Heifetz. Von da an sollte es wieder fast ein Jahrzehnt dauern, bis eine neue Generation sich in den Jahren 1918 bis 1922 in der neuen deutschen Republik präsentieren und etablieren sollte.

Nun ist es eigentümlich, daß während des Jahrzehnts nach dem ersten Weltkrieg ein gutes Dutzend Geigerbegabungen geboren wurde, deren Nachruhm bis heute lebendig geblieben ist. Daß diese Geigerbegabungen in aller Herren Länder zur Welt kamen – in Polen oder Amerika, in Rußland, Frankreich oder Israel –, macht diese Häufung nicht weniger bemerkenswert. Auffallend ist allenfalls, daß keines dieser rund zwölf Talente aus Mitteleuropa, also im weiteren Sinne aus dem deutschen Sprach- oder Kulturraum, gekommen ist. Dieses Gebiet, angeblich jahrzehntelang Wiege, zumindest Ausbildungsstätte vieler Begabungen, fällt für die fast 30 Jahre von 1915 (als Wolfgang Schneiderhan in Wien geboren wurde) bis 1942 (als in Kitzingen Ulf Hoelscher zur Welt kam) als Geburtsland für international tätige Geiger weitgehend aus. Der von den Nazis erzwungene Exodus aller nicht »arischen« Künstler sowie die Dezimierung durch den zweiten Weltkrieg und die mangelnden Ausbildungschancen danach markieren auf dem Gebiet des Hochleistungsspiels auf der Geige deutsches Niemandsland. Die Siegerlisten bei den großen Wettbewerben von Brüssel und Moskau, Warschau und Genua und anderswo kommen seit Jahrzehnten ohne deutschen Namen aus.

Um so bemerkenswerter erscheint jene Häufung zwischen den Jahren 1919 und 1929. Den Anfang machen – beide sind Jahrgang 1919 – Ginette Neveu und Guila Bustabo, die amerikanische Geigerin, die in den dreißiger Jahren in Mitteleuropa, auch in Berlin, viel konzertierte. Zehn weitere Namen finden wir in diesem Zeitraum: Isaac Stern wurde 1920 geboren; im selben Jahr der exzellente, vor allem technisch verblüffende Wundergeiger Ruggiero Ricci, der – wie Yehudi Menuhin – von Louis Persinger ausgebildet wurde und vor allem in den Vereinigten Staaten bis in die siebziger Jahre Karriere machte. Als frühreifes Talent hatte er sich noch in Berlin einem ebenso verblüfften wie entzückten Publikum präsentiert. Im Jahr darauf werden Arthur Grumiaux und Henryk Szeryng geboren. Ida Haendel, Johanna Martzy, die ungarische Jenő-Hubay-Schülerin, die in den fünfziger Jahren Aufsehen erregte (in Berlin musizierte sie hervorragend das Dvořák-Konzert), und Leonid Kogan sind Jahrgang 1924. Der in Paris lebende Israeli Ivry Gitlis kommt 1927 in Haifa zur Welt, zwei Jahre später der Tscheche Josef Suk sowie die Polin Wanda Wiłkomirska, die seit einigen Jahren in die Bundesrepublik übergesiedelt ist.

Diese zwölf ganz unterschiedlichen Talente, innerhalb eines kurzen Jahrzehnts geboren, unter einem geigerisch-technischen oder musikalischem Rubrum zusammenfassen zu wollen wäre müßig. Dem Weltbürger Isaac Stern und den Geigerinnen Ginette Neveu und Ida Haendel sind eigene Darstellungen gewidmet; um ihre Kolleginnen Guila Bustabo und Wanda Wiłkomirska ist es ruhig geworden, während Ruggiero Riccis Karriere ziemlich weit von deutschen Konzertsälen entfernt sich abgespielt hat. Leonid Kogan, Arthur Grumiaux und Johanna Martzy sind gestorben – unvergessen und lebendig geblieben durch eine Reihe bedeutender Schallplatteneinspielungen; Josef Suk und Ivry Gitlis konzertieren seit Jahren vor allem in Europa.

Henryk Szeryng übertrifft sie alle womöglich noch an Vielseitigkeit der Engagements und des internationalen Radius. Während über sein Geburtsjahr die Quellen divergieren (ob am 22. September 1918 oder 1921, ist im Grunde unerheblich), herrscht über den Geburtsort, Zelazowa-Wola bei Warschau, wo auch Frédéric Chopin zur Welt kam, Einigung. In jeder Szeryng-Vita steht auch zu lesen, daß der Künstler sieben oder acht Sprachen fließend spreche und mit einem Diplomatenpaß reist. Er ist nämlich als mexikanischer »Kulturbotschafter« angestellt, der, im Dienste der humanistischen versöhnenden Völkerverständigung tätig, für seine Verdienste mit allerlei Orden und Ehrenzeichen dekoriert wurde. Der Beilagetext zu seiner großen Kassette von Konzerteinspielungen widmet der Aufzählung dieser Ordensparade nicht weniger als 58 Zeilen! Und wer Szeryng vor einigen Jahren sein 50jähriges Konzertjubiläum hat zelebrieren hören, muß sich wundern, daß dieser phänomenale Geiger und profunde Musiker, dieser seiner diplomatischen Tätigkeit verschriebene Musikbotschafter einen so überwältigenden Mangel an Bescheidenheit demonstriert. Wenn Szeryngs Könnerschaft ohne diesen erstaunlichen Mangel an Zurückhaltung auskommen könnte, würde sein Publikum sicherlich noch unbefangener jubeln.

Szeryngs Elternhaus, das großbürgerliche Heim eines Industriellen, war geeignet, musikalische und geistige Bildung als etwas Selbstverständliches erscheinen zu lassen. Und so war es nur natürlich, daß der fünfjährige Knabe das Klavierspiel erlernte, das er dann aber mit den ersten Versuchen auf der Geige seines Bruders vertauschte. Das Talent muß rasch evident geworden sein: Der ehemalige Petersburger Auer-Assistent Moritz Frenkel nahm ihn unter seine Fittiche und vermittelte ihm das, was man mit »russische Schule« bezeichnet – aus ihr erwuchsen bekanntlich die Riesentalente Heifetz, Elman, Milstein und viele andere. Bronisław Huberman hat den jungen Henryk offenbar durch Ratschläge und Interpretationshinweise in seinem Entschluß bestärkt, die musikalische Ausbildung fortzusetzen. Mit gerade sieben Jahren meisterte er das Mendelssohn-Konzert und wurde fortan zu dem berühmtesten Geigenlehrer jener Zeit, zum gestrengen Carl Flesch nach Baden-Baden, in die weitere Lehre geschickt. Nach drei Jahren konzertierte der frühreife Knabe dann in Bukarest, Wien und Paris. Dort wechselte der Geiger das Metier und wurde Kompositionsschüler von Nadia Boulanger, »deren Einfluß auch heute noch in meinem Leben sehr wichtig geblieben ist«. Szeryng hat in seinem Gespräch mit Robert C. Bachmann bereitwillig alle Meister aufgezählt, bei denen er viel gelernt hat oder die »nur meine Freunde waren«: Enescu und Thibaud werden ihn, wie weiland schon den jungen Menuhin, väterlich beeinflußt haben.

Mit 16 Jahren spielte er unter Bruno Walter das Beethoven-Konzert in Warschau und gewann in Paris den ersten Konservatoriums-Preis – eine begehrte Trophäe, die Szeryngs Mitschülerin bei Flesch, die etwas ältere Ginette Neveu, bereits mit elf Jahren sich erspielt hatte. Aber trotz dieser Erfolge verwandte Szeryng fortan weitaus mehr Zeit auf das Studium der Sprachen und Geisteswissenschaften und kam bei Ausbruch des zweiten Weltkriegs, der seine Rückkehr in die polnische Heimat unmöglich machte, nach London. Dort fungierte er als Dolmetscher der polnischen Exilregierung des Generals Władysław Eugeniusz Sikorski, den er 1942 nach Mexiko begleitete, um hier eine Heimstatt für polnische Flüchtlinge zu schaffen. Bevor er 1945 dorthin, in seine zweite Heimat, zurückkehren sollte, konzertierte er während der Kriegsjahre für das Rote Kreuz und andere Hilfsorganisationen in rund 300 Konzerten in aller Welt.

Mexiko blieb für ihn beinahe zehn Jahre lang neuerworbene Heimat und beruflicher Mittelpunkt als Musikprofessor an der dortigen Nationaluniversität. Das turbulente internationale Leben schien für den jungen Professor in ruhige Bahnen gelenkt. Und nun geschah das tatsächlich Unglaubliche: Der Pianist Arthur Rubinstein, anläßlich eines Konzertabends in Mexiko City, lernt den polnischen Landsmann Szeryng kennen und musiziert mit ihm. Das Resultat: der berühmte Klavierspieler bietet dem (relativ) unbekannten Geiger gemeinsame Schallplattenaufnahmen an und überredet ihn zugleich zu einer Tournee durch die Vereinigten Staaten! Im Jahr 1958 ist dieser Plan realisiert; der Impresario Sol Hurok katapultiert den polnisch-mexikanischen Geiger, der bald 40 Jahre alt wird, in eine beispiellose internationale Karriere.

Das Repertoire, das Szeryng innerhalb zweier Jahrzehnte auf dem Podium und im Schallplattenstudio gespielt hat, ist überwältigend. Der geigende Junggeselle, der seinen Wohnsitz sowohl in Mexiko behält als auch an seinen alten in Paris zurückkehrt, will pädagogisch tätig bleiben, ist weiterhin als Musikprofessor ein gesuchter Lehrer begabter Schüler. »Wenn er von ihnen spricht«, zitiert ihn Bachmann, »nennt er sie seine Söhne und Töchter, insgesamt ungefähr 800 in aller Welt.« Der mexikanische Sonderbotschafter ist auch unermüdlich an der kulturpolitischen Front tätig, ruft Studienfonds beim Musikrat der UNESCO ins Leben, verschenkt kostbare Instrumente nach Mexiko und Israel – eine generöse Geste, auf die er selbst immer wieder öffentlich zu sprechen kommt – und animiert Komponisten der Gegenwart (wie Roman Haubenstock-Ramati und Bruno Maderna) zur Komposition von Violinkonzerten.

Die Ausbeute, derer sich jeder Szeryng-Freund bedienen kann, ist bedeutend und läßt keinen Zweifel: Szeryng gehört zu jener Handvoll heute konzertierender Geiger, die einen gewissen immer sehr, sehr hoch

Henryk Szeryng, 1973

angesetzten Standard niemals unterschreiten. Die technischen Fähigkeiten, sowohl was die Intonation als auch die noch immer weiche, kontrollierte Bogenführung anbelangt, sind bedeutend und stets zuverlässig. Szeryngs Tonideal ist eher dem »Schönklang«, aber nicht ausschließlich, verpflichtet. Diese Kennzeichnung verdiente er sich vor allem durch die Gesamteinspielung der Bachschen Solosonaten und -partiten: rhythmisch durchaus beweglich gehaltene Musik, die bei aller musikalisch-geistigen Durchdringung und zusammenfassenden Darstellung nichts dem Klang opfert. Vielmehr atmen manche polyphone Sätze Gelöstheit und Schönheit, wie wir das seither auch von Klanganbetern wie Itzhak Perlman erfahren haben.

Die Sonateneinspielungen in Gemeinschaft mit Rubinstein sind ein kammermusikalisches Vergnügen: Beider Klangideal und beider Interpretationsvorstellungen scheinen völlig übereinzustimmen, wie dies, ein Lebensalter vorher, die Geschwister Hephzibah und Yehudi Menuhin verbunden hat. Hier musizieren nicht zwei individuelle Virtuosen wie weiland Huberman und Friedman oder Heifetz und Moiseiwitsch, sondern Kammermusiker von makellos hohem Format. Keine Enttäuschung war es für die zunächst erstaunte Öffentlichkeit, daß der alte berühmte Herr einen solchen bisher Unbekannten zum Partner nahm. Jedenfalls sind sowohl die Kreutzersonate wie die beiden Brahms-Sonaten A-Dur und d-Moll eine herrliche Demonstration, wie zwei gleichwertige und gleichfühlende Musiker konzertieren.

Wenn Szeryng als Solist mit Orchester auftritt (und die wuchtige Kassette hält ja immerhin »27 große Violinkonzerte« parat), ist es manchmal schwierig, den »Personalstil« des Geigers auszumachen. Technisch zuverlässig bis makellos ist es immer, aber es scheint sich oft eine Art neutraler Schönheit ausbreiten zu wollen, die der deutlich hörbaren Individualität enträt, wenn auch Temperament und intelligente Artikulation sich durchaus einstellen. Ein maliziöser Kritiker bemerkte einmal: »Wenn man zuhört und nichts auszusetzen ist, und auch die Begeisterung bleibt aus, dann ist es sicherlich Szeryng.« Wenn man die erwähnte Kassette immer wieder zu Rate zieht, bleibt man, ich muß es gestehen, etwas ratlos. Vor allem kann man leider keine musikalische »Entwicklung« aus der Wiedergabe der 27 Konzerte ableiten (da die Firma keinerlei Aufnahmedaten mitliefert, was ihr die gelbe Karte eintragen sollte!), es sei denn, man folgerte aus diesem oder jenem Dirigenten (zum Beispiel bei Hans Schmidt-Isserstedt, der das Beethoven-Konzert begleitet), wann die Aufnahme spätestens entstanden sein kann. Wären hier noch das Dvořák-Konzert, das zweite von Paganini und vor allem das von Alban Berg, das Szeryng mit großer Noblesse und ganz bewußt blühender Kantilene musiziert, als »groß« eingestuft worden, wäre die Kassette ein fast komplettes Kompendium des heutigen Repertoires geworden.

Szeryng verleugnet niemals seine polnische Heimat, und die liegt im Osten, im Land des vollen, warmen, blühenden Geigentons. Die Anbetung des Espressivo wird nicht nach strenger Orthodoxie vollzogen, aber bei jeder Passage, jeder melodischen Floskel waltet die Hingabe an die Tonschönheit, wacht der Glaube, daß hier in erster Linie Musik zum Klingen gebracht werden soll. Noch im zerfleischendsten Kampf mit den technischen Finessen eines Paganini-Konzerts versucht Szeryng, dem letzten Triller oder Flageolett Wärme des Ausdrucks zu schenken. Dabei bleibt sein technisches Vermögen beträchtlich, wie man bei Saint-Saëns, Paganini (Nr. 3), Lalo oder Wieniawski (Nr. 2, d-Moll) hören kann. Die sechs Mozart-Konzerte (KV 207, 211, 216, 218, 219, 271 a) mit dem New Philharmonia Orchestra unter Alexander Gibson haben, sehr zu Recht, eine ganze Reihe von Plattentrophäen eingespielt. Beethoven und Brahms musiziert Szeryng eher mit »klassischem« Ebenmaß denn mit rückhaltloser Dramatik oder glitzernder apollinischer Beschwingtheit; für das Schumann-Konzert, das er auch oft im Konzert gespielt hat, setzt er überlegene Sonorität und hörbaren geigerischen Schwung ein, aber die edle Bemühung kann die etwas dumpfe Schönheit des vielleicht nicht zu Unrecht wenig populär gewordenen Stückes nicht endgültig für das Geigerrepertoire retten.

Wie schon in der gewaltigen Oistrach-Plattenedition, die seinerzeit mit gewichtigen Kassetten daherkam, fallen auch bei den Szeryng-Einspielungen die Aufnahmen mit dem russischen Maestro Gennadi Roschdestwenski durch besonders kluges Sekundieren und sehr präsente, dennoch diskrete Behandlung des Orchesterapparats auf. Mit Bernard Haitink und dem Concertgebouw-Orchester entstanden die beiden Bartók-Konzerte – gewiß keine nur freundlich absolvierte Pflichterfüllung für einen vermeintlich vernachlässigten Zeitgenossen, sondern herrliche, warm und selbstverständlich gegeigte Meisterwerke, deren Interpretation gegenüber vielen bisherigen, auch der schon fast »klassisch« gewordenen durch Menuhin und Furtwängler, der Vorzug zu geben ist. Ein »Vermächtnis« ist diese umfängliche Szeryng-Kassette gottlob noch nicht, aber ein in vielen Beispielen imponierendes und beglückendes Geigerporträt.

Will man diesen Künstler kennzeichnen, so ist es sein in jedem Stück zu beobachtendes Maßhalten, gepaart mit stets zuverlässig funktionierendem technischen Apparat und einem ebenso zuverlässig flackernden Temperament. »Ich lasse meine Gedanken durch die Musik forttragen«, hat er einmal bekannt. »Und ich versuche, überhaupt nicht zu denken.« Sein Kollege Isaac Stern, wahrlich kein musikalischer Langweiler, hat dagegen immer wieder beteuert, daß sein Denkapparat niemals, in keiner Sekunde, während des Spiels auf dem Podium aussetze. Ob wohl beide recht haben?

*

Als im Oktober 1986 aus Brüssel die Nachricht vom Tod des belgischen Geigers *Arthur Grumiaux* eintraf, war die Trauer unter den Musikfreunden groß. Und doch mußte man etwas genauer in der Erinnerung forschen, um nicht ausschließlich jenen Musiker in sein Gedächtnis zurückzuholen, der in den letzten Jahren seines Geigerlebens barocke und frühklassische Sonaten musiziert hatte – geschmackvoll, elegant, ein wenig unverbindlich, ein Hausmusiker von exzellenter Qualität. Tatsächlich hat Grumiaux gerade jene Meriten, deren man ihn in seinen früheren Glanzjahren rühmte, in den vielleicht 15 Jahren vor seinem Tode allzu exklusiv Zinsen tragen lassen. Das hat sein Bild ungerechterweise beeinträchtigt, ja eingeschränkt, und man muß weit in die Vergangenheit zurückgehen, um über den mit Könnerschaft und Eleganz musikalisch leuchtende Konversation treibenden Künstler hinaus jenen engagierten Geiger wiederzufinden, der nicht nur Mozart, sondern auch Ravel und Berg, Mendelssohn und Brahms gespielt hat.

Es gab auch bei Grumiaux' frühen Konzerten und Aufnahmen, also während der fünfziger Jahre, keinen Zweifel darüber, daß er jene historische Hypothek, als »Nachfolger Ysayes« ein legitimer Erbe und Vertreter der frankobelgischen Geigenschule zu sein, bereits abgelegt hatte. Da war er längst ein eigenständiger, dem äußeren Schönheitssinn keineswegs aus dem Wege gehender Musiker, für den das Heitere, das Apollinische, Helle den Maßstab setzte für fast alle Werke, die er musizierte. Es gibt aus den frühen fünfziger Jahren, noch unter Eduard van Beinum, eine Aufnahme des Brahms-Konzerts, in der viele Vorzüge (und manche nicht so überzeugende Züge) von Grumiaux' Geigenspiel deutlich werden. Die lastende Schwere, die schwere Dramatik des Kopfsatzes kommen seiner Musizierhaltung nicht so entgegen, und in der Durchführung mit den enormen Intervallsprüngen glaubt man fast ein Zögern zu spüren, diese exzessiven Passagen in Angriff zu nehmen. Wie anders und natürlich wirkend kommen dagegen die umspielenden Partien im langsamen Satz; wie leicht und mühelos, wie gleichsam spannend versteht es da Grumiaux, auf seinem Instrument zu erzählen. Das klug disponierende

216

Zusammenraffen von Phrasen, die natürliche und doch eindringliche Deklamation gemahnen an die frühe Kreisler-Aufnahme, nur kommen die leuchtenden Spitzentöne noch gekonnter, noch blitzender, wozu der Klang des herrlich sensibel begleitenden Concertgebouw-Orchesters beiträgt. Auch im Finale ist es deutlich zu hören: Passagen, die dramatische Wucht verlangen, klingen vergleichsweise verbissen; lockere, umspielende Skalen dagegen durchsichtig, entspannt, gekonnt.

Ich glaube allerdings nicht, daß diese Beobachtungen Grumiaux' geigerisch-technische Fertigkeiten in Frage stellen können oder gar sollen.

Arthur Grumiaux, 1959

Seine musikalische Grundhaltung war eben mehr dem Mühelosen, dem zwar Empfindsamen, aber nicht dem draufgängerischen, bohrenden Espressivo zugewandt, wie dies etwa Leonid Kogan verfolgte. Auch die etwas später eingespielte Platte mit Mendelssohns Konzert kann das bestätigen. Natürlich war Grumiaux ein auch der virtuosen Geste mühelos fähiger Meister auf seinem Instrument. Das lange Zeit verschollen geglaubte vierte Paganini-Konzert, das er 1954 wiederaufführte, gehörte zu seinen geigerischen Glanznummern. Und das mit technischen Hürden ohnegleichen gespickte Konzert von William Walton, das Heifetz 1937 uraufführte, hat Grumiaux nach dem Krieg, auch unter Leitung des Komponisten, oft gespielt.

Seine internationale Karriere begann Grumiaux dank des unseligen Weltkriegs mit erheblicher Verspätung. Am 21. März 1921 in Villers-Perwin im belgischen Hennegau geboren, hatte der junge Künstler mit 18 Jahren das gesamte Rüstzeug erworben, das ihm einen glänzenden Start garantierte, als 1939 der Kriegsausbruch und die deutsche Besetzung ein internationales Konzertieren einschränkten. In Brüssel hatte er das Abschlußdiplom sowohl für die Geige wie auch für das Klavier erworben, aber mit 15 Jahren entschied er sich für die Violine und ging nach Paris, um bei George Enescu (der in jenen Jahren auch für den jungen Menuhin ein Mentor von geradezu magnetischer Anziehungskraft war) seine Studien zu vollenden. Der Vieuxtemps-Preis 1940 war der verdiente Abschluß. Es heißt, daß die Deutschen während der Besatzungszeit den jungen Geiger nach Deutschland, als Konzertmeister an die Dresdner Staatsoper, engagieren wollten, der junge belgische Patriot es aber vorzog, diese Geste künstlerischer Kollaboration abzulehnen und fortan unterzutauchen.

Bei Beendigung des Kriegs, fast unmittelbar den alliierten Truppen folgend, gab Grumiaux zahlreiche Konzerte. Der von England aus mit der Truppenbetreuung eintreffende Plattenproduzent Walter Legge vermittelte ihm bald darauf erste Konzerte in London; gemeinsam mit Artur Schnabel und Pierre Fournier musizierten sie Beethovens Tripelkonzert. Dort entstand auch der Plan eines Klavier-Violine-Duos mit Dinu Lipatti, aber daraus wurde nichts. Lipattis wenige Lebensjahre waren mit Solotätigkeit voll ausgefüllt. Grumiaux übernahm schon bald, im Jahr 1949, eine Professur am Brüsseler Konservatorium, debütierte drei Jahre später in den Vereinigten Staaten (mit Mozart-Konzerten und Ravels »Tzigane«) und begann in den fünfziger Jahren seine inzwischen als epochal bezeichnete künstlerische Zusammenarbeit mit der rumänischen Pianistin Clara Haskil. Ihre gemeinsam in zahlreichen Konzertauftritten und in glücklicherweise gleichermaßen perfekten wie musikalisch inspirierten Aufnahmen der Mozartschen Violinsonaten hat sich diese herrliche Partnerschaft für die Nachwelt erhalten. Das war weit mehr als Hausmusik auf denkbar höchstem Niveau, es war künstlerische Hörbarmachung eines Musikstils, der eben bislang unter dem Odium des Harmlosen, Leichtgewichtigen, Belanglosen gelitten hatte. Das Duo

Haskil/Grumiaux hat hierin Maßstäbe gesetzt, ohne die spätere Aufnahmen gerade der Mozart-Sonaten, etwa von Szeryng mit Ingrid Haebler oder von Perlman mit Daniel Barenboim, aber auch der Beethoven-Sonaten von Perlman mit Vladimir Ashkenazy, vielleicht noch gar nicht möglich gewesen wären.

Grumiaux' Mozart-Spiel setzte sich fort in den Violinkonzerten, gemeinsam mit Colin Davis und dem London Symphony Orchestra, die inzwischen so etwas wie ein Klassiker geworden sind: Dokumente eleganter, empfindsamer, makelloser geigerischer Kunst. Diese Konzerte, wiewohl in den letzten Jahren fast überdurchschnittlich oft eingespielt, leben im Konzertsaal im Schatten der großen romantischen Konzerte und dienen mit Recht als zuverlässiger Prüfstein für die Qualitäten angehender Konzertmeister. Heifetz, Huberman, auch Kulenkampff haben sie einst ein wenig selbstherrlich ans grelle Rampenlicht hoher solistischer Kunst gezogen (man kann auch sagen: gehoben), aber die Rückkehr in den kammermusikalischen Rahmen verdanken wir Geigern wie Grumiaux, auch Schneiderhan, neuerdings Perlman, der vielleicht noch verführerischer, sinnlicher wirkende Geigentöne schmelzen läßt als jeder Geiger vor ihm. Grumiaux' inzwischen wiederaufgelegte Einspielungen sind dennoch ein Beispiel nicht verblühter Leuchtkraft. Die Orchesterpartien bleiben kräftig vernehmbar; die Tempi sind niemals extrem, tendieren bisweilen sogar zu Bedächtigkeit, was nicht falsch, manchmal freilich schade ist. Dennoch: Noblesse strahlt sein Spiel aus und eine immer von geschmackvoller Eleganz diktierte Tongebung.

Grumiaux hat sicherlich seine wichtigsten musikalischen Erfolge im künstlerischen Zusammenwirken mit gleichrangigen Partnern erzielt. Die Selbstdarstellung des Nurvirtuosen, das kammermusikalische Spiel mit Partnern, die nicht ebenbürtig waren (oder nicht ebenbürtig behandelt wurden), war ihm verhaßt. Nicht grundlos hat er sich in den letzten Jahren mit einem weisen alten Meister wie Claudio Arrau verbündet, um nochmals eine Reihe von Beethovens Sonaten auf Platten einzuspielen. Das Resultat ist respektabel, allerdings nicht vergleichbar mit den Aufnahmen, bei der Clara Haskil dabei war. Die damaligen Aufnahmen waren keusch im Ton, aber von einer geheimen Dramatik erfüllt, die dem Gespann Arrau/Grumiaux abgeht; von Beethovens c-Moll-Feuer ist nur noch zuverlässig glimmende Glut geblieben. Die Noblesse, die von Grumiaux' Spiel immer so beispielhaft ausging, hat sich auch der einst so beglückenden Impulsivität bemächtigt. Eleganz und Schönheitssinn sind denn auch die Vokabeln, die uns in der Erinnerung an Grumiaux am ehesten in den Sinn kommen. Das ist gewiß nicht wenig.

*

Der russische Geiger *Leonid Kogan* ist nur 58 Jahre alt geworden; er starb am 17. Dezember 1982 in Moskau, ohne daß eine Krankheit als Todesursache angegeben worden wäre. Da glaubten viele seiner Bewunderer, Kogan müsse wohl an Überarbeitung, an purer Erschöpfung gestorben sein. Damit haben sie möglicherweise recht gehabt. Denn Kogan war – bei allem Ruhm, den er, zumindest seit seinem souveränen und von keinem Juror angezweifelten Sieg beim Brüsseler Wettbewerb 1951, in aller Welt geerntet hatte – in vielerlei Hinsicht benachteiligt. Zum einen war er zwar hochbegabt und von Anfang an in jeder Weise vom Staat gefördert, aber als er in jenes Alter gekommen war, in dem andere Hochbegabte ihre Karriere starten können, brach der Krieg über seine Heimat herein. Im März 1941 hatte er »offiziell«, das heißt im Konzertsaal des Moskauer Konservatoriums, mit dem Brahms-Konzert abgeschlossen; da war er gerade 17 Jahre alt. Sieben Jahre mußte er warten, bis er im Ausland, zunächst 1947 in Prag beim Internationalen Jugendfestival, seinen Brahms-Auftritt wiederholen konnte, aber er mußte sich den ersten Preis dort mit dem fast gleichaltrigen Rivalen Julian Sitkowezki (dem frühverstorbenen Vater des Geigers Dmitry Sitkovetsky) und dem sechs Jahre jüngeren Igor Besrodny teilen. Selbst als er in Brüssel unangefochten als Sieger aus dem Königin-Elisabeth-Wettbewerb hervorging und man ihm, nach dem Vortrag des ersten Paganini-Konzerts, eine geigerische Vollkommenheit wie Jascha Heifetz attestierte und eine internationale Karriere wie David Oistrach prognostizierte, blieb ihm der fast erdrückende Schatten des inzwischen zum Allvater der russischen Geiger aufgestiegenen Oistrach allzu treu, als daß Kogan ihn einfach abschütteln konnte.

Am 14. November 1924 in Dnjepropetrowsk in der Ukraine geboren, hatte er mit sieben Jahren, also verhältnismäßig spät, mit dem Geigenstudium bei Philip Jampolski begonnen und später in Moskau am Konservatorium bei Abram Jampolski fortgesetzt, wo er zunächst in die Kinderklasse eintrat und sie mit glänzendem Examen verließ – allerdings erst 1948, als er in Prag bereits Preisträger geworden war und schon seine ersten Schallplattenaufnahmen gemacht hatte: Virtuose Werke wie Ravels »Tzigane«, Saint-Saëns' »Introduction et Rondo capriccioso«, Wieniawskis »Margarete«-Fantasie und Franz Waxmans hanebüchen schwierige »Carmen«-Fantasie. Wenn man die teilweise schaurig klingende Orchesterbegleitung zu ignorieren versucht, bleibt in der Erinnerung ein in der Tat makelloses, technisch hochpoliertes Geigertalent, ein Musiker, der zwar mit großem saugenden Bogenstrich sonore Intensität entwickelt, jedoch durch äußerst sparsames Vibrato diese Intensität keineswegs zu üppiger Klangentfaltung nutzt. Die geigerische Emphase, die ja auch bei derlei Werken nicht zu vermeiden, geschweige denn zu unter-

Leonid Kogan, 1970

drücken ist, kann man in jedem Takt vernehmen, aber bei aller Intensität scheint das sinnliche, das werbende Moment in den Hintergrund gedrängt. »Kaltes Feuer« haben ihm manche Kritiker denn auch in einer Mischung von Einschränkung und Bewunderung attestiert.

Seit seinem Brüsseler Sieg ist Kogan, der eine Schwester des Pianisten Emil Gilels, die Geigerin Jelisaweta Gilels (die 1937 in Brüssel den dritten Preis errungen hatte), geheiratet hatte, unermüdlich konzertierend tätig gewesen, hat viele europäische Länder mit eigenem Auto bereist, ist mit seinem Schwager in zahllosen Kammermusikkonzerten, auch mit seiner Frau, aufgetreten und hatte daneben noch seine Professur am Moskauer Konservatorium wahrzunehmen. Mit den inzwischen in den Westen emigrierten Kollegen Mstislaw Rostropowitsch und Rudolf Barschai spielte er Trio, und die Aufnahmen dieser drei grandiosen Instrumentalisten, zum Beispiel die von zwei Beethoven-Streichtrios, gehören zu den vollkommensten Kammermusikaufnahmen, die ich kenne. Das c-Moll-Trio wird da in einer Ausgewogenheit von sonorer Hintergründigkeit und blitzender Virtuosität (vor allem im Finale) und einer Vollkommenheit des Zusammenspiels interpretiert, daß diese Aufnahme sogar jene legendäre Plattenaufnahme, die Jascha Heifetz, William Primrose und Gregor Piatigorsky davon eingespielt haben, auf den zweiten Platz verweisen kann.

Sonorität ohne gefühlsseligen Plüsch, bewußt »männliche«, mit oft betont wuchtigem Bogenstrich absolvierte Akzente, bisweilen rücksichtsloser Einsatz von Kraft auch auf Kosten von Klangschönheit sind Attribute der Koganschen Geigerpersönlichkeit. Unvergessen sein Bach-Abend 1965 im ungemütlichen Saal des Münchner Deutschen Museums, bei dem Kogans Interpretation der Solosonaten diese Mischung von fast rücksichtslosem Errichten einer Werkarchitektur mit dem Offenlegen geigerischer Brillanz zu verbinden wußte. Das war keine Kammermusik mehr, sondern der (bisweilen etwas verbissene) Versuch, Bachs Größe heraufzuzwingen. Aus jenen Jahren datieren auch Einspielungen der Konzerte von Beethoven (mit Constantin Silvestri) und Brahms (mit Kirill Kondraschin), wobei das Beethoven-Konzert überraschenderweise eher einer Art keimfreier Lyrik verpflichtet ist, während der Brahms den »gewohnten« Kogan zu Wort kommen läßt. Vielleicht war das Publikum tatsächlich damals besonders auf die von Oistrach (und seinen Exegeten) beschworene »seelische Wärme« eingestellt, als daß es Kogans unterkühlte, mehr struktur- als klangbewußte Deutungen ins Herz schloß. Die späteren Aufnahmen, beispielsweise die mit Lorin Maazel in Berlin entstandene Koppelung der Mendelssohn- und Bruch-Konzerte, die just an Kogans 50. Geburtstag zustande kam, entläßt den Hörer mit einen Gefühl der Leere und gelinden Enttäuschung. Von einigen technischen Imperfektionen einmal abgesehen, klingt Mendelssohns Kopfsatz in ganzen Partien ausgelaugt und leblos; das Vibrato hat sich fast ganz verflüchtigt, fahle, langgezogene Töne signalisieren weder Wärme noch anderweits bemühte Gefühlsregungen. Und wenn die

Komposition wirklich nach überschwenglicher Melodik verlangt, kommen forcierter Bogendruck, wenig Überredungskunst. Auch das »kalte Feuer« scheint erloschen. Bruchs Konzert erfährt eine allenfalls künstlich herausgesogen wirkende Intensität, aber die Akkorde kommen klirrend und ein wenig gleichgültig.

Dieser ziemlich enttäuschende »Schwanengesang« darf jedoch nicht vergessen machen, daß Kogan, der zierliche Mann mit dem mürrisch-konzentrierten Gesichtsausdruck, der unermüdlich als Solist, als Kammermusiker und als Pädagoge wenige Jahrzehnte lang intensiv tätig war, eines der herausragendsten Geigertalente der Sowjetunion gewesen ist. Seine unbestechlich saubere Virtuosität, die einer barocken Leclair- oder Locatelli-Sonate zugute kommen mochte oder einem im Salon heimisch gewordenen Schmachtstückchen, freilich auch einem Werk der großen Literatur, war für jeden Geigerfreund ein bisweilen atemraubendes Erlebnis und ein staunenswertes Phänomen. Lag es an der Zeit der fünfziger und sechziger Jahre, daß die Beglückung sich eher bei Oistrach oder auch bei Menuhin, bei Szeryng oder »Verführern« wie Gitlis einstellte? Ein violinistischer Rattenfänger, ein sich einschmeichelnder Vertreter der geigerischen Sinnlichkeit war Kogan gewiß nicht. So sollten wir uns begnügen mit der Erinnerung an einen phänomenalen Geiger, einen der ehrlichsten, den die Epoche hervorgebracht hat. Strenge und Brillanz waren die Kategorien, nach denen er sein Spiel ausrichtete.

*

Wollte man Kogan – für den folgenden Vergleich wenigstens – die Etikettierung »Strenge und Brillanz« zubilligen, dann wäre diejenige, die in »Lässigkeit und Brillanz« umgewandelt ist, die mögliche richtige für *Ivry Gitlis*, den am 25. August 1922 in Haifa geborenen, seit langem in Paris lebenden Geiger. Nur selten haben ihn seine ausgedehnten Tourneen nach Deutschland geführt; umfängliche Konzertreisen hat er jedoch nach Osteuropa wie in den Vereinigten Staaten, in Italien und anderswo absolviert. Gemeinsam mit Herbert von Karajan sollte er in den siebziger Jahren das Beethoven-Konzert musizieren, aber er lehnte ab, weil er dieses Werk zu lange Zeit nicht gespielt hatte und es sich ganz von neuem wieder hätte erarbeiten müssen. In den Jahren 1965 und 1967 ist Gitlis in Berlin aufgetreten, zuerst mit den Philharmonikern, mit denen er das Bartók-Konzert spielte und enormen Zuspruch fand; das zweitemal mit einem Violinabend, der verwunderlicherweise wenig Beachtung fand.

Gitlis war so begabt, daß er in den dreißiger Jahren zu drei ganz verschiedenartigen Lehrern in die Schule geschickt wurde: George Enescu, Jacques Thibaud und Carl Flesch – drei Temperamente, die zwar ihrerseits bei demselben Lehrer, nämlich Martin Marsick, gelernt hatten, die aber jedem ihrer eigenen Schüler mehr von sich selbst als von Marsicks Tradition überliefert haben dürften. War der Rumäne Enescu das verehrte Vorbild für ebenso sensibles wie spontanes Musikantentum, dessen Ausdrucksfähigkeit der Knabe Yehudi Menuhin so viel zu verdanken hatte, dann war Thibaud Sinnbild für eine chevalereske, charmante Musizierweise, wie sie in Österreich ein Fritz Kreisler in die Welt der Geiger eingebracht hatte. Und Flesch, der – wenn er selbst auf dem Podium stand – so gar nichts von einem Pedanten oder strengen Pädagogen ausstrahlte, galt dennoch unter den Geigenlehrern der ersten Jahrhunderthälfte als der erste (und für lange Zeit einzige) Methodiker, dessen Analysen nicht dem einen oder anderen Stück und seiner Interpretation galten, sondern der genauen Kontrolle des Geigenspiels per se. Gitlis hat in einem Rundfunkinterview 1972 natürlich nur Gutes über seine drei so unterschiedlichen Lehrer zu sagen gehabt; und wenn man sich Mühe gibt, mag man aus seinem Spiel Thibauds Eleganz, Enescus urwüchsige Musikalität und Fleschs technische Zucht wohl heraushören.

Als er im Huberman-Gedenkjahr 1982 mit einem halben Dutzend Kollegen der Weltelite nach Tel Aviv eingeladen wurde, um mit ihnen in einem einwöchigen Konzertmarathon den Begründer des Israel Philharmonic Orchestra zu feiern, fiel ihm das Bartók-Konzert zu. Der Kopfsatz brachte den Solisten so stark in Bedrängnis, daß man fast um den Fortgang des Abends bangen wollte, aber dann hatte Gitlis sich nicht nur innerlich gefangen, sondern spielte mit einer beredsamen Sicherheit und einer interpretatorischen Überredungskunst, wie man es aus strengen, oft ritualisierten Konzerten mit neuer Musik kaum kennt. Ich habe ein paar Aufzeichnungen von dem denkwürdigen Erlebnis: »Der temperamentvoll und völlig unorthodox musizierende, gleichsam geigerisch erzählende Barde geht auf die Sechzig zu (was man vielen Passagen im Kopfsatz wohl anmerkte), aber die improvisierende Freiheit, die Variabilität seiner Tonvorstellung, die souveräne Handhabung des Notentextes machten seine Interpretation vielleicht nicht unanfechtbar, aber unvergeßlich.«

Schon wenige Jahre zuvor hat er in München ähnlich zwiespältige, aber herrlich unkonventionelle Eindrücke hinterlassen. Damals musizierte er in einem Kammerkonzert im Schloß Schleißheim mit Heinrich Schiff und Kollegen Dvořáks Klavierquintett op. 81. Aus dem Trauermarsch, der bisweilen etwas streng und trist abgehandelt wird, machte Gitlis ein emphatisch musiziertes, recht großzügig mensuriertes Rezita-

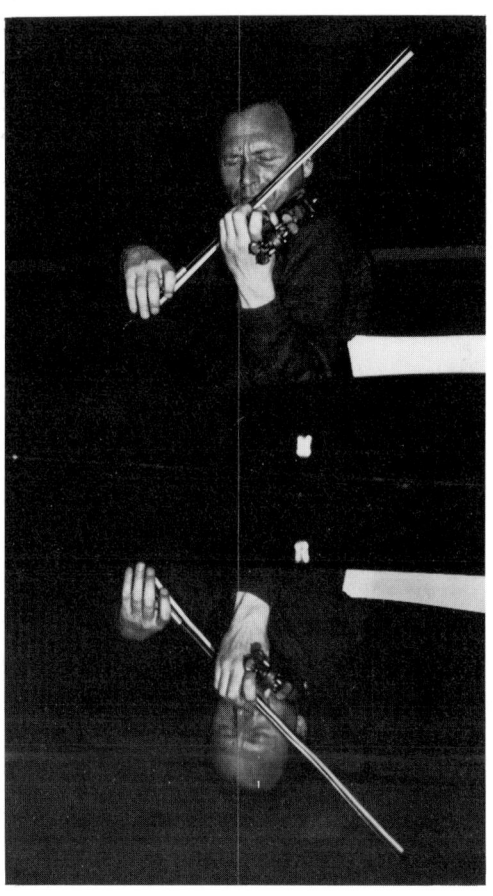

Ivry Gitlis, 1967

tiv, dem man ergriffen lauschte, als hätte er sich die Musik im Augenblick des Spiels gerade erst erdacht. Der stattliche langmähnige Pykniker hat die selten gewordene Gabe, auf seinem Instrument stets fesselnd zu »erzählen«, so daß der kleinste Nebensatz, die kürzeste Melodiefloskel noch mit fesselndem Inhalt prall gefüllt scheinen. Phrasierung, Artikulation, Deutlichmachung bis hin zur Übertreibung, ja zur Karikatur: das ist unter den modernen Perfektionisten fast ausgestorben. Gebannt zuzuhören, auch wenn es ungewohnt klingt oder gar mißfällt, ist in unserer Epoche der notengetreuen Exekutionen rar geworden.

Mit der geigerischen Akkuratesse (wenn man die Noten zählt) nimmt es Gitlis manchmal nicht so genau. Obwohl er lang und anhaltend zwischen den einzelnen Sätzen einstimmt und auch vor kniffligen Einsätzen durch störendes Pizzikato vorab sich zu versichern scheint, geraten wichtige Endtöne auf Abwege. Die Töne werden häufig mit heftigen Akzenten angespielt, überdeutlich markiert, und dann macht sich der Bogen wieder so energisch an die Arbeit, daß man nur noch knatterndes Saitenmaterial vernimmt. Dampfendes Espressivo im Überdruck ist der gewollte Kontrast zu zärtlich-süßen, unbeschreiblich wandlungsfähigen leisen Tönen. Siedende Hitze beim Portamento wetteifert mit einem Vibrato, das, aus völliger Abstinenz heraus, bei gewollten Höhepunkten den Umfang einer kleinen Terz annehmen kann. Und dennoch: man könnte folgern, hier sei ein schluchzender Caféhausvirtuose am Werk. Doch weit gefehlt. Gitlis bettet alle diese ungewohnt »gewollten« Eigenarten in eine Vorstellung, die jener eines erzählten Dramas nahekommt. Man vernimmt Musik, die man zu kennen glaubt und die doch neu und fesselnd dargeboten wird, daß man fast erschrickt, wie »neu« und – um mit Paul Bekker zu reden – »aus dem Rausch der Improvisation« hier interpretiert wird.

In der öffentlichen Übertragung einer Musiksendung, in der Gitlis, sein Begleiter und das Publikum durch Ansagen und Zwischenrufe mit einbezogen sind, »serviert« er zwei Sätze der ersten Sonate von Hindemith, daß daraus ein fast romantisches Stück wird. Bei Brahms' d-Moll-Sonate fühlt man sich dafür etwas in die Irre geführt: Ein flüchtig-hastiger Kopfsatz wird auf ganz neue Art »erzählt« (allenfalls von Gidon Kremer läßt man sich solche neuen »Deutungen« gefallen, weil sie gekonnt und überredend angeboten werden); das sonst wie verhuscht klingende Scherzo überrascht durch gestochen scharfe, fast böse Akzente, und das Finale (der langsame Satz wurde ausgelassen!) rauscht vorüber wie ein exaltierter, unwirscher Tanz. Bei Bartóks Solosonate (und Gitlis ist bei aller vermeintlich romantischen Grundhaltung von jeher ein engagierter Anwalt der Musik unseres Jahrhunderts) will gar nicht die Vermutung aufkommen, es handele sich um moderne, angeblich schwerverdauliche Kost. Wie improvisiert erklingt der erste Satz, traumwandlerisch sicher gegeigt, wie aus dem Augenblick geboren. All diese Merkmale gelten natürlich auch für Francks Sonate, die sich allerhand Rubati gefallen lassen muß.

Daß Gitlis jedoch sein geigentechnisches Handwerk versteht und hier sicherlich auf Fleschs systematische Unterweisung zurückgreifen kann, macht das h-Moll-Konzert von Paganini deutlich. Rücksichtslos setzt er sein enormes Können ein, um aus den halsbrecherischen Passagen, aus etwas stumpfsinnig dudelnden Viertaktstellen noch erhabene oder erschütternde Musik zu zaubern. Und die eigene Kadenz, die er in einem Konzert in Stuttgart spielte, wird nach eigenem Bekunden an jedem Abend ein wenig variiert, improvisiert, nur in Annäherungswerten im Gedächtnis notiert. Mit der agogisch sehr freiheitlichen Haltung geht eine sagenhafte Variationsfähigkeit der Tonproduktion einher. Aber es scheint mir, als ob dies nicht ein Resultat einer gewollten Klangzauberei ist, sondern stets aus dem Augenblick des »Erzählens« sich ergibt. Das »Lesen der Musik« nimmt bei Gitlis laut eigener Aussage einen wichtigen Teil seines Studierens ein; so mag das Bild vom »Erzähler«, der da etwas Wichtiges zu berichten hat und dies fast zufällig auf einer Violine vollzieht, gar nicht so falsch sein.

Dabei ist Gitlis, als Kollege unter anderen Solisten, gar kein Exzentriker, vielmehr – auch darin Kremer ähnlich – jemand, der, beispielsweise im südfranzösischen Vence, mit den Dirigenten Zubin Mehta und André Previn, dem Flötisten Jean-Pierre Rampal, den Solisti Veneti, dem Klavierkomiker Victor Borge und einem ganzen Ballettcorps ein Musikfest feiert, das auch im Freien sich abspielen darf und bis in die Nacht hinein dauert.

Ein Musiker wie Gitlis ist, über sein geigerisches Können weit hinausgehend, ein Labsal für jeden, der die eingefahrenen Geleise unseres Musiklebens satt hat und die ebenso eingefrorenen Maßstäbe unserer Interpretationen auch. Man mag über manche seiner Freiheiten lächeln oder die Ohren verschließen – einen musikalischen Barden wie ihn wird man ungern vermissen. Und wenn er Bach spielt, ist er die Strenge in Person: Eine Bourrée bleibt ein genau und ohne agogisches Pendeln sich entfaltendes Stück klingender Musik.

Der Verführer

Itzhak Perlman

Während der ersten Hälfte unseres Jahrhunderts haben die Freunde des Geigenspiels das Glück gehabt, unter den verschiedensten musikalischen wie technischen Temperamenten wählen zu dürfen. Der liebliche Charme Fritz Kreislers, die hypnotische Vollkommenheit eines Jascha Heifetz, die lyrische Überredungskraft Mischa Elmans oder die bohrende, Neugierde stillende Intensität eines Joseph Szigeti: Beispiele von ähnlich kontrastierenden Geigerpersönlichkeiten ließen sich unschwer vermehren; ein paar der Charakteristika mögen in den vorangegangenen Kapiteln deutlich geworden sein. In Persönlichkeiten wie David Oistrach und Isaac Stern dokumentiert sich noch einmal ein Zeitalter des Geigenspiels, in dem sinnlicher Wohlklang und nachschöpferische Phantasie eine glückliche Synthese gefunden hatten.

Um die Mitte des Jahrhunderts wird die Variationsbreite der Geigerpersönlichkeiten schmaler; das um jeden Preis akkurate Spiel, die Heiligsprechung des Notentextes, die getreue Reproduktion und – damit Hand in Hand gehend – die Verurteilung aller jener Musik, die nicht allein um einer tiefen musikalischen Aussage willen komponiert worden war, sondern um primär dem Instrument zu einer besonders üppigen Pracht virtuoser Entfaltung zu verhelfen: die ausgesprochenen Bravourstücke, die der Entwicklung spieltechnischer Belange auf der Geige mehr Impulse gegeben haben als manche tiefsinnige Sonate. In den letzten etwa 20 Jahren hat sich das geändert: Wieder erleben wir junge geigerische Temperamente unterschiedlicher Art, die uns mit ihrer Interpretationskunst vertraut gemacht haben, ohne dabei die zuvor nur mit Naserümpfen begleitete angeblich mindere Musik auszuklammern. Ob Tretjakow oder Kremer, ob Perlman oder Mintz, ob Hoelscher oder Suk: in allen ihren Auftritten und Platteneinspielungen genießen wir wieder eine größere Variabilität ihrer Programme; wenn wir an einem Abend Bach *und* Reger, Wieniawski *und* Strawinsky hören können, finden wir unsere Ohren und unser Gemüt gleichermaßen trefflich bedient. Daß man dennoch mit schöner Regelmäßigkeit reine Bach- oder

Beethoven-Abende vorgesetzt bekommt, macht die Vielfalt der Angebote nur verlockender.

Wenn sich das Kapitel über Gidon Kremer wie ein flammendes Plädoyer für eine modern-nervöse Morbidezza lesen sollte, wäre dies nicht absichtlich geschehen. Auch die Anbetung der ständig neu »gebrochenen« Facetten unseres effektheischenden Zeitalters sollten keine strenge Orthodoxie darstellen. Der Geigenbogen, der ja – nach Viottis paradoxer Formulierung – das Wesen des Spiels auf der Violine ausmacht, hält gottlob eine zu breite Palette von Klangmöglichkeiten offen, als daß sich selbst ein intelligenter Könner wie Kremer ihrer sämtlich bedienen könnte. Sein nur wenige Jahre älterer Kollege Itzhak Perlman hat sich aus diesem unerschöpflichen Reservoir von Spielmöglichkeiten und Klangvorstellungen seine eigenen Ideale zusammengestellt und in sein Spiel integriert; der Erfolg, der ihm, der auf den kontrollierten schönen Klang und auf die kalkulierte Sinnlichkeit setzt, allerorten zuteil wird, scheint diese Ideale bisher hoch honoriert zu haben.

Nun wäre es billig, wollte man, um einer vereinfachenden Typologie willen, Perlman den Intellekt, Kremer hingegen die Sinnlichkeit absprechen. Aber eine grundsätzlich andere Klangauffassung, verschiedene Interpretations-»Ansätze« (wie dies in der Soziologie so gern genannt wird) lassen sich mühelos feststellen. Perlman setzt auf die verführerische Überredungskraft des wohlgestalteten Klanges (der ja nicht in jedem Ton »schön« sein muß) und zieht daraus seine interpretatorische Kunst. Auch er hat in seiner inzwischen ein Vierteljahrhundert währenden geigerischen Laufbahn viele neue Pfade erkundet, manches unbekannte oder vergessene Stück für sein Instrument frisch poliert, ins Licht gerückt, zu neuem Glanz geführt. Manches Überflüssige mag dabei gewesen sein – leicht verderbliche Ware hält nicht ewig –, manches dagegen hat mittlerweile Musikgeschichte gemacht, etwa seine launigen Interpretationen von Scott Joplin und Genossen.

Perlman wurde, als er sich Anfang der siebziger Jahre in Europa vorstellte und dabei auch in Deutschland auftrat, und zwar in Schwetzingen bei den dortigen Festspielen sowie in der Berliner Philharmonie, kurzerhand als ein »Jahrhundertgeiger« tituliert. Solche sicherlich vorschnell aufgelebten Lobesetiketten sind nie wörtlich zu nehmen, und doch signalisieren sie wenn nicht Einmaligkeit, so doch Einzigartigkeit. Der äußere Habitus des jungen Mannes, der seit seinem fünften Lebensjahr unter den Folgen einer schweren Polioerkrankung leidet, die ihn zwingt, sich mit Hilfe zweier Krücken auf die Bühne zu bewegen und im Sitzen zu musizieren, mag für den Augenblick zu erhöhter Anteilnahme verleiten. Doch sobald Perlman zu spielen beginnt, ist dieses ganz natürliche »Mitleid« verflogen; ein Musiker und ein Geiger, der die höchsten Anforderungen an sich stellt und sie im Angesicht seines Publikums erfüllt, kann bei der Ausübung seiner Profession jeglicher mildernden Umstände entraten. Seine Affinität zum Wohlklang und zu einer genau dosierten Sinnlichkeit des produzierten Geigentons hat manche Kritiker vorschnell zu der Bemerkung verleitet, dieser junge Musiker betreibe lediglich geigerische Schönfärberei; der seelische Tiefgang, mit dem manche seiner Kollegen den Notentext erst einmal in Frage stellten (was immer man sich darunter vorstellen mag), erweise sich bei Perlman als abwesend. Das arrogante Gespenst der Oberflächlichkeit wird gerade noch vermieden. Nun kann man argumentieren, daß die Anbetung der Schönheit, in welchen Künsten auch immer, nichts von vornherein Verwerfliches an sich hat; ferner, daß eine stupende Technik die Schwierigkeiten gar nicht erst zu suggerieren vermag (weil sie ihr unbekannt bleiben), ein vortreffliches Vehikel für jede vollkommene Interpretation darstellt.

Bei vielen Heroen der Vergangenheit vermissen wir, wenn wir ihre Platten heute anhören, die Bestätigung jener Fama, die ihnen die Rezeptionsgeschichte zu Lebzeiten angehängt hat. Die instrumententechnische Praxis von heute sieht mittlerweile ganz anders aus. Von technischer Fertigkeit auf der Violine zu sprechen hat in unserem Zeitalter, das durch Mikrophon und Lautsprecher alle Unzulänglichkeiten gnadenlos hörbar macht, eine ganz neue Dimension erhalten. Wer als konzertierender Solist heute seine Karriere beginnen will, ist in aller Regel mit 20 Jahren oder früher mit allem notwendigen Rüstzeug versehen, beherrscht das Repertoire der Standardwerke und stellt sich mit seiner hoffentlich soliden Rüstung dem internationalen Publikum, von dem er bei 200 Auftritten pro Jahr, was keine Seltenheit mehr bedeutet, rund eine halbe Million Zuhörer erreicht, die Vielzahl der Platten- und Rundfunkhörer gar nicht mitgezählt. Infolge der immer anspruchsvoller werdenden elektroakustischen Möglichkeiten sowie durch die weiterwachsende Einschätzung des technischen Momentes ist das spieltechnische Niveau in diesem Jahrhundert fraglos überproportional gestiegen – von wenigen Geigern abgesehen, zum Beispiel von Heifetz, der schon bei seiner ersten Plattenaufnahme vor 70 Jahren so vollkommen spielte wie in den folgenden Jahrzehnten.

Perlman, am 31. August 1945 in Tel Aviv geboren, hat schon während seiner Kindheit durch seine Begabung Erstaunen erregt. Dennoch bestreitet er, daß er so etwas wie ein Wunderkind gewesen sei: »Wenn man sehr jung ist, dann ist nichts Fundamentales wirklich schwer. So wie ein Zweijähriger sprechen lernt, bildet es sich ganz natürlich durch das Hören. Und wenn man diesen Instinkt hat, geht er nie wieder verloren, man ergänzt ihn nur durch Studium und größere musikalische Erkenntnis. Manche Leute glauben, es sei nicht gut, zu analysieren, was man spielt, weil es der Musik etwas wegnähme. Tatsache ist, daß es so sein *kann*, aber es *muß* nicht sein; am besten ist es, sich dessen bewußt zu sein, was man spielt, aber das natürliche Empfinden und die Spontaneität sich zu bewahren.«

Ob der Dreijährige, der im Radio zum erstenmal eine Geige spielen hörte und sofort nach einem solchen Instrument verlangte, sich wohl instinktiv bewußt war, daß »nichts Fundamentales wirklich schwer sei«, vor allem nicht das Erlernen der Fähigkeit, auf ihr zu spielen? Da der junge Itzhak durch seine Krankheit erst als Fünfjähriger an der Schulamit Academy in Tel Aviv mit dem ernsthaften Studium beginnen konnte, ist er vor einer naheliegenden Wunderkindkarriere bewahrt geblieben: »Sicherlich bin ich in frühem Alter schon aufgetreten, aber ich habe nicht in öffentlichen Konzertsälen gespielt und bin nicht auf Weltreisen gegangen. Ich bedaure auch nicht, daß ich es nicht getan habe. Ich bin mir bewußt, daß meine musikalische Entwicklung sehr allmählich verlief. Es ist gefährlich, wenn man mit zu raschen Schritten beginnt; man muß in der Lage sein, sich auszuruhen und zu regenerieren.« Diese Art von innerer Lebensführung bestimmt auch heute Perlmans beruflichen Jahresablauf. Acht Monate lang Konzertauftritte in aller Welt und pädagogische Tätigkeit an der New Yorker Juilliard School, zwei Monate mit der Familie dort und zwei Monate mit ihr in den Ferien – viele Sommer lang in den Bergen von Aspen in Colorado.

In die Vereinigten Staaten kam Perlman mit 13 Jahren; das war 1958, als er zweimal in Fernsehsendungen auftrat. Mit Hilfe der America-Israel Cultural Foundation und eines Juilliard-Stipendiums ermöglichte man es ihm, seine Ausbildung bei den berühmten Pädagogen Ivan Galamian und Dorothy DeLay fortzusetzen. Fünf Jahre lang betrieb der junge Mann, den durch sein körperliches Handicap keine der üblichen

Jugendaktivitäten ablenken konnte, seine Vervollkommnung auf der Violine sowie das Studium des Dirigierens. Dann aber ging die Karriere steil nach oben: Zum erstenmal trat er 1963 in der New Yorker Carnegie Hall auf und spielte Wieniawskis fis-Moll-Konzert; ein Jahr darauf ging er als Sieger aus dem wichtigsten amerikanischen Geigerwettbewerb, dem Lewentritt-Wettbewerb, hervor. Wie üblich, wurde der Preisträger von mehreren bedeutenden Orchestern des Landes für Solokonzerte engagiert. Im Jahr 1967 heiratete Perlman seine Kollegin Toby Lynn Friedlander und folgte im Jahr darauf einer Einladung nach England. Seitdem sehen wir den geigenden Wundermann unermüdlich in aller Welt musizieren.

Auch die Schallplatte hatte sich bereits 1965 gemeldet, und Perlmans erste Einspielungen galten dem Konzert von Sibelius und dem zweiten Konzert von Prokofjew. Schon damals waren erstklassige Partner zur Stelle: das Boston Symphony Orchestra und Erich Leinsdorf. Wo immer man Perlman erlebt, scheint er ungekünstelte Herzlichkeit zu verströmen, die sich manchmal zur Clownerie steigern kann. Ob er im roten Zelt der Aspen-Festspiele seine Kinder und seine Hunde (sie allein dürfen in seiner Gegenwart tun, was sie wollen) durcheinanderjagt; ob er in einer Beethoven-Probe im Tel Aviver Mann-Auditorium plötzlich acht Takte seines Soloparts in doppelt so schnellem Tempo absolviert, um dann fröhlich seinen verdutzten Orchesterkollegen ankreiden zu können, sie »schleppten ja dauernd«; wenn er in einer Münchner Schule betrübt feststellt: »Die Nahostkrise ist ein großes Problem. Dabei habe ich sogar neulich im Weißen Haus für Ronald Reagan und Präsident Sadat gespielt; aber offenbar hat auch das nicht viel genützt« – dann mischen sich bei dem Spaßmacher ein Quentchen Weisheit und Resignation unter seine Clownerie, auch die schüchterne Freude an kleinen Triumphen, derer er, wenn sie sich nicht auf der Violine abspielen können, nicht häufig teilhaftig wird.

Wie muß die Psyche eines jungen Mannes beschaffen sein, der jahrzehntelanges schweres körperliches Leiden durch unbeschreibliche Vollkommenheit seines Geigenspiels zu kompensieren vermag? Dabei ist es ja nicht der Wohlklang allein, der sich in unsere Ohren einschmeichelt, sondern nicht minder das geigerische Temperament und die interpretatorische Kraft, die seine Kunst so verführerisch und einzigartig macht. Natürlich werden wir auch bei ihm durch die Platteneinspielungen klanglich-tonlich verwöhnt, so daß auch bei ihm manches Wiedersehen und -hören im Konzertsaal, zum Beispiel in dem für Kammermusik ungeeigneten neuen Münchner Gasteig, zunächst enttäuscht, weil sich der gewohnte Eindruck der Perlman-Sonorität nicht sofort einstellt. Bei seinem ersten Auftritt in diesem Riesensaal für 2500 Hörer schien auch sein Programm auf dieses Volumen nicht recht zugeschnitten: Brahms' unwirsches FAE-Scherzo, eine kleine Schubert-Sonatine (der wohl zur Zeit ihrer Entstehung kaum mehr als 25 Personen gelauscht haben dürf-

Itzhak Perlman

ten) und die letzte Sonate von Beethoven; dann viel leichte Ware, Saint-Saëns und ein Strauß von Zugaben. Da gingen viele Töne im Riesenraum verloren. Überhaupt scheint Perlman seine Programme nicht gern nach besonderen didaktischen Prinzipien zusammenzustellen; vielmehr wird oft wahllos Bekanntes mit Seltenem, Anspruchsvolles mit kleinen Feuerwerksstücken gemischt; maximal zwei Sonaten (wenn man Glück hat, erlebt man eine Solosonate von Bach) und ein halbes Stündchen vergnügliche oder sogar verblüffende Ware – das ist schon das Äußerste, das die knapp zwei Stunden füllt. Der virtuose Kleinkram überwiegt manchmal sogar, was wie ein allzu üppiges Dessert nach einem mageren Menü wirkt. Dann feiert der ungebremst brillierende Virtuose ein triumphales Fest: glänzende, fast beiläufig exerzierte Überlegenheit aller technischen Mittel, Zugabezeit. Schwere Stöße leichter Stücke werden auf den Flügel gekippt, aus dem der getreue Begleiter Bruno Canino die gefragten Piecen herausfischt; unmerklich verwandelt sich der Konzertsaal in Adlons Teesalon.

In aller Regel musiziert Perlman vor und nach der Pause mit derselben Konzentration, hat es nicht nötig (wie es Milstein bewußt tut), durch Einspielstücke anfängliche Nervosität abzubauen. Das hat ihn manchmal in den Verdacht gebracht, alles unterschiedslos an einem Abend »gleich« zu spielen, natürlich gleich gut, aber wirklich alles über einen musikalischen Leisten musiziert? Perlman besitzt eine verführerische Magie, mit der er alle Spannung durch scheinbare Entspanntheit herbeizaubert, und da ist ihm ein beiläufig musizierter, fast improvisierend fließender Andantesatz einer barocken Dutzendsonate gerade recht. Dann artikuliert er den vielleicht harmlosen musikalischen Text leichtgewichtig, ohne jedoch leichtfertig zu verfahren – spontan, aber ohne vergessen zu machen, daß auch dieser gleichsam liebenswürdige Rausch augenblicklicher Improvisation bis ins Detail präpariert ist und ebenso genau kontrolliert bleibt. Perlmans musikalische Rede ist dann die des Schmeichlers, dessen Argumente auf keine geschmacklichen Abwege kommen, auch wenn sie den geraden Weg purer historischer Treue scheuen.

Bachs Solosonaten huldigen in seiner Wiedergabe, wen sollte es wundern, dem Wohlklang. Perlman spielt beispielsweise die a-Moll-Sonate in sanft klingenden Akkorden; er bevorzugt behutsame dynamische Werte und bettet selbst ein eminentes Stück wie die Fuge in ein lyrisches Gewand. Bei der h-Moll-Partita ist es ähnlich. Sie ist die strengste, zugleich unspektakulärste: kein glitzerndes Präludium, kein Fugen- oder Chaconnegewölbe, keine Chance, mit geigerischem Blendwerk dem musikalischen Anspruch auszuweichen. Vier kaum stilisierte Suitensätze, denen die figurative Auflösung jeweils in Doubles folgt. Perlman verzichtet hier auf jeden geigerischen, das heißt dramatisch aufgezäumten Exhibitionismus; ziemlich strikt in den Tempi, streng, ohne auf sinnvolle, leicht verzögernde Phrasierung zu verzichten, also logisch in der sinnfälligen

Auslegung des melodischen Verlaufs, geigerisch stets überlegen, wenn sich auch in den Doubles Intonationstrübungen einschleichen; die h-Moll-Tonart ist auf der Geige eben heikel. Was besticht, ist der Verzicht auf jeden Showeffekt; kein mystisches Versenken in eine nur dem Spieler zugängliche Welt, sondern auf überzeugende Weise, gradlinig und fast simpel, ohne falschen geistigen Bogenschlag. Vielleicht sollte Perlman manchmal überdenken, ob die innere Balance des Werkes noch gewönne, würde er auch die jeweils zweiten Wiederholungen in den einzelnen Sätzen wie vorgeschrieben ausführen. Bei den drei letzten Sätzen ist es direkt gefährlich, durch den Verzicht auf diese Wiederholungen der inneren Struktur gleichsam ihr viertes Standbein vorzuenthalten.

Perlmans Verhältnis zur Musik Mozarts hat sich in den letzten Jahren gewandelt. Das G-Dur- und das A-Dur-Konzert hat er vor mehreren Jahren mit den Wiener Philharmonikern unter James Levine eingespielt; die restlichen »echten« Konzerte folgten erst 1986, und zwar mit denselben musikalischen Helfern. Levine hat sich nach den späteren Aufnahmen dahin gehend geäußert, Perlman hätte in den dazwischenliegenden Jahren wohl ein neues Verhältnis, und zwar eher kammermusikalischer Art, zu diesen Konzerten gefunden; es wäre da bei ihm »ein Knopf geplatzt«. Das mag wohl sein, wenn man auch dieser neuen Auffassung nicht rückhaltlos zustimmen kann. Ein Stück wie der Kopfsatz des A-Dur-Konzerts, von Perlman 1983 aufgenommen, wird mit Recht nicht als ein intimes Kammerwerk, sondern als ein brillantes Solokonzert musiziert. Die zweimalig fanfarenartig auftrumpfende Gebärde des Soloinstruments, das Perlman hier bewußt konzertant-dominierend einsetzt, besitzt tatsächlich eine ziemlich herrschsüchtig klingende Attitüde; Sechzehntelpassagen in hoher Lage werden kräftig akzentuiert, um den solistischen Anspruch, schon rein akustisch, zu behaupten. Hier neigt er einer Tradition zu, die von Jascha Heifetz' berühmter Einspielung unter John Barbirolli über Georg Kulenkampffs eher pathetische Mozart-Auffassung und Bronisław Hubermans und David Oistrachs warme, manchmal etwas pompöse Mozart-Auffassung geprägt ist.

Die Klavier-Violin-Sonaten des Meisters, bei denen sich David und Igor Oistrach, Arthur Grumiaux, Henryk Szeryng, Josef Suk und Erica Morini hervorragende Pianisten als Partner wählten, hat Perlman mit Daniel Barenboim einzuspielen begonnen. Als er alle Beethoven-Sonaten gemeinsam mit Vladimir Ashkenazy aufnahm, war dies zu einem Glücksfall geraten. Barenboim ist beileibe kein Unglücksfall, aber von den ersten beiden Platten lassen sich noch nicht sämtliche Meriten der beiden befreundeten Musiker ablesen. Selbst für diejenigen, die jede Note dieser liebenswürdigen kleinen Werke auswendig kennen (sie gehören zu den schönsten und am schwersten zu bergenden Hausmusikschätzen), gibt es Überraschungen: Im zweiten Satz der G-Dur-Sonate KV 301 schaltet Barenboim im Minore plötzlich einen Zauberklang ein, der ebenso verblüfft wie beglückt; im Es-Dur-Werk KV 302 hingegen scheint das andernorts sehr innig-verschmelzend vorgetragene schreitende Rondothema merkwürdig staksig und ungelenk phrasiert, so daß man ebenfalls verblüfft, zugleich etwas enttäuscht zuhört. Alle diese miniaturhaft komprimierten Kammerstücke geraten, vom Instrumentalen her, natürlich völlig tadelsfrei und souverän – vielleicht nicht immer mit der geradezu abgefeimten Einfachheit, die bei dieser Musik verlangt ist. Prüfstein solcher schwierig herzustellenden Einfachheit ist die rührend-tragische e-Moll-Sonate mit ihrem überirdischen E-Dur-Trio. Das ist von einer so himmlischen Einfalt, die kaum mit irdischen Mitteln zu meistern ist.

Beethovens Klavier-Violin-Sonaten, bei denen sich unsere großen Geiger, wenn eine Platteneinspielung des gesamten Zyklus ins Haus steht, gleichrangige Pianisten als Partner suchen, vereint Perlman mit dem russischen Pianisten Ashkenazy. Sie interpretieren Beethovens Zehn-Sonaten-Werk mit inspirierter musikantischer Lust, mit viel Sinn für den vollen, sinnlichen Klang, zugleich aber auch mit großer Ehrfurcht vor dem musikalischen Text. Ungleich nicht an Qualität, wohl aber an Gewicht sind sie schon, diese Sonaten aus Beethovens frühen und mittleren Schaffensjahren. Aber selbst in den scheinbar nur geistvollen, nur musizierfreudigen Frühwerken, zum Beispiel dem Rondo der ersten Sonate oder dem virtuosen Kopfsatz der Es-Dur-Sonate, riskieren die Künstler so viel Brillanz und instrumentale Überlegenheit, so viel Leuchtkraft des Zusammenklingens, daß man beinahe erleichtert auch diese Werke wieder in den Kreis der versehentlich vernachlässigten Meisterwerke zurückholt. Das Seitenthema im Kopfsatz dieser Sonate ist ein Schulbeispiel Perlmanscher Überredungskunst. Seine Interpretation übertrifft noch bei weitem die Leichtigkeit, mit der Ashkenazy zu Werke geht: Dem heiter und unschuldig heraufhüpfenden Beginn dieses Themas folgt der leicht elegische, chromatisch drängende Nachsatz, den Perlman mit einer blitzschnell eingeschalteten, werbenden Eindringlichkeit spielt, die direkt ins Herz zielt:

Beispiel 11
Aus: Beethoven, Violinsonate Es-Dur Nr. 3 op. 12,3, 1. Satz

Itzhak Perlmans und Vladimir Ashkenazys Einspielung aller Beethoven-Sonaten betont oft das spielerisch-virtuose Element. Perlman würzt diese Spielfreude mit einer raffinierten Überredungskunst, die im Seitenthema des Kopfsatzes der Es-Dur-Sonate deutlich wird: Die Achtel bei »B« werden als verzögerter Auftakt genommen, die chromatische Linie zwei Takte danach mit einem drängenden Crescendo versehen – der Effekt ist dem eines flehentlich deklamierenden Sängers gleich. Der »Erzähler« siegt über den bloßen Virtuosen.

Die Ecksätze der c-Moll-Sonate bersten von entschlossenem, grimmigem Humor; die Akkorde der Geige sind bewußt als ausdrucksstarke Akzente gesetzt, wenn sie auch noch so wohltönend klingen. Die Kreutzersonate bleibt bei aller Virtuosität und bei aller geheimnisvollen Zurückhaltung im Minore der Variationen ein wohl nicht heiteres, aber immer wieder witzig-bukolisch akzentuiertes Stück. Ein Drama findet hier nicht statt, sondern allenfalls ein Dramma giocoso. Beide Partner verharren in einer fein abgestimmten klanglichen Balance, weil sie sich nur scheinbar übertrumpfen wollen, ohne dabei einander zu erdrücken. Falsche Zurückhaltung, wie man sie im Konzertsaal beim Sonatenspiel von ungleichen Partnern so oft künstlich und verkrampft zu hören bekommt, wird man auf diesen fünf Platten vergeblich suchen. Und siehe da: die Balance überlebt, der potenzierte Wohlklang, die kraftvolle Espressivität helfen auch Sätzen von vermeintlicher Schwachheit auf.

Beethovens Violinkonzert hat Perlman verhältnismäßig spät auf Platten eingespielt. Als die Aufnahme mit Carlo Maria Giulini und dem London Philharmonic Orchestra auf dem deutschen Markt erschien, wurde sie von einem Kritiker als zu oberflächlich, weil zu »schön« gespielt, gebrandmarkt. Gidon Kremers Neuaufnahme desselben Konzerts, die um dieselbe Zeit erschien (mit der Academy of Saint-Martin-in-the-Fields unter Neville Marriner), wäre also dann, wollte man ein ähnlich absurdes Urteil anwenden, besonders tiefsinnig und schürfend, weil keineswegs immer »schön« gegeigt. Seit jeher hat Beethovens Violinkonzert die interpretatorischen Gegensätze angezogen und die Meinungen über sie erhitzt, weil die einen das Werk luftig-heiter-rasch musizierten, andere dagegen metaphysisch-bohrend, mitunter auch arg schleppend. Für die Tempoauseinandersetzung liefern weder Perlman noch Kremer viele Argumente; ihre Zeiten differieren nur gering, auch wenn man die Zeiten der jeweiligen Solokadenzen in den ersten beiden Sätzen abzieht. Der offensichtliche Dissens in den beiden Aufnahmen ist eher grundsätzlich klanglicher Art; er ist nicht direkt auf unterschiedliche Auffassungen, auf agogische Eigenbrötelei oder generell raschere oder langsamere Gangart gegründet als vielmehr auf eine verschiedenartige Tonvorstellung der beiden Solisten. Perlmans Ideal besteht in der möglichst schlackenlosen, sinnlichen, gleichsam die Schönheit der Musik aus dem Instrument saugenden Tongebung; Kremers Ideal ist dagegen die fast permanente Emphase, die den angestrebten Effekt aus der Variabilität der Tonproduktion bezieht; sein Bogenstrich beschwört eine vielfarbige Palette des Klangs, ohne daß er eine grundsätzlich andere Lesung des Beethovenschen Textes verträte. Das ist also, etwas apodiktisch gesagt, die gleiche Fasson, aber gefertigt aus einem anderen Material.

Bei dem Geigermarathon in Israel zum 100. Geburtstag von Huberman war Perlman die Aufgabe zugefallen, im Kreise anderer Prominenter das Beethoven-Konzert zu spielen. Während er sich in den Proben fröhliche Gelassenheit erlaubte (er ist so etwas wie der »Darling« des israelischen Publikums, mit dem er seine Späßchen treiben kann), bedeutete doch diese Haltung keine Ausgelassenheit, sondern eher eine heitere Devotion dem Werk gegenüber, und sie stand dem Werk gar nicht übel an. Perlmans Geschmeidigkeit und makellose Geläufigkeit beschworen das Apollinische und nicht das Metaphysische, versahen noch den dramatischsten Akzent mit wohlklingender Hülle, trumpften nur sanft auf und besangen mit großer Könnerschaft die eigene Glückseligkeit, die nicht nur sein Spiel, sondern auch sein Gesicht ausstrahlt. An Menuhins berühmte Luzerner Aufnahme mit Furtwängler oder Hubermans hochfahrend-pathetische Interpretation mit George Szell darf man vergleichend nicht denken; eher schon an Kreislers liebenswürdig-behende Wiedergabe oder an die bei aller inneren Gespanntheit doch heiter-lokkere Darbietung, die Heifetz gemeinsam mit Arturo Toscanini 1941 in New York produzierte.

Auch für die Einspielung des Brahms-Konzerts, diesen musikalischen Prüfstein für jeden Künstler, der in die Lage versetzt werden möchte, mit einem formbaren Material umgehen und »spielen« zu können (Beethovens Konzert in seiner klassisch gegossenen Form verlangt aus der Struktur heraus strengere Observanz des Textes), hatte sich die Plattenfirma das Beste geholt: das Boston Symphony Orchestra unter Giulini. Perlmans Einspielung von 1977 ist eine Interpretation, die den Vergleich mit den Großen der Vergangenheit nicht zu scheuen braucht. Von den beiden gegensätzlichen Klangvorstellungen, denen ein Geiger nachspü-

Itzhak Perlman

ren kann – dem Klangzauberer und dem Analytiker, dem sinnlichen und dem intellektuellen, dem spontanen und dem kontemplativen Musizieren –, hat Perlman stets die Rolle des Zauberers ergriffen, ohne es dabei an musikalischer Intelligenz fehlen zu lassen. Doch hier, bei einem der wichtigsten Werke der gesamten Literatur, scheint er eine fast überraschend neue Dimension musikalischer Gestaltungskraft und überzeugender Artikulation hinzugewonnen zu haben. Wie er weit ausholende Passagen überlegen gliedert und mit einer Kraftreserve ausspielt, dann von neuem einsetzt und sie noch weiter steigert, das zeugt von einer gestalterischen Fähigkeit, die Perlman wenige Jahre zuvor, als er das Brahms-Konzert in München und anderswo in Deutschland spielte, nicht in diesem Maße zu besitzen schien. Wie trügerisch übrigens die Beziehung von Konzertsaal und Plattenstudio ist, mag der Vergleich mit Kremer zeigen, der mit demselben Werk seine Zuhörer auf fast betäubende Weise im Saal begeisterte und in seiner Platteneinspielung mit Herbert von Karajan, mit dem er offenbar doch nicht so harmonierte, fast enttäuschend kühl ließ.

Wenn auch nicht von jener bohrenden Inbrunst geprägt, mit welcher sich eine Geigerin wie Ginette Neveu diesem Konzert näherte, so spielt Perlman doch viele Passagen, vor allem auch in der Joachimschen Solokadenz des Kopfsatzes, mit einer ungewohnten Vehemenz und geht in der Durchführung dieses Satzes seine weit auseinanderstrebenden Intervallsprünge mit einer Rücksichtslosigkeit an, die in der Erinnerung an seine frühere, eher spielerische Musizierweise überrascht. Daß bei ihm freilich immer noch die Schönheit des Geigentons triumphiert, nimmt dem Spiel weder Intensität noch Kraft. Wohlklang und Temperament, eminentes geigerisches Können und musikalischer Geschmack, dazu ein grandioses, temperamentvoll sekundierendes Orchester: wir können froh sein, diese erste und bereits überwältigende Aufnahme dieses Konzerts mit Perlman zu besitzen. Vielleicht wird der Geiger uns in späteren Jahren noch mit einer speziellen »Altersversion« überraschen; an Reife und rhetorischer Kraft wird er sie kaum übertreffen können.

Wenige Jahre nach dieser Aufnahme kam Perlman mit dem Brahms-Konzert in das Münchner Nationaltheater, und man war gespannt, ob die schmeichelhaften Bemühungen der Tontechniker uns eine geschönte Platte serviert haben würden. Perlmans Verhältnis zu diesem Stück (übrigens auch zum Beethoven-Konzert) ist inzwischen noch einfacher geworden; nicht etwa simpel oder gleichgültig, sondern noch großräumiger, noch kraftvoller, noch (im guten Sinne) plakativer. Das beginnt mit dem Gebrauch einfacherer, risikoloserer Fingersätze, die häufig durch leere Saiten oder Flageolets abgesichert sind, und einem stets überlegt, aber dann ohne falsche Zurückhaltung eingesetzten Gebrauch des Portamentos – nicht nur als eine Steigerung des Espressivo, sondern als akustisch vernehmbares Bindemittel von Tonfolgen oder Spitzentönen, die – ohne jegliche hörbare Vorbereitung gegriffen – sonst im Klang des Orchesters untergehen könnten. Das alles verleiht Perlmans Spiel nicht nur große Kantabilität, es läßt uns auch noch mehr staunen über die inzwischen noch lockerer scheinende Souveränität und Mühelosigkeit. Nichts von Oberflächlichkeit tritt da zutage, und wer sie aus jener vermeintlichen Mühelosigkeit ableiten wollte, sollte sich fragen, ob das sichtbare Mühen, ja Schwitzen allein schon »Tiefgang« garantiert. Perlman regiert dieses Werk von seinem Instrument aus; beglückend die traumwandlerische Lässigkeit, in denen knifflige Passagen bewältigt, hohe Töne blitzschnell zum Leuchten gebracht werden; umwerfend das atemraubende Mobilisieren von plötzlich hörbar gemachter musikalischer Kraft.

Im Gegensatz etwa zu dem fast gleichaltrigen Kremer ist Perlman nicht immerfort darauf aus, das Neueste vom Neuen für sein Instrument aufzuspüren, anzuregen und aufzuführen, und seine Exkursionen in die Musik unseres Jahrhunderts führen ihn entweder in die Richtung der mäßig modernen nachromantischen Tradition mit Werken von Julius Conus, Karl Goldmark oder Aram Chatschaturjan, zum anderen zu den »Klassikern« unserer Zeit, den Konzerten von Bartók, Berg und Strawinsky. Es gibt natürlich Ausnahmen: Mit Seiji Ozawa und dem Bostoner Orchester hat Perlman (die Platte wurde eigens von verschiedenen Kulturorganisationen unterstützt) zwei Konzerte, die ihm in Europa eher unbekannte Autoren wie Earl Kim und Robert Starer widmeten, eingespielt – eines ein sehr klangbewußt und mit fernöstlichen Anleihen behaftetes, eher meditatives Werk (Kim ist Harvard-Professor für Musik), das andere robust und in der entfernten Nachkommenschaft Prokofjews angesiedelt. Als Perlman die Partitur sah, soll er zu Starer gesagt haben: »Also, zwei Stellen muß ich üben!« Das sind schöne Beispiele, durch große Könnerschaft und weltweites Renommee den komponierenden Kollegen zu etwas mehr Bekanntheit zu verhelfen. Im übrigen ist Perlman der Musik unserer Zeit gegenüber, was die Geige anbelangt, ziemlich skeptisch, wenn er auch natürlich nicht allen Noten, die man in diesem Jahrhundert komponiert hat, strikt aus dem Wege geht. »Ein Großteil der gegenwärtig für die Violine komponierten Musik«, hat er öffentlich erklärt, »ist eher perkussiv als geigerisch, was die Spieler insgesamt nicht lieben. Doch wenn heutzutage ein Komponist in einem lyrischen Stil schriebe, der zur Violine paßt, würde er als altmodisch angesehen. Das halte ich für einen Teufelskreis.«

So versteht Perlman Alban Bergs Konzert von 1935 durchaus als in der romantischen Tradition verwurzelt. In der Aufnahme (ebenfalls unter Ozawa und dem Bostoner Orchester) spielt er dieses Werk mit einer melodischen Beseligung, einem wehmütig anrührenden Schmelz, der keineswegs Morbidezza vergangener Zeiten suggeriert, sondern Ausdruck von vergangener Schönheit. Der Geiger Perlman meistert seinen

Part darüber hinaus mit einer Präzision und einer plastischen Artikulation, gar nicht besonders üppig oder ausladend im Ton, doch mit der genau tarierten Sicherheit eines Musikers, der Sentiment von Sentimentalität zu trennen weiß. Selbst der unvorbereitete Hörer – und derer gibt es noch immer viel zu viele – dürfte Bergs komplizierte Strukturen in Perlmans Klangrede spontan begreifen, vermeintlich kraß tönende Klangballungen und -reibungen mühelos rezeptieren. Mit demselben Dirigenten und Orchester hat er auf der Rückseite Strawinskys Concerto in D eingespielt und muß damit gegen die unvergessene Aufnahme mit Isaac Stern und dem Dirigenten Strawinsky sowie auch gegen die herrlich sonore Darstellung dieses Werks durch David Oistrach und Bernard Haitink antreten. Im Zusammenspiel, in allem, was reine Genauigkeit anbelangt, ist diese neue Aufnahme zumindest der Aufnahme mit Stern klar überlegen, nicht jedoch in der Klangbalance zwischen Solist und Orchester. Die Aria II entfaltet sich etwas schleppend; Begleitfiguren, die der dirigierende Komponist in seiner Aufnahme zur reinen Klangkulisse reduziert hatte, gewinnen bei Ozawa plötzlich eine unziemliche Eigenbedeutung, und der Strettaabschluß des Finales, unter Strawinsky in einem einzigen (vielleicht nicht immer ganz präzisen) rhythmischen Rausch disponiert, besitzt unter Ozawa etwas Pedantisches. Immer wieder überraschen Strawinskys eigene Werkinterpretationen, in denen er sich um das Befolgen seiner eigenen Maxime von der unemotionalen »Organisation der Töne«, kaum daß er selbst Musik macht, keinen Deut mehr kümmert. Perlmans Wiedergabe ist gleichwohl lobenswert; bei aller grundsätzlich schönen Timbrierung besitzt er doch die Fähigkeit, jenen »trockenen« Ton und jene präzise Diktion hervorzubringen, in der Strawinskys Musik so überzeugt. Vor langweiliger Starrheit bewahrt ihn (mit Ausnahme der Stretta) sein ungebremstes Musiziertemperament. Auf Platten hat Perlman auch Strawinskys schmales Violin-Klavier-Œuvre (plus einige Bearbeitungen) veröffentlicht, spielte diese Stücke eine Zeitlang viel im Konzertsaal, darunter auch die als Divertimento bezeichnete Bearbeitung (eher eine etwas eingetrocknete Geige-Klavier-Reduktion) jener farbensprühenden »Kuß der Fee«-Partitur, die auch Perlmans Klangimagination nicht mehr in ihrer ursprünglichen Schönheit beschwören kann.

Das sonstige Standardrepertoire von Dvořák über Tschaikowski bis Sibelius haben wir von dem eminenten Geiger sowohl auf dem Podium als auch in Plattenaufnahmen immer wieder bewundern können. Dort ist

die Konkurrenz stets beträchtlich gewesen, aber wenn man beispielsweise eine einst hochgerühmte Sibelius-Aufnahme von 1945, die erste, die
Ginette Neveu überhaupt mit einem Orchester unternahm, mit Perlmans Einspielung unter André Previn und dem Pittsburgh Symphony
Orchestra vergleicht, dann gibt es, mögen die großen Altmeister Heifetz
und Oistrach einmal beiseite gelassen werden, eigentlich überhaupt keinen Vergleich: Perlmans geigerische Überzeugungskraft, seine makellose
Griffsicherheit, seine überlegen wirkende Disposition in der Gliederung

Beispiel 12
Aus: Sibelius, Violinkonzert d-Moll op. 47, 3. Satz

Das Finale des Sibelius-Konzerts stellt fast unerfüllbare Ansprüche. Die Terzenläufe sind nicht unausführbar, wohl aber ihr pünktlicher Beginn. Der notwendige »Sturz« vom hohen »fis« drei Oktaven hinab braucht bei allen Interpreten
länger als die Zeit eines Sechzehntels, wodurch sich die Metrik der Terzenläufe
verschiebt. Der Ostinatorhythmus im Orchester läßt aber kein Rubato des Solisten zu; das Ergebnis ist dann ein Eindruck ungeplanter Hastigkeit.

dieses schwer erschließbaren symphonischen Kolosses, ist der seinerzeit mit Recht gerühmten Aufnahme einfach überlegen. (Wenn jemand die legendäre Sibelius-Aufnahme von Julian Sitkowezki jetzt noch ins Feld führte, würde ich das gelten lassen!) Was nützt aller angeblicher seelischer Tiefgang, wenn dessen Hervorbringung mit hörbaren Mühen geigentechnischer Art erkauft, bisweilen sogar erkämpft werden muß? Das trifft gar nicht so sehr auf die Neveu-Aufnahme zu, ist aber in früheren Aufnahmen älterer Geiger und Geigerinnen (denken wir an schmerzliche Wiederbegegnungen mit dem älteren Menuhin oder auch mit Gioconda De Vito) unüberhörbar. Gut gegeigt muß nicht langweilig interpretiert bedeuten; Perlmans technische Überlegenheit gestattet ihm erst, musikalisch das vollendet auszudrücken, was ein bestimmtes Werk erwarten darf, und das kraftvoll sich artikulierende Temperament verbietet jegliche Gleichgültigkeit, die man als Oberflächlichkeit auslegen könnte. Makellose, das heißt unmißverständliche Rhetorik ist überhaupt nur möglich, wenn (wie schon der strenge Pädagoge Carl Flesch formulierte) die aus mangelnder Fertigkeit notwendig gewordene »Überschätzung des technischen Moments« abgelegt und vergessen ist.

Wo solche Mobilisierung der gestalterische Kräfte gar nicht gefragt ist, wo vielmehr technische Brillanz per se bereits zu den erwünschten Wirkungen führt, da steht der rückhaltlosen Demonstration geigerischer Brillanz nichts mehr im Wege. So ist die Einspielung der gesamten Capricen von Paganini (die weder von Heifetz noch von Oistrach existieren) durch Perlman ein beispielloses Feuerwerk vollkommenen Geigenspiel, das weder von der legendären Ricci-Aufnahme noch von Mintz oder Frank Peter Zimmermann, dem jungen deutschen Geiger, übertroffen wird. Hier vernimmt man unmißverständlich, über welches technische Handwerkszeug Perlman verfügt. Und wenn man ähnliche aufs Brillieren gerichtete Werkeinspielungen vergleichen möchte: Saint-Saëns' h-Moll-Konzert in Perlmans Wiedergabe mit derjenigen des älteren Menuhin (die beiden Aufnahmen liegen fast zwei Jahrzehnte auseinander); oder desselben Komponisten »Introduction et Rondo capriccioso« durch Kogan (1948/49) mit der Perlman-Einspielung – nach jedem erneuten Hörvergleich muß man sich davon überzeugen, was nicht nur die inzwischen fortgeschrittene Aufnahmetechnik geleistet hat, sondern auch ein Solist wie Perlman. Schwieriger wird es schon, wenn man seine »Tzigane«, sein Conus-Konzert oder seine »Symphonie espagnole« mit den Einspielungen etwa von David Oistrach, Heifetz oder Huberman vergleicht. Hier ragen noch höchste Maßstäbe der Vergangenheit in unsere Zeit herüber, an denen auch das Niveau der Gegenwart zu messen ist. Daß die Anforderungen für die Mehrzahl der heute geigenden Solisten gestiegen sind und noch weiter steigen, sei nicht verschwiegen. Aber es gibt eben ein paar aus vergangenen Tagen zu uns herüberdrängende Interpretationen, die sich noch immer als absolute Höhepunkte erweisen. Und an ihnen ist eine Begabung wie Perlman zu messen.

Nun hat Perlman freilich auch Seitenpfade der Violinliteratur begangen, auf denen ihm manche strengen Hörer nicht ohne weiteres zu folgen bereit sind: die unzähligen kleinen Zugaben und Salonstücke, in denen viele berühmte Vorgänger und Zeitgenossen Perlmans ebenfalls brilliert haben. Von Antonio Bazzinis »Tanz der Derwische«, den er in jedem zweiten Geigenabend als Zugabe spielt, bis zu den drei Platten mit Kreisler-Stückchen, die er unvergleichlich süß und betörend zu servieren vermag, hat Perlman nichts ausgelassen, auch nicht jene Musik von Scott Joplin, dessen Piecen aus der Zeit der Jahrhundertwende mit ihren Ragtime-Nummern durch ihn (und auch durch die von Joplin stammende Titelmusik von George Roy Hills Film »Der Clou«) Millionen von neuen Freunden gefunden haben. Hier ist er unbestritten Meister auch dieses Fachs; und sogar richtiger Jazz hat ihn – vor allem in Gemeinschaft mit dem mit ihm gut befreundeten Dirigenten, Pianisten und Komponisten André Previn, dessen »It's a Breeze« besonders erfolgreich geworden ist – gefesselt.

Unter den romantischen Stücken, von denen es einige unter diesem Titel von Dvořák gibt, hat er sich ebenfalls umgesehen, und gerade hier lädt der Vergleich mit anderen Geigern ein. Es sind ganz simpel gebaute Liedstücke, unprätentiös und doch so voller Atmosphäre des Schlicht-Volksliedhaften, daß man rasch feststellen kann, wie ein Geiger sich dieser scheinbar so simplen Kunst nähert. Der Freund Isaac Stern hat gegen Ende der Karriere seines langjährigen Begleiters Alexander Zakin diese Stücke von Dvořák in einer mit Zakin produzierten Abschiedsplatte verewigt, die Aufschluß über Sterns Spielweise gibt: vollendete Simplizität, fast kein Vibrato und eine ruhige, durch keinerlei Drücker beeinträchtigte Bogenführung. Auch von Perlman haben wir diese Stücke, und hier offenbaren sich eine neue Generation und ein anderes Temperament. Perlman tut hier des Gutgemeinten doch zuviel; kaum ein Takt vergeht ohne emphatisches (hier leicht übertrieben wirkendes) Glissando oder Endportamento, und das offensichtliche Mißtrauen gegenüber der Tragfähigkeit der unschuldigen Dvořákschen Melodien läßt ihn unausgesetzt hieran »arbeiten«. Was eine Lalo- oder Vieuxtemps-Melodie unschwer verträgt, ja zur Deutlichmachung verlangt, bricht bei Dvořák als Schmelz, manchmal auch Schmalz ein und mästet die schlanke Lyrik zu pompösem Schluchzen auf. Dies mag eine Geschmacksfrage sein, aber bekanntlich gibt es nur einen Geschmack, und das ist der gute!

Nicht unerwähnt bleiben sollen die vielen Stücke, die Perlman gemeinsam mit seinem Freund Pinchas Zukerman auf dem Podium und im Plattenstudio musiziert hat – Duette von Mozart, Viotti und Spohr und vielen anderen, zum Beispiel Bartók. Die beiden sind ein paar Jahre lang zu zweit durch die Welt gereist und haben Programme gespielt, die souverän auf die Mitwirkung eines Klaviers verzichten konnten. Dann hievten sie auch schwergewichtige Zwei-Violinen-Ware etwa von Prokofjew und Schostakowitsch aufs Programm sowie romantische Zuwaage etwa von Moritz Moszkowski. Auch einen Film haben die beiden gedreht, in dem die herrlich spontane und blitzsaubere Spielweise fröhliche Urständ feiert. Vor allem Spohrs Duo concertante D-Dur ist von einer Spiellaune erfüllt, die sich nicht nur auf dem Podium einstellt, sondern sogar in der Aufnahme transportiert wird.

Kleine Feuerwerksstückchen, Salonpiecen, Duette, Barocksonaten à deux haben sich durch diese beiden Freunde, von denen jeder ein fast gleichwertiger Partner des anderen ist, in den letzten Jahren auch im Bewußtsein des großen Publikums wieder eingenistet. Wir werden bei Kremer sehen, daß auch ihn, vielleicht auf intellektuell noch neugierigere Weise, das Aufspüren von Unbekanntem und Ungewohntem reizt, wenn seine Funde auch aus anderen Schürfgegenden stammen mögen. Daß die beiden sich nie scheuen, auch sogenannte zweitrangige (dort jedoch in der ersten Reihe befindliche) Musik durch ihre perfekte und abgefeimt kontrollierte Spielweise fast in den Adelsstand zu heben, sollten ihnen alle danken, die noch vor wenigen Jahrzehnten Naserümpfen oder Kopfschütteln ernteten, wenn sie solche leichtgewichtige Ware empfahlen oder selber spielten. So staunten viele Rundfunkhörer, als nach seinem Salzburger Geigenabend Perlman als gutgelaunte Zugabe Joplins »Easy Winners« über ein Dutzend Radiostationen in aller Welt rauschen ließ. Ähnlich verdutzte Gemüter hatte Kremer, damals mit seiner Frau Tatjana Grindenko, mit einigen Zwei-Geigen-Mätzchen erzielt.

Perlmans künstlerische Laufbahn wird mit dem Erfolgszwang, unter dem sie täglich steht, immer ein paar neue, unbekannte Bahnen wählen müssen, damit der Abnutzungseffekt nicht so rasch einsetzt. Wenn er manchmal in kleinen Nebensätzen bekennt (in einer Diskussion mit Münchner Schülern), wie unendlich schwer es doch sei, ein immer wieder aufs Programm genommenes Werk so zu musizieren, als geschähe es zum erstenmal, dann glaubt man ihm aufs Wort. Daß er nicht ein einziges Geigervorbild, also kein absolutes Idol habe, dem er zeit seiner Jugend nachgeeifert habe, sondern eine ganze Handvoll erlauchter Geiger seiner Väter- und Großvätergeneration, von denen er sich das eine oder andere einfach abgeschaut habe, mag man bezweifeln. Aber wenn er zur Illustration dieser Auskunft prompt eine Reihe treffender Imitationen auf dem eigenen Instrument abliefert – Heifetz' hochfahrendes Schluchzen oder Oistrachs von Vibrato triefenden Bombenton –, dann signalisiert das eine genaue Beobachtungsgabe.

Wenn sich jemand ein Herz faßt und Perlman eine persönliche Frage stellt, wie er denn, der er durch die Lähmung in früher Kindheit so schwer gehandicapt sei, eigentlich mit dem Herumreisen in aller Welt zurecht kommt, dann mischt sich in seine Antwort ein unüberhörbarer resignativer Vorwurf: Die Architekten bauen offensichtlich mit Vorliebe für solche Menschen, die mit Vergnügen Treppen hinauf- und hinabsteigen. Jemand wollte daraufhin einen Scherz machen und meinte, dafür sei er ja auf der Erfolgsleiter ganz schön rasch aufgestiegen – ohne Mühe. Damit hatte er recht, was den Erfolg betrifft, aber die scheinbare Mühelosigkeit, die ist auch bei einer so phänomenalen Begabung wie Perlman das Resultat unendlicher Mühe.

Der Neugierige

Gidon Kremer

Der am 27. Februar 1947 in Riga geborene Gidon Kremer ist, seit wir ihn Anfang der siebziger Jahre auch im Westen – zunächst in Jugoslawien und in Wien, später auch in Berlin und München – kennenlernten, seinem musikalischen Wegziel treu geblieben: nicht schlicht schöne Töne auf der Violine zu produzieren, sondern das Instrument dazu zu benutzen, den musikalischen Text expressiv, ja ausdrucksfiebernd zu deklamieren, Geschichten auf der Geige zu erzählen. Kremer ist ein sensibler Raconteur, ein Barde, der vermessen genug ist, jeden Text erst einmal innerlich in Frage zu stellen und ihn dann sich selbst und uns Zuhörern so zurechtzurücken und zu präsentieren, daß wir bisweilen vergessen, ob wir uns entzückt oder vergewaltigt fühlen sollen – was ja nicht immer aufs selbe hinausläuft.

Eine Kremer-Interpretation, um zwei typische Beispiele aus dem Konzertsaal zu nehmen, etwa der g-Moll-Sonatine von Schubert oder der d-Moll-Sonate von Brahms, hätte vor einem Vierteljahrhundert noch Kopfschütteln oder Skepsis hervorgerufen. Den Notentext heiligzusprechen galt damals als Parole; heute exerziert Kremer etwas, das der geniale Musikschriftsteller Paul Bekker vor über einem halben Jahrhundert den notwendigen »Rausch der Improvisation« genannt hat: aus diesem »Rausch neu gebären« und nicht bloß reproduzieren. Natürlich kann man das ungewollt übertreiben, was Kremer meistens zu vermeiden weiß, und seine Neigung, unter keinen Umständen vier oder gar acht Takte ohne schillernde Tonfarbenschattierung zu spielen, glitte sicherlich häufiger ins Manierierte ab, wären da nicht sein stupendes geigerisches Vermögen und sein ständig kontrollierender Kunstverstand. So werden Schubert und Brahms, die eigentlich gegensätzliche Beispiele lyrisch-spielerischer und dramatisch-erzählender Grundhaltung sind, zu klanglichen Kabinettstückchen, mit neugierig machenden Klanggegensätzen garniert: wohlvertraute Texte in neuer, aufregender Interpretation. Eines von Kremers Lieblingsstücken ist das Variationswerk über »Letzte Rose« von Heinrich Wilhelm Ernst, ein hanebüchen kniffliges

Gebilde, das Kremer nicht nur mit blanker Spielfreude und phänomenalem Können serviert, sondern mit einer (klanglich betrachtet) abgefeimten Hintergründigkeit, die den Hörer nicht nur an der vernehmbaren Schönheit, sondern gewissermaßen zugleich an dem Zweifel, ob solche blanke Schönheit heute überhaupt noch gültig sei, teilhaben läßt.

Neben dem für geschärfte, ja gebrochene Klänge wachen Empfinden erleben wir bei Kremer freilich noch eine fesselnde und von des Künstlers Neugierde getriebene Intellektualität, eine permanente Unruhe, die auch auf den äußeren Habitus wirkt. Ein tauber Konzertgänger würde Kremers sichtbare Attitüde auf dem Podium bemäkeln: Kremer geriert sich auffällig nervös, tänzelt auf dem Podium gern auf und ab, verrenkt den Körper wie ein zorniger Schulmeister oder bleibt sekundenlang mit geöffnetem Mund starr vor innerer Erregung. Doch diese optischen Eindrücke, so irritierend sie sein mögen, betrügen das Ohr nur selten. Auch sattsam bekannte Werke wie etwa Beethovens Frühlingssonate musiziert er mit einer interpretatorischen Frische, die von der Übertreibung lebt, ohne daß man es immer gewahr wird. Da werden dynamische Schattierungen zu dramatisch prallen Gegensätzen; blitzschnelle Stimmungsumschwünge, von anderen Interpreten nur halbherzig exekutiert, spielt Kremer mit einer Bravour aus, die fast erschreckt.

Als er in München mit einem Violinabend debütierte – mit Strawinskys Elegy als Eingangsstück, mit Reger, mit der »Letzten Rose« und der Chaconne von Bach –, hieß ihn der Kritiker Joachim Kaiser denn auch den »wahrscheinlich interessantesten Geiger unserer Zeit«. Kremer war damals 28 Jahre alt und hatte bereits eine an unterschiedlichen Phasen reiche Entwicklung hinter sich: Den ersten Unterricht gab der Vater; vom Großvater, dem Geiger Karl Brückner, erbte er ein kostbares Instrument von Giovanni Battista Guadagnini, und er hat ihm, nach eigenem Bekenntnis, auch musikalisch »viel abgelauert«. Daran schlossen sich ein Studium bei dem Ševčík-Schüler Woldemar Sturestep an sowie, von 1965 an, acht Jahre in der Moskauer Konservatoriumsklasse von David Oistrach. »Das war ein ungewöhnlich großzügiger Mensch, den ich sehr bewundert habe«, sagt Kremer heute. Schon während dieser Meisterschülerjahre bei Oistrach hatte Kremer internationale Lorbeeren gepflückt: In Brüssel holte er sich 1967 den dritten Preis (der erste ging an seinen Landsmann Philippe Hirschhorn, der in der Geigerwelt eine Hoffnung blieb), zwei Jahre später Preise in Montreal und in Genua, schließlich 1970 den ersten Preis beim Moskauer Tschaikowski-Wettbewerb. Sein Lehrer Oistrach überreichte dem schmalen blonden Jüngling mit der großen Brille die Goldmedaille.

Der Sieg in Brüssel hatte Hoffnungen auf mögliche Gastspiele im Westen geweckt, die von Moskau jedoch nicht genehmigt wurden. Erst mit dem Tschaikowski-Preis schien Kremer würdig, den Staat im Ausland zu repräsentieren: Unter Oistrach gastierte er in Budapest (Sibelius-Konzert), unter Thomas Schippers in Wien (Elgar-Konzert); auch in Ohrid im südlichen Makedonien tauchte er auf, wo man bei den sommerlichen Musikfesten häufig junge Geiger aus der Sowjetunion zum erstenmal hören konnte: Tretjakow, Pikaisen, Igor Oistrach und eben Kremer debütierten früh in diesem von Moskau als »halbsozialistisch« betrachteten Ausland. Zwischendurch konzertierte Kremer in Hunderten von großen und kleinen Orten seines Heimatlandes und kam endlich mit einem Violinabend nach Wien, 1975 dann nach Ansbach und München, wo er kurz nach einem Soloabend auch das Brahms-Konzert spielte. Einhellige Begeisterung beim Publikum und in der internationalen Presse haben seitdem Kremer in die musikliebende Welt katapultiert, und während des folgenden Jahrzehnts hat Kremer mehr Konzerte gegeben, mehr Schallplatten bei den verschiedensten Firmen eingespielt, mehr Kammermusik getrieben und Musikfeste inspiriert und organisiert als die allermeisten seiner Kollegen.

Der aus einer deutsch-jüdischen Familie stammende Kremer hat in diesen Jahren verschiedene, sicherlich oft schmerzliche Erfahrungen der Bindung und Lösung von der Sowjetunion machen müssen. Mit seiner ersten Frau, der großartigen Geigerin Tatjana Grindenko, hat er ungezählte Konzerte gegeben (bei den Salzburger Festspielen machte ihr Duoabend Furore) und ein halbes Dutzend Platten eingespielt; seine zweite Frau, die Pianistin Jelena Baschkirowa, begleitete ihn gleichfalls in Plattenstudios und auf internationalen Podien; die Freunde Oleg Maisenberg und Alfred Schnittke, dessen Kompositionen er bekannt macht, wo immer er vermag, der estnische Landsmann Arvo Pärt, für dessen Werke Kremer sich ebenfalls einsetzt, der in Brüssel preisgekrönte Pianist Valery Afanassiev und der junge Tschaikowski-Preisträger Andrei Gawrilow bezeugen eine nie abgerissene Verbindung zu den künstlerischen Freunden und der musikalischen Entwicklung in der Sowjetunion. Kämpfe mit der dortigen Bürokratie um Pässe und Reisebewilligungen, Aus- und Einbürgerungen haben Kremers Kräfte fraglos eine Zeitlang mehr in Anspruch genommen, als vorauszusehen war. Mittlerweile ist er, nach eigenem Bekunden, ohne eigentlichen Heimatsitz und ohne rechtes Heimatgefühl und inzwischen auch wieder ohne familiäre Bindungen. Die Eltern sind nach Heidelberg übergesiedelt, aber Kremer, der als Muttersprache Deutsch spricht, hat in der Bundesrepublik im Grunde so wenig Wurzeln wie anderswo. In München hat er eine Zeitlang eine Wohnung gehabt, dorthin kehrt er immer wieder einmal zurück, auch dort stets neugierig auf alles, was sich im Kulturleben abspielt – moderne Ausstellungen, neue Filme, Theater. Völlig erschöpft von einer langwöchigen Tournee rund um den Erdball, führte ihn der Weg

Gidon Kremer

geradewegs in die Münchner Kammerspiele, um ein Gastspiel Bernhard Minettis mit einem Stück von Thomas Bernhard nicht zu versäumen.

Diese produktive Unruhe hat Kremers künstlerische Aktivitäten in den vergangenen zehn Jahren beinahe unübersehbar gemacht. Selbstverständlich hat er mit den prominentesten Dirigenten unserer Tage – mit Karajan (der ihn in spontaner Begeisterung zu einer nicht ganz geglückten Brahms-Einspielung einlud), mit Bernstein und Muti, mit Harnoncourt, Chailly, Marriner und Maazel – die Werke der großen Literatur aufgeführt und auf Platten eingespielt und dabei stets von neuem überraschende Interpretationen vorgeführt, die zumindest als zeitweilige Haltepunkte in seiner künstlerischen Entwicklung gelten können, obwohl sie immer wieder unvermuteten Wandlungen unterworfen ist.

Das Tschaikowski-Konzert beispielsweise, Pflicht- und Glanzstück jedes Geigers, der in Moskau mit goldenem Lorbeer dekoriert wird, kennen auch westliche Konzertgänger beinahe auswendig, haben es ungezählte Male vernommen als sentimental unterhöhlte Romanze, als glitzerndes Bravourstück oder als männlich-sonor deklamiertes Klassikermonument. Kremer führt uns – sowohl im Konzertsaal wie auf der Platte mit Lorin Maazel und den Berliner Philharmonikern – auf geigerisch unanfechtbare Weise in unbekannte Gefilde. Tschaikowskis Konzert als ein geigerisches Terrain, auf dem höchst sensible, von empfindsamer Nervosität diktierte Klangvorstellungen dominieren; da führt kein optimistischer Herrengeiger das große Wort, sondern ein Musiker, der auf fast improvisierend wirkende Manier unterstreibt. Der erste Satz droht manchmal unter den wechselnden Stimmungen und Klangschattierungen zu zerbrechen, und manche übertrieben wirkende Temporückung scheint das Riesenstück immer wieder in einzelne Passagen zergliedern zu wollen, als gelte es vorzuführen, wie reichhaltig und widerspruchsvoll die Klang- und Gefühlspalette dieses Konzerts ist, das manch anderer Geiger in einem großen, gleichbleibenden Atem herunterzugeigen pflegt. Es ist ein überempfindlicher, ja dekadenter Tschaikowski, der da vorgeführt wird – auf denkbar hohem geigerischen Niveau, versteht sich, und mit einer rhetorischen Verführungskunst, der man – etwas zögernd vielleicht – schließlich doch erliegt, weil sie mit so virtuoser, keinen Widerspruch duldender Emphase geschieht.

Die anderen beiden Sätze halten sich eher an gewohnte Muster, wobei Kremer im Finale, bei aller notwendigen technischen Bravour, auf jede nur glitzernde Oberflächlichkeit verzichtet, ja ganz bewußt das Grundtempo zu zügeln weiß. Aber ungewöhnlich, ja aufregend ist es schon, zu erleben, wie hier ein vertrautes Interpretationsmodell aufgebrochen, zergliedert und in ungezählten Einzelpassagen in Frage gestellt wird. Als Kremer dieses Werk in München vorführte, spendierte er eine Zugabe, die auf den ersten Blick wie ein stilistischer Kontrast wirkt: ein Beispiel aus Karlheinz Stockhausens »Kinderspiele«, ein herrlich improvisierend, nervös mit allen geigerischen Klangschattierungen jonglierendes Stück von phantastischer, leicht exotisch anmutender Schönheit. Kremer tauchte es wie mit einem Zauberstab in ein flirrendes Gewand fast abstrakt wirkender Töne, und er verstand es, die beiden Werke, deren

Verfasser innerlich meilenweit voneinander entfernt scheinen, wie ganz selbstverständlich zusammenzubinden.

Nun sollte niemand, der Kremer nicht im Konzertsaal erlebt hat, etwa denken, hier sei ein dekadenter Leisetreter am Werk, dessen Morbidezza sanft, aber kunstvoll des Solisten Vitalität stranguliere. Das Gegenteil ist der Fall. Wer ihn beispielweise das Sibelius-Konzert hat geigen hören (und sehen), der erinnert sich fast mit frommem Schauder seines rückhaltlosen auch physischen Einsatzes, vor allem im Finale. Er hat überdies jene Fähigkeit zur überlegen zusammenhaltenden Kraft und zur Darstellung von Zusammenhängen, die erst bei der mühelosen Bewältigung der enormen technischen Ansprüche gelingt. Wie vehement sich Kremer im Finale der berüchtigten Terzenpassagen annimmt, die nur als brillante Bindeglieder ohne virtuosen Selbstzweck der Darstellung dienen, das ist von unerhörter, geradezu besessener Qualität, die selbst so begabte jüngere Kollegen wie die beeindruckende Viktoria Mullova hinter sich läßt – nicht durch das geigerische Können allein, sondern durch die Überlegenheit, sich dieses technische Können für die Interpretation dienstbar zu machen. Riccardo Muti und das Philadelphia Orchestra sekundieren überdies mit Energie und einer Genauigkeit, die beispielgebend ist.

Der Produktionszufall brachte Anfang der achtziger Jahre Beethovens Violinkonzert sowohl von Perlman wie von Kremer interpretiert auf den Markt, und Perlmans Wiedergabe wurde, wie erwähnt, von strengen Kritikern, weil »zu schön« gespielt, als »zu oberflächlich« gebrandmarkt. Wäre Kremers Spiel um so tiefsinniger, je »unschöner« er geigt? Das nun tut er ganz und gar nicht, und auch ihre Zeiten differieren nur geringfügig, wenn man berücksichtigt, daß Kremer im ersten Satz die Solokadenz (unter Mitwirkung der Pauke) von seinem Landsmann Schnittke spielt. Der klangliche »Dissens« ist auf eine grundsätzlich andere Tonvorstellung gegründet. Kremers Ideal scheint auch hier die permanente, rückhaltlose Emphase zu sein, die die gewünschten Effekte aus einer ständig sich ändernden Tongebung bezieht. Sein Bogenstrich beschwört eine vielfarbige Palette des Klanges, nuanciert und schattiert, um zu lebendiger Darstellung zu gelangen, hält den musikalischen Fluß der oft begleitenden Violine nervös lebendig, scheut auch vor spröde und heiser klingenden Passagen nicht zurück, mißtraut der reinen, unverfälschten Sinnlichkeit des Tons. Dieser bewußt aus dem geigerischen Können erwachsene Reichtum an Klangmöglichkeiten stößt an die Grenzen der Manieriertheit, wenn die Nervosität mit permanentem

Klangwechsel in die Ebenmäßigkeit der klassischen Struktur einbricht. Aber auch hier wird es vom ästhetischen Standort des Hörers abhängen, ob er dieses permanente In-Frage-Stellen als Vergewaltigung empfindet oder als eine äußerst differenziert ins Werk gesetzte Beglückung.

Das Brahms-Konzert (am ehesten abzuhören in der Aufnahme mit Leonard Bernstein und den Wiener Philharmonikern in einem gelungenen Mitschnitt) verträgt seltsamerweise solche emphatische Behandlung der Solopartie besser. Vor allem der Mittelteil des Adagios, vom Beginn des »largamente« an, erfährt eine von herrlich drängender Unruhe gespeiste, lebendige Interpretation, die an die Zeiten eines Fritz Kreisler gemahnt. Von improvisatorischer Freiheit geführt, freilich niemals verführt, ist diese Brahms-Aufnahme ein Beispiel dafür, wie eng und harmonisch bei Kremer melodische Sehnsüchte und gefilterte Kunstfertigkeit beieinander wohnen. Die Gefahr, dabei die Grenze zur Manieriertheit zu berühren, wie dies in Brahms' d-Moll-Sonate fast unüberhörbar war, ist hier gottlob eindeutig gebannt.

Kremers singuläre Neugierde wäre nicht befriedigt, wollte er sich mit dem bekannten Konzertprogramm als alleinigem Spielfeld begnügen. Natürlich hat er auch die virtuose Literatur gespielt und eingespielt, so auf einer Platte sattsam bekannte Paradepferde wie Chaussons »Poème« und Vieuxtemps' »Fantasia appassionata« sowie Milhauds »Le Bœuf sur le toit«. Dessen bitonale, unser Ohr noch immer frech reizende Passagen beutet Kremer nach Geigerlust aus, pfeift bisweilen auf den schönen Geigenton und serviert mit unterkühltem Sentiment ein Stück, das – wie er selbst weiß – erst dann ganz seine Wirkung tut, wenn man es ziemlich kaltschnäuzig spielt. Vieuxtemps und Chausson bekommt dergleichen Behandlung nur begrenzt, zumal Kremer sich vom London Symphony Orchestra und Riccardo Chailly etwas pauschal und knallig begleiten läßt. Kremers Bild von dieser Art Geigerromantik ist im Gegensatz zu der ihn umgebenden Klangkulisse viel zu morbide, um richtig sinnlich werden zu können, und so wirkt sein geigerisches Aroma auf fast chemisch anmutende Weise parfümiert. Aber auch diese Befremdlichkeiten gehören zu Kremers künstlerischer Erscheinung, geben dem Könner mehr Raum als dem empfindenden Musiker.

Als Beispiele für Kremers Einsatz für Geigenkonzerte neuerer Bauart mögen diejenigen von Alfred Schnittke und Hans Werner Henze dienen, dessen Konzert für Violine und Kammerorchester »Il Vitalino raddoppiato« (Der verdoppelte Vitali) sogar bei den Salzburger Festspielen das

Licht der Welt erblickte: eine »seltsam schöne Jugenderinnerung« des Komponisten, sehnsüchtige Beschwörungen vergangener Klänge, denen in unserem Jahrhundert ganze Scharen von Komponisten erlegen sind; man denke an Alfredo Casellas »Scarlattiana«, Philipp Jarnachs »Musik mit Mozart« oder Igor Strawinskys musikalische Amouren mit Pergolesis »Pulcinella«. Ich weiß nicht, ob Kremer je wieder Gelegenheit hatte, den kniffligen, mit Terzen- und Sextenketten behangenen Solopart zu

Leonard Bernstein und Gidon Kremer

spielen. Die etwas äußerlichen und aufgesetzten Schwierigkeiten, unter denen das originale Baßgerüst festgefügt zu ruhen scheint, gipfeln in immer neuen Läufen und Akkordketten, und erst ganz gegen Schluß (genau: auf Seite 111 der Partitur) gerät die »Zustand gewordene Sehnsüchtigkeit« des Verfassers in Bewegung, ins absichtsvolle Schweifen, zu selbständiger Attitüde. Da löst sich die Musik aus dem Korsett des Metrums, beginnt zu schweifen, beginnt eigene Sehnsüchte auszusprechen, ohne sich an die barocke Syntax Vitalis zu klammern. Aber es scheint, als wollte Henze diesen beinahe ungehörigen Ausbruch von historischer Untreue rasch wieder vertuschen. Nach 50 Takten und einer unwirschen Solokadenz ist das 20minütige Stück zu Ende. Kremer machte diese letzten Minuten des etwas redseligen, mit Kunstfertigkeit bramarbasierenden Stückes zu einem herrlich befreienden Ausbruch in Gefilde eines neuen, alle Spröde abwerfenden Klanges. Einen zu größerer Überredung fähigen Künstler hätte sich Henze gar nicht wünschen können.

Das dritte Violinkonzert von Kremers noch in Moskau lebendem Freund Schnittke, das 1978 entstand und ein kammermusikalisches Ensemble (13 Bläser und vier Solostreicher) versammelt, ist – wollte man an Schnittkes erste Symphonie denken – kein besonders experimentierfreudiges, gar aggressives Werk. Der Solopart, den Kremer bei der Münchner Erstaufführung 1980 mit leuchtender Intensität und einer noch im verhaltenen Flüstern überredenden Noblesse interpretierte, verzichtet auf jegliche geigerischen Mätzchen und bezieht seine Führungsrolle allein aus dem klanglichen, gelegentlich auch aus dem bewegungsmäßigen Kontrast zum Orchester. Die Grundstimmung ist ernst, was gegen Ende durch orthodoxe Choralanklänge unterstrichen wird. Tonreibungen und chromatische Intervalle sind als Klangerweiterungen zu messen und nicht als Strukturprinzip zwölftöniger Strenge. »Ich folgte nur den Intentionen meines Gehörs«, erläutert der Komponist sein Werk, das in seiner unpreziösen Anlage beinahe schlicht zu nennen ist. Auch Schnittke darf sich preisen, in seinem Freund Kremer einen beredten Anwalt zu besitzen, der seine Musik im Westen mehr bekannt gemacht hat als jeder andere Musiker.

Ein drittes, allerdings schon 1954 komponiertes Konzert fand in ihm gleich den Solisten für eine Platteneinspielung: Bernsteins »Serenade« nach Platons »Symposion« für Sologeige, Streicher, Harfe und Schlagzeug, das gelegentlich auch als Ballett aufgeführt wird. Das ist amerikanisch-diesseitig optimistisch aufgezäumte Musik, wie wir sie nach 1945 zuhauf von Komponisten wie William Schuman, Roy Harris, Peter Mennin und anderen vorgesetzt bekamen: ein bißchen vom Jazz, aber auch von Strawinsky inspiriert, oft in das tonale Hindemith-Gewand gehüllt und, wenn die Arbeit von Inspiration angetrieben wird, sogar unterhaltsam. Das ist Musik zum schönsten Entertainment und so recht geeignet zum Staunen, wenn Kremer noch aus der banalsten Passage geigerisches Feuer schlägt und der dirigierende Komponist mit dem Israel Philharmonic Orchestra Akkordballungen aufeinandertürmt – nie ganz gefährlich, sondern wie farbige Bauklötze, die nur scheinbar bedrohlich durcheinanderpurzeln. Von ähnlich moderater, wenn auch eher aufs nur Hymnische gerichteter Bauart sind »Preludio & Chant« sowie die »Elegia« von Claus Ogermann, einem erfolgreichen Jazz-, Film- und Popkomponisten, der Kremer überzeugte, die eigenen ernst gemeinten Ausflüge in die ernste Musik gleich mit einer Schallplatte zu krönen: Kremer ließ sich kurz entflammen, die volltönende Partitur (man wird an Bartóks frühe »Deux portraits« erinnert) unter des Komponisten Leitung einzuspielen. Nur Künstler von seinem Kaliber vermögen überhaupt Interesse herzustellen für unbekannte Geigenware, auch wenn die zahllosen Bemühungen, die weiland Jascha Heifetz und Joseph Szigeti unternahmen, bei vielen dieser Versuche keine exzessiv erfolgreichen Resultate zeigten.

Unorthodox sind oft auch Kremers Kammermusikprogramme, ob er sie nun in Begleitung von Frau Jelena, von Schnittke, Afanassiev, Maisenburg oder Gawrilow absolviert. Nur Statistiker werden wissen, wie oft Hindemith als Kammermusiker bei den Salzburger Festspielen zu Wort gekommen ist. Kremer machte es jedenfalls möglich und gab der einst als bürgerverschreckend verschrienen Sonate op. 11,1 von 1921 ein so raffiniert sensibles, ja impressionistisch gefärbtes Klanggewand, daß man seinen Ohren kaum traute. Auch Schostakowitschs späte, David Oistrach gewidmete Sonate op. 134 steht häufig auf Kremers Programmen, und wieder wurde sie in Salzburg fast demonstrativ angesetzt und – bejubelt. »Resignative Gebrochenheit und lapidare Kühle«, bescheinigt der Plattentext diesem Werk, das Kremer und Gawrilow herausbrachten. Alle geigerischen und pianistischen Schwierigkeiten vermögen nicht darüber hinwegzuspielen, daß hier ein Werk zelebriert wird, dessen Inspiration im Grunde versiegt ist: Ein virtuos dekoriertes Gerippe, ein Gerüst ist geblieben, in dem Geige und Klavier verbissen ihre linearen Strukturen, ihre phantasieentleerten Floskeln mit bewundernswerter Energie zeichnen. Ein erschütterndes Zeugnis künstlerischer Gebrochenheit, das auch beim mutigen Immerwiederhören seine Trostlosigkeit nicht verliert. Lag es nur an der Suggestivkraft Kremers und Gawrilows, daß sogar in Salzburg danach erste Bravorufe hörbar wurden?

Kremers Neugierde beschränkt sich nicht aufs Zeitgenössische. Neben dem sattsam bekannten Standardrepertoire forscht er und findet er immer wieder Entlegenes, selten Gehörtes, ja Unbekanntes, und bisweilen überwiegt der Appetit darauf die Nährkraft des Genossenen. Eine Zeitlang reiste Kremer mit der Violintranskription des Klarinettenduos von Carl Maria von Weber, das auf der Geige leider ganz trist und nebensächlich klingt. Die bald schmachtende, bald plärrende Wirkung des Klarinettentons kann auch ein Kremer weder imitieren noch durch wieselflink, ja fast beiläufig produzierte Virtuosität ersetzen. Webers Melodik besteht nicht aus trompetenartig hervorgehobenen Spitzentönen, die belanglose Arabesken verbinden. Vielmehr sind diese Ornamente integrale Bestandteile des Weberschen Melos, die man nicht als Quantité négligeable zögernd vorzeigen, am liebsten ganz wegdrücken kann. Dann bleibt nichts übrig als die Dachbalken der Komposition, und die wirken dann simpel und blank. Sogar die beiden intelligenten Könner vermochten den entblätterten Weber nicht in ein buntes Klanggewand zu hüllen. Aber da man gerade eine Platte davon zu machen gedachte, sollte das Stück wohl vor Zuhörern ein bißchen probiert werden. Dies ist eine ökonomisch verständliche, nicht immer beglückende Wechselwirkung, Plattenaufnahmen und Konzertprogramme im Gleichschritt vorgeführt zu bekommen. Das gilt auch für Rossinis beredtes und notenreiches Andante con variazioni – alles vergnüglich und brillant musiziert, aber nur wegen der damals für Kremer etwas kompliziert gewordenen Plattenkontrakte ungewollt oft auch im Konzertsaal vorgeführt.

Zur selben Zeit erschien ein weiteres, noch bunteres Potpourri mit Frau Elena am Klavier, ein hurtig absolviertes Kraut-und-Rüben-Programm, das Schnittkes »Stille Nacht« mit »Candy Girl«-Folklore bündelte und dabei Ravels »Berceuse« und Sarasates »Habanera« sowie allerlei anderes blühendes Unkraut im Vorübergehen zusammenrafft – Schallplattenverschnitte, die eher einen Vertrag erfüllen als einen Ertrag erbringen. Mit Kremers Frau sind in diesen Jahren eine Reihe von solchen Potpourris entstanden, in denen hier ein Strawinsky, dort ein Milhaud wie Glühlampen in der Finsternis des Hörers Gemüt aufhellen. Vor Geigertemperamenten in der Art der Kremer, der Perlman oder Heifetz sind derlei Sammelsuria nicht sicher. Was des großen Jascha Gounod, ist des Perlman Bazzini und des Kremer Satie. Aber Kremer ist auch zur Stelle, wenn es keine Platten-»Renner« zu produzieren gilt wie auf jener Einspielung, die Schnittkes drittes Solokonzert, Strawinskys Pastorale und »Geschichte vom Soldaten« und Stockhausens »Tierkreis«-Zyklus (sechs Stücke) vereint! Hier verdingt sich ein Weltstar an

Kammermusik unseres Jahrhunderts, und die Resultate sind staunenswert.

Die geniale Eigenwilligkeit Kremers war jedoch bald nicht mehr zufrieden mit der künstlerischen Ausbeute landläufiger Konzerttourneen und Schallplatteneinspielungen. Es mag sein, daß ihn bei seinen Konzertreisen, bei Gesprächen mit Kollegen neue Möglichkeiten in den Sinn kamen, dem normalen Konzertbetrieb eine Zeitlang zu entfliehen. Die amerikanischen Festivals in Marlboro oder in Aspen in den Rocky Mountains, die kleinen, fast intimen Musikfeste im makedonischen Ohrid, in Hohenems oder im finnischen Kuhmo, vor allem aber Henzes kultursoziologisches Experiment in Montepulciano mögen ihm Hinweise gegeben haben, wie man es machen (oder auch nicht machen) sollte.

Das Ergebnis war das erste Kammermusikfest im burgenländischen Lockenhaus im Juli 1981 – dicht an der ungarischen Grenze und fern des üblichen Musikbetriebs angesiedelt. Seither strömen in den Sommerwochen Kremers Freunde und Kollegen (und viele Kollegen werden rasch seine Freunde) dort zusammen, um zu musizieren; spontan und ohne zelebrierend lange Vorbereitungszeit, vor allem in ungewohnten, lange nicht erprobten Kombinationen; mit Programmen seltener, oft ein wenig abstruser wiederentdeckter Werke. Die Organisation überläßt Kremer dem musikbesessenen Ortspfarrer Josef Herowitsch. Gäste sind eher als Mitwirkende denn als pure Zuhörer willkommen. Musik nicht unter dem Diktat des Musikmarktes empfinden, dafür ohne Vorbehalte; die Natürlichkeit des Musikmachens erlebbar machen, Humor und Musizierlust niemals verlieren, hier eine musikalische »Familie« zu finden, die sich auch in Zukunft treffen wird . . . Das sind ein paar Hoffnungen, denen sich Kremer selbst und seine Freundesgäste hingeben wollten.

Die Konzerte haben oft Überlänge und künden von einer Musikbesessenheit, die beinahe erschrecken macht. Ein ausgewachsenes Ritterburg-Programm hat schon seine achteinhalb Stunden Länge mit drei Essenspausen. Im ersten Jahr gab es da zum Beispiel Schönbergs »Weltkrieg I«-Marsch und Hindemiths Minimax-Quartett, nach Mitternacht ein »Kitsch, Smile & Co« betiteltes Sammelsurium von selten gewordenen Bearbeitungen, Parodien und ad hoc gebildeten Transkriptionen. Auch dort werden große Meisterwerke mit heiteren Impromptu-Auftritten bunt gemischt, und es hat in den Pressberichten nicht an skeptischen Worten gefehlt, die einerseits dem Inspirator Kremer eine bei aller Selbstlosigkeit doch viel zu dominierende Rolle ankreideten und die andererseits bemängelten, mit Konzertscherzen à la Gounods »Meditation« für Luftpumpe und Klavier sei auf die Dauer kein ernstzunehmendes Musikfest zu bestücken. Beides mag seine partielle Berechtigung haben und trifft doch nicht den Kern der Bemühungen. Natürlich gibt Kremer in Lockenhaus den »Ton« an; Dutzende von prominenten Künstlern dürfen erfahrungsgemäß nicht völlig sich selbst und ihren Idiosynkrasien überlassen bleiben. Inzwischen sind auch eine Reihe von Kollegen, die nicht zugleich Kremers Freunde werden mochten, dem Lockenhauser Betrieb ferngeblieben. Zum anderen hat man nach den ersten Festen die Beispiele mit dem ungewohnten Musikjokus über Gebühr hervorgehoben; die Meisterwerke, die dort gespielt wurden, nahm man als selbstverständlich hin, obwohl auch bei ihnen Spontaneität und Qualität gleichermaßen beeindruckten.

Einen ziemlich langen Kammermusikabend hat Kremer eines Tages kurzerhand nach München in den Herkulessaal importiert. Kremer »und seine Freunde«, das waren damals der Geiger Thomas Zehetmair, die Bratschistin Kim Kashkashian, die Cellisten Mischa Maisky und Wolfgang Boettcher sowie der Klarinettist Eduard Brunner. Vier Stunden lang musizierten sie mit Hingabe fünf Werke: drei unbekanntere, gewissermaßen pädagogisch angesetzte Stücke und zwei Meisterwerke. Selbst während der zwei Konzertpausen der Mammutveranstaltung spielten die Lockenhauser fidele Neutönerschrammeln und zeigten, wie unerschöpflich die Kammermusikkiste sein kann, wenn man nur ein wenig in ihr kramt. Ravels Duosonate für Geige und Cello war zu hören sowie Prokofjews Sonate für zwei Geigen (Kremer hat sie gemeinsam mit Tatjana Grindenko auch auf Platten bekanntgemacht). Die Streicher entlockten ihren Instrumenten solchen klanglichen Reichtum, daß 40 Minuten lang die anfänglich befürchtete Sehnsucht nach einem Steinway-Flügel gar nicht aufkommen wollte. Eine Novität, die aus dem Bach-Jahr 1950 datiert und seither vielleicht nicht unverdient den Vergessenheitsschlaf schlief, war Ernst Křeneks kontrapunktisch aufgezäumtes Werklein mit dem gelahrten Titel »Parvula Corona Musicalis«: kontrapunktisch verfremdete Bach-Zitate, auch die Folge b-a-c-h sind zuweilen zu vernehmen, trockner Tiefsinn, gnädig kurz komponiert und sicherlich völlig »authentisch« ausgeführt, ein langwierig wirkendes, spindeldürres Werklein für Streichtrio (auch auf einer Platte vermag man Kremers und seiner Freunde Bemühung nachzuprüfen). Eingerahmt waren diese pädagogisch sicherlich wichtigen Stücke von zwei Meisterwerken, Schuberts

Streichquintett und Brahms' Klarinettenquintett. Brunner, der Meisterbläser, vergaß niemals über aller tief empfundenen Emphase die zusammenfassende, überlegene Gliederung der melodischen Verläufe, was der Kollege Kremer im Drange der Ausdrucksgeschäfte vielerorts unterließ und sich doch bisweilen den ermüdenden Gefilden des Manierierten näherte. Vielleicht empfinden das Kremer-Verehrer als bloße Nuancierungen. Doch die Gefahr ist unüberhörbar. Schuberts Quintett bestach dagegen durch ganz einheitlich befolgte, geradezu balsamische Anbetungen des reinen Melos, das natürlich und ungekünstelt zu Wort kam. Und im Finale ließen die fünf Musiker alle Bremsen locker und wurden nach dem Musikmarathon wie Sieger heftig gefeiert. Dabei waren das ja nur Kostproben von der reichen Lockenhauser Tafel, bei der allsommerlich bekanntlich die reinste Völlerei herrscht.

Diese Lockenhauser Begegnungen resultierten in zwei künstlerischen Partnerschaften, die von der Schallplattenindustrie dann auch rasch zu dauerhaften Paarungen gepreßt wurden: Mit der sonor, edel und makellos spielenden Bratschistin Kim Kashkashian musizierte Kremer auf dem Podium und im Tonstudio Mozarts Sinfonia concertante, bei der sich der musikalische Gleichklang der Seelen nicht sogleich offenbart. Kremers Mozart geht in jedem Takt aufs Nuancieren aus. Kleinste Verzögerungen, etwas preziös ausgeführte Verzierungen, kaum merkliche Rubati machen der Partnerin das Folgen beziehungsweise das Befolgen nicht einfach. In den natürlich fließenden, wie vom blanken Mozart-Himmel gefallenen Solokadenzen schleicht sich neben der Kunst und manuellen Fertigkeit so etwas wie gewollte Kunstfertigkeit ein. Kremers bohrender Musikverstand, der – was ein Labsal ist – zunächst einmal skeptisch vieles Altbekannte in Frage stellt, klingt mir in seinem übernuancierten Spiel eine Spur zu gewollt, zu raffiniert. Auch die Wiedergabe des Es-Dur-Divertimentos mit Yo-Yo Ma und Kim Kashkashian leidet darunter. Den beiden sonor, sinnlich, ja saftig musizierenden Partnern stellt Kremer seine emphatische, von heiserer Intensität durchdrungene Spielweise entgegen, die ihn fast daran hindert, ein simples und doch so himmlisches Thema wie den Beginn des Finalrondos so natürlich zu spielen, wie es komponiert ist und von den anderen Partnern auch befolgt wird. Nur Spitzentöne des Sechsachteltakts sind im Grunde vernehmbar. Mit langen, bisweilen fast etwas fahrig klingenden Bogenstrichen wird die naiv-natürliche Melodik zugunsten nervös improvisierender Unruhe gestört.

Mozart steht auch im Mittelpunkt jener Gesamteinspielung bei der Deutschen Grammophon, mit der Kremer seit Anfang 1987 einen Exklusivvertrag geschlossen hat. Die Firma hat ihn mit dem durch seine historisierenden Monteverdi-Aufnahmen berühmt gewordenen Nikolaus Harnoncourt zusammengespannt, und das Resultat dieser Partnerschaft von einem die historische Klangrede propagierenden Dirigenten und dem mit nervöser Unruhe erzählenden Geiger bleibt problematisch. Das B-Dur-Konzert (KV 207), als Platte und als Fernsehaufnahme 1985 produziert, klingt, als wollte Kremer die Mozartsche Musik dadurch erst zum wahren Leben erwecken, indem er ihr ein genau angepaßtes Kremer-Passepartout überstülpt. Das Adagio spielt er äußerst gedehnt; dieser Satz dauert bei ihm fast drei (!) Minuten länger als bei Wolfgang Schneiderhan und enthält so viele schmachtende Rubati, als gelte es, die letzte Blume der seelenzerfressenen Romantik vor dem Verwelken zu bewahren.

Die übrigen bisher vorliegenden Einspielungen (KV 211 und KV 216) nehmen diese aufdringliche Empfindsamkeit wieder etwas zurück, wobei mir die vergröbernde, den Bläserklang favorisierende, aufs dynami-

Beispiel 13
Aus: Mozart, Violinkonzert B-Dur Nr. 1 KV 207, 2. Satz

Gidon Kremers Mozart-Interpretationen zeichnet oftmals eine bewußt emphatische Dehnung der melodischen Verläufe aus. Im Adagio des B-Dur-Konzerts übertreibt er die Manier, durch permanente Klangschattierung und melodramatisch wirkende Betonungen Mozart »reden« zu lassen. Die ständige Emphatik gerinnt zur Karikatur.

sche An- und Abknipsen sich beschränkende Klangkulisse hinter dem seufzenden, von Takt zu Takt bewußt abschattierenden Geigersolisten nicht so recht einleuchten will. Solcher Dissens auf hohem Niveau bedeutet eine Verfremdung, die nur dem munden mag, der vom natürlich gespielten Mozart bereits überfüttert ist. Der Gaumen wird gekitzelt, der Magen bleibt leer.

Eine zweite Künstlerpartnerschaft ist die mit Martha Argerich. Es sind zwei künstlerisch attraktive Musiker von eigenem Temperament und eigener musikalischer Vorstellung, die da zusammengespannt sind, und der Glaube daran, daß zwei Solisten der ersten Klasse ein Duo der Sonderklasse abgeben würden, spukt in den Köpfen der Manager mit Macht. Immerhin ist aus dieser bewußt herbeigeführten »Mischung« von direkter und von reflektierter Spontaneität eine Reihe von explosiven Platteneinspielungen hervorgegangen: Die ersten drei Beethoven-Sonaten bieten exzellente, temperamentvolle kammermusikalische Kunst, und es bleibt ein Genuß, den Klavierpartner hier weder interpretatorisch noch gar pianistisch auf einen zweiten Platz verwiesen zu hören. Bei der Aufnahme mit den beiden Schumann-Sonaten ist die Partnerschaft als ideal zu bezeichnen. Beide Stücke sind in ein von Besessenheit durchpulstes Brio getaucht, das die von anderen Künstlern vernachlässigten Stücke im Triumph in das große, wichtige Repertoire zurückholt. Der Kopfsatz der a-Moll-Sonate oder etwa das Finale derjenigen in d-Moll läßt sich bravouröser, dabei empfindsamer musiziert nicht vorstellen.

Kremer wäre freilich nicht jener universelle, von permanenter Neugierde getriebene Künstler, wollte er nicht der Musik für Violine solo sein besonderes Augenmerk schenken. Schon aus den siebziger Jahren datieren die ersten Aufnahmen mit Paganini-Stücken, die ersten Bach-Aufnahmen (die drei Partiten) und eine erste Gesamteinspielung der sechs Solosonaten von Eugène Ysaye, eine beeindruckende Tat, die ihm als besondere Auszeichnung die Ysaye-Medaille des belgischen Staates einbrachte. Als eine besondere Art der »Ausgrabung« hat Kremer diese Gesamtaufnahme allerdings nicht betrachtet. »Einige dieser Sonaten«, so wird er auf dem Cover zitiert, »habe ich schon in früher Jugend gespielt und später auch mit David Oistrach studiert. Sie zählen zu den schwierigsten Werken für Violine solo und nehmen in der virtuosen Literatur einen hohen Rang ein. Wenn ich heute Ysaye im Konzertsaal auch seltener spiele, so sollen diese Aufnahmen meine Liebe zu diesem Komponisten dokumentieren.«

Kremers Bewältigung der sechs gleich schwierigen, aber vom musikalischen Gehalt ganz verschiedenen Werke ist erstaunlich. Ysaye hat sie jeweils einem großen Geigerkollegen gewidmet, dessen besonderen technischen und künstlerischen Charakteristika sie entsprechen, sie berücksichtigen oder suggerieren: Joseph Szigeti, Jacques Thibaud, George Enescu, Fritz Kreisler, Mathieu Crickboom und Manuel Quiroga. Die dritte in d-Moll ist die bekannteste geworden, und Kremer hat sie häufig im Konzertsaal gespielt: voller inbrünstiger Expressivität, mit hexenhafter Virtuosität in den Laufpassagen und mit dem Ausdruck balladesker, gleichsam improvisatorisch wirkender schweifender Erzählkunst auf der Geige.

Ein Jahrzehnt später, 1986, erschien eine als »A Paganini« betitelte Soloplatte, die Kremers Kunst in ein neues, zunehmend schärferes Licht stellt. Im Gegensatz zu seinen Kammermusikaufnahmen, vor allem bei Mozarts Musik, scheint bei der Solomusik der Anspruch noch schärfer, die Ausführung noch rückhaltloser, entschiedener geworden zu sein. Milsteins »Paganiniana« und auch Schnittkes Huldigungsmusik kennt man, nicht nur durch Kremer, aus dem Konzertsaal, was auch für Ernsts herrliche Schluchzermusik »Die letzte Rose« gilt. Neu auf dieser Platte sind dagegen George Rochbergs 24 »Caprice-Variations« – nervenpeitschende Geigervertracktheiten, quer durch diverse Stil- und Klangfronten; ein virtuoses Kostümfest, das durch Kremers fast unerbittliche, nie den geringsten Zweifel aufkommen lassende Durchsetzungskraft noch die bösesten, krudesten Klänge zum staunenswerten Hörerlebnis macht. In seinem Spiel vereint sich abgefeimter Klangsinn mit der Lust des Geigerpyromanen. Diese Capricen sind ein Gesamtfeuerwerk, das man aber auch durchaus in einzeln leuchtenden Raketen zu genießen vermag. Das Kremer-Porträt auf dem Plattencover zeigt ihn in verfremdeter Maske als Paganini aus Peter Schamonis Film »Frühlingssymphonie«. Näher scheint Kremer diesem hehren mythischen Vorbild aus dem vorigen Jahrhundert kaum je gekommen zu sein.

Zwischen diesen beiden wichtigen Soloaufnahmen datiert von 1981 die Einspielung von Bachs Solosonaten und -partiten. Das geschah in einer Zeit, da Kremers übrige Plattenaufnahmen seine Kunst eher glitzern als glänzen ließen. Mit 35 Jahren, auf der Höhe seiner physiologischen Kraft und nach einer gewissermaßen als Generalprobe zu bezeichnenden früheren Einspielung der drei Partiten, folgten nun alle sechs Stücke – eine Produktion, die höchste Aufmerksamkeit verdient. Schon mit den früheren Aufnahmen und bei gelegentlichen Kostproben im Konzertsaal schien sich zu bestätigen, was Kremer an Bachs musikalischem Kosmos zu exemplifizieren gedachte: brillante geigerische Bewältigung, Abkehr von einer um jeden Preis auftrumpfen wollenden Klangvorstellung und überraschende Differenzierung von locker schweifenden langsamen Sätzen und streng durchexerzierten raschen Sätzen.

Die neue Einspielung setzt diese Reise in die musikalischen Extreme fort und stellt sich damit zugleich, bei mancher Problematik, an die Spitze der meisten derzeit existierenden, zu ihrer Entstehungszeit jeweils fast ehrerbietig begrüßten und kommentierten Einspielungen von Menuhin, Milstein, Szeryng, Szigeti und anderen. Zunächst einmal: Kremer spielt – von der offenbar immerwährenden Ausnahme Jascha Heifetz und seiner 40 Jahre alten Einspielung abgesehen – einfach erheblich besser, aufregender und souveräner Geige als alle seine genannten Konkurrenten. Das ist eine Vorgabe, die Kremer mit überwältigender Spielfreude einsetzt und nur ganz selten, und auch dann noch mit musikalischem Verstand und Geschmack, mißbraucht.

Sein Rezept, wobei sich bei Bach wohl schicklicherweise von einem Konzept sprechen läßt, scheint folgendes zu sein: langsame Sonatensätze ganz frei und schweifend, gleichsam improvisatorisch zu spielen; Tanzsätze dagegen in den Partiten nach Möglichkeit stets dem Tänzerischen angenähert zu lassen (auch bei eher gemessen auftretenden Tempi); motorisch-rasche Sätze, zum Beispiel die Doubles in der h-Moll-Partita, auch betont rasch und motorisch zu nehmen. Das klingt fast zu simpel, um plausibel zu sein; aber Kremers geigerische Klangpalette kennt eben nicht nur das saftige, saugende Espressivo, wie es sein nur wenig älterer Landsmann Viktor Pikaisen ausspielt und dabei so stark auf die Tempobremse drückt, daß manche Sätze mit einer Bedeutungsschwere aufgeladen werden, die ihnen wohl nicht zukommt. Kremer, dessen heisere Intensität auch beim Bach-Spiel intelligent dosiert eingesetzt wird, ist der Gefahr der vermeintlichen Oberflächlichkeit dennoch nie erlegen, auch wenn ihm – wieder im Vergleich zu Pikaisen – beispielsweise die Chaconne um glatte fünf (!) Minuten rascher gerät. Kremer nimmt dieses berühmteste aller Geigenstücke sehr frei, sehr spielerisch, ja virtuos, ohne daß sein geigerisches Temperament mit ihm durchginge, und kann infolge des relativ raschen Tempos leichter in größeren Zusammenhängen gliedern.

Kremers Interpretation der raschen Sätze überwältigt nicht nur durch ihre instrumentale Makellosigkeit, sondern auch durch eine bei aller Motorik erkennbaren Binnenpolyphonie, durch wirklich überzeugend eingehaltene Terrassendynamik und durch die selbst bei extrem raschen Tempi nachvollziehbar bleibende Artikulation. Bei den langsamen Sätzen (die Kopfsätze der Sonaten g-Moll und a-Moll etwa) wirkt manches reichlich frei und damit auch etwas gewollt; nicht jeder Hörer wird ihm in jeglichen Verzögerungen, Abschweifungen, überraschend wirkenden Betonungen folgen wollen, auch wenn Kremer seine hochsensibilisierte Klangvorstellung einsetzt, um mit ihrer Hilfe immer möglichst plausibel überreden und überzeugen zu können. Vor allem: jede Art der geigerischen Vergewaltigung unterbleibt, der Klang des Instruments bleibt locker, unverkrampft, wird niemals brutal und beschert uns ein Bach-Bild,

Beispiel 14
Aus: Bach, Sonate für Violine solo g-Moll Nr. 1 BWV 1001, 4. Satz

Bei seiner Bach-Interpretation nimmt Kremer das Wort von Albert Schweitzer: »Mehr als bei irgendeinem anderen Künstler ist bei Bach die Takteinteilung nur eine äußere Verpackung von Themen« ernst. Er phrasiert und betont in den Takten 33 und 34 die Anfangstöne der Viererbögen, was das Grundmetrum tüchtig durcheinanderrüttelt und erst in Takt 36 ins Lot kommt. Kremer vermag Bachs Vorschriften (das kleingedruckte System ist die Originalvorlage) überzeugender, weil präziser zu verdeutlichen als die meisten seiner Kollegen.

das erholsam abweicht von manchen als verinnerlicht kaschierten Darbietungen, bei denen die musikalisch intendierte Ausdrucksstärke in geigerische Grobheit ausartet.

Die Fugen der drei Sonaten imponieren durch souveränes Akkordspiel (sie werden nach Möglichkeit nicht gebrochen, sondern dem polyphonen Einsatz zuliebe auf den Schwerpunkt des Metrums hin voll,
doch weich klingend ausgeführt), das energisch durchgehaltene Tempi
möglich macht und auch klanglich genau abgestufte Zwischenspiele ermöglicht, ohne daß man irgendwelcher geigentechnischer Kämpfe gewahr wird. Die Tanzsätze – ganz besonders überzeugend in der h-Moll-
Partita – geraten elastisch, ohne ins Manierierte abzuleiten. Eine deplo-
rable Ausnahme bildet die Gavotte der E-Dur-Partita, die unverständ-
licherweise durch übertriebenes Rubato empfindlich aus dem Gleichge-
wicht gebracht wird, ohne daß dies etwa von Bach vorgeschrieben wäre
oder gar vom Hörer mit Freude akzeptiert würde.

Nach der alten Heifetz-Einspielung erscheint mit jener durch Kremer
wieder eine Bach-Interpretation, die weder durch ideologisch-fromme
Ausdrucksschwere verzerrt ist noch vom allzu deutlichen Drang nach
Zurschaustellung technischer Momente. Von den neueren Einspielungen
sind ihm diejenigen von Shlomo Mintz (manchmal klangschöner, aber
harmloser) und Dmitry Sitkovetsky (technisch ähnlich souverän, bisweilen zerdehnter) sowie diejenige des jungen Thomas Zehetmair (der, sehr
spielerisch, durch freie Darstellung manchmal ins Schwanken gerät) auf
den Fersen. Kremers technischer Standard wird niemals Selbstzweck,
dazu ist er zu gescheit und weiß, wo bei Bach die Grenzen gesetzt sind.
Daß er sein Instrument wirklich phänomenal beherrscht und aus dieser
Position heraus eine aufregend kurzweilige, bisweilen gefährlich aufregende Bach-Interpretation betreibt, muß alle Bach-Freunde zunächst
einmal staunen machen, auch wenn sie Kremers unerbittliche Könnerschaft für einen Augenblick etwas erschrecken sollte. Gidon Kremer, der
ewig Neugierige, der von Unruhe getriebene In-Frage-Steller, ist allemal
für eine Überraschung gut.

Die jüngeren Russen

Igor Oistrach, Viktor Pikaisen, Viktor Tretjakow und andere

Igor Oistrach, am 27. April 1931 in Odessa geboren, hat sich seine Karriere schwer erkämpfen müssen. Das klingt paradox; denn der berühmte Vater David, der nach seinem Brüsseler Sieg 1937 schon zu Weltruhm gekommen war, als der Sohn Igor gerade sechs Jahre alt war, hat nach dem Krieg durch sein künstlerisches Gewicht dem geigenden Nachkommen Wege ebnen können. Der Vater besaß – gewissermaßen als kultureller Exportartikel – Privilegien, zu denen auch gehörte, Igor bald ins westliche Ausland ausreisen zu lassen. Das bedeutete in der Zeit des kalten Kriegs enorm viel; ohne den berühmten Namen des Vaters hätte man Igor Oistrach nicht schon 1953 nach Frankreich und England geschickt. Man hat nur zu gut in Erinnerung, daß Künstler wie Gidon Kremer, dessen erste Frau Tatjana Grindenko, Viktor Pikaisen und viele andere jahrelang Querelen mit den Ausreisebehörden hatten und allenfalls ins sozialistische Ausland, bestenfalls nach Jugoslawien zu den Festivals in Ohrid oder Dubrovnik, reisen durften.

Dieser wichtigen, freilich äußerlichen Erleichterung, in der ganzen Welt konzertieren zu können, stand die schwere Hypothek entgegen, bei jedem Auftritt unweigerlich mit David Oistrach verglichen zu werden: »Son of a Virtuoso« überschrieb die »New York Times« ihre Kritik nach Igors erstem Auftritt am 4. Februar 1962 (nicht 1955, wie oft angegeben). »Kopie ist nicht gefragt«; »Immer mehr er selbst«; »Mehr Musterschüler als Thronerbe«; »König David und Fürst Igor« – so lauten einige journalistische Überschriftkonstruktionen, die es dem angehenden Künstler sicherlich nicht leichtgemacht haben. Noch 1986 hat sich Igor Oistrach in einem Interview in der »Sowjetskaja musyka« freimütig über seine Lehrer, unter denen auch der eigene Vater gewesen war, geäußert: »Wenn ich daran denke, welche Auseinandersetzungen wir hatten, als ich älter wurde ... Mein Streben nach künstlerischer Selbständigkeit fand auch seinen Ausdruck in der Meinung eines Pariser Kritikers im Jahre 1959: ›Igor ist nicht mehr der Sohn seines Vaters.‹«

Bei der geigerischen Ausbildung spielte zunächst Pjotr Stoljarski eine Rolle, der den jungen Igor während des Krieges in der Evakuierungszeit in Swerdlowsk überredete, die Geige, die der Sechsjährige schon wieder aus der Hand gelegt hatte, ernsthaft zu studieren. Igor war bereits elf Jahre alt, als es Stoljarski »irgendwie gelang, mich wieder zur Geige hinzuführen«. Igor war sein letzter Schüler; von 1943 an nahm er Unterricht bei Walerija Merenbljum, deren Schüler Igor schon vor dem Krieg gewesen war. »Mit viel Geschick und Takt zähmte sie mein ungezügeltes jugendliches Temperament. Sie bremste nicht meine Begeisterung für die virtuose Musik, aber sie schuf die Grundlage für meine Technik.«

Wenn diese Pädagogin bisweilen die Zügel etwas lockerer ließ, hat Igor Oistrach später bekannt, habe sie der Vater um so strenger wieder angezogen. Das blieb auch so, als Igor längst Assistent seines Vaters am Moskauer Konservatorium geworden war und mit dem Vater gemeinsam aufzutreten begann. Als dieser starb, sagte Jewgeni Swetlanow, der Dirigent und Freund der Familie, zu Igor: »Jetzt fällt die Verantwortung voll auf dich. Jetzt bist du der *erste* Oistrach.«

Igors Stufenleiter des Erfolgs war steil, auch wenn sie wegen der Nachkriegszeiten relativ spät begann. Mit 18 Jahren holte er sich einen Siegerpreis in Budapest, ein Jahr darauf den beim Wieniawski-Wettbewerb in Warschau. Anfang der fünfziger Jahre – im Gefolge seines Vaters – erschien er dann auch in Berlin, ein schmaler, liebenswürdiger, schüchterner junger Mann, der jedoch temperamentvoller und virtuoser zu Werke ging als sein Vater. Noch 1962, bei seinem New Yorker Debüt, schrieb Harold Schonberg: »Alle waren neugierig, wie der junge Oistrach gegenüber seinem berühmten Vater abschneiden würde, was natürlich nicht ganz fair ist. David Oistrach ist einer der bedeutendsten Geiger dieses Jahrhunderts (und zwei von ihnen in einer Familie wäre ja ein unerträgliches Monopol!) . . . und Igor ist noch weit entfernt davon. Er produziert einen schönen, großen Ton, aber die Intonation ist von Vollkommenheit noch weit entfernt . . . Wie viele russische Geiger, favorisiert er ein intensives Vibrato. Im langsamen Satz des Beethoven-Konzerts (mit dem Symphony of the Air Orchestra unter Alfred Wallenstein) schien er fast Löcher in die Griffbrett bohren zu wollen, so daß die Töne sich wie Triller anhörten. Er gehört zu jenen Violinisten, die die Solokadenzen besser beherrschen als das eigentliche Konzert. Mit ungeheurem Ungestüm jagte er im Fortissimo durch die Kreisler-Kadenzen. Das war beeindruckend, aber musikalisch hätte er etwas mehr bieten können.«

Noch ein Vierteljahrhundert später erinnert sich Igor an ein Wort des ersten Lehrers Stoljarski: »Ein Violinist muß auch immer Artist sein . . .« So ist das Bild des geigenden Künstlers Igor Oistrach stets von dem des Virtuosen, des Artisten überschattet worden. Das läßt sich zum Beispiel beim Vergleich der Mozart-Einspielungen von David (mit Paul Badura-Skoda) und Igor (mit Natalija Serzalowa) feststellen: Hier sonorer, warmer Klang und plausible, fast gemütliche Tempi; bei Igor vielerorts raschere Gangart, spitzer, bisweilen fahriger Ton, dem der Geiger bei Fortebedarf durch Überdruck des Bogens vergebens zu Klangfülle verhelfen möchte.

Die Konzerteindrücke der letzten anderthalb Jahrzehnte sind ähnlich zwiespältig: Bei einem ausgedehnten Beethoven-Zyklus gelangen in der Regel alle Stücke, die *nach* der Pause musiziert wurden, freier, unbefangener, überzeugender (1970). Nach einem reinen Bach-Abend mit Kammerorchester waren sich die Kritiker keineswegs einig; der bewundernden Feststellung, der Solist hätte »schneidend scharf« mit explodierenden Akzenten musiziert, stand das Bedauern gegenüber, Oistrachs Auftritt hätte sich leider »weitgehend im Tüchtigen, Korrekten und Gediegenen« vollzogen (1973).

Drei Jahre später schien sein Spiel reifer geworden, ausgeglichener, voller im Ton und wirksam überredender trotz der Abwesenheit irgendwelcher auftrumpfender Mätzchen oder auch nur Raffinessen. Das bekam der großen Mozart-Sonate KV 454 dennoch übel. Zwischen dem Glauben an die große Konzertsonate und der verklemmt wirkenden Liebe zur intimen Hausmusik pendelte Igor und Natalija Oistrachs Interpretation unentschlossen. Die folgende Chaconne hingegen hatte er sehr intensiv, auf Kontrastwirkungen hin, angelegt und ging jedem Vorwurf, nur »schön« spielen zu wollen, bewußt aus dem Weg. Auftrumpfende Gebärde, herrische Attitüde, zusammenhaltender Bau eines musikalischen Riesenbogens – das war beeindruckend und widersprach den Erinnerungen an sein Bach-Spiel wenige Jahre zuvor.

Knapp drei Jahre danach verkehrten sich die Eindrücke wieder in ihr Gegenteil. Vor der Pause hörte man einen Künstler, dessen permanente Anspannung in die fatale Nähe der Verkrampfung geraten war. Die äußere Haltung mochte das bereits signalisieren: starr-verzerrtes Gesicht, angestrengt wirkender Bewegungsapparat, ständig hochgezogene rechte Schulter. Der Geigenton wirkte wie ein die Musik umklammerndes Saugen, das den vorgezeichneten »leidenschaftlichen Ausdruck« der a-Moll-Sonate von Schumann schier zu strangulieren schien. Auch die folgende Sonate Beethovens (op. 96) litt unter ähnlichem Handicap: ständig auftrumpfendes Espressivo ohne Entspannung, ohne geistreiche oder gar tiefsinnige Wendungen – unvermeidliche Opfer eines überlasteten, ausgelaugten Reisevirtuosen? Wie häufig bei Oistrach, wandelte sich das Bild vom Geiger und Musiker nach der Pause. Bei Szymanowskis »Mythen«, die eigentlich drei Gedichte für Geige und Klavier sind, kam gottlob wieder der große Künstler und überzeugende Geiger zum Vorschein. Hier agierte er plötzlich wieder souverän und mit entspannter

Igor Oistrach

Virtuosität; die Klangpalette füllte sich unversehens mit Farben, auch der äußere Habitus wirkte entspannt, die Hörer im Saal waren wieder bei der Sache. So gelang dann auch Tartinis »Teufelstriller«-Evergreen als ein knatternd und herrisch gekonnt serviertes Virtuosenstück, etwas pompös aufgezäumt, aber makellos und beifallheischend. Zugaben zuhauf und beim späteren Überdenken dieses Konzerterlebnisses die Erkenntnis, daß angesichts der beiden so ungleichen Hälften des Sonatenabends die Klassiker vor der Pause leider auf der Strecke geblieben waren.

Eines der letzten Male habe ich Oistrach mit dem zweiten Bartók-

Konzert gehört. Da erschien er mit dem Stockholmer Rundfunkorchester und dem an jenem Abend etwas exzentrischen Rafael Frühbeck de Burgos. Oistrachs Interpretation schien damals schlechthin vollendet: Dunkel getönt, von gleichsam unerbittlicher Intensität und einem oft üppigen Vibrato, offenbarte sein Geigenklang eine Qualität, die ungewohnterweise bereits aus seinem überraschend warmen Timbre enormen Gewinn zieht. Mag es daran gelegen haben, daß Oistrach seit einigen Jahren auf der »Marsick«-Stradivari seines Vaters spielt, von der er behauptet, sie »spiele von ganz allein«, während die Guarneri, die er 27 Jahre lang benutzte, »einen bestimmten Bogendruck benötigte, um all ihre Klangmöglichkeiten entfalten zu können«?

Oistrachs Klangfähigkeiten schienen sich bei seiner Wiedergabe des Bartók-Konzerts tatsächlich gewandelt zu haben: Von Wohllaut erfüllt, dabei niemals verzärtelt oder gar sentimentalisiert, sondern in der leisesten Beschwörung noch sonor und vornehm, gewann seine Interpretation eine pathetische Würde, der sie bei anderen Interpreten, die aufs Glitzern aus sind, eher enträt. Wenn man der Erinnerung hinzufügt, daß es an jenem Abend so klang wie beim unvergessenen Vater David, muß dies als ein Kompliment gelten. Selten hörte man den jungen, mittlerweile auch über 50 Jahre alten Oistrach so überlegen, so klangschön und so von gelassener Kraft erfüllt musizieren.

Die innere Annäherung an die künstlerischen Ideale des Vaters mögen mit Hilfe von dessen herrlichem Instrument zustande gekommen oder durch die auch im äußeren Habitus gewachsene Ähnlichkeit mit dem Vater: »Irgendein Londoner Kritiker schrieb 1983 nach einem Konzert: ›Mehr denn je sieht er seinem Vater ähnlich, und mehr denn je spielt er so wie er.‹ Und ich gebe zu, daß mich diese Kritik freut.« So mag es sein, daß wir in der Zukunft einen ausgeglicheneren Künstler vernehmen werden, der nach einem großen Vorbild geformt ist.

*

In den Jahrzehnten nach dem zweiten Weltkrieg haben wir immer wieder neue, junge Talente aus dem schier unergründlichen Reservoir der russischen Geigerelite im Westen begrüßen können – den jungen Igor Oistrach zuerst, nach ihm die Jankelewitsch-Schüler Spiwakow und Tretjakow, zuvor schon den grimmig-ungestümen Kogan und dann eine Reihe ganz verschiedenartiger Künstler wie Gidon Kremer und Liane

Issakadse, Tatjana Grindenko, Oleg Kagan oder Waleri Klimow, die alle bei David Oistrach in die Lehre gegangen waren. Nur einer, den man stets zum engsten Kreis des Oistrach-Klans gezählt hatte, umkreist seit bald Jahrzehnten bei seinen triumphalen Konzertreisen durch Europa Westdeutschland: *Viktor Pikaisen*, geboren am 15. Februar 1933, also mittlerweile über 50 Jahre alt und einer der treuesten Oistrach-Adepten (er kam bereits als Kind unter seine Obhut und blieb anderthalb Jahrzehnte lang sein Schüler), belegt die These, daß der berühmte Künstler *und* Pädagoge seine Schüler keineswegs nach dem eigenen Ebenbild formte, sondern sowohl gradlinige strenge Virtuosen als auch emphatische Romantiker zu Musikern heranzog, deren Eigenschaften und Eigenarten die Palette des Geigenspiels in unserer Zeit lebendig halten.

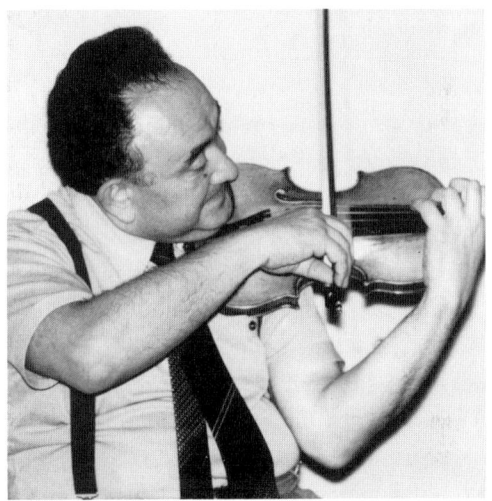

Viktor Pikaisen, 1986

Igor Oistrach erinnert sich, daß sein Vater, der im allgemeinen von Wunderkindern nicht viel hielt, vom Spiel des kleinen Pikaisen, den er in dessen Heimatstadt Kiew kennengelernt hatte, beeindruckt war. »Diesem Jungen ist die Zukunft eines großen Geigers sicher«, soll er gesagt haben. Das Ergebnis dieser Begegnung: Pikaisen wurde der einzige Oistrach-Schüler, den der Meister schon vor dem Eintritt ins Konservatorium in der Gnessin-Musikschule unterrichtete. Pikaisen wurde also eine Art Rekordhalter als Oistrach-Schüler! »Diese Jahre«, hat er sich selbst etwas verklärend erinnert, »waren für mich die denkwürdigste Zeit meines Lebens. Oistrachs Kunst leuchtete in immer neuen Facetten auf. Das Wichtigste, das uns David Fjodorowitsch beibrachte, war, bei unseren Interpretationen immer vom Inhalt der jeweiligen Musik auszugehen. Er war ein Feind jeglicher Willkür beim Vortrag. Er lehrte uns die Wahrheit der Kunst!«

Pikaisen, der die ersten Schritte auf der Geige von seinem Vater erhielt, der selbst ein Orchestermusiker war, ist schon in kurzen Hosen vor ein großes Publikum getreten. »Sein Ton ist außergewöhnlich rein, seine linke Hand makellos, niemals braucht er den Klang zu forcieren«, hieß es schon in einer Rezension im Jahr 1945, als Viktor gerade zwölf Jahre alt war. Und als er dem großen Oistrach zum erstenmal vorspielen sollte (so erfahren wir in Wolfgang Wendels Reportage über seine Begegnung mit dem Geiger im Sommer 1986 in Sion), wählte er das Tschaikowski-Konzert und Wieniawskis »Faust«-Fantasie. »Was willst du eigentlich spielen, wenn du erwachsen bist?« soll Oistrach gefragt haben.

Pikaisen hat seinem Lehrer gewiß keine Schande gemacht. Bei einer Reihe wichtiger Wettbewerbe belegte er ehrenvolle Plätze: Als 16jähriger gewann er 1949 den zweiten Preis beim Jan-Kubelík-Wettbewerb in Prag, wurde 1955 in Brüssel fünfter, zwei Jahre danach in Paris beim Jacques-Thibaud-Wettbewerb wiederum zweiter. 1958 war es dann soweit: Pikaisen gewann den Tschaikowski-Wettbewerb in Moskau und wurde auch Sieger beim Genueser Paganini-Wettbewerb. Daß er diese begehrte Virtuosentrophäe nicht ohne Grund vor vielen bedeutenden Konkurrenten einheimste, belegen jene legendäre (weil selten gewordene) Einspielung aller Paganini-Capricen und vor allem die Aufnahme des ersten Konzerts op. 6, die Joachim Hartnack in seinem Geigerbuch noch über alle übrigen Interpretationen, sogar die von Heifetz, stellt (von dem allerdings autorisierte Platten dieses oder eines anderen Paganini-Konzerts gar nicht existieren). Pikaisens Virtuosität hat nicht viel gemein mit der gespannt-verbissenen Musizierweise eines Kogan, ist eher von leicht klingender, liebenswürdiger Art, wie man es von Ivry Gitlis hören konnte – verblüffend durch Akkuratesse, aber ohne jene bohrende Intensität, die stets beeindruckt, aber selten beglückt.

Pikaisen hat im Laufe seiner Karriere Platten eingespielt, die tatsächlich weniger über den Interpreten aussagen als über das zu spielende Werk. Immer vom jeweiligen Inhalt der Musik ausgehen, hatte Oistrach gelehrt. So leichtgewichtig Paganini wirkt, so sonor-bedächtig und breit hingezogen erklingen Pikaisens Wiedergaben von Bachs Solosonaten und -partiten, die um 1971 entstanden sind. Der Eindruck mit diesen Werken auf dem Podium (damit habe ich ihn wenige Jahre später in der Svete Sophia im makedonischen Ohrid erlebt) war eindrucksvoll, aber nicht ohne gewisses Unbehagen. Der sicherlich zu einer Art höherer Frömmigkeit einladende Kosmos dieser Stücke erfährt bei Pikaisen eine Anbetung, die in ihrer gedehnten, behutsam jedem Detail gleichmäßig nachforschenden Weise an vielen Stellen ins Zelebrieren umschlägt. Das ist makellos-liebevoll gegeigt, und manche etwas timid wirkende Wendung geschieht nicht aus technischem Unvermögen, sondern aus frommem Forscherdrang; doch gehen fast alle Tänze ihres ursprünglich auch hier vorgesehenen Charakters verlustig. Oistrach lehrte seine Schüler, so haben wir gehört, »die Wahrheit der Kunst«. Auch Gidon Kremer war Oistrachs Meisterschüler, errang den gleichen hohen Siegerpreis in Moskau. Und er spielt die d-Moll-Partita von Bach um volle acht Minuten, die Chaconne allein fünf Minuten rascher als Pikaisen! Welcher dieser beiden Künstler mag nun von Oistrach in die »wahre« Wahrheit der Bachschen Kunst eingeführt worden sein?

Zwei eher harmlose Sonateneinspielungen besitzen wir von Pikaisen, die den Künstler nicht eindeutig festlegen können: Geminianis c-Moll-Sonate, 1980 aufgenommen mit Alexei Nassedkin, vermittelt keine strahlende barocke Pracht, wie wir sie aus Anfangspiecen in Nathan Milsteins Konzertabenden kennen oder als Anwärmstück von Itzhak Perlman. Pikaisen zelebriert auch hier etwas, bleibt im Ton flach und ohne sich unmittelbar ausdrückende Beteiligung; es bleibt ein neutrales Musikstück, sauber dargestellt, aber von keiner inneren Glut erfüllt. Welch ein anderer Geiger entfaltet sein Temperament und seine Könnerschaft in jenen sechs kleinen Sonaten für Geige und Klavier von Carl Maria von Weber, mit demselben Pianisten aufgenommen und – obwohl ohne Datumsangabe – offenbar vor dem Jahr 1971 eingespielt. Hier musiziert ein emphatisch-pointiert zu uns sprechender Künstler; der Geigenton hat eine herrliche Variationsbreite, ist barsch und zärtlich, ist heroischer wie ganz sanfter Artikulationen fähig und vermittelt, gemeinsam mit dem sehr direkt und virtuos spielenden Nassedkin, ungebändigte Musizierfreude.

Ein weiteres wichtiges Beispiel von Pikaisens Kunst ist die Aufnahme des Beethoven-Konzerts mit dem UdSSR-Rundfunkorchester unter der Leitung von Igor Oistrach. Ebenfalls 1980 eingespielt, hören wir den Kopfsatz sehr langsam-behutsam, aber elastisch musiziert. Vieles wirkt ein bißchen vorsichtig, jedoch niemals unsicher, vielmehr bedachtsam spannend erzählt, die lange Kadenz (die von Schneiderhan arrangierte aus der Beethovenschen Klavierfassung dieses Werks) kommt klanglich unerhört differenziert, niemals virtuos aufbrausend, sondern mit einer Art introvertierter Delicatezza serviert, die in manchem an Kremers Beethoven-Deutung erinnert. Der Kopfsatz gerät Pikaisen allerdings länger als Kremer (einschließlich Kadenz fast 28 Minuten!). Der langsame Satz wirkt durch schöne verinnerlichte Qualität der Klangemission, das Finale klingt delikat, manchmal ein wenig zitterig.

Mittlerweile ist Pikaisen ein untersetzter, Liebenswürdigkeit verströmender Herr von Mitte Fünfzig und entspricht so gar nicht dem Bild eines virtuosen, gar dämonischen Hexenmeisters auf der Violine (als den man ihn sich nach den nonchalanten, von lässiger Könnerschaft mobilisierten Paganini-Einspielungen her vorstellen mochte). Im Jahr 1987 kam er zum erstenmal auch in die Bundesrepublik; die Mühlen der Moskauer Goskonzert-Bürokratie mahlen langsam und waren kurioserweise nur durch eine private Initiative einer Konzertagentin in Bewegung zu bringen. Vielleicht wird man Pikaisen fortan häufiger in unserem Land zu hören bekommen. Tourneen für die kommenden Jahre sind jedenfalls geplant.

Bei seinem westdeutschen Debüt hatte er sich ein wahres Mammutprogramm zugemutet, und Vertraute berichteten, er sei angesichts seines ersten Auftritts vor deutsch-kritischen Hörern überdurchschnittlich erregt gewesen. Seine Tochter Tatjana, inzwischen eine hervorragende Pianistin mit eigener Karrierezukunft, sekundierte ihrem Vater sehr selbständig und sehr sicher. Mozarts Es-Dur-Sonate KV 380 ging sie ungleich beherzter an als ihr Vater. Mozart-Spiel haben wir von russischen Geigern oft als ein problematisches Unterfangen erleben müssen. So wohltönend-sonor und vielleicht ein bißchen üppig im Ton David Oistrach Mozarts Konzerte und Sonaten musizierte, so dünn und timide, so spieldosenhaft neutral und blutleer haben wir damit Igor Oistrach und Wladimir Spiwakow gehört und nun auch den Meister Pikaisen. Jedenfalls vermochte seine behutsame, fast betuliche Annäherung an die Mozartsche Welt keineswegs zu überzeugen.

Auch Beethovens Kreutzersonate folgte zunächst diesem Ideal; das war man bereits durch seine Einspielung mit Nassedkin gewohnt: tastend in der Einleitung noch. Aber dann zeigte sich – weit mehr als in der Platteneinspielung – Pikaisens rückhaltlos emporjagendes Temperament. Grimmig abgerissene Akkorde, blitzschnelles Wechseln von Dynamik und Stimmung, in raschen Fortepassagen bis in die Regionen des Geräusches reichend, eine Sonate, die wahrhaft im »stile d'un concerto« musiziert wurde. Die Variationen waren im Kontrast zum Kopfsatz von einer liebenswürdig-lyrischen Grundhaltung geprägt, voller überlegen demonstrierter, abschattierender Gestaltungskraft. Das Minore und vor allem die Coda erklangen überredend, ohne redselig zu sein, und unvergleichlich spannend in der Erzählweise. Im Finale schließlich markierte wiederum ein leidenschaftlicher, fast unwirscher Zug seine Interpretation; ein musikalisches Drama wurde deklamiert, der Geigenton diente keinem Schönheitsideal mehr, und das war bisweilen bedenklich wie imponierend. Tatjana Pikaisen trug wesentlich dazu bei, daß Beethovens Text auch vom Klavier her ohne falsche akustische Scham ausgeführt erklang.

Pikaisens romantische Kunst ist noch immer beeindruckend, vor allem in den lyrischen Passagen, denen er auf geradezu abgefeimte Art zur Verdeutlichung verhilft. Dennoch würde man ihn keineswegs als einen Nur-Kleinmeister einordnen, als einen Nur-Bewältiger der kleinen Formen (natürlich auch dieser!). Der Bogen ist noch immer der makellosen Kantilene fähig, aber in rasch und intensiv genommenen Passagen führt er auf Nebengeleise, wo der Ton dann hörbar auf Abwege gerät und zu knirschen beginnt. Ob das die erwähnte außergewöhnliche Tagesform war oder vielleicht doch bereits eine altersbedingte Klangvariante, die bei musikantischem Volldampf dem makellos sinnlichen Wohllaut Lebewohl sagt, ist ohne erneute Begegnung schwer zu beurteilen. Pikaisen ist zwar niemals ein Verfechter des geradlinigen Bombentons gewesen, aber die offenbar notwendig gewordene Forcierung, wenn es um vehementes Espressivo geht, ist beklagenswert.

Sein Programm jenes Abends war noch lange nicht beendet, aber die grundsätzlich gewonnenen Eindrücke wiederholten sich; zwei Solosonaten (Nr. 3 und 6) von Ysaye gaben durchaus markante Beispiele virtuoser Meisterschaft, auch wenn sich diese Siege erst nach hörbaren Kämpfen einstellten. Die sechste Sonate mit ihren Dezimen- und Oktavklippen verbietet eigentlich jegliche fehlerlose Live-Aufführung, und auch Ysaye-Freunde wie Kremer spielen weise meistens nur die wirkungsvolle dritte Sonate. Die dann folgende »Suite im alten Stil« von Schnittke und Prokofjews Geigen- (auch Flöten-)Sonate op. 94 überzeugten dann wieder durch meisterliche Erzählkunst, an welcher auch die Pianistin ihren Anteil hatte. Auch die drei Zugaben machten deutlich, welch ein deklamationsfreudiger Geiger Pikaisen geblieben ist. Unvergleichlich leuchtende, zugleich ganz listig-behutsame Töne bekam man da bei Kreisler und bei Tschaikowski zu hören, und bei Sarasates »Zapateado« meldete sich nochmals der Virtuose zu Wort. Es war ein verspäteter Triumph, den sich Pikaisen da vor seinen begeisterten Zuhörern erspielte, aber es war doch noch einer. Man wird mit etwas besorgter Spannung auf seine nächsten Auftritte achtgeben.

*

Als der 25jährige *Viktor Tretjakow* 1971 in München mit einem Sonatenprogramm debütierte (mit den Moskauer Philharmonikern hatte er zuvor schon Paganinis erstes Konzert absolviert), hieß es in einer Rezension, Tretjakow gehöre deshalb zu den allerbesten russischen Geigern, »weil er am wenigsten russisch« spiele, also nicht spätromantisch und nicht mit einem Riesenton. Anderthalb Jahrzehnte später fällte dieselbe Zeitung nach Tretjakows Sonatenabend (übrigens mit demselben Partner Michail Erochin und wieder Schuberts A-Dur-Duo im Programm) das Urteil, Tretjakow sei »ein echtes Kind der russischen Geigenschule: ein saftig voller, vibratoreicher Ton und die Vorliebe für ausladende Phrasierungsbögen«. Hatte sich der Künstler innerhalb von 15 Jahren ein neues geigerisches Rüstzeug zugelegt, oder hatte sich unsere Anschauung darüber, wie saftig und voll ein Geigenton klingen darf, damit man ihn »russisch« nennt, mittlerweile verändert?

Ich glaube nicht, daß sich die Spielweise Tretjakows im Lauf der Jahre grundsätzlich geändert hat. Zwei Gründe könnten dafür anzugeben sein, daß man ihn unterschiedlich beurteilt: Zum einen kommt es schon darauf an, mit welchem Stück man ihn hört. Sibelius und Brahms packt er ganz anders an als beispielsweise das Tschaikowski-Konzert, das man in Salzburg 1974 und zehn Jahre später in einer Einspielung mit dem UdSSR-Symphonieorchester unter Wladimir Fedossejew begutachten konnte. Weder Tiefsinn noch irgendein klanglicher Exhibitionismus war in Salzburg zu vernehmen, und auf der Platte hört man ebenfalls eine Fassung des sattsam bekannten Werkes, die überhaupt nicht pompös oder von einem »Bombenton« regiert scheint als vielmehr von einem Willen zu fast zärtlich-behutsamer Verdeutlichung.

Zum anderen kann es sein, daß wir den jungen Tretjakow an Kollegen wie Milstein oder Kogan gemessen haben, und damals hat man den aufgehenden Stern am Geigenhimmel mit den Bezeichnungen »süß, zart,

Viktor Tretjakow

schmächtig« tituliert, was sich nur auf den Ton, nicht auf den hochge-
wachsenen, männlich-gesund wirkenden Habitus Tretjakows bezogen
haben kann. Mittlerweile haben wir seinen jüngeren Kollegen Kremer
kennengelernt, auf den man Ausdrücke wie »sensibel, nervös, hinter-
gründig« wohl anwenden kann; und gegen ihn wirkt heute ein so stämmiger Geiger wie Tretjakow fast wie ein Athlet. Er gehört übrigens nicht
zum Klan der Oistrach-Schüler, auch wenn ihm dieser berühmte Lehrer
als Jurymitglied beim Moskauer Tschaikowski-Wettbewerb 1966 bereits
nach dem ersten Durchgang bescheinigte: »Das ist vielleicht das reizvollste und aufrichtigste Talent, das ich je bei uns getroffen habe.«

Geboren ist dieses Talent am 17. Oktober 1946 im fernen sibirischen
Krasnojarsk. Der Vater, Tubaspieler in einer Militärkapelle, wurde bald
nach Irkutsk versetzt, und dort wollte man den kleinen, musikalisch
offenbar hochbegabten Knaben in der Musikschule zum Klavierunter-
richt anmelden. Weil gerade kein Pianist zur Prüfung zur Verfügung war,
wurde der Siebenjährige nach einem Test kurzerhand zur Violinausbil-
dung bestimmt. Im Jahr darauf zog die Familie nach Moskau; dort
besuchte Tretjakow die Zentrale Musikschule. Erst von 1965 an wurde er
Schüler des großen Moskauer Geigenpädagogen Juri Jankelewitsch am
Moskauer Konservatorium, gewann im selben Jahr den wichtigen Allunions-Wettbewerb und wurde als knapp 20jähriger 1966 erster Preisträger beim Tschaikowski-Wettbewerb. Seitdem ist Tretjakow in seiner
Heimat wie im östlichen und westlichen Ausland regelmäßig aufgetreten
– als Orchestersolist zunächst mit russischen, im Westen gastierenden
Orchestern sowie, in aller Regel mit dem Pianisten Erochin, mit Sonatenabenden. Daß man ihm darüber hinaus auch ein aktives Interesse an
Literatur und Malerei nachrühmt, hat er mit Kremer gemeinsam. Neben
ihm scheint mir Tretjakow der interessanteste und vielseitigste sowjetische Geiger und, darüber hinaus, einer der großen »Erzähler« auf der
Geige zu sein.

An Schallplatten haben wir hier im Westen verhältnismäßig wenige
Aufnahmen kennengelernt: Paganinis erstes Konzert, Sibelius, Brahms
und Tschaikowski konnten wir glücklicherweise auch mehrmals inzwischen »live« erleben. Als »ein Charme-, Schmacht- und Temperaments-
geiger von Weltklasse« wurde er noch 1972 bezeichnet; die rattenfänger-
hafte Vorausreklame tat noch länger ihre Wirkung. Ein paar Jahre darauf
geigte Tretjakow zum zweitenmal das Sibelius-Konzert in München,
und es entstand sofort der bleibende Eindruck einer überlegen disponie-

renden, sehr sicheren, ebenso brillanten wie sensiblen Interpretation. Dabei wirkte er schon damals (und immer wieder) wie jemand, der beim Spiel sich selbst kritisch zuhört und die von ihm produzierten Klangwirkungen wie ein neutraler Zuhörer abzuschätzen weiß. Der herrlich weitschweifende Beginn dieses Konzerts machte vom ersten Moment an deutlich, daß ein außergewöhnliches Erlebnis bevorstand.

Einen der stärksten Eindrücke vom Brahms-Konzert, ja von einer Darbietung dieses Werkes überhaupt, vermittelte der Geiger, als er es mit Fedossejew und dem Moskauer Rundfunkorchester spielte. Das war nicht nur makellos und souverän gegeigt, sondern strahlte eine klanglich herrlich abschattierte Noblesse aus, zugleich aber eine deklamatorische Entschiedenheit, die nichts der reinen Spiellaune überließ, sondern die Virtuosität stets als Hebel zur Verdeutlichung des Notentextes nutzte. Bereits die berüchtigte Anfangsphrase, die über Gelingen und Charakter des Kopfsatzes fast entscheidet, besaß jene brisante Mischung aus dramatischer und leuchtender Strahlkraft, die bei auserwählten Geigern das ganze Werk regiert. Tretjakow nimmt sich für jede wichtige Phrase genügend Zeit zur nachdrücklichen Deklamation, ohne dabei je ins Schlendern zu geraten. Bis ins kleinste Detail spielt er die Melodiefloskeln aus und vermeidet doch jeden Anflug von Gewolltheit oder Manieriertheit. Hier, bei Brahms, umgeht er bewußt, durch ganz unorthodoxe Fingersätze, jegliche Art schluchzender Portamenti. Mühelos mobilisiert er noch in extremen Höhenlagen enorme klangliche Pracht. Grundtenor seiner Interpretation ist die ernste Intensität, freilich kein uniformes Anbeten des Espressivo, sondern deutlichste Artikulation des Textes, wobei keinerlei Nebensächlichkeiten geduldet werden. Pathos wird direkt aus der musikalischen Faktur gewonnen und durch ehrliches geigerisches Können hörbar gemacht. Diese denkwürdige Aufführung im März 1983 zeigte keine interpretatorische Zerfaserung, auch kein Einhüllen in puren Wohllaut, sondern schien der überlegene Einsatz gelassener Kraft.

War es wirklich eine so exemplarische Wiedergabe gewesen, oder hatte uns die verklärende Erinnerung einen Streich gespielt? Zweieinhalb Jahre später erschien Tretjakow wieder mit dem Brahms-Konzert (der junge Yoel Levi dirigierte etwas pauschal). Das Wunder wiederholte sich nicht. Wieder war natürlich ein eminenter Instrumentalist zu bestaunen, mit leuchtenden Spitzentönen, dunkel getöntem Ausdruck, Brahms-Pathos mit vielen Abstufungen. Doch diesmal hatte diese Nachdrücklichkeit etwas Gedrücktes; das Aussparen lyrischer Momente breitete Starre aus, die permanente Spannung wirkte bremsend, ohne zu beglücken. Vielleicht war es auch nur die Tagesform; man erfuhr, daß der Solist erst in letzter Stunde aus dem russischen Winter in das vom Föhn geschüttelte München gereist war.

Seine Sonatenabende sind selten auf ein Allerweltsprogramm hin angelegt. Mit Bartóks erster Sonate bringt er die Hörer mehr zum Jubeln als mit Schuberts aufgeplusterter C-Dur-Fantasie. Wilde Ausbrüche und scheinbar unversöhnliche Gegensätze erhalten etwas ganz Natürliches, Plausibles, Unanfechtbares. Ein leidenschaftliches Stück Musik wird hörbar gemacht, das gar nicht zur Debatte stellt, ob es nun alte oder neue Musik ist, sondern Musik von überzeugender Zeitlosigkeit. Ein andermal musiziert er mit Erochin zwei Brahms-Sonaten und danach mit Peter Damm das Horntrio.

Ernsthafter ist Tretjakow möglicherweise geworden; von dem einst ihm angehängten Etikett des Schmachtgeigers ist kein Fetzchen übriggeblieben, ja Tretjakow verzichtet weithin auf nur violinistisch wirkungsvolle Accessoires. Er vermeidet – manchmal um den Preis absonderlicher Fingersätze – Lagenwechsel, benutzt lieber benachbarte Saiten, um sinnwidrigen Glissandi und schwelgerisch aufgezäumten Portamenti aus dem Weg zu gehen. Er setzt sein vom Unterarm produziertes Vibrato sparsam und meist mit extremer Geschwindigkeit ein, verfügt über eine Beherrschung des rechten Arms, der auf jedem Zoll des Geigenbogens zur Variation fähig bleibt; er unterwirft sich also niemals dem Diktat bestimmter Bogenpositionen, sondern ist in Sekundenbruchteilen zu plötzlichen Ausbrüchen und zu schreckhaft wirkendem Verstummen fähig. Er verhält sich wie ein ehrlicher Zauberer: Nie läßt er sein Spiel von den technischen oder musikalischen »Hürden« der Komposition beeinträchtigen, sondern herrscht über den eigenen technischen Apparat, um das vollbringen zu können, was diese Beherrschung überhaupt erst ermöglicht: auf der Geige zu »erzählen«. Jedem Takt, ja jeder Phrase wächst eine bestimmte Bedeutung, mitunter eine ganze Geschichte zu. Er ist einer jener selten gewordenen musikalischen Barden, der seine Botschaften – sei sie lyrisch, episch oder dramatisch – vorzutragen versteht auf einer simplen Geige. Aus dem musizierenden Geiger wird ein erzählender.

Beethovens G-Dur-Sonate op. 30,3 beispielsweise startet mit eiliger Rede, erklimmt sofort einen rhetorischen Höhepunkt und beendet den gerade erst begonnenen Dialog mit dem Klavier mit einem kraftvollen Ausruf in hoher Lage. Der Diskurs ist eröffnet, setzt sich mit derselben Intensität, mit derselben Eloquenz der musikalischen Rede fort. Aus allen Sätzen der drei verschiedenen Sonaten, die Tretjakow mit Erochin musiziert, könnte man ein ähnliches (natürlich abstrakt bleibendes) Programm ableiten – Erzählungen, deren Vermittler Spannung, lyrische Stimmungen oder dramatische Zuspitzung suggerieren. Das mag nach einer höheren Art von Effekthascherei klingen, und das ist es auch. Aber dieser Effekt wird immer allein aus den Noten der Vorlage entnommen. Hinzu kommt, daß Tretjakow nicht einen Takt lang unaufmerksam, gar gleichgültig bleibt, sondern mit Anspannung, Temperament und Sensibilität unmittelbar beteiligt. Er erzählt seine Geschichten, ohne den Text zu ändern, zu mißachten oder gar zu vergewaltigen.

Ist nun Tretjakow ein typischer Vertreter einer wie auch immer gearteten »russischen« Schule? Aus dem durch geigerische Hexenkünste Begeisterung entflammenden Virtuosen ist eine ernste, dabei gar nicht vergrübelte, sondern von Spontaneität und Vitalität geprägte Musikerpersönlichkeit geworden. Die auch von ihm ohne hörbare Mühe beherrschten Geigerfaxen prägen seine Auftritte kaum noch, auch wenn man sie, nach anstrengender Hörarbeit, als entspannende Zuckerplätzchen dankbar quittiert. Oft bleiben die langsamen Sätze in Erinnerung wie einmal – unvergeßlich – das Adagio cantabile aus Beethovens c-Moll-Sonate. Tretjakows Fähigkeit, zu gleichen Teilen Espressivität und ruhige Beherrschtheit in den Dienst der Artikulation, der geigerischen Überredung zu stellen, war ebenso grandios wie unprätentiös. Hier nahm ein Geiger der Weltklasse das musikalische Wort und redete quasi mit Beethovens Zunge, logisch und wohlklingend und mit jener rar gewordenen Fähigkeit, Sentiment im Zuhörer erwecken zu können, ohne es selbst über Gebühr zu verstreuen. Tretjakow bewies da wieder einmal sein enormes Talent für eine ganz persönliche Rhetorik auf vier Saiten – immer mit Hilfe grundsolider geigerischer Mittel, ohne Zuhilfenahme von Sentimentalität oder Koketterie. »Das aufrichtigste Talent, das ich je getroffen habe«, hatte Oistrach schon 1966 über Tretjakow geschrieben. Wahrscheinlich hatte er recht.

*

Hätte Tretjakow 1966 nicht die Siegespalme erlangt, dann wäre sie beim dritten Moskauer Tschaikowski-Wettbewerb *Oleg Kagan* zugefallen. Es spricht für die unparteiische Haltung David Oistrachs, daß er als Jury-mitglied nicht das Gewicht seiner Persönlichkeit mißbrauchte, um den eigenen Schüler, nämlich Kagan, durchzusetzen. Auch der gehörte zum engeren Kreis der Oistrach-Schüler, und Viktor Jusefowitsch überliefert in seinem Gedenkbuch einen Oistrach-Brief an Kagan, als dieser, 1970, längst flügge geworden war: »Mache mir Sorgen wegen Deiner Angele-genheiten, ob alles in Ordnung ist, ob Du spielst, wo Du spielst usw. Kann die Rückkehr nach Moskau gar nicht erwarten, rege mich wegen allen und allem auf.«

Kagan wurde 1946 im fernen Juschno-Sachalinsk an der pazifischen Küste geboren, aber seine Jugend verlebte er in Riga und erhielt am dortigen Konservatorium durch Joachim Braun seine Ausbildung, die er von 1953 an in Moskau bei Boris Kusnezow und später bei Oistrach fortsetzte. Drei Wettbewerbssiege haben seine Karriere befördert: 1964 beim Enescu-Wettbewerb in Bukarest; 1965 in Helsinki beim Sibelius-Wettbewerb und schließlich 1966 in Moskau als Zweiter nach dem gleichaltrigen Tretjakow. Auch in Leipzig hat er beim Bach-Wettbewerb 1968 siegreich abgeschnitten, und nicht zuletzt hat ihn die westliche Welt rascher als erhofft kennengelernt, weil der große Swjatoslaw Richter ihn einige Jahre lang auf Konzertreisen »begleitete«.

Kagan ist – etwa im Gegensatz zu Pikaisen, Tretjakow oder Kremer, die im besten Sinne einer Art sensiblem, ja nervösem Ausdruckskult huldigen – ein Vertreter des saftigen, vielleicht nicht sehr nuancierten Geigentons. Intelligent geigt er schon, der stämmige, blonde, gesund wirkende Mann, aber die Gradlinigkeit und die klaren Laut-und-leise-Töne wachsen ihm eher zu als das intellektuell Getüftelte. Im Forte produziert Kagan kernige Töne von beeindruckendem Volumen, aber auch von einer Direktheit, die beim Akkordspiel in spröde wirkende Gepreßtheit umschlägt. Seinem Spiel haftet etwas Sauber-Ordentliches an, was nicht immer alle Klangfarben berücksichtigt.

Eine Reihe von Beethovens Sonaten hat er hierorts auf dem Podium und auf Platten eingespielt, und solange Richter dabei half, hörte man fast automatisch mehr auf den Klavierpartner. Dabei sind sowohl die a-Moll-Sonate op. 23 als auch die F-Dur-Sonate op. 24 klanglich durch-aus ausgewogen; Kagans etwas störrisch klingender Charme vermag sich neben dem Klavierpartner auch musikalisch zu behaupten; im Opus 24 herrscht kein Frühling der linden Lüfte, sondern bisweilen musikalisches Unwetter. Pathos schleicht sich ein, auch dunkle Regionen werden deutlich gemacht, Kagans Freude an der geigerischen Kraft tritt unverhüllt zutage.

Sein Sieg beim Sibelius-Wettbewerb in Helsinki hat ihn später häufiger gerade nach Finnland geführt; er gehörte auch zu den Mitgliedern jener Musikerinvasion, die im Sommer 1984 in Helsinki eine spezielle Woche sowjetischer Musik absolvierte. Mit fast demonstrativem Nachdruck setzte Kagan sich dort für die Werke seiner Landsleute ein, die in

Oleg Kagan

der Sowjetunion nicht gerade auf dem Index stehen, aber nur seltene Aufführungschancen erhalten: Sofija Gubaidulinas Violinkonzert, Gidon Kremer gewidmet, fand in Kagan einen souverän musizierenden Anwalt. Dieses »Offertorium« überschriebene, sehr kämpferische Werk stand als »unerwünschte« Musik der offiziellen Parteilinie ziemlich fern, aber bei der Aufführung in Helsinki saß der mächtige Musikfunktionär Tichon Chrennikow (der weiland schon Prokofjew und Schostakowitsch attackiert hatte) mit steinerner Miene in der Finlandia-Halle. Auch Schnittkes aggressive zweite Sonate führte Kagan im Geigergepäck und bewies, daß sein musikalischer Einsatz gerade auch der zeitgenössischen Musik seines Heimatlandes gilt.

Im selben Jahr wie Tretjakow und Kagan, nämlich 1946, ist die Georgerin *Liane Issakadse* geboren, die in ihrer Heimatstadt Tiflis Klavier- und Geigenunterricht erhielt, bis sie 1963 im Moskauer Konservatorium Oistrachs Schülerin wurde. Bereits mit elf Jahren – sie spielte außer Konkurrenz, weil sie das Mindestalter noch nicht erreicht hatte – errang sie im Allunions-Wettbewerb den zweiten Preis und krönte ihre Ausbildung mit einem Siegerplatz 1965 beim Pariser Wettbewerb Marguerite Long/Jacques Thibaud.

Ob wir Issakadses Platten anhören oder die Geigerin im Konzertsaal erleben – stets vermittelt sie die Wirkung einer bis zur Herbheit ernsten, überhaupt nicht mit geigerischem Feuerwerk auftrumpfen wollenden Künstlerin. Natürlich spielt sie auch die üblichen klassischen und romantischen Konzerte. Aber wenn schon Mendelssohn eine Plattenseite füllt, dann stellt sie auf der anderen wenigstens das Konzert ihres Landsmanns Otar Taktakischwili vor, ein melodieseliges, virtuose Elemente zu Wort kommen lassendes halbstündiges Werk. Ihren Einstand in München gab sie unter anderem mit Schönbergs Fantasie für Geige und Klavier und machte aus dem als »introvertiert«, also »spröde« annoncierten Stück ein herrlich klingendes, wahrlich phantasiereiches Werk, das spontan Bravi hervorrief. Ihr leidenschaftlicher Ernst mag für den lockeren, fast beiläufigen Charme eines Schubert-Duos fast zu streng sein; bei Brahms' d-Moll-Sonate war ihre herbe Leidenschaftlichkeit so ganz nach jenem Geschmack, mit dem wir Deutschen »unseren« Brahms gern musiziert haben wollen. Aber Liane Issakadse vermag auch ihre rein geigerischen Fähigkeiten ins Rampenlicht zu rücken: Kreisler, Sibelius und Sarasate verwandeln dann den Konzertsaal in einen Geigertempel, dem Kenner und Liebhaber gleichermaßen huldigen.

Im März 1977 gab es in München ein kleines Issakadse-Fest mit einem Violinabend und dem Auftritt im Philharmonischen Konzert mit Prokofjews D-Dur-Konzert, was eine denkwürdige Wiedergabe wurde: »Die rhapsodisch sich entfaltende, schwermütig sinnierende, schier ins Endlose sich erstreckende Anfangsmelodie«, hieß es in einer ausführlichen Rezension, »spielt Frau Issakadse eher scheu, bewußt ausdrucksarm, gleichsam den Dialog mit den Holzbläsern ertastend, weit weg von jener fahlen Intensität, mit welcher ihr großer Landsmann Oistrach dieses Werk zu eröffnen pflegte. Aber so schuf sie sich die Basis zu immer intensiverer, mitreißender Steigerung für den markanten Block des zweiten Themenkomplexes. Das dahinrasende Perpetuum mobile des Vivacissimo ging sie mit einer so behenden Bravour an, daß spielerische Eleganz und rhythmisch-federnder Elan um die Palme stritten. Nichts liegt Frau Issakadse ferner als die virtuose Zurschaustellung instrumentaler Mittel. In dem elegisch ausufernden Schlußteil des Konzerts fand sie das rechte Maß an geigerischer Zurückhaltung, ohne an musikalischer Präsenz einzubüßen: In allerhöchsten Lagen präludierend und figurierend, wurde ihr Solopart zu einer Stimme des Orchesters, ein krönender, doch sich nicht vordrängender Part im immer diffuser werdenden Stim-

Liane Issakadse

mengewebe, hinter dem das zuvor handfeste, ja martialisch klingende Finale plötzlich in sich zurückkriecht und verdämmert. Das war ein bewegendes Beispiel musikalischer Disziplin.«

Ähnliche Eindrücke fast absichtsvoll unterdrückten Musikantentums beschert ihre Interpretation der d-Moll-Partita von Bach. Ernst und Disziplin führen die Geigerin manchmal in äußerst strenges, fast unwegsames Gelände; die Tanzsätze werden ihres bewegten Charakters entkleidet, mit erpreßtem Ernst und permanent lastendem Druck dräut die Chaconne empor, aber die strahlende Brillanz und die geigerische Spontaneität, die auch diesem Werk durchaus bekommen, bleiben abwesend. Grieg und Mozart, Beethoven und Strawinsky haben wir von Liane Issakadse gehört – noble Zeugnisse makellosen, immer ernst-gesammelten Musizierens. Und nach einem ihrer Abende, an dem sie wieder das Geigerisch-Virtuose ein wenig unterdrückt zu haben schien, strich sie sich plötzlich mit Saint-Saëns' Caprice op. 52 die virtuose Bahn frei zu den hinreißendsten Eskapaden, zu gelöstem Ton, zu interpretatorischem Charme. Und als dieser Versuch gelungen schien, da lächelte sie auch zum erstenmal an diesem Abend.

Ein größerer geigerischer und künstlerischer Gegensatz zu ihren musikalischen Auffassungen als *Wladimir Spiwakow* läßt sich kaum denken. Er ist zwei Jahre älter als Liane Issakadse und erhielt seine erste geigerische Ausbildung bei den Leningrader Professoren Sigal und Scher; bereits mit 13 Jahren errang er bei dem dortigen Festival »Weiße Nächte«, obwohl ursprünglich nur außer Konkurrenz zugelassen, den ersten Preis. Mit 17 Jahren kam er nach Moskau in die Violinklasse von Juri Jankelewitsch, der ihn für die erfolgreiche Teilnahme an einer langen Reihe von internationalen Wettbewerben präparierte: Paris, Genua, Montreal sahen ihn zwischen 1965 und 1969, und beim Tschaikowski-Wettbewerb 1970 in Moskau, wo sich der Oistrach-Schüler Gidon Kremer den ersten Preis holte, wurde er zweiter. Seitdem reist er konzertierend durch die östliche und westliche Welt – als Konzertsolist und als Kammermusikspieler (meistens mit dem Pianisten Boris Bechterew, mit dem er auch Platteneinspielungen vorgenommen hat).

Spiwakow ist ein eminentes geigerisches Talent; seine jugendliche Erscheinung, die vom ersten Auftreten an auf Eroberung des Publikums gerichtet ist, und seine virtuosen Fähigkeiten sichern ihm häufig spontane Zustimmung. Vor allem wenn er als dirigierender Solist mit den Moskauer Virtuosen auftritt, jenem Ensemble, das sich aus den Konzertmeistern und Stimmführern Moskauer Orchester rekrutiert, wirkt er wie jemand, der mit musikantischer Lust eine Parade von lauter Generälen anführt. Spiwakow ist ein Schlankheitsfanatiker, absolviert drei Vivaldi-Konzerte aus dem »L'estro armonico« mit jener glitzernden Virtuosität, die sich nicht von historischen Aufführungsskrupeln beirren läßt. Man fühlt sich in die besten Zeiten von »I Musici« zurückversetzt: Das Orchester gibt eine makellos polierte Klangkulisse, das artistische Vergnügen überwiegt den musikalischen Tiefgang, der bei Vivaldi häufig erst nach der geigerischen Vollkommenheit rangiert. Als Dirigent ist Spiwakow ein geschickter, manchmal etwas eitel wirkender Animateur, der seine »Virtuosen« gutgelaunt durch ein Mozart-Divertimento geleitet. Der Standard dieser Elitegruppe ist enorm: blitzende Genauigkeit, höchst kultivierte Phrasierung, radikal gedämpfte Pianissimi und pointierte Artikulation einschließlich kleiner Seufzer und Drücker, wie man es selten so ausdrücklich serviert bekommt.

Auch Schubert haben Spiwakow und seine Virtuosen häufig im Programm: seine Menuette und Trios, die nicht etwa zum Tanzen gedacht wären, die vielmehr zu versponnenen, zergrübelten, von lauter Überfeinerung bis in die elegische Unhörbarkeit getriebenen Genrestücken getrieben werden und von einer gedrechselten Zerbrechlichkeit sind, daß

Wladimir Spiwakow

manchem handfester orientierten Schubert-Freund sich die Haare sträuben mögen. Aber solche Skrupel werden fortgewischt von der unglaublichen Vollkommenheit der instrumentalen Handhabung, die plötzlich zum bejubelten Eigenwert wächst. Das bleiben beinahe zögernd akzeptierte, aufregende Erinnerungen für alle jene, denen die Freude an reiner Perfektion noch nicht vergangen ist.

Problematischer wird es, wenn Spiwakow allein seinen Mozart oder Schubert vorführt. Das geschieht mit spindeldürrem Ton und schier akrobatisch gekünstelter Phrasierung und einer Temperamentlosigkeit, die nur Fadheit verströmt. Manche seiner russischen Kollegen – Igor Oistrach etwa, auch Pikaisen und selbst Tretjakow – haben ein für mitteleuropäische Ohren fast wie Selbstentäußerung klingendes Verhältnis zur Mozartschen Musik. Auch für Spiwakow sind Mozart und Schubert offenbar Säulenheilige, gedrechselt vorgeführte anämische Musiker, über die man sich nur im Flüsterton zu äußern vermag. Nicht grundlos hat man über David Oistrachs Mozart-Spiel, das glücklicherweise von viel festerer, wohlklingenderer Art war, hinter der Hand gelästert, es sei zu üppig, zu dick, zu romantisch. Spiwakows Sammelplatte (mit dem ziemlich nachlässig klavierspielenden Bechterew) zeigt auch eine fast hilflose Handhabung der Schubertschen »Hausmusik« in der Sonatine in a-Moll.

Beeindruckend wird Spiwakows Spiel meistens, und das habe ich manches Mal zur eigenen Verblüffung erlebt, erst dann, wenn der Geiger alle Hände voll zu tun bekommt: bei einer Solosonate von Ysaye etwa (Spiwakow spielt sogar die grausam knifflige sechste im Konzertsaal) oder gar einer Sonate von Bartók. Da entfaltet er seine Fähigkeit zu energischem Zugriff, da produziert er leuchtende, espressive Töne, da scheint er richtig glücklich, auf dem Instrument »arbeiten« zu können und zu demonstrieren, wessen seine schlanken Geigerhände fähig sind. Die Mozart-Konzerte, die er mit dem English Chamber Orchestra eingespielt hat, belegen viele seiner geigerischen Meriten und klingen direkter, nicht so verzärtelt, weil Spiwakow sie als pure Solistenkonzerte empfindet und musiziert, nicht als kammermusikalische Ensemblemusik mit obligater Geige, wie dies Kremer und auch Perlman (wenigstens in den später aufgenommenen Stücken) getan haben. Spiwakow setzt auf leuchtenden, manchmal etwas spitzen Ton und scheut häufig auch vor geschmacklosen Drückern nicht zurück, wenn er glaubt, Mozart noch ein wenig pointierter zu Wort kommen zu lassen. Er spendiert Glanz und opfert dafür Wärme; er setzt auf virtuose Präsentation und scheut die vom Gefühl bestimmte Intimität. Bei vielen Werken, denen er mit diesem musikalischen Kredo zuleibe rückt, scheint diese interpretatorische Rechnung aufzugehen. Der heftige Zuspruch, der sich bei seinen Soloabenden zumindest in der zweiten Hälfte des Abends, nach der klassisch-romantischen Pflicht, einstellt, gibt ihm recht.

Aus den Teilnehmerlisten der verschiedenen Violinwettbewerbe kennen wir seit Jahren eine ganze Reihe von sowjetischen Geigern, die aus den Schulen der Oistrach, der Jampolski oder Jankelewitsch stammen und die immer wieder durch ihr vortreffliches Abschneiden darauf hingewiesen haben, wie reich und vergleichsweise unerschöpflich das russische Geigerreservoir zu sein scheint. Legendär ist jener Brüsseler Wettbewerb 1937 geworden, der David Oistrach an die Spitze der Geigerwelt katapultierte, der den Argentinier Riccardo Odnoposoff (der den zweiten Platz belegte) bis in die Zeit nach dem letzten Krieg in den Konzertsälen der Welt bekannt machte und der aufmerksam machte auf die Familie Gilels, die offenbar nicht nur einen trefflichen Pianisten namens Emil, sondern auch eine Geigerin Jelisaweta hervorbrachte, die in Brüssel in jenem Jahr den dritten Platz belegte.

Noch ein weiterer junger sowjetischer Geiger erntete für sein Heimatland Lorbeeren: *Boris Goldstein.* Außer seinem Namen haben wir im Westen selten etwas von ihm vernommen; erst in den fünfziger Jahren wurde bekannt, daß Goldstein, der – im Jahr 1922 in Odessa geboren – damals in Brüssel zu den jüngsten Teilnehmern gehört hatte, den Krieg überlebt und mittlerweile ein in seiner Heimat sehr gefragter Geiger geworden war und sich dort für eine Reihe von sowjetischen Erstaufführungen der Konzerte von Ernest Bloch, Arthur Honegger, Edward Elgar und anderer einsetzte. Er hatte bei Pjotr Stoljarski in Odessa, später bei Abram Jampolski weiterstudieren können. Weil er auch nach dem Kriege nur bis ungefähr 1955 im westlichen Ausland konzertieren durfte, zog er es vor, 1974 ganz in den Westen überzusiedeln, und stellte sich damals in der Bundesrepublik und in der Schweiz vor. Der unermüdliche Yehudi Menuhin hatte sich für ihn und seinen älteren Bruder Michael Goldstein eingesetzt. Er kommt also aus derselben Schule wie David Oistrach und Nathan Milstein. Damals war er Mitte Fünfzig, von untersetztem Habitus mit rundem bäuerlichen Schädel; man mochte ihn für einen jüngeren Bruder Mischa Elmans halten. Aber die ersten Takte von Beethovens Frühlingssonate wischten jede äußerliche Erinnerung daran zur Seite. Nichts da von lyrischer Süße, von sinnlicher Belkantoschönheit, sondern sonore, von bohrendem Ernst getränkte, sich festsaugende Tongebung. Brahms und Franck litten – wie auch in einem späteren Sonatenabend in München – unter der unzureichenden Assistenz des Klavierbegleiters. Goldsteins Technik war so recht an einer Sonate seines georgischen Landsmanns Aser Rsajew zu bewundern: Seine Linke, die souverän und beneidenswert ökonomisch die wildesten Oktaven, Sprünge und Akkorde handhabt; eine Bogenhand, so intensiv und locker, daß sie alle vertrackten kaukasischen Rhythmen wie harmlose Tanzweisen meistert. Das aber war perfekt, von geigerischer Wärme und blieb doch immer höchst temperamentvoll. Goldstein ist dann auch in der Schweiz, im Umkreis des Menuhin-Festivals von Gstaad, aufgetreten und hat in

Würzburg eine Professur übernommen. Die späte große Solistenkarriere, die man ihm zugetraut und gewünscht hatte, ist ausgeblieben.

Sein älterer Bruder *Michael Goldstein*, geboren 1917 in Odessa, lebt bereits seit 1969 in Deutschland, wo er in Hamburg eine Professur für Violine innehat. In dem hier mehrfach erwähnten Erinnerungsband an David Oistrach kommt er einige Male zu Wort und scheint mit dem großen Kollegen, den er seit seinen Jugendtagen aus Odessa gut kannte, auch bis in die Jahre seiner westlichen Emigration in Verbindung geblieben zu sein. In den letzten Jahren hat Goldstein unter anderem alle Bach-Solosonaten eingespielt; Komponisten wie Jean Françaix und Cesar Bresgen schrieben Solowerke für ihn, und auch als Pädagoge hat er sich um die musikalische Früherziehung verdient gemacht.

Unter den namhaften Preisträgern aus den fünfziger Jahren haben wir im Westen den Tschaikowski-Preisträger *Waleri Klimow* kennengelernt. Er schien 1958 auf der Höhe seiner jungen Laufbahn und ist verschiedentlich auch im Westen aufgetreten (zum Beispiel mit dem Glasunow-Konzert in München 1984): ein stämmiger, blonder Künstler, über den sich geigerisch nur Ausgezeichnetes berichten läßt. Sein Ton ist nicht voluminös, aber ausdrucksfreudig; auch er stammt aus Kiew, wo sein Vater Leiter des damaligen Symphonieorchesters war. Als Kind schon hörte der junge Waleri David Oistrach spielen. In den fünfziger Jahren sollte er selbst sein Schüler werden, der 1958 bei jenem legendären Moskauer Tschaikowski-Wettbewerb, bei dem der Amerikaner Van Cliburn den ersten Preis als Pianist gewann, Sieger wurde. Klimow gehört auch zu jenen Oistrach-Schülern, die ihr Lehrer später als Dirigent begleitete. Das war in der Saison 1963/64. »Wie soll das werden?« klagte Oistrach in einem Brief an seine Frau. »Ich bin verloren. Ich muß die Geige einmotten. Wann soll ich Ärmster das alles einüben?«

Seit dem Sommer 1982 hat die musikalische Welt zwei Geiger kennenlernen können, die beide von sich behaupten, in diesem Jahr den ersten Preis des Moskauer Tschaikowski-Wettbewerbs gewonnen zu haben: *Sergei Stadler* und Viktoria Mullova. Beide erheben den Anspruch zu Recht: Der Preis wurde halbiert. Damals war Stadler 20 Jahre alt, und wo er danach zu Konzerten erschien, beeindruckte er durch die strenge Reife seiner Jugend. In München gab er einen Violinabend, dessen Programm mit Beethoven (c-Moll), Strauss, Bartók (Solosonate) und Wieniawski (Variationen A-Dur) musikalisch und technisch Ansprüche höchster Art stellte. Zuvor hatte er bereits mit dem Sibelius-Konzert debütiert, wobei er noch ein wenig plakativ, ohne rechte Möglichkeit der Differenzierung, hervorgetreten war.

Bei Beethoven erwies sich Stadler, der mit dem jungen Rigaer Pianisten Felix Gottlieb musizierte, als echter Kammermusikpartner. Der Trotz und die herausfordernden Attacken kamen nie zu kurz, waren aber – wie vom Komponisten vorgesehen – gerecht verteilt. Stadler vermag sich, wenn es verlangt wird, ganz kurz zu zügeln, so daß man dem Klavierpartner zuhört. Sein Ton ist nicht einschmeichelnd, nicht »süß«, will es auch nicht sein. Bei Strauss' Jugendwerk fiel ihm das Schwelgen noch ein bißchen schwer. Die saftige Kantilene ist seine Domäne nicht, eher die minuziös beherrschten leisen Töne, das Dialogisieren mit dem Partner. Keinerlei musikalische Unarten, kein Schmachten, keinerlei Schielen in Richtung Virtuosität, wenn sie nicht ausdrücklich vorgesehen, ja gefordert wurden. Das war im Grunde ein Spiegelbild dessen, was wir von einem Geiger wie Tretjakow gewohnt sind. Stadler ist, und es mag kein Zufall sein, sein Schüler gewesen.

Bartóks späte, atemberaubend schwierige Solosonate hat Stadler zwar längst in den Fingern, hat aber wohl noch nicht alle musikalischen Ecken dieses Werkes voll ausgekundschaftet. Die ersten beiden Sätze enthielten herrlich gemeisterte Passagen, aber bei allem (auch optisch sichtbaren) Bemühen geriet nicht alles so selbstverständlich wie erhofft. Der Kampf mit dem anspruchsvollen Werk endete zwar mit einem klaren Sieg, aber es war ein spürbarer Kampf vorweggegangen. Bei Wieniawskis Variationen über ein eigenes Thema war die Geigerwelt wieder in vollkommener Ordnung: Die Flageoletts glitten makellos ineinander, das fliegende Stakkato glich einer Tönemetraillieuse, noble, niemals das Seichte streifende Portamenti – der musikalische Sturm im Wasserglas geriet zu einem richtigen kleinen geigerischen Orkan. Stadler, unter den Jungen seiner Zunft sicherlich besonders herausragend und nicht ohne Grund in Moskau hochdekoriert, ist ein selbstbewußt auftretender Musiker, der sich genau zuhört und dennoch nicht vergißt, sein Publikum daran teilhaben zu lassen.

Den zweiten halben ersten Moskauer Preis 1982 erhielt die junge *Viktoria Mullova* zuerkannt. Als sie zwei Jahre zuvor den ersten Preis beim Sibelius-Wettbewerb in Helsinki errungen hatte, horchten bereits die Fachleute auf; aber erst 1983, als sie kurzerhand bei einem neuerlichen finnischen Gastspiel mit einem Taxi von Finnland aus nach Schweden ins endgültige westliche Exil reiste und dort um Asyl bat, geriet sie in die Schlagzeilen. Kurz darauf landete sie wohlbehalten in den Vereinigten Staaten, wo prominente Landsleute wie Maxim Schostakowitsch und Mstislaw Rostropowitsch sich ihrer annahmen.

Erste Gastspiele in westlichen Ländern, darunter auch in der Berliner Philharmonie, wo man noch immer rasch mit aufmerksamen Augen und Ohren neue Talente in Ost und West zu Wort kommen läßt, bestätigten ihre außergewöhnliche Begabung; die Maestri Seiji Ozawa und Claudio Abbado nahmen sie unter ihre mächtigen Fittiche, die Plattenfirma sicherte ihr (und sich) einen exklusiven Vertrag: Die strenge, schlanke,

Viktoria Mullova

zielstrebige Künstlerin Mullova brauchte bald ihren mutigen Schritt aus dem schützenden Moskauer Käfig in die konkurrenzreiche Zugluft des Westens sicherlich nicht zu bereuen.

Daß die Philips als erste Platte mit ihr die Konzerte von Tschaikowski und Sibelius (mit Ozawa und dem Boston Symphony Orchestra) wählte, lag angesichts ihrer früheren Wettbewerbstrophäen nahe. Wie bereits in Helsinki und in Moskau, so soll die Kogan-Schülerin Mullova mit ihnen auch auf Schallplatten erste Lorbeeren pflücken. Vivaldis »Jahreszeiten«, die sie bereits in Tourneekonzerten streng und sauber und glitzernd bot, Paganini und Vieuxtemps sowie ein Sonatenprogramm mit Bach, Bartók und Beethoven sind weiterhin als Platten geplant.

Die erste Konzerteinspielung unter Ozawa, der die Solistin mit seinen vortrefflichen Bostonern zuweilen klanglich zudeckt, ist schon imponierend. Über Technisches im einzelnen zu debattieren erübrigt sich, wenn auch das Sibelius-Finale von einem Gidon Kremer unvergleichlich brillanter, rascher, rücksichtsloser und mit einer fast hypnotisch wirkenden Eindringlichkeit gespielt wird. Mullovas Ton ist nicht eigentlich dick und sinnlich, sondern eher schlank, im Piano von einfacher, keuscher Überredungskraft, in kräftigen, ja kritischen Phasen von energischem, bisweilen rückhaltlosem Durchsetzungsvermögen. Schmelzend beabsichtigte Passagen erklingen selten betörend, wirken eher wie kalkuliert eingesetzt; Portamenti scheinen überwiegend kein Resultat gliedernder Artikulation, sondern unvermeidbares Ergebnis bestimmter gewählter Fingersätze. Im Vergleich zu dem nicht gerade zimperlich mit Portamenti umgehenden Itzhak Perlman wirken dergleichen Ausdruckshilfen zufällig und nicht absichtsvoll.

Viktoria Mullova versteht zu geigen, das ist keine Frage. Energie und rhythmische Sicherheit sind vorhanden. Vielleicht geht ihr noch die leidenschaftliche Deklamationskunst etwas ab; so endet der Kopfsatz des Sibelius-Konzerts noch ein bißchen holterdiepolter, wobei die klangliche Dominanz des Orchesters zusätzlich irritiert.

Im Tschaikowski-Konzert schlägt sie den Weg der breiten, in der Höhe herrlich strahlenden Artikulation ein; alle Passagen, auch die kleinsten Überleitungsfloskeln, werden pathetisch, deutlich vernehmbar ausgespielt. Sinnlichem Schmelz, gar lyrisch verpacktem klanglichen Raffinement geht sie dabei eher aus dem Weg und scheint hierin ganz ein geigerisches Ziehkind des unvergessenen Leonid Kogan. Das alles geschieht auf denkbar hohem geigerischen Niveau.

Wie manche sowjetische Geigerdissidenten, so hat auch Viktoria Mullova Schostakowitschs Violinkonzert op. 99 gern in ihrem Programm: zwei ernste Gesänge für die Geige, unterbrochen von zwei Sätzen voll lärmender Karikatur; grelle Extreme von geradezu offensiv empfundener Beklemmung aus des Komponisten düsteren Lebensabschnitten. Viktoria Mullova kommt dieses Bekenntniswerk sicherlich musikalisch sehr entgegen. Sie ist eine Künstlerin, die den sonoren, jeglicher Schmeichelei abholden Geigenton bevorzugt. Im Ausdruck gerade dieses Werkes, sei es die tragisch gefärbte Melodik oder der verbissen insistierende Impuls, bewahrt sie bewundernswerte Intensität und gradliniges, manchmal von heftigem Vibrato angeheiztes Espressivo. Aber dieses Konzert zeigt gewiß nur einen Teil ihrer Fähigkeiten und Veranlagungen; denn charmante Überredungskünste und verführerischer geigerischer Schmelz sind bei Schostakowitsch nicht gefragt. Man wird Viktoria Mullova mit Spannung in anderen musikalischen Sätteln und neuen interpretatorischen Aufgaben erwarten. Liebenswürdigkeit ist keine Grundsubstanz für vollendetes Violinspiel, aber häufig eine willkommene Verkaufs- beziehungsweise Interpretationshilfe. Dann wird man herausfinden, ob diese ins Rampenlicht der internationalen Öffentlichkeit hinaufkatapultierte Künstlerin ihre geigerischen Fähigkeiten mit einem neuen Charme der musikalischen Überredungskunst zu verbinden wissen wird.

Die Europäer

Ulf Hoelscher, Thomas Zehetmair, Anne-Sophie Mutter, Frank Peter Zimmermann und andere

Es ist eine ebenso bekannte wie betrübliche Tatsache, daß bei berühmten Geigerwettbewerben, etwa in Brüssel oder Moskau oder beim Leventritt-Concours in den Vereinigten Staaten, seit 1945 kein einziger deutscher Geiger auch nur einen halben Preis mit nach Hause gebracht hat – falls überhaupt ein Musiker aus Mitteleuropa daran gedacht haben sollte, sich der internationalen Konkurrenz zu stellen. Nun ist der Vor- oder Nachteil solcher Brutstätten von Hochleistungs-Instrumentalisten seit je umstritten, aber es gibt viele Talente, für die ein Sieg in Brüssel oder Moskau der fast automatische Beginn einer internationalen Laufbahn gewesen ist. David Oistrach und Leonid Kogan in Brüssel, Gidon Kremer und Viktor Tretjakow in Moskau, Itzhak Perlman oder Pinchas Zukerman in den Vereinigten Staaten werden mit Recht als Beispiele genannt, bei denen die Wettbewerbstrophäe folgerichtig eine weltweite Karriere eröffnete. Andererseits lehrt die Lektüre aller Brüsseler Preisträger, wie oft die Erfolgspalme an einen Künstler verliehen wurde, von dem die musikalische Welt seither so gut wie nichts mehr vernommen hat. Und das gilt für Wettbewerbe in aller Welt, sei es in Warschau oder Genua, beim Münchner ARD-Wettbewerb oder anderswo. Deutsche Geiger sind kaum bei diesen Wettbewerben vertreten gewesen, und es scheint, als hätten sich die Karrieren derer, die beispielsweise in diesem Buch vorkommen, auf andere Weise ins Licht der Öffentlichkeit geschoben: Ulf Hoelscher, Anne-Sophie Mutter, Frank Peter Zimmermann, Thomas Zehetmair, die weitere jüngere Garde der Christian Altenburger, Kolja Blacher, Michael Haefliger, ganz abgesehen von den Damen Edith Peinemann oder Jenny Abel. Keiner von ihnen ist durch einen spektakulären Sieg bei einem prominenten Wettbewerb in die internationale Konzertwelt katapultiert worden wie etwa der junge Pianist Van Cliburn, der mitten im kalten Krieg amerikanische Pianistenqualitäten in Moskau demonstrativ vorführte, daß man ihm einen ersten Preis und damit zugleich eine fragwürdige Hypothek mit auf den Musikerweg gab, den er offensichtlich nicht bis zum glorreichen Ende gegangen ist.

Kann man also behaupten, die erfolgreichen deutschen Geiger, wiewohl ungekrönt bei internationalen Wettstreiten, hätten auf sehr viel umständlichere, aber gleichwohl ehrlichere Weise ihre Karriere bewältigt? Der Glamour des Laureaten hat ihnen allen gefehlt, das sei zugegeben, aber ist ihre Karriere daher vielleicht verzögert, gar wirklich aufgehalten worden? *Ulf Hoelscher*, der älteste unter den deutschsprachigen Geigern (wenn man die Talente aus Österreich hier einmal einbeziehen darf), scheint im eigenen Lande noch unter Popularitätsmangel zu leiden. Nach anderthalb Jahrzehnten einer erfolgreichen, vielseitigen, ziemlich abwechslungsreich aufgebauten Schallplattenkarriere bringt fast jeder der Covertexte, und zwar auch bei ausgesprochenen Standardwerken wie dem Bruch- oder Beethoven-Konzert, von neuem die inzwischen sattsam bekannte Geschichte von der Laufbahn des inzwischen 45jährigen Hoelscher. Mißtraut man bei dem Konzern, für den Hoelscher seit 1973 getreulich einspielt, der Suggestionskraft des Künstlernamens, indem man immer wieder dem Plattenkäufer einhämmert, wer Hoelscher ist und wie wichtig es ist, diesen Namen im Gedächtnis zu behalten? Nach zwei Dutzend Einspielungen wirkt das etwas bemüht und zeugt eher von Skrupeln derer, die einen international erfahrenen Künstler auf dem nationalen Markt immer wieder erneut anpreisen zu müssen glauben.

Hoelschers Geigerkarriere hat sich tatsächlich ohne große Sensation und außerdem eher auf ausländischen denn auf einheimischen Podien entwickelt. Er war kein Wunderkind, hatte keinen übermächtigen Protektor und konnte auch nicht mit einer politischen Fluchtstory aufwarten. Im Fränkischen, in Kitzingen, wurde er mitten im Krieg, am 17. Januar 1942, geboren und lernte erst mit sieben Jahren das Geigenspiel, absolvierte die Schule, studierte zunächst in Heidelberg bei Bruno Masurat, von 1957 an bei Max Rostal und tummelte sich bei den damals ins Leben gerufenen Wettbewerben »Jugend musiziert«. Mit notwendigen Stipendien ausgestattet, reiste er – was damals noch keineswegs üblich war – in die Vereinigten Staaten, wo er zunächst bei dem berühmten Josef Gingold, dem Ysaye-Schüler, in Bloomington (Indiana), sodann bei Paul Makanowitzky und schließlich in Philadelphia im Curtis Institute bei dem legendären Ivan Galamian studierte. Auch der große Jascha

Heifetz hat ihm ein paar Lektionen gewährt, so daß der mittlerweile 25jährige Hoelscher sich eine geigerische Grundlage verschafft hatte wie vor ihm kein deutscher Geiger der Nachkriegszeit.

»In Deutschland sind viele Studenten zu faul, und selbst anerkannte Lehrer haben keine Ahnung, was an amerikanischen Musikinstituten verlangt und geleistet wird«, hat er Wolf-Eberhard von Lewinski ge-

Ulf Hoelscher, 1978

genüber bekannt. Das war 1968, und der Weg, den Hoelscher nahm, um die internationalen Podien zu erklimmen, war umständlich, mühselig und langsam. Ein Preis beim Wettbewerb von Montreal hat ihm wohl den ersten Anschub zu Konzerteinladungen eingebracht, und man findet seinen Namen Ende der sechziger Jahre in den Musikmetropolen vieler Kontinente, auch in Australien, Südamerika und in

Moskau. 30 Konzerte in Deutschland brachten zwar gute Resonanz der Presse, aber der internationale Durchbruch geschah 1971 in London, von wo aus dann die Karriere einen stetigen, steilen Verlauf nahm. Hoelscher war jetzt fast 30 Jahre alt. Ein Jahr später folgte ein wichtiger Vertrag mit der Schallplatte; das deutsche Publikum hat Hoelscher viel intensiver durch seine Einspielungen als durch öffentliche Auftritte kennenlernen können. In München beispielsweise kommt auf fünf neue Platten Hoelschers ein Soloabend, und bei den Orchesterkonzerten scheint er eine unbegreiflich mißachtete Rolle zu spielen – es sei denn, man läßt ihn Richard Strauss' freundlich-lustiges frühes Geigenkonzert musizieren. Mit den Berliner Philharmonikern, die einerseits immer fleißig nach jungen Talenten Ausschau halten, andererseits natürlich nur das Beste vom Besten nehmen, hat Hoelscher erst im November 1972 debütiert, charakteristischerweise nicht mit einem der großen Standardkonzerte (die spielten in dieser Saison in Berlin Leute wie Milstein, Perlman, Schneiderhan, Oistrach und Kyung-Wha Chung), sondern mit jenem etwas sonderbaren zweiten Konzert von Hans Werner Henze mit Tonband, Stimmen und 33 Instrumentalisten sowie in der vom Komponisten vorgeschriebenen Kostümierung des Solisten als Münchhausen.

Im selben Jahr 1972 schloß dann freilich die EMI mit Hoelscher ein Exklusivabkommen und begann diese Zusammenarbeit mit dem Tschaikowski-Konzert im folgenden Jahr – bezeichnenderweise mit einem Londoner Orchester, dem New Philharmonia unter Okko Kamu. Schon in dieser Interpretation sind die charakteristischen Züge des Geigers und Musikers Hoelscher abzulesen. Er verfügt über eine blendende, in aller Regel zuverlässige Technik. Die Attitüde der Bogenführung ist bestimmt, selbstherrlich, hochfahrend, manchmal direkt etwas exaltiert, mit einem Wort: bewußt solistisch. Die stete Kontrolle, mit der das geschieht, hinterläßt manchmal den Eindruck von einer fast geplanten, jedenfalls genau gesteuerten geigerischen Feuerkraft. Das klingt fast nie elementar schön oder süß oder vehement oder böse; aber wenn im Kopfsatz Tschaikowskis lyrische Passagen zu musizieren sind, dann ufert Hoelschers Espressivo arg aus; er führt gewissermaßen Ausdruck vor, was in diesem Plattenerstling sonderbar wirkt. Hoelschers Tongebung ist selten von natürlichem Schmelz, vielmehr gradlinig, zwar temperamentgesteuert, doch nie einschmeichelnd sinnlich, was keinen Mangel an musikalischer Sensibilität bedeutet. Die vermag Hoelscher immer wieder überzeugend vorzuführen, beispielsweise in den Aufnahmen mit Schumanns Sonaten (mit Michel Béroff, seinem häufigen Konzert- und Plattenpartner) und vor allem in den Aufnahmen der Solosonaten von Prokofjew und Bartók. Hier kommen Hoelschers Eigenschaften vorzüglich zur Geltung: eine klug disponierende, in größeren Partien zusammenraffende Deklamation, intensiver Ausdruck auch bis an die Grenze des Nicht-mehr-»Schönen« und makellose Bewältigung der immensen technischen Aufgaben.

Mit bewundernswertem Fleiß hat Hoelscher dann eine Reihe von Werken abseits des gängigen Repertoires eingespielt: neben der Franck- die Strauss-Sonate, das Konzert von Schumann, sämtliche Werke für Geige und Orchester von Saint-Saëns, 1979 dann, zusammen mit dem WDR-Symphonieorchester unter Hiroshi Wakasugi das Alban-Berg-Konzert. Er hat es sich auf ganz überzeugende Weise zu eigen gemacht, kleidet es in ein strenges, straff sitzendes, fast kantig geschnittenes Interpretationsgewand. Wakasugi assistiert gleichermaßen strukturbetont, ja klangspröde: eine Wiedergabe, die bei aller solistischen Haltung des Geigers die überredende Sinnlichkeit des Geigenklangs, die keusche, trauervolle Schönheit des Werkes ausspart. Das Brahms-Konzert folgte im Jahr darauf mit dem NDR-Symphonieorchester unter Klaus Tennstedt.

Hoelschers Karriere hat immer wieder bei der Kammermusik Station gemacht – sei es als Klaviertriopartner mit Heinrich Schiff und Christian Zacharias, mit denen auch eine Aufnahme des Beethovenschen Tripelkonzerts entstand, sei es als aktiver Freund und Helfer der Neuen Musik: Von dem Münchner Komponisten Franz Hummel hob er eine Solosonate aus der Taufe, spielt sie auch nach Möglichkeit immer wieder in unorthodoxen Soloprogrammen, in denen man auch Reger oder Ysaye oder Bartók zu hören bekommt. Sein Repertoire ist weiträumig geworden, vielleicht weil Hoelscher die Glitzerstücke oft genug musiziert hat oder, was wahrscheinlicher ist, weil er ein neugieriger Künstler geblieben ist, der den Gipfel sich erarbeitet und auf dem Weg dorthin die Landschaft mit immer neuem Interesse betrachtet.

So hat er, ebenfalls mit Béroff, alle Werke für Violine und Klavier von Szymanowski in Sonatenabenden und durch eine Schallplatte von neuem bekannt gemacht. Die »Mythen« op. 30 sind Kammermusik für zwei Virtuosen – expressionistisch-rezitativisch schweifende Gebilde, oft tonmalerisch in krausen Triller-, Flageolett- oder Quartengriffen verharrend. Vielerlei – von Strauss bis Debussy, aber auch folkloristische Vorbilder, hochfahrende Skrjabin-Wendungen – haben da Pate gestanden, aber diese Kunstfertigkeit bleibt zusammengebunden durch eine gestaltende Kraft, die auch der Virtuosität Raum läßt. Hoelscher und Béroff absolvieren das mit Bravour, mit Klangsinn und einem Sinn für die Hintergründigkeit von zunächst nicht erkennbaren Formen und Strukturen. Noch ein weiteres Szymanowski-Werk haben sie viel gespielt: Transkriptionen dreier Paganini-Capricen (Nr. 20, 21, 24). Ihre Substanz verändern diese spindeldürren Stücke auch nicht durch notenbefrachtete Klavierunterfütterung. Die virtuose Attitüde verstärkt sich noch, wird aber voller und lärmender. Szymanowski läßt, wie ein kluger Kaufmann, aus wenigen Paganini-Noten mehr Klang wachsen und wuchern. Hoelscher geht bei ihrer Bewältigung mitunter rücksichtslos zu Werke, nimmt den Bogenkampf mit dem neu aufgetretenen Klavierpartner vehement auf und vermag sich dennoch zu behaupten. Seine großen geigerischen Fähigkeiten und sein bewußt hochfahrender, energisch penetrierender Ton beweisen auch bei diesen Werken sein solistisches Naturell.

Die bislang letzte Etappe auf dem Schallplattenweg ist 1986 erschienen, als Hoelscher immerhin schon 44 Jahre alt war: Das Beethoven-Konzert, das, wie im Jahr zuvor das Tripelkonzert, mit einem der besten Orchester der DDR, der Dresdner Staatskapelle unter Hans Vonk, aufgenommen wurde, hat Hoelscher offenbar lange beschäftigt. »Wenn man heutzutage dieses Konzert hört«, heißt es auf dem Plattencover, »dann langweilt man sich oft zu Tode, weil es so langsam ist. Der Puls, der durchgehen muß, gerät immer ins Stocken; das verleitet den Geiger dazu, hier einen Drücker und da eine schöne Stelle zu spielen – es wird immer langsamer. Auch nach der Kadenz im ersten Satz, da muß man dann eine riesige Beschleunigung machen.« Auch er ist kein Verfechter einer »Bestzeit«, die noch immer von Heifetz und Kreisler gehalten, in neuerer Zeit von Kremer angestrebt, von Hoelscher aber doch nicht erreicht wird: Mit 21,5 Minuten (die ziemlich länglich wirkende Kadenz, basierend auf Beethovens Klavierfassung des Violinkonzerts, ist bereits abgerechnet) hält er sich im ersten Satz im Mittelfeld, schleppt niemals unziemlich, nimmt das »non troppo« durchaus ernst.

Sein Geigenton ist auch in dieser sicherlich für ihn wichtigen Aufnahme nicht eigentlich sinnlich-elegant, auch nicht wuchtig-sonor, dafür stets gespannt, hochfahrend-solistisch, ohne an elementarer Sprödigkeit einzubüßen. Geige zu spielen, das steht außer Frage, versteht er, aber der Klang ist nach wie vor seltsam unsinnlich, direkt, dabei fraglos mit Intelligenz eingesetzt. Aber die Verführungskraft des Wohllauts, der überredende Schmelz des Instruments bleiben aus, suggerieren einen Mangel an physiologischer Empfindung, die anderen Geigern – von Elman bis Perlman – fast von selbst zuwächst. Die bewußte Hinwendung auf das Sichtbarmachen der Struktur allein macht diese Aufnahme zu einer achtbaren Einspielung, die sich freilich den Vergleich mit Dutzenden von anderen Platten des Werks gefallen lassen muß.

*

Der Salzburger *Thomas Zehetmair*, der am 23. November 1961 zur Welt kam, hat seine junge Karriere ebenfalls auf eher unspektakuläre Weise gemacht. Vielleicht lag es daran, daß seine deutschen Konkurrenten, die junge Anne-Sophie Mutter vor allem, schon als halbe Kinder im Rampenlicht standen. Als Zehetmair bei den Luzerner Festwochen mit einem hausmusikalischen Sonatenprogramm debütierte, spielte Anne-Sophie Mutter schon unter Herbert von Karajan Beethovens Tripelkonzert. Damals, 1978, war Zehetmair ein sympathischer junger Geiger mit solider Grifftechnik und einem klaren, sauberen Ton, der noch wenig biegsam war und beim einzigen technisch anspruchsvollen Werk seiner Matinee, Ravels »Tzigane«, klanglich einfach überfordert.

Acht Jahre später – für einen angehenden Künstler eine Periode, die über eine Lebenskarriere entscheidet – legt Zehetmair eine Platte mit zwei Beethoven-Sonaten (gemeinsam mit Malcolm Frager am Broadwood-Hammerklavier) vor, die ihn als einen der aufregendsten Musiker seiner Generation ausweist, zum einen, was sein musikantisches Temperament anbelangt, zum anderen, mit welchen geigerischen Mitteln er dieses Temperament umsetzt. Es ist eine der selten gewordenen Schallplattenaufnahmen, in denen sich das Engagement hörbar, ja spürbar mitteilt. Verblüffend ist vor allem die Variationsbreite des Geigentons, der sehr voll und dröhnend, aber auch kühl, ja fahl und spitz klingen kann, um dann blitzschnell wieder in vibratoreiches, fast flehentlich wirkendes Espressivo umzuschlagen.

Ein mit allen geigerischen Mitteln ausgestattetes Drama wird hier vorgeführt, wie man es seit Hubermans und Heifetz' Zeiten nicht gehört hat. Die Einleitung der Kreutzersonate – bei vielen Großen der Zunft in hemmungsvollem, stockendem, ja lastendem Adagissimo vorgetragen – kommt bei Zehetmair und Frager fließend-natürlich, ohne daß der geringste Eindruck von Hast oder Oberflächlichkeit entstünde; die Frage des Tempos ist bekanntlich relativ, und gerade bei dieser extrem schwierig zu geigenden und zu gestaltenden Introduktion kann auch ein lastendes Tempo, falls nicht überlegen-spannungsvoll durchgehalten, so wirkungslos bleiben wie ein überstürzt stolperndes. Nichts von alledem bei Zehetmair, dessen Musikalität von Anbeginn an auf das Presto hinzielt. Die Akkorde kommen voll und bedrohlich, die Achtelpassagen sind von beinahe fiebriger Aktivität durchpulst, ohne an Präzision einzubüßen – kurz, hier entstand eine Interpretation des Kopfsatzes, die den jungen Salzburger als ein großes musikalisches Talent ausweist.

Daß die Variationen, vor allem die virtuose Zweiunddreißigstelpassagen der zweiten Variation, nicht ganz gleichmäßig und überlegen gelingen, dafür das Minore sehr empfindsam und die Coda behende, ohne in vorschriftswidriges Schleppen zu kommen, tut dem fabelhaften Eindruck des Kopfsatzes keinen Abbruch. Auch das Finale, nicht besonders eilig genommen, hat viele schön ausgespielte emphatische Passagen. Der Broadwood-Klang verträgt sich mit dem modernen Espressivo des Geigers vortrefflich; bei Pianostellen knarrt und knackt das ehrwürdige Instrument allerdings störend oft und laut, was wohl eine unvermeidliche historische Zugabe ist.

Anstelle einer Allerweltseinführung in das berühmte Beethoven-Werk hätte die Teldec vielleicht darauf hinweisen können, was Zehetmair selbst in einem Interview im März 1983 (»FonoForum«) erläutert hat: »Ich möchte weiter bei Nikolaus Harnoncourt profitieren. Bei Beethoven lernte ich auch Wichtiges. So bei der Kreutzer-Sonate. Harnoncourt sieht die von Arnold Schering hineininterpretierten außermusikalischen Dinge sehr genau. ›Das befreite Jerusalem‹ von Torquato Tasso bei der Kreutzer-Sonate: das war sehr aufschlußreich. Immer wieder fühle ich mich von Harnoncourt darin bestärkt, daß keine Musik distanziert gespielt werden soll, sondern bis zum Extrem engagiert, emotionell gespannt. Bei Max Rostal hatte ich gelernt, Beethoven objektiv zu spielen. Ich fand das damals gut, spiele heute aber ganz anders.«

Harnoncourt, der durch seine Monteverdi-Aufführungen bekannt gewordene Cellist und Leiter des Wiener Concentus Musicus, hat auf den jungen Zehetmair viel Einfluß genommen, und in diesen Jahren entstand bereits eine der gewichtigsten Einspielungen für jeden geigenden Musiker: diejenige sämtlicher Solosonaten und -partiten von Bach. Hier wurde offenbar, daß Zehetmair unser Bach-Bild wieder einmal kräftig zurechtrücken wollte, und zwar unzweifelhaft in die Richtung derer, für die Bach ein überschäumender Rubens der Musik ist; in dessen Musik man »aus jeder Phrase etwas machen« muß (wie er sein Ziel selbst interpretierte). Das ist fraglos unter Harnoncourts Einfluß und seiner in vielem richtigen Wiederentdeckung der musikalischen »Klangrede« er-

Thomas Zehetmair

wachsen. Zehetmair, nach eigenem Bekenntnis jedoch kein bloßer Imitator seines Mentors, heizt seinen Bach – in der Platteneinspielung sowie natürlich auch auf dem Konzertpodium – nicht nur mit imponierenden Tempi auf (die er mühelos zu absolvieren versteht), sondern drechselt sich in den streng stilisierten Tanzsätzen der Partiten (besonders deutlich in der h-Moll-Partita) eine Fülle von eher privaten Agogik- und Dynamikeffekten zurecht, die so willkürlich wirken und so aufgesetzt, daß man sich manchmal ungewollt ins Lager der Bach-Puristen zurücksehnt. Zehetmair will improvisatorisch »interessant« wirken, will – offensichtlich vom feurigen Frühbarockgeist Harnoncourts entflammt – Leben in den alten, langweiligen Bach bringen; aber dabei läuft er häufig Gefahr, das Grundzeitmaß der Tänze unstatthaft zu zerhacken. In der h-Moll-Partita fegt er in die Doubles, die melodisch aufgelösten Paraphrasierungen der vorhergegangenen Tanzsätze, so viele private Akzente hinein, daß man sie gegenüber dem Grundmetrum bisweilen gar nicht mehr wahrnimmt. Was da als Belebung gut gedacht ist, gerinnt häufig zur Willkür. Es ist durchaus möglich, daß Zehetmair inzwischen sein extrem aufgeheiztes Bach-Bild etwas temperiert hat. Die Platteneinspielung ist ein nicht unwichtiges Dokument bei der Beurteilung von Möglichkeiten der Bach-Interpretation in den achtziger Jahren. Neben den Puristen, deren Bach ein Holzschnittidol ist, dessen protestantischer Kargheit zuliebe jeder Affekt verdammt, jede Tempowahl zu einer reinen Frage der Zucht und des unbeirrten Durchhaltevermögens wird, wirkt Zehetmairs Interpretation wie ein improvisationsgläubiges Abbild schäumender barocker Vitalität, in der noch die kleinste Note dem affektgeladenen Gestus huldigt. Ob Langweiler, ob Puristen oder Affektgeladene: in reiner, unverfälschter Ausprägung scheinen sie allesamt auf ihrem eigenen Holzwege; aber es ist befriedigend zu wissen, daß Bachs Musik so stark ist, um sich in allen möglichen Wohnungen eine Zeitlang heimisch zu fühlen.

Zehetmair hat neben und vor Harnoncourt mannigfaltige musikalische Unterweisung genossen – zunächst von seiten des eigenen Vaters, dann am Salzburger Mozarteum. Er hat verschiedene kleinere und größere Wettbewerbe gewonnen (aber keinen in Brüssel oder Moskau oder Genua), er hat sich beim Kammermusikfest im amerikanischen Marlboro umgesehen, hat auch mit Gidon Kremer in Lockenhaus Erfahrungen gesammelt und scheint noch immer von keiner Karrierehektik erfüllt. Mehr als 50 Konzerttermine pro Jahr hat er als für sich ausreichend genannt, und auch die Plattenproduktion ist bisher nicht überwältigend an Zahl und Gewicht. Mit »Virtuoser Kammermusik« hat er als 19jähriger debütiert – respektable Zeugnisse vor allem in Ysayes d-Moll-Sonate, auch in Ravels Sonate, weniger in Schuberts Rondo brillant. Auch Mozarts Konzert B-Dur und die Serenade KV 185 hat er eingespielt und galt – Schicksal wohl jedes Salzburger Musikers – jahrelang als Mozart-Spezialist. Damit hörte man ihn auch vielerorts, ein wirkungsvoll musizierender Anwalt seines Heimatpatrons.

Allmählich wuchs jedoch der Wunsch, Zehetmair mit anderen Werken zu hören. Die Teldec schickte ihn mit zwei freundlichen Konzerten von Joseph und Michael Haydn ins Plattenrennen, was keine überwältigende Phantasie verrät. Zehetmair musiziert diese liebenswürdige, vielleicht doch im zweiten Rang angesiedelte Musik blitzsauber. Im Adagio von Josephs C-Dur-Konzert besticht er durch lässige, gleichsam improvisierend wirkende Fähigkeit, all die kleinen Triller und Agréments, alle seufzenden, vornehm schluchzenden Wendungen mit variablem Klangsinn auszubreiten. Eine zweite Platte muß er sich mit dem Pianisten Cyprien Katsaris teilen: Zehetmair spielt Mendelssohns frühes d-Moll-Konzert. Seine Interpretation ist die eines technisch völlig souveränen, immer mit Neugierde klanglich experimentierenden Musikers: eine engagierte und wohllautende Wiedergabe, die den Plattenhörer fast ungeduldig macht auf ein größeres, anspruchsvolleres Repertoire, das auf den jungen Geiger jetzt unausweichlich zukommen sollte. Die beiden Beethoven-Sonaten sind ein weiteres Versprechen auf eine verheißungsvolle Zukunft des jungen Zehetmair. Auf eines der großen Konzerte darf man gespannt sein. Mit Sibelius hat er 1987 den Anfang gemacht.

*

Am 29. Juni 1963 kam *Anne-Sophie Mutter* im südbadischen Rheinfelden zur Welt. Man erkannte bald den dringenden Wunsch der Fünfjährigen, zunächst Klavier, dann Geige spielen zu lernen, und nahm ihn ernst. Privatstunden bei der Carl-Flesch-Schülerin Erna Honigberger folgten, auch Befreiung vom allgemeinen Schulunterricht sowie offenbar klug dosierte Förderung eines frühen Talents, das bald in der Öffentlichkeit als »Jahrhundertbegabung« gefeiert werden sollte. Die erste wichtige Anerkennung dieser Öffentlichkeit widerfuhr der sechsjährigen Geigerin, als sie beim siebten Bundeswettbewerb »Jugend musiziert« für ihr Spiel, das ihr zwei Jahre älterer Bruder Christoph begleitet hatte, im Markgräflichen Theater zu Erlangen den ersten Preis »mit besonderer Auszeichnung« erhielt. Daß vier Jahre später die knapp Elfjährige wiederum als Preisträgerin dieses renommierten Wettbewerbs hervorging, diesmal jedoch im Fach »Klavier vierhändig« (wieder mit dem Bruder), mag signalisieren, wie umfassend die von den Eltern geförderte musikalische Ausbildung gewesen ist, die Anne-Sophie genossen hat. In Winterthur übernahm Aida Stucki, die ebenfalls bei Flesch studiert hatte, die weitere Ausbildung, von der die begabte Schülerin später, in einem Interview nach der Methode des Stucki-Unterrichts befragt, ausreichende Antwort gab: »Da will ich lieber nichts sagen; das ist so etwas wie ein Geheimnis.«

Das geigerische und künstlerische Resultat konnten die Zuhörer bei einem Konzert in der Luzerner St.-Charles-Hall im Sommer 1976 erfahren: Tartinis Corelli-Variationen und die »Teufelstriller«-Sonate, Bachs Chaconne sowie ein paar brillante Zugabestückchen ließen erfahrene Kritiker rückhaltlos von einem Wunderkind jubeln. Die gängigen Vergleiche mit der jungen Ginette Neveu oder dem kleinen Yehudi Menuhin machten rasch die Runde, und als sie gar Herbert von Karajan vorspielte und damit tief beeindruckte, stand die Sensation fest: Die Deutschen hatten endlich wieder ein überragendes Geigertalent. Fortan mußte sich dieses Talent nicht länger in der Stille, sondern im gleißenden Licht der Öffentlichkeit, erstmals bei den Pfingstfestspielen in Salzburg mit den Berliner Philharmonikern, bilden: Eine wahrhaft erstaunliche Geigerin war da zu besichtigen – kräftig und natürlich im Ton, mit einer schon damals bei Mozart-Konzerten so gut wie unfehlbar greifenden linken Hand gesegnet, ohne spürbare Befangenheit oder gar von Lampenfieber bedrängt, das man für mögliche Einschränkungen verantwortlich machen konnte. Hier gab sich eine eminente Begabung gewissermaßen pur, mit nicht mehr ganz kindlich wirkendem Selbstbewußtsein, von dem einflußreichsten Maestro unserer Tage beschirmt, gefördert, gepriesen. Ein steiler Aufstieg aus dem Elternhaus ins internationale Rampenlicht war kaum möglich. Der Vater übernahm neben dem Mentor Karajan die wichtige Managerrolle, und die Auftritte blieben für die kommenden Jahre dosiert, wobei das Repertoire stetig erweitert wurde, weil ja auch die Plattenindustrie sich bald zur ebenfalls dosierten, dann um so kräftiger trommelnden Vermarktung gemeldet hatte.

Seit ungefähr 1980, als der Teenager längst zu einer attraktiven jungen Dame herangewachsen war und bereits genau den Marktwert auch der äußeren Präsentation einzuschätzen wußte, hat Anne-Sophie Mutter in dreierlei Weise von sich reden gemacht: durch immer weiter wachsende Konzertauftritte, nicht nur exklusiv mit Karajan, sondern zunehmend in aller Welt, in Madrid, Paris, New York, Japan und natürlich immer wieder in Berlin und Salzburg, sodann in einer langsam wachsenden Schallplattenproduktion mit Mozart-Konzerten und denen von Bruch, Mendelssohn, Beethoven, Brahms – alle unter Karajan – sowie einer weiteren Reihe von Einspielungen mit Bach und Vivaldi, weiterem Mozart, Lalos »Symphonie espagnole« und den Brahms-Sonaten mit dem Pianisten Alexis Weissenberg, mit dem sie auch auf Tournee ging.

Anne-Sophie Mutter

Als dritte Form der Selbstdarstellung wählte sie schon früh in ziemlich freigebiger Form den Umgang mit den Medien, führte Rundfunkinterviews, ließ die Presse bereitwillig ihre Ansichten über Musik und Privatleben, Kulturpolitik und musikalische Förderung wissen und krönte diese Form der erbetenen Belehraufträge, indem sie sich zum Professor an der Londoner Royal Academy of Music ernennen ließ. Mit 23 Jahren hatte das einst wohlbehütete Mädchen im Steilanstieg den Gipfel der erreichbaren Popularität erklommen. »Nein«, widersprach sie schon mit 15 der Vermutung, Interviews könnten ihr lästig werden. »Denn sonst werden die Konzertsäle nicht voll, meine Platten nicht gekauft. Da kann ich ja gleich zu Hause bleiben und vor mich hingeigen.«

So haben wir denn von dieser jungen Künstlerin inzwischen sicherlich mehr Interviews, Reportagen, sonstige Äußerungen aller Art vorliegen als von Zukerman, Perlman und Mintz zusammen. Im Jahr 1981 verkündete sie fast mit Stolz, noch niemals in ihrem Leben ein Streichquartett musiziert zu haben, keinerlei technische Probleme zu kennen und auf Tonleitern und Arpeggien beim Üben zu verzichten, weil man das an den Werken selbst üben könne. »Lampenfieber? Kenne ich nicht; ich weiß ja, daß es funktioniert.«

Es funktioniert tatsächlich immer, wenn man sie im Konzertsaal oder auf einer neuen Platte hört. Der Ton ist stets voll runder Wärme, sogar im verzärteltsten Piano noch von gesund wirkender Substanz; die Intonation bleibt in kniffligsten Passagen glockenrein, und in den Solokadenzen etwa im Beethoven- oder Brahms-Konzert bricht das Temperament sich Bahn. Bis vor gar nicht langer Zeit hat Anne-Sophie Mutter, die in allen liebenswürdig gewährten Gesprächen immer wieder betont, daß es für sie auf keinem Gebiet irgendwelche Probleme gebe, natürlich unter dem wichtigen, sicherlich bald zu gewichtigen Einfluß von Karajan gestanden. Er und sein weiser Kunstverstand haben ihr musikalisches Weltbild geformt, sein väterlicher, fraglos immer ehrlich gemeinter Rat hat die ersten großen Interpretationen mitbestimmt. Bei den Mozart-Konzerten herrschte der günstige Eindruck der durch keinerlei Hast beeinflußten Solidität vor. Die Tempi schienen zwar sehr gemessen, aber man sah auf das Alter der Geigerin und wollte sie behütet sehen vor allem Blendwerk virtuoser Zurschaustellung. Mutters Mozart-Spiel, geformt nach Karajans Bild, das mochte man noch hingehen lassen.

Inzwischen sind jedoch mehrfach Zweifel laut geworden, ob denn Anne-Sophie Mutter nicht endlich eigene Interpretationen wagen solle; die feierliche Gemessenheit, mit der Karajan sie immer wieder in Salzburg Beethoven, Brahms (auch das Doppelkonzert) oder gar Tschaikowski musizieren ließ, schien so gar nicht dem Temperament dieser Geigerin, schon gar nicht ihrer fordernden äußeren Erscheinung, zu entsprechen. Ihr Tschaikowski-Konzert bei den Salzburger Festspielen

1985 »zerfloß beziehungsweise stagnierte in verfeinerter Lyrik«, hieß es im Bericht eines wohlwollend-erfahrenen Kritikers, »zähmte ihr ohnedies nicht schäumendes Temperament, buchstabierte säuberlich und reizlos«. Offenbar handelte es sich dabei um fragwürdige Schönheit, voll Sentiment und wenig Impuls, pretiös und anspruchsvoll: Nachdenklichkeit ohne Ergebnis, Scheitern auf hohem Niveau. Im Jahr zuvor hatte es am selben Ort Brahms' Doppelkonzert gegeben, gemeinsam mit dem jungen Antonio Meneses. Es verwunderte zutiefst, daß man da zwei junge Musiker so bewußt ausufernd, in Trägheit absackend musizieren hörte. Im Andante stockte der musikalische Fluß fast völlig. Nichts geriet außer Kontrolle, aber etwas weniger inbrünstiges Zelebrieren, ein Quentchen mehr Musizierfreude hätten nichts geschadet.

Es ist keine maliziöse Unterstellung, wenn man annimmt, daß sich Anne-Sophie Mutter in ihrer jugendlichen Aufnahmebereitschaft immer noch von dem musikalischen Temperament ihrer jeweiligen Partner ansstecken, ja entflammen läßt. Nachdem sie im Sommer 1985 im aufsehenerregenden Dissens mit Sergiu Celibidache (»Der hat mich glatt beim Sibelius-Beginn verhungern lassen!«) aus München schied, reiste sie stracks nach Passau, um dort mit Mstislaw Rostropowitsch das Doppelkonzert von Brahms zu musizieren. Der Dirigent tat nichts zur Sache, wirklich nicht, aber des Cellisten ungebremste Vitalität, die schon manchmal in heroisch verkleidete Ruppigkeit umschlug, befeuerte die junge Geigerin zu bislang kaum bekannter Intensität, die vom Spieltemperament gespeist war. Glockenrein intonierend, genußreich zu beobachten in der technischen Ökonomie der geigerischen Mittel, spannungsvoll, ohne dem Wohlklang zu entsagen – kurz, es war eine wie verwandelte Musikerin, die da ihr Bestes gab. War es vielleicht auch die wahre Persönlichkeit? Mittlerweile hat sie der russische Cellist zum Streichtriospiel (mit Bruno Giuranna) überredet, bei dem sie blendende technische und musikalische Eindrücke hinterläßt.

Ihr künstlerisches Ideal, so hat sie mit 23 Jahren in einem ausführlichen Selbstporträt geäußert, seien sowohl Jascha Heifetz (wegen seiner Technik) als auch David Oistrach (wegen seiner Menschlichkeit), aber die Ausbildungsergebnisse der geigerischen Erziehung seien in den Vereinigten Staaten von denen in der Sowjetunion völlig verschieden; Welten lägen dazwischen. Das verwundert, weil die berühmten US-Lehrer Galamian und Gingold aus Armenien beziehungsweise Rußland stammen; auch gibt es manchen Geiger, der sowohl hier wie dort gelernt hat, wobei auch einzuwenden wäre, daß in Moskau so unterschiedliche Talente herangezogen wurden wie Kogan oder Kremer, wie Spiwakow oder Tretjakow, in den Vereinigten Staaten kaum zu verwechselnde Spieler wie Chung oder Perlman, Fried oder Sitkovetsky. Und ein Landsmann wie Hoelscher, der bei Galamian und bei Gingold Unterricht nahm und sogar ein paar Ratschläge von Heifetz holte? Nichts von all dieser etwas vorschnell geäußerten Katalogisierung vermag zu überzeugen, und die Künstlerin, die wirklich hervorragend zu geigen versteht, könnte sich noch etwas Zeit zum endgültigen Vorurteil lassen!

Unter den Plattenaufnahmen ragen natürlich die beiden Kolosse von Beethoven und Brahms heraus. Im Vergleich zu der im selben Jahr 1980 erschienenen Beethoven-Einspielung von Kyung-Wha Chung war eine seltsame Affinität zu einer »altersweisen«, sehr zerdehnten, ja verschleppt wirkenden Interpretation zu bemerken, bei der nur die Solokadenzen ungezügelt-frisch hervorbrachen. Beim Brahms-Konzert ziehe ich den Mitschnitt von dem Salzburger Gedenkkonzert für Karl Böhm im August 1981 der Aufnahme vom Jahr danach vor. Ohne die Trauerstimmung des Konzerttermins überbewerten zu wollen, klingt dieser Mitschnitt spontaner, bei aller Gemütsunsicherheit lebendiger als die polierte, auf Sicherheit getrimmte Platte. Gewiß, da »passiert« kein Malheur, aber auch sonst passiert nicht viel an spontaner Musizierfreude; Makellosigkeit bleibt das einzige Prädikat.

Anne-Sophie Mutters Einspielung von Vivaldis »Jahreszeiten« (auch mit Karajan) ist kein sentimentales Barockschmalz, wie man vielleicht hätte befürchten können, auch keine esoterische Hinwendung zu Historisierung oder gar zum vermeintlichen »Originalklang«, sondern geradeheraus musiziert, professionell dargebotene Konsumware, weder eine Entdeckung noch eine Enttäuschung. Die Platte mit verschiedenen Bach-Konzerten (beim Doppelkonzert assistiert Salvatore Accardo) scheint mir hingegen wieder ein Rückfall in romantisierende Barockträgheit zu sein und daher ein bedauerlicher Fehlgriff, ein Wiederkäuen längst begraben geglaubter sentimentaler Bach-Deutung, die angesichts vieler neuerer, ernsthaft gewonnener Erkenntnisse über Klang und Tempo in Bachs Zeit sehr verwundert. Die langsamen Sätze dehnen sich endlos, schier zugeschüttet vom Meltau vermeintlichen Espressivos, das eher stranguliert. Dergleichen eingedickte, fett klingende Klangergebnisse zeugen von stilistischer Ahnungslosigkeit. Man muß kein Verfechter des barocken Rundbogens und der Kurzhalsgeige sein, um solche Beispiele abwesenden Kunstverstandes zu bedauern.

Immer wieder, auch in solchen stilistisch anfechtbaren oder gar mißglückten Aufnahmen, imponieren die instrumentalen Fähigkeiten von Anne-Sophie Mutter, verblüffen durch Klarheit, reine Intonation und eine Art neutrales Engagement, das nicht aus der musikalischen Interpretation, sondern aus der fundamentalen Kenntnis des Geigenspiels entspringt. Herrliche Abläufe aller spieltechnischen Anforderungen, natürlicher, warm timbrierter, voller Ton heben ihr Spiel von dem vieler jüngerer oder älterer Nurglitzergeiger durchaus ab. Doch die Beherrschung der jeweiligen Komposition läßt – zumindest bei den bisher vorliegenden großen Werken der Literatur – noch nicht erkennen, was die Geigerin damit anstrebt. Die selbstbewußte Sicherheit, die sie in vielen verbalen Äußerungen zu erkennen gibt, fehlt bei den meisten musikalischen Interpretationen noch.

Weniger problematisch ist die geigerisch blendende Wiedergabe der »Symphonie espagnole« von Lalo (mit dem Orchestre National Paris unter Seiji Ozawa) gelungen; hier herrschen keine auffallenden gestalterischen Probleme, sondern das geigerische Blendwerk allein ist bereits gültiger Ausweis für interpretatorische Kraft. Anne-Sophie Mutter besteht darin mit der denkbar besten Note.

Die drei Brahms-Sonaten hat sie, pünktlich zum Brahms-Jahr 1983 – mit Weissenberg eingespielt. Wie im Konzertsaal gelingt das auch auf der Platte imponierend – in der G-Dur-Sonate wohlklingend, überzeugend lyrisch und ohne übertriebene Seufzer oder Drücker. Der A-Dur-Sonate mangelt es hingegen oft an natürlichem »amabile« oder »grazioso«, und abrupte Temporückungen, die lediglich eine neue Ausdrucksskala annoncieren sollen, wirken aufgesetzt und künstlich vergrübelt. Die d-Moll-Sonate besitzt allerdings durchweg zuverlässiges Feuer, wobei Weissenberg im Finale, wie manche seiner Kollegen, etwas in Bedrängnis gerät. Anne-Sophie Mutter – um ganz hohe Vergleiche ihrer Vorbilder beim Geigenton zu nehmen – geigt zuverlässiger und ebenmäßiger auf dieser Brahms-Platte als Oistrach im Konzertmitschnitt der d-Moll-Sonate, und Heifetz' emphatische, agogisch heute als etwas selbstherrlich bewertete Kunst wird von ihr beinahe erreicht. Die rasche Zeit des heiklen Finales hat sie bereits bewältigt: wenig mehr als fünf Minuten.

Eine seit Jahren als Jahrhunderttalent etikettierte Künstlerin hat sich seit über einem Jahrzehnt immer wieder als phänomenale Geigerin bewiesen. Die künstlerische Festigkeit, mit der sie, aus dem eigenen Instinkt oder der eigenen Überzeugung heraus, die großen Werke ihrer Literatur interpretiert, hat sich noch nicht eingestellt. Aber die musikalische Öffentlichkeit, die ihren kurzen, steilen musikalischen Weg mit Sympathie begleitet hat, wartet mit intensiver Spannung und Erwartung darauf.

*

Der am 27. Februar 1965 in Duisburg geborene Geiger *Frank Peter Zimmermann* gehört zu jenen extrovertierten Künstlern, die sich auch außerhalb der Konzertpodien über ihre Kunst, über die sie sich Gedanken gemacht haben, zu äußern wissen. Zwei dieser Äußerungen mögen dafür beispielgebend sein, daß Zimmermann ein sehr selbstbewußter Geiger ist, der gleichwohl seine hohe Selbsteinschätzung durch nüchterne Intelligenz im Zaume hält. »Ich möchte ein Weldgeiger werden«, soll schon der Knirps in sein erstes Schulheft geschrieben haben. Und als 20jähriger gab er bei einem Interview zu verstehen: »Ich bin völlig normal geblieben.«

Zimmermanns Elternhaus mag zur Formulierung beider Ansichten nicht unwesentlich beigetragen haben. Der Vater ist Cellist bei den Duisburger Sinfonikern, die Mutter Geigenlehrerin. Sie war es auch, die dem Sohn erste Unterweisung auf dem Instrument gab, bevor der offenbar Frühbegabte mit elf Jahren die Essener Folkwangschule bezog. Das erste öffentliche Auftreten lag da bereits hinter ihm, und ein erster Preis beim Bundeswettbewerb »Jugend musiziert« öffnete ihm manches Rundfunkstudio und ebnete den Zugang zu ausgewählten Konzertauftritten. Mozarts G-Dur-Konzert machte dabei den Auftakt. »Wenn ich Mozart einstudiere, dann lasse ich die drei großen B's (Beethoven, Brahms, Bartók) weg, die mir vom Temperament entgegenkommen. Denn dann spiele ich alles von Mozart, Sonaten, Trios, Quartette, damit mir kein störender Akzent dazwischen kommt. Bei Mozart spüre ich ganz besonders, daß ich immer wieder den Kampf aufzunehmen habe, um noch besser zu spielen.« Sein Vorbild sind dabei die mittlerweile schon klassisch gewordenen Einspielungen von Arthur Grumiaux.

Zimmermanns Repertoire ist freilich innerhalb weniger Jahre, die er bei dem Holländer Herman Krebbers studierte, rapide gewachsen. Vivaldis »Vier Jahreszeiten«, die Konzerte von Dvořák, Beethoven, Mendelssohn und viele weitere hatte er auf ausgedehnten Orchestertourneen nicht nur in Europa, sondern auch schon in Japan, den Vereinigten Staaten und der Sowjetunion erproben können. Gerd Albrecht, Hiroshi Wakasugi, vor allem aber Lorin Maazel waren jene Dirigenten, die den jungen Zimmermann förderten.

Im Sommer 1984 sprang der junge Deutsche für Shlomo Mintz ein, der im Münchner Philharmonischen Festsommer abgesagt hatte, und

Frank Peter Zimmermann

spielte unter Maazel das Brahms-Konzert. Man war gespannt auf den mittlerweile 18jährigen jungen Mann, von dem man sich ein künstlerisches Format erwartete, das unter den Geigern in diesem Land nicht gerade die Regel ist. Der junge Künstler, kein effektheischender Athlet, aber in jeder Geste von selbstbewußter Energie durchdrungen, hatte sich bereits in den Jahren zuvor in verschiedenen Auftritten bescheideneren

Formats höchst vorteilhaft vorgestellt, aber nun galt es einen der höchsten Gipfel der geigerischen Zunft zu erklimmen.

Zimmermanns technische Fähigkeiten sind untadelig, unbeschadet geringfügiger Intonationstrübungen. Die linke Hand ist fähig zu variationsreichem Vibrato, das stets überlegt dosiert wird. Der Bogenarm geigt ebenmäßig und ist am liebsten voller Energie tätig. Der Soloeinsatz kommt mit nachdrücklichem Trotz, wird aber ohne Hast artikuliert. Es ist kein jauchzendes Furioso, sondern eher verhaltene Kraft, die bei aller Anspannung gezügelt bleibt. Dieser Eindruck überwiegt generell und kennzeichnet die respektablen Fähigkeiten des jungen Geigers, vielleicht aber auch die ihm derzeit noch gesteckten Grenzen. Das sinnliche Leuchten des puren Wohlklangs auf der Violine, das Singen aus dem Instrument steht bei ihm (noch) nicht an erster Stelle; dafür zehrt er von bedächtiger, bisweilen etwas eigensinnig wirkender interpretatorischer Kraft. Scheinbar simple Dreiklangsfiguren erklingen nicht als fließender Gesang, sondern in eigener, persönlich eingefärbter Skandierung, was übrigens auch für manche unorthodox neuartig gerafften beziehungsweise gedehnten Wendungen in der Solokadenz gilt. Dabei ist der geigerische Zugriff alles andere als zimperlich, die geballte Energie wird bis hin zu den kniffligsten Verästelungen der Passagen ausgekostet.

Nun hatte Zimmermann damals in München das enorme Glück, in Maazel nicht nur einen symphonischen Sekundanten zu finden, der jede Note dieses Konzerts genau kennt (gewiß selbst ungezählte Male als Solist gespielt hat) und daher sogar auf die Partitur verzichten kann, sondern einen fast verzückt jauchzenden Musiker, der sein Orchester (die Philharmoniker) zu jenem sinnlichen Wohlklang animierte, der dem Solisten noch nicht immer zu Gebote zu stehen schien. Maazel weiß in diesem Werk genau, wo er ein wenig antreiben, wo ein bißchen zurückhalten muß, wo dem puren Wohllaut und wo der orchestralen Energie nachzuhelfen ist. Es war ein Vergnügen zu verfolgen, wie ein genialischer Dirigent das Brahms-Konzert akkompagnierte, so als wollte er sich selbst begleiten. Daß Zimmermann sich damals in München an so prominenter Stelle mit einem so bedeutenden Konzert vorstellen konnte, lag, wie erwähnt, an der Absage von Mintz, der auf München verzichtet hatte, als dieser Termin von Sergiu Celibidache wegen Krankheit abgesagt worden war. Mit Celibidache wiederum hatte Zimmermann Jahre zuvor die eigentümliche Erfahrung gemacht, daß er ihm vorspielte und danach auf ein gemeinsames Auftreten verzichtete, weil er befürchtete, gegen die Auffassung des Dirigenten sich nicht durchsetzen zu können.

Zwei der wenigen Schallplatten, die Zimmermann unterdessen eingespielt hat, sind Mozarts Konzerten gewidmet. Das G-Dur-Konzert, mit dem der Zehnjährige in der Öffentlichkeit debütiert hatte, ist, zusammen mit dem A-Dur-Werk, seine erste Einspielung. Das Württembergische Kammerorchester unter Jörg Faerber, das ihn auch auf einer zweiten Mozart-Platte etwas ruppig begleitet, ist zuverlässige, wenn auch klanglich nicht ideale Kulisse. Auch hier offenbart sich Zimmermann nicht als affektiert geigender Romantiker, sondern als ein von gesunder Energie durchdrungener Musikant. Bei allen untadeligen geigerischen Manieren spielt er mit gezügelter, aber fordernder Kraft; er poltert nicht, aber das sanft überredende klangliche Leuchten mag ihm noch abgehen. Dabei ist sein Spiel nicht ohne Sinnlichkeit, ist nicht eigentlich spröde, wenn auch die Poesie eher auf das Deklamatorische denn aufs lockend Überredende gerichtet ist. Die zweite Mozart-Platte von 1986 mit KV 207 und KV 218 erschien inmitten eines ganzen Pulks prominenter Mozart-Einspielungen. Kremer und Perlman, Sitkovetsky und die wiederaufgelegten Grumiaux-Platten haben ihm zu schaffen machen müssen. Zimmermann musiziert gegenüber dieser fast erdrückenden Konkurrenz sehr sicher, vielleicht ein wenig zu sehr auf Nummer Sicher. Die Tempi sind zurückgenommen, aber alles hat seine respektgebietende Ordnung. Das B-Dur-Konzert KV 207 neben der von Gidon Kremer vor einiger Zeit eingespielten Aufnahme anzuhören beschert dem Mozart-Freund ein unerwartetes Kontrastprogramm: hier solide, klanglich etwas robuste, doch sehr gesund-bekömmliche Klassikerkost, dort, bei Kremer, ein überfeinert schmachtendes Überinterpretieren, das Mozart in die von Seelenqualen zerrissene Romantik zu transplantieren versucht. Nicht nur Bach, sondern auch Mozart haben Ende dieses Jahrhunderts ganz verschiedene interpretatorische Wohnungen bezogen.

Zwischen den beiden Mozart-Einspielungen legte Zimmermann zwei weitere Platten vor: Mendelssohns berühmtes Konzert sowie dessen Konzert mit Streichorchester und, ein mutiger Schritt in Richtung geigerischer Parnaß, die 24 Capricen von Paganini. Mit 19 Jahren hat er sie eingespielt, diese, wie er selbst sagt, »Exerzitien des Sadisten Paganini«, bei denen Zimmermann »die enormen technischen Schwierigkeiten nebensächlich klingen lassen will und den musikalischen Wert hervorholen«. Ein unfrommer Wunsch, den sich zu erfüllen schon ganze Generationen von Kollegen angetreten sind – von Ricci bis Perlman – und den Zimmermann erstaunlicherweise in vielen Details sich und seinen Hörern bereits erfüllt. Kleinere oder größere Imperfektionen lassen sich fast bei allen existierenden Einspielungen mit dem kritischen Hörrohr nachweisen: hier ein nicht ganz lupenreiner Terzenlauf, dort eine vielleicht nicht ganz perfekte Doppelgriffoktave...

Wie gesagt, Zimmermann ist kein dem reinen sinnlichen Wohllaut verfallener Geiger, wie uns die Verführer Perlman oder auch Mintz lehren. Der Vergleich mit dem nur wenige Jahre älteren Mintz liegt nahe. Tüchtige Instrumentalisten sind sie beide. Es gibt da eine Caprice, an denen ihre grundsätzlich divergierenden Vorstellungen besonders deutlich werden: jene »Primaballerina«-Caprice genannte Nr. 17 mit ihren herabgleitenden Tonarabesken, denen sich, wie Tanzschritte, ein paar Akkorde anschließen:

Beispiel 15
Aus: Paganini, Caprice Es-Dur op. 1 Nr. 17

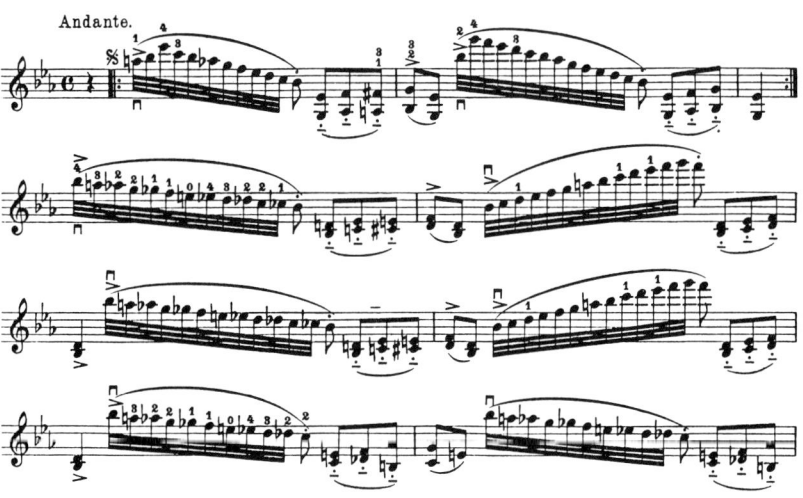

Der gefürchtete Capricenzyklus ist in den letzten Jahren mehrfach auf Platten eingespielt. Frank Peter Zimmermann und Shlomo Mintz deuten die vorliegenden Passagen grundverschieden bei annähernd gleichwertiger technischer Bewältigung. Mintz musiziert die Zweiunddreißigstelpassagen wie eine graziöse Arabeske, der ein paar tänzerische Schritte folgen; Zimmermann empfindet sie dagegen als kraftvoll herabstürzende Kaskaden, die von nicht minder kräftig gespielten Achteln kontrapunktiert werden.

Bei Mintz kommen diese Läufe wie eine müde, überfeinerte Geste, bei Zimmermann eher wie eine energisch herabstürzende Kaskade. Zimmermanns Bewältigung vieler der bekanntermaßen haarsträubenden technischen Schwierigkeiten ist stupend, und wenn ihm dabei manchmal noch zusätzlich eine gesunde musikantische Kraft zu Hilfe kommt, kann man ihm das nicht ankreiden. Wo Mintz betont vornehm, sprich vorsichtig zu Werke geht, da scheut Zimmermann kein selbstbewußtes Auftrumpfen. Auch die Darbietungen der Mendelssohn-Konzerte leiden nicht gerade unter dem Trauma der Dekadenz. Zwar niemals forciert (allenfalls ein wenig in der Kadenz des Kopfsatzes im e-Moll-Konzert), aber in einem Habitus musiziert, der eher gesund wirkt denn morbide. Das Abgefeimte, Insinuierende, Verführerische mag Zimmermann bei seinen Interpretationen noch fehlen, aber vielleicht ist das eher Absicht denn Mangel an Sensibilität. Eindringlicher und überzeugender wirkt freilich das seltener zu hörende d-Moll-Konzert des jungen Mendelssohn (1822), das Zimmermann bravourös vorträgt. Er ist zweifellos auf dem Wege, ein hochachtbarer Geiger zu werden, von dem man mit zunehmendem Respekt spricht.

Eine Zeitlang hat er sich mit dem wesentlich älteren, erfahrenen Rudolf Buchbinder zum Sonatenspiel zusammengetan, und die Auftritte etwa im Sommer 1986 zeigten Zimmermann offensichtlich auf dem stilistischen Weg zu weicherer, geschmeidigerer Bogenführung und Tongebung als bisher. Bei einer Wiedergabe aller drei Brahms-Sonaten schien durchweg zuverlässige, geschmackvolle Emphase zu regieren, was auch etwas einseitig wirkte und ermüdete. Vielleicht glaubte sich Zimmermann auch nur so gegenüber dem manchmal klanggewaltig um sich greifenden Buchbinder durchsetzen zu können. Das Vibrato wollte im Feuer der permanenten Überredungskraft kaum aussetzen, und in der Hitze des Brahms-Gefechts wurden viele Bogenwechsel noch mit einem zusätzlichen dynamischen Schweller ausgerüstet, einer Akzentuierung, die eher dekorierte als artikulierte. Zimmermanns weitere Karriere wird man mit Aufmerksamkeit, ja mit Spannung über den interpretatorischen Entwicklungsweg, den er einschlägt, verfolgen.

*

Die bemerkenswerte (und wahrlich begrüßenswerte) Häufung der ziemlich gleichaltrigen Geigertalente Zehetmair, Mutter und Zimmermann soll nicht vergessen machen, daß auch in den fünfziger und sechziger Jahren in Mitteleuropa Geigerinnen und Geiger aufgetreten sind, die vielleicht nicht durchweg zur Weltelite zählten, die aber das Musikleben in diesen Jahrzehnten durch vielseitige Tätigkeit als Solist, als Kammermusiker, als Konzertmeister und als Pädagoge bereichert haben. Da waren die beiden Bram-Eldering-Schüler Max Strub und Wilhelm Stross, die mit eigenen Streichquartetten, als Solisten und als Pädagogen, der eine in Detmold, der andere in München, segensreich wirkten. Mit Elly Ney haben sie beide nacheinander im Klaviertrio musiziert; ihre Schülerzahl ist groß.

Da gab es jene Gruppe von Konzertmeistern bei den Berliner Philharmonikern, die neben ihrer exzellenten Orchestertätigkeit ungezählte Male als Solisten hervortraten: Siegfried Borries beispielsweise, von dem Wilhelm Furtwängler behauptete, er sei der beste Konzertmeister gewesen, den man sich wünschen könnte. Furtwängler brachte mitten im Krieg noch einen weiteren talentierten Geiger an sein Philharmonisches Konzertmeisterpult: Gerhard Taschner stellte sich in einem Berliner Konzert Ende 1941 mit der Chaconne von Bach vor (die auch als Plattenaufnahme erschien), führte Wolfgang Fortners Violinkonzert auf und spielte einige Jahre lang mit Walter Gieseking Kammermusik. Nachfolger am ersten Berliner Pult, inzwischen unter Herbert von Karajan, wurde Michel Schwalbé, der vom Genfer Orchestre de la Suisse Romande kam, ein exzellenter Virtuose, der mit Wieniawskis d-Moll-Konzert höchste Maßstäbe setzte und dessen Soli in Strauss' »Heldenleben« von keinem Konkurrenten an blitzender Geschmeidigkeit übertroffen wurden. Er und sein Pultnachbar Thomas Brandis haben über Jahrzehnte hinweg das prominenteste deutsche Orchester angeführt, daneben als Solisten und, im Falle von Brandis, als Primarius eines eigenen Streichquartetts auch internationale Karriere gemacht – von den zahlreichen Schülern, die sie in Berlin heranbildeten, ganz abgesehen.

Konzertmeister von hohem Rang, zugleich als Lehrer oder Quartettmusiker, hat es gerade in Deutschland häufig gegeben: Helmut Zernick gehört dazu wie Rudolf Koeckert, Erich Röhn, aber auch Saschko Gawriloff und Heinz Stanske. Gawriloff, der sich mit besonderer Verve für neue und neueste Musik einsetzt, ist an vielen Orten (Detmold, Essen, Berlin) als Pädagoge tätig gewesen, bis er nach Köln als Nachfolger Max Rostals ging. Rostal ist häufig als *der* Geigenpädagoge nach Carl Flesch

Max Rostal, um 1960

(dessen Schüler und Assistent er gewesen war) angesehen worden, und die Zahl der erfolgreichen Schüler, die er hervorgebracht hat, scheint dies zu rechtfertigen. London, Köln, Bern und manche sommerlichen Orte für Spezialkurse machte er zu Zentren seiner methodischen Erziehungsarbeit, trat auch selbst immer wieder als Solist hervor. Doch der Pädagoge und Schriftsteller Rostal hat den Ruf als aktiver Geiger längst überstrahlt. Die drei Amadeus-Mitglieder Norbert Brainin, Siegmund Nissel und Peter Schidloff, mittlerweile selbst im »Rentenalter«, gehören zu seinen prominenten Schülern sowie der in Köln wirkende Pädagoge Igor Ozim, der Italiener Uto Ughi sowie die beiden deutschen Geigerinnen Edith Peinemann und Jenny Abel.

Damit sind wir wieder im Kreis der fast ausschließlich als Solisten tätigen Geiger angelangt. *Edith Peinemann*, am 3. März 1937 geboren, Tochter einer Mainzer Musikerfamilie, wurde auf internationalen Podien bekannt, als sie 1956 den ersten Preis beim Münchner ARD-Wettbewerb errang und alsbald von prominenten Dirigenten wie George Szell und William Steinberg in die Vereinigten Staaten zu Gastspielen eingeladen wurde. Die Zahl der Orchester und Dirigenten, unter denen sie konzertiert hat, ist imponierend. Mit Konzerten aus unserem Jahrhundert hat sie sich gegenüber internationaler Konkurrenz jahrelang behaupten können. Das Bartók-Konzert musizierte sie mit weiträumig

Edith Peinemann

disponierendem Gestus und großem Ton; auch das stark vernachlässigte Pfitzner-Konzert vertritt sie häufig als leidenschaftlicher Anwalt. Ein Auftritt der mittlerweile Fünfzigjährigen mit dem Brahms-Konzert (in München unter Eugen Jochum) zeigte allerdings deutliche Grenzen der geigerischen Potenz, von der man nicht zu entscheiden wagt, ob sie nur tagesbedingt waren oder Anzeichen verminderter technischer Kraft. Nervosität prägte den gesamten Verlauf, forcierte Tongebung, Intonationsmängel und allgemein ausstrahlende Unsicherheit konnten von herrlich strahlkräftigen Spitzentönen in der Coda des langsamen Satzes nur zeitweise kompensiert werden.

Jenny Abel, eine weitere Rostal Schülerin, geboren am 23. November 1942 in Bredstedt bei Husum, ist noch immer so etwas wie ein Geheimtip geblieben. Obwohl sie öffentlich konzertiert und auch eine Reihe von bemerkenswerten Platteneinspielungen gemacht hat, spielt sie im landläufigen, im öffentlichen Licht sich abspielenden Konzertbetrieb keine beherrschende Rolle. Vielleicht ist Jenny Abels künstlerische Veranlagung dafür zu vielseitig. Neben der Geige studierte sie Klavier, Gesang und Komposition und widmete sich daneben ernsthaft auch der Malerei.

Wohl hat sie inzwischen viele Länder konzertierend bereist, hat auch in den Vereinigten Staaten Meisterkurse gegeben, aber das Abbild des von Konzertsaal zu Konzertsaal eilenden Virtuosen ist sie überhaupt nicht. Ihr Repertoire klammert nach Möglichkeit alle nur oberflächlich virtuosen Werke aus, nicht jedoch jene schwierige Spezies von Solosonaten, in denen der Virtuose wie der gestaltende Musiker gefordert sind: Solosonaten von Bach und Reger, Bartók und Hindemith. Hans Werner Henze schrieb für sie die Solosonate »Tirsi, Mopso, Aristeo« (die drei

Jenny Abel

Hirtennamen aus einer Renaissancedichtung des »Orfeo«-Stoffes), ebenfalls die polnische Komponistin Grażyna Bacewicz.

Als Duopartner am Klavier hat sie sich seit einigen Jahren, nachdem sie unter anderem auch mit Wilhelm Kempff konzertiert hatte, mit dem Brasilianer Roberto Szidon verbündet und mit ihm Schumanns Gesamtwerk für Klavier und Violine eingespielt, das heißt einschließlich der beiden Sätze aus der sogenannten FAE-Sonate, der Klarinettenstücke op. 73, der Stücke im Volkston und der Fantasie op. 131. Das sind alles mit tiefer Bedeutungsschwere beladene Interpretationen, bewußt aller bloßen trockenen Virtuosität aus dem Weg gehend und mit bewußt großem, intensivem Bogenstrich, pauschal expressiv gespielt. Für Jenny Abel gibt es keine »belanglose« Note, und das macht diese sicherlich ehrlich empfundenen Wiedergaben manchmal etwas eintönig. »Für mich hört die Musik dort auf, wo der Sport anfängt«, wird von ihr durch Wolfgang Wendel (der auch zwei Platten mit Solowerken mit ihr produziert hat) im Anhang zu Franz Fargas Geigenbuch überliefert.

Das ist Jenny Abels Problem: Sie mag nicht um des Spiels willen Geige spielen, sondern nur um der empfundenen Musik willen, was ihrem Spiel oftmals die Möglichkeit zur notwendigen Leichtigkeit verbaut. In Bachs Solosonaten wird jeder Ton so mit Bedeutungsschwere aufgeladen, daß die metrischen Grundgerüste einzustürzen drohen. In der Allemande der d-Moll-Partita beispielsweise klingen die Sechzehntelgruppen fast absurd »hinkend«, weil drei Noten unter einen Bogen, das vierte Sechzehntel separat und dann mit gewaltigem Akzent betont wird, was emphatisch wirkt, aber das Metrum verzerrt.

Am überzeugendsten finde ich ihre Bartók-Einspielungen (erste und zweite Sonate, Solosonate und das frühe Werk von 1903). Hier scheinen das musikalische Wollen und die geigerische Bewältigung synchron zu verlaufen; die Ausdrucksstärke macht sich den Text untertan, ohne ihn zu verzerren. Nicht umsonst erhielt diese Einspielung rasch den Deutschen Schallplattenpreis. Leider habe ich Jenny Abel niemals in einem großen Konzert mit Orchester gehört; Brahms und Sibelius mögen ihrer unbedingten Suche nach permanentem Ausdruck, nach gleichbleibender Intensität entgegenkommen. Vor Mozart und Beethoven wäre mir ein wenig bange.

Relativ lang wäre eine Liste mit vielversprechenden Talenten, auch mit Namen solcher Geiger, die seit einigen Jahren den berühmten Marschallstab im Geigenkasten tragen, ohne bereits an der Spitze zu stehen. Thomas Goldschmidt beispielweise, der Sohn der Sängerin Marga Höffgen, ist mittlerweile fast 40 Jahre alt, ohne die ganz große Karriere gemacht zu haben. Wenig jünger ist der Wiener Christian Altenburger, dem man nach seinen Mozart-Interpretationen eine blendendere Zukunft voraussagte, als dann eintraf; da ist Christiane Edinger, die viel mit ihrem Vater Gerhard Puchelt musizierte, viele Preise und Auszeichnungen erhielt und viel in fernen Ländern zu konzertieren scheint. Ihre neueste Platte mit Mendelssohns Violinsonaten, die sie mit ihrem Vater einspielte, zeigt, wie wenige Monate zuvor eine Mozart-Matinee im neueröffneten Münchner Gasteig, zuverlässige, aber weder sehr virtuose noch sehr temperamentvolle Interpretationen, auch klanglich ziemlich gradlinig. Ihr solides geigerisches Rüstzeug holte sie sich in Berlin und bei Milstein, aber auch an der New Yorker Juilliard School, wo ihre Berliner Kollegen Kolja Blacher und Michael Haefliger ebenfalls studiert haben. Auch der junge Münchner Ingolf Turban ließ sich dort für einige Zeit nieder, bis ihn Sergiu Celibidache als Konzertmeister zu den Münchner Philharmonikern holte. Die Karrieren aller dieser jungen Künstler wird man während der kommenden Jahre mit Aufmerksamkeit beobachten.

*

Bei jedem Rundblick über die zeitgenössische europäische Violinistenszene gibt es jene wichtige Kategorie von Künstlern, die zwar nicht in Mitteleuropa geboren, dennoch unser deutsches (und österreichisches oder schweizerisches) Musikleben seit langer Zeit immer wieder oder gar permanent beleben und bereichern. Ein Geiger und Geigenpädagoge wie *Tibor Varga*, geboren am 4. Juli 1921 im ungarischen Raab, arbeitete seit

Tibor Varga, Váša Příhoda, Arthur Grumiaux, Erich Röhn, Rudolf Koeckert und Sándor Végh, München 1952

1949 an der Detmolder Akademie; er hat zahlreiche tüchtige Geiger herangebildet, er hat jahrelang mit einem eigenen, seinen Namen tragenden Kammerorchester konzertiert, und er rief in Sion im Wallis ein Sommerfestival ins Leben, wo er und andere prominente Geiger (1986 der selten im Westen zu hörende Oistrach-Schüler Viktor Pikaisen) Sommerkurse abhalten.

Varga, der sowohl bei Carl Flesch wie bei Jenő Hubay studierte, hat bei aller instrumentalen Vollkommenheit einen eher intellektuellen Zugang zur Musik. Nicht nur hat er einen Doktorgrad der Geisteswissenschaften, sondern auch seine wache Neugierde der neuen und neuesten Musik gegenüber zeichnet ihn besonders aus. Als einer der ersten Geiger überhaupt spielte und analysierte er Schönbergs Violinkonzert und spielte es auf Platten ein, als damit noch wenig Ruhm zu ernten war. Schönberg allerdings war begeistert und schrieb dem Solisten ein vielzitiertes Dankesbillett. Auch Bartóks großes Konzert kann man noch immer auf seine überragende Prägnanz und kristallklare geigerische Diktion hin nachprüfen (mit den Berliner Philharmonikern unter Ferenc Fricsay); das ist eine erstaunlich überzeugende Variante zu den weiträumig und spätromantisch schweifenden Interpretationen etwa durch Menuhin oder Zukerman. Ein wenig von der analytischen Trockenheit des Solisten ist hier spürbar, und glücklicherweise bekommt auch diese später unüblich gewordene Annäherung dem Werk ausgezeichnet. Vargas Qualitäten als Solist sind häufig ein bißchen umstritten gewesen, was das klassisch-romantische Repertoire betrifft. Sein intensiver, durchdringender Ton und ein bisweilen ermüdendes Vibrato haben zwar das Repertoire der barocken und der modernen Musik bereichert, aber Konzerte, in denen er Brahms oder gar Beethoven spielte, sind mir in der Erinnerung geblieben als Beispiele eminent zuverlässiger geigerischer Spielkultur, wenn auch nicht als exemplarische Marksteine klanglicher Überredungskunst. Dennoch ist sein pädagogischer Einfluß in unserem Land gar nicht zu überschätzen; prominente Varga-Schüler zählen mittlerweile zu Dutzenden.

Die aus Tokio nach Mitteleuropa eingewanderte Geigerin *Yuuko Shiokawa*, geboren am 1. Juni 1946, war schon in den frühen sechziger Jahren als Schülerin von Wilhelm Stross dem Münchner Musikleben eng verbunden. Mit Rafael Kubelik, der ihr die berühmte Stradivari-Geige »Emperor« seines Vaters, des nicht minder berühmten Jan Kubelík, zur Verfügung stellte, verbindet sie eine lange Reihe gemeinsamer Konzerte

in ganz Europa. Yuuko Shiokawas Spiel besticht durch lupenreine Intonation und eine Beherrschtheit der Bogenführung, die keinerlei Mangel
an Ausdrucksfähigkeit signalisiert, sondern Ökonomie plus Könner-
schaft. Energie und künstlerischer Wille produzieren ein staunenswertes
Quantum an engagiertem, zugleich bewußt distanziert-kontrolliertem
Violinspiel, bei dem ein gar nicht besonders »sinnlicher«, aber in oberen
Lagen außerordentlich leuchtender Klang produziert wird. Bogen- und
Griffsicherheit sind enorm, man könnte von einer kalkulierten Sponta-
neität sprechen, die sich beispielsweise bei der Interpretation des
Brahms-Konzerts bemerkbar macht: kristallklarer Geigenton, jede

Yuuko Shiokawa

Phrase überlegen und überlegt, nicht feurig improvisierend dargeboten,
sondern mit Modellcharakter versehen – objektivierte Ausdruckskraft,
die imponiert, auch wenn sie nicht verführt. An die Süße und die Sinnlichkeit des Geigentons eines Fritz Kreisler darf man dabei nicht denken;
dazwischen liegen Welten.

Nicht nur große Literatur, inklusive das monumentale Reger-Kon-
zert, geigt Yuuko Shiokawa, sie spielt auch ganze Mozart-Zyklen im
Konzert. Auch hier ist es eher die Makellosigkeit denn die sinnliche
Beseelung, die gefangennimmt. Die ehrfürchtige Haltung dieser Klavier-
Geigen-Sonaten läßt sie manchmal neben ihrem Partner (in München

war es Bruno Canino) fast unziemlich zurücktreten, und wenn in manchen Momenten plötzlich der Charakter eines veritablen Violinkonzerts gefordert ist, wünschte man sich rascheres Umschalten vom begleitenden Instrument zum solistisch selbstherrlich agierenden. Bei Yuuko Shiokawa ist es meistens bewußt gefilterte, selten spontane Poesie, die man zu hören bekommt, aber qualitätvoll ist sie immer.

Ein Geiger, der in den fünfziger und sechziger Jahren viel auch in Deutschland konzertierte, und zwar mit prominenten Orchestern wie den Berliner Philharmonikern, ist der Franzose *Christian Ferras*, geboren am 17. Juni 1933 in Le Touquet-Paris-Plage. Als blutjungen Geiger lernten wir ihn hierorts kennen, aber Ferras ließ sich auf keinen Typus

Christian Ferras

festlegen. Oft erschien er in pianistischer Begleitung seines Freundes Pierre Barbizet, häufig auch mit Karl Richter, unter Maazel, Karajan und anderen Dirigenten. Platteneinspielungen und Fernsehauftritte machten ihn weithin bekannt. Er schien sich als ein vermeintlich typisch »französischer« Geiger einzuführen (oder was man sich darunter vorstellen zu können glaubte): ein kleiner, ja dünner Ton, sensibel zwar, aber doch vergleichsweise glatt und biegsam bei der Präsentation des von ihm bevorzugten klassisch-romantischen Repertoires. In späteren Jahren entdeckten wir einen neuen, veränderten Ferras – einen, der mehr und mehr einer bewußt emphatischen, ja pathetischen Musizierart zuzuneigen schien, affektgeladen, voller agogischer Freiheiten, ausgerüstet mit einem großen penetrierenden Ton, der die angeblich typisch französische Eleganz einer sinnlich aufgeladenen Tongebung geopfert hatte. Seine Wiedergabe des Brahms-Konzerts mit den Berliner Philharmonikern unter Herbert von Karajan macht dies deutlich. Ende der siebziger Jahre, als Ferras in einer Fernsehaufzeichnung zu hören und zu sehen war, mußte man eine starke Veränderung auch des äußeren Habitus konstatieren; Sorgen um seine Gesundheit waren offenbar nur zu berechtigt. Schon mit 49 Jahren, am 16. September 1982, ist Ferras in Paris gestorben.

Der am 26. September 1941 in Turin geborene *Salvatore Accardo* wurde durch seinen Sieg beim Paganini-Wettbewerb siebzehnjährig mit einem Schlag berühmt; er ist seither als Paganini-Spezialist im Bewußtsein der Konzerthörer und Plattenkäufer festgelegt. Dazu hat Accardo nicht zuletzt selbst beigetragen, indem er im Lauf seiner Karriere ganze Stöße von Platten einspielte, in denen Paganini das große Wort führt: Alle sechs Konzerte hat er, gemeinsam mit Charles Dutoit und dem Londoner Philharmonic Orchestra, vorgestellt, wobei Herkunft und Bearbeitung bekanntlich nicht ausschließlich von Paganini sind; ferner eine weitere Platte mit fünf orchesterbegleiteten Solostücken sowie zwei Platten mit einem weiteren Dutzend Werken des großen Hexenmeisters. Ist es da verwunderlich, in Accardo den Sachwalter Paganinis zu sehen, der zudem natürlich alle Capricen, und zwar zweimal (bei der DG und bei RCA), absolvierte – grandiose Zeugnisse makelloser Griff- und Bogentechnik, vergleichbar allenfalls den Konkurrenten Ruggiero Ricci und Itzhak Perlman? Immer wo es geigentechnische Aufgaben zu erfüllen gibt, immer (um das oben zitierte Wort von Jenny Abel ins Gegenteil zu verkehren) wo der Sport auf dem Griffbrett beginnt, fängt bei Accardo auch die Musik an. Wo Kantilenen ohne besondere Ansprüche verlangt werden, absolviert sie Accardo mit Gleichmut, ja Gleichgültigkeit. Die Melodik im Tschaikowski-Konzert produziert er gleichförmig, mit abwechslungslosem Vibrato und zuverlässiger Ausdruckskraft, die von Starre zeugt, und innerer Langeweile. Man höre etwa die schwülstige Introduktion und das Rezitativ von Paganinis »Maestosa sonata sentimentale«: Ein virtuoser Könner hat »nichts zu tun« und markiert ohne innere Beteiligung ein Espressivo, das jedoch nicht ironisch durchwebt ist, wie dies bei Gidon Kremer sich bisweilen einstellt in dergleichen Werken, sondern ehrliche Ratlosigkeit signalisiert. Ob Mendelssohn, Vivaldi, Dvořák oder Bach: Accardos geigerische Fähigkeiten bleiben evident, auch wenn technisch arbeitslose Passagen lieblos absolviert werden. Seine Bach-Auffassung variiert auffallend: Gemeinsam mit Anne-Sophie Mutter zelebrierte er das Doppelkonzert bis zur romantisierenden Unkenntlichkeit. Wenig später musizierte er es mit einer barocken Trockenheit und Behendigkeit, von der zuvor nichts zu spüren war. Bach-Auffassungen à la carte?

Die Eindrücke, die seine inzwischen viele Stunden füllenden Platteneinspielungen vermitteln, trügen auch nicht, wenn man an ihnen Accardos Spiel auf dem Podium mißt. Das Konzert von Strawinsky, das er in der Berliner Philharmonie zum 100. Geburtstag des Komponisten spiel-

Salvatore Accardo, 1970

te, zerfiel in zwei Teile: in die beiden Arias, in denen der Solist sich und seine Hörer etwas zu langweilen schien; und die Ecksätze, die vor geigerischer Brillanz und rhythmischer Finesse nur so funkelten.

Ein umfänglicher Sonatenabend in München brachte die gleichen Beobachtungen. Sicherlich versucht Accardo, immer wieder ganz bewußt seinem eminenten Ruf als Paganini-Experte durch Kammermusikabende entgegenzuwirken, aber unbeschadet aller heruntergespielten Nurvirtuosen-Brandmarkung vermag er doch nicht allzu erfolgreich gegen sein eigenes Naturell anzugeigen. Ist auf dem Griffbrett und für die Bogenhand Kurzarbeit vorgeschrieben, erlahmt sein musikalisches Interesse. Bei Schuberts Duo (ein technisch von guten Dilettanten zu meisterndes Werk) beschränkt er sich auf glockenreine Tonfolgen, die weder weitergedacht noch auf einen Höhepunkt hin anvisiert werden. Erst das Scherzo, im Prestissimo heruntergefegt, mobilisiert die Finger und damit des Geigers Gemüt. Ähnliche Vorgänge bei Beethovens Kreutzersonate, in der vieles wie Leerlauf wirkte, erst die zweite Variation durch raschere Gangart vor Eintönigkeit gerettet werden sollte. Mit der Mollvariation vermochten weder er noch Canino am Flügel etwas anzufangen: Stokkend und unbeholfen wurde sie absolviert. Erst im Finale schienen die beiden Instrumentalisten zu Musikern gewachsen zu sein.

Nun wäre es unfair und ungerecht, wollte man nicht ihrer beider Wiedergabe der Debussy-Sonate loben, die makelloser und überzeugender ausfiel, als ich sie je gehört zu haben glaube. Accardos brillante Fähigkeit, blitzschnell wechselnde Klangschattierungen, kleine Akzente und Nuancierungen, fahl durchdringende Flageolettöne, präzise abrollende Passagen zu servieren, höchst artistisch und sicher ans Licht zu ziehen und ebenso kunstvoll wieder verschwinden zu lassen – das war eine Erfahrung, die den Wert aller übrigen Eindrücke des Abends übertraf. Accardo entfaltete da eine gedämpft wirkende Virtuosität, die ihn nicht nur als blendenden Geiger auswies, sondern die auch eine beglückende Identifikation mit Debussy offenbarte, wie sie bei Schubert und Beethoven schlicht unterblieben war. Sein Versuch, den Paganini-Virtuosen an jenem Münchner Abend vergessen zu machen, gelang paradoxerweise nur dort, wo ebenfalls hohe Virtuosität gefordert war: Debussy trat an die Stelle Paganinis.

In der Tschechoslowakei nimmt der am 8. August 1929 in Prag geborene *Josef Suk* seit vielen Jahren die führende Stelle als Repräsentant tschechisch-böhmischer Geigerkultur ein. Nicht etwa, weil er als Enkel des gleichnamigen Komponisten und als Urenkel Dvořáks eine Sonderstellung eingeräumt bekäme; es ist seine über Jahrzehnte hinweg gleichbleibend hohe musikalische und geigerische Spielkultur, seine enorme Vielseitigkeit, die ihm diesen Platz sichert. Seine Ausbildung erfuhr er in Prag und gründete bereits als Student gemeinsam mit Jan Panenka und Josef Chuchro das Suk-Trio, nachdem er zwei Jahre zuvor bereits für einige Zeit als Primarius im Prager Streichquartett musiziert hatte. Als Solist erschien er damals ebenfalls (in Brüssel und Paris), er spielte mit großen Symphonieorchestern und in Kammerensembles aller Art, er musizierte die barocken Meister in solistischer und Ensemblebesetzung, er nahm ganze Stöße mit allen Beethoven-Sonaten (mit Panenka) auf, spielte unter dem Dirigenten Dietrich Fischer-Dieskau den Violapart in Berlioz' »Harold en Italie« und gab zwei Alben mit teilweise unerträglich versüßten Schmachtfetzen unter den einladenden Titeln »Yesterday« und »Plaisir d'amour« heraus. Man sieht schon, Suk ist eine Erzmusikantennatur, für deren Darstellungsdrang es keinerlei angestammte Grenzen gibt. Daß er die Musik seines Urgroßvaters besonders häufig und besonders liebevoll pflegt, überrascht nicht. Mit Karel Ančerl und der Tschechischen Philharmonie Prag hat er dessen Violinkonzert aufge-

Josef Suk, 1985

nommen – eine von klassisch-musizierfreudiger Spielweise geprägte Interpretation, grundsolide, ohne bieder zu klingen; völlig souverän, ohne den Boden des einheimischen Musikantentums zu verlassen. Eine zweite Aufnahme unter Ančerl entstand bereits 1963: Brahms' Doppelkonzert mit André Navarra, als dieser Cellist noch auf der physiologischen Höhe seiner Kraft war. Auch hier der vorherrschende Eindruck eines gesunden Musizierens, ohne virtuosen Schnörkel, kraftvoll im Ton und mit jenem Quantum Sentiment geladen, das Sentimentalität ausschließt.

Eine Überraschung war die erwähnte Berlioz-Aufnahme, die 1976 entstand und nicht nur Fischer-Dieskau als umsichtig-temperamentvollen Orchesterleiter auswies, sondern Suk als überragenden Interpreten auf der Bratsche. Die zufällig zur selben Zeit auf den Markt gekommene Aufnahme des Werks mit Pinchas Zukerman kann mit Suks geradezu gefährlich wirkender Intensität und dem musikantischen Schwung kaum mithalten. Es will sonderbar anmuten, daß diesem französischen Werk über eines Engländers Pilgerschaft in den Süden ausgerechnet ein tschechischer Künstler zu besonderer Eindringlichkeit verhilft. Suks Interpretation ist von den vielen mir bekanntgewordenen die überzeugendste.

Alle Konterfeis dieses Geigers oder der visuelle Eindruck, dem man von ihm auf dem Podium erhält, spiegeln nur eine Seite seines künstlerischen Wesens. Der gemütlich wirkende Pykniker, der so gar nichts von einem virtuosen Hexenmeister auszustrahlen scheint, entpuppt sich unversehens zu einem Sensibilissimus auf der Geige, zu einem des Virtuosen durchaus fähigen Geiger, daß man staunen muß. Vivaldis glitzernde Konzerte oder auch Wieniawskis d-Moll-Konzert enthalten neben aller wie selbstverständlich absolvierten technischen Beherrschung so viel klangliche Substanz, so viel irdische sonore Fülle, wie man sie bei ähnlichen Werken bei David Oistrach so schätzte.

Talente aus den Vereinigten Staaten

Pinchas Zukerman, Shlomo Mintz, Dmitry Sitkovetsky, Kyung-Wha Chung, Miriam Fried und andere

Als im Dezember 1982 ein Halbdutzend Geigerkönige nach Israel kamen, um dort den 100. Geburtstag des großen Bronisław Huberman zu feiern, war es schwer, nach dem Abschluß dieser aufregenden Konzertwoche zu entscheiden, welcher von ihnen mit der tapfersten Bravour gegeigt hatte, wer unter ihnen als der Höchstdekorierte vom Podium ging. *Pinchas Zukerman*, nur drei Jahre jünger als Itzhak Perlman und sein israelisch-amerikanischer »Bruder«, hatte das Konzert von Edward Elgar gewählt; außerhalb Englands weder besonders populär noch gar ein Reißer, fand dieses romantisch-robuste Riesenwerk von 50 Minuten Länge in Zukerman einen Interpreten, der darin seine geigerischen Meriten unverhüllt zur Schau stellen konnte: Zukerman hat sich im Laufe seiner bald zwei Jahrzehnte während Karriere eine etwas »härtere« Gangart zugelegt. Das kolossale Elgar-Opus attackierte er mit der Vehemenz eines Sparringpartners, versetzte den symphonisch untermauerten kniffligen Passagen gezielte Akzenthiebe, stellte sich bravourös an die Spitze des Riesenorchesters, geigte gewissermaßen eine knappe Stunde lang gegen den gepflegten romantischen Strich. Immer wieder gelang es ihm mühelos, die virtuose Geste siegreich ins Gefecht zu führen und mit derselben musikalischen Verführungskraft das Sentiment der lyrischen Partien bis an die Grenze der Sentimentalität auszukosten. Zukerman ist in seinen Interpretationen geigerisch immer bewußter, ja gebändigter geworden, ohne an Spontaneität und Macht der musikalischen Überzeugung einzubüßen.

Jahrelang, in der ersten Periode des gemeinsamen Ruhms, galten Zukerman und sein Freund Perlman fast als Synonyme für eine neuentdeckte Ausprägung geigerisch-musikalischer Sensualität. Die Überredung durch eine wiedergefundene Sinnlichkeit verlieh den beiden jungen Wundermännern so etwas wie den Ruf eines Schamanentums der neuen Klanglichkeit. Höhepunkte ihrer gemeinsamen Karriere wurden Kon-

zerttourneen, Schallplatteneinspielungen, ja launig-informative Fernsehfilme, bei denen sie gemeinsam auftraten und dabei die gesamte Duolite-
ratur von Mozart, Pleyel und Spohr bis hin zu Prokofjew und Bartók
absolvierten. Da waren die beiden kaum im Klang zu unterscheiden, und
die Zielstrebigkeit, mit der sie sich voreinander unterordneten, verlieh
dem geigerischen Tandemunternehmen einen besonderen Glanz von
Ehrlichkeit und Bescheidenheit.

Damals lagen bereits zehn Jahre einzigartigen solistischen Triumphs
hinter Zukerman. Am 16. Juli 1948 in einem Dorf in der Nähe von Tel
Aviv als Sohn aus Warschau stammender Einwanderer geboren, begann
der kleine Pinchas schon mit sechs Jahren auf der Blockflöte und der
Klarinette, die sein Vater spielte, zu musizieren, wechselte dann aber
bald zur Violine über. Der Vater, wie in so vielen Familien mit begabten
Kindern, übernahm die erste Unterweisung. Ein Jahr darauf schickte
man ihn, der schon durch Mitwirkungen bei familiären Festlichkeiten in
der Nachbarschaft Routine erworben hatte, aufs Tel Aviver Konservatorium und später auf die dortige Musikakademie, wo eine Hubay-Schüle-
rin, Ilona Feher, die geigenpädagogische Betreuung übernahm. Zukerman wuchs in kleinen Verhältnissen auf; das Elternhaus war keine Lu-
xuswiege, das tägliche Leben im jungen Staat, der gerade so alt war wie
der Musiker, forderte seine Tribute. Immerhin war der Vater streng
genug, dem offenbar außerordentlich begabten Sohn mehrere Stunden
tägliches Üben, darunter viele Ševčík-Übungen, abzuverlangen. Tonleitern, erinnert sich Zukerman in einem Gespräch mit Samuel Applebaum,
waren absolute Grundlage des täglichen Pensums. »Dabei hätte ich viel
lieber Fußball gespielt«, bekennt er heute. Ein Freund der Familie, Gro-
dacky, unterstützte den jungen Geiger und sorgte dafür, daß ein Klavier
und ein Tonbandgerät zur täglichen Kontrolle angeschafft wurden.

In diesem frühen Stadium, Pinchas war 13 Jahre alt, hörten ihn Isaac
Stern und Pablo Casals, die zu den Musikfestspielen ins Land gekommen
waren, und waren von ihm, der bereits praktisch die gesamte Violinliteratur einschließlich der Paganini-Capricen beherrschte, so beeindruckt,
daß sie ihn in die Vereinigten Staaten weiterempfahlen. Mit Hilfe der
Israel-American Cultural Foundation studierte Zukerman im folgenden
fünf Jahre lang bei Ivan Galamian. Stern hielt während dieser Jahre ein
wachsames Auge auf den begabten Zögling und vermittelte ihn als Un-
termieter bei den Eltern des Pianisten Eugene Istomin.

»Als ich damals nach Amerika ging«, erinnert sich später Zukerman,

»klein, dick und mit roten Backen, dachte ich, ich würde der große Star werden und bald viele Konzerte geben. Aber als ich drüben war, hieß es üben, üben, nochmals üben, und von Konzerten war keine Rede.« Immerhin scheint Galamian gewußt zu haben, wen er da unter seinen Fittichen hatte; Perlman und die junge Koreanerin Kyung-Wha Chung saßen mit Zukerman in derselben Klasse und haben sich ohne Zweifel vom Ehrgeiz, den anderen zu übertreffen, anstacheln lassen. Bei Zukerman resultierte dies in einem weiteren Stipendium (von seiten der Helena-Rubinstein-Stiftung) und einem Debüt beim Festival dei Due Mondi in Spoleto 1966. Den Leventritt-Wettbewerb, den drei Jahre zuvor bereits Perlman siegreich absolviert hatte, gewann Zukerman 1967 gemeinsam mit seiner Juilliard-Kommilitonin Chung. Das bedeutete für den kaum 19jährigen den Durchbruch. Nach einer Serie von Konzertverpflichtungen in Nordamerika und Puerto Rico nahm ihn der Impresario Sol Hurok unter Vertrag, was eine Konzertsaison 1968/69 mit über 30 Verpflichtungen nach sich zog. In diese Zeit fällt Zukermans Eheschließung mit der jungen Flötistin Eugenia, mit der er viele Kammermusikkonzerte und Platteneinspielungen gemacht hat.

Die Plattenindustrie meldete sich früh; die erste Einspielung wurde das Tschaikowski-Konzert mit dem London Symphony Orchestra unter Antal Dorati, gekoppelt mit dem Konzert von Mendelssohn-Bartholdy mit den New Yorker Philharmonikern unter Leonard Bernstein. Das Mendelssohn-Finale (das ja im Viervierteltakt notiert ist) spielt Zukerman nicht so rasch wie Jascha Heifetz oder Nathan Milstein. Dennoch ist Heifetz sein Idol. Auch wenn er Casals und Stern als seine eigentlichen Mentoren betrachtet, ist Heifetz' Einfluß immer bedeutend gewesen. »Jeder Geiger sollte ihn studieren«, hat er in einem Gespräch mit Robert C. Bachmann bekannt. »Er ist mein großes Vorbild.«

Stern war darüber hinaus derjenige, der den jungen Pinchas etwas ganz Spezielles lehrte: ein Gefühl für die besondere Farbe des Klanges. »Ich war gerade 14, als er mir das beibrachte. Im Grunde läuft es auf ein fast neurotisches Wiederholen ein und desselben Tones hinaus, so lange, bis man ihn in des Wortes eigentlicher Bedeutung erfaßt, all seine klanglichen Schattierungen erkannt hat. Er spielte mir jeden einzelnen Ton der Skala vor, spielte die einzelnen Intervalle getrennt und zusammen und zeigte, was man mit ihnen alles machen kann.«

Das alles lag hinter dem israelisch-amerikanischen Preisträger, als er sich mit 21 Jahren anschickte, Europa zu erobern – zunächst England, im April 1969 München (ein Jahr darauf, auf den Tag genau, auch Berlin) mit dem Tschaikowski-Konzert. Die Kritiker überschlugen sich vor Begeisterung, sprachen wieder einmal von einem wiederauferstandenen Paganini, priesen den unverkrampft musikantischen, athletischen Geiger über die Maßen. Seitdem ist Zukerman regelmäßiger, gerngesehener Gast in allen Musikländern der Erde. Er tritt in verschiedenen Funktionen auf – als Geiger bei Soloabenden und Orchesterkonzerten, aber auch als Bratscher. Er leitet bei kleineren Ensembles die Konzerte, die er

Pinchas Zukerman, 1983

musiziert, selbst; er spielt Kammermusik mit den verschiedensten prominenten Partnern (mit Daniel Barenboim, der ihn auch als Dirigent häufig begleitet; mit Stern und Perlman, mit dem Guarneri-Quartett, früher auch mit der Cellistin Jacqueline du Pré), sicherlich gibt er dem einen oder anderen Kollegen Ratschläge oder gar regelmäßige Unterweisung, kurz, sein Terminkalender ist auf beängstigende Weise gefüllt, so daß er – das trifft für die frühen siebziger Jahre zu – bisweilen in Bedrängnis geriet und mancher Auftritt allzu flüchtig absolviert wurde, gerade noch zwischen Flugterminen und Tennisspiel eingeschoben.

Zukermans Dirigierkünste sind problematisch geblieben, obwohl er mit dem trefflichen English Chamber Orchestra und seit einiger Zeit mit dem Saint Pauls Chamber Orchestra sicherlich wichtige Erfahrungen gesammelt hat. Jahrelang hielt er von den elementaren Regeln des Taktschlags nicht viel, stieß Auftakte in den Boden und ließ die Arme erstaunt in der Luft stehen, wenn die Musik, der er – verzückt und von innerer Anteilnahme leicht geschüttelt – gelauscht hatte, plötzlich zu Ende war. Halb Tanzbär und halb Tanzmeister, dreht er sich mal dem Publikum, mal dem Orchester zu und fuchtelt mit dem dicken Geigenbogen-Taktstock über den Häuptern seiner Kollegen umher, die solches selten zu stören vermag, weil sie gebeugten Hauptes vermeiden, zu ihm aufzublicken und sich dadurch aus der Fassung bringen zu lassen.

Das empfindsame Musizieren über den Taktstrich hinaus, das »redende Prinzip« der Stürmer und Dränger, beherrschte der 30jährige bald wie ein glänzender Rhetor. Mechanisches Auf- und Abstreichen mit dem Geigenbogen ist ihm inzwischen ganz fremd geworden, seine musikalische »Rede« kennt längst nur noch die Logik der Phrase, das plausible Artikulieren – oft aufregend variabel und dabei in aller Regel völlig unverkrampft und ohne jede Spur von Nervosität. Die Klangproduktion an sich ist dabei so variabel, daß es schwerfällt, ihn an einem eigenen unverwechselbaren Personalstil erkennen zu wollen, wie uns dies Künstler wie Fritz Kreisler oder Gidon Kremer, Jascha Heifetz oder David Oistrach verhältnismäßig leichtmachen. Zukerman kompensiert dies durch Vielseitigkeit: Er vermag verzärtelt und nuanciert zu musizieren, ist jedoch auch der sonoren Fülle, in den letzten Jahren auch der strengen, fast asketischen Analytik fähig und verfügt dennoch jederzeit über jene schwelgerische Edelsüße, die man Kreisler nachsagte.

Mozarts Sonaten und Konzerte hat schon der junge Geiger zu Beginn seiner Karriere überzeugend gemeistert. Die kleine e-Moll-Sonate – Alfred Einstein nennt sie rechtens »eins der Wunder in seinem Schaffen; aus tiefsten Tiefen der Empfindung geholt ... ans Dramatische streifend« – geigt er mit verhalten wirkender Glut und einem das Dramatische tatsächlich nur streifenden Temperament, ohne Pose, doch mit dosiertem Pathos, plausibel und klug überredend. Diese intelligent wirkende Noblesse verführt Zukerman allerdings zuweilen, die stilistisch vertretbare geigerisch-virtuose Zurückhaltung zum Prinzip zu machen, so daß – beispielsweise in Mozarts großer B-Dur-Sonate, in der die Geige auch thematisch ein gewichtiges Wort mitzureden hat – melodische Bedeutsamkeiten zu fast versteckten Floskeln verkümmern, gewissermaßen als melodische Abbreviatur serviert werden.

Für Mozarts Konzerte, die er auf Tourneen selbst dirigierte, hat sich Zukerman der Assistenz seines Freundes Barenboim versichert. Schlankheit des Tons, der nicht so üppig-sinnlich ist wie in den letzten Aufnahmen von Perlman, sondern eher straff-leuchtend wie bei Arthur Grumiaux und Dmitry Sitkovetsky, und eine sehr bewußt artikulierende musikalische Rede zeichnen seine Interpretation aus. Ein kurzes, aber charakteristisches Beispiel dafür sei kurz umschrieben. Im A-Dur-Konzert musizieren fast alle Geiger den ersten Soloeinsatz dergestalt, daß die Schwerpunkte der melodischen Erfindung den Schwerpunkten des Taktmetrums folgen, was ebenso plausibel-normal wie langweilig klingt. Zukerman ignoriert diese Zufälligkeit der Takteinteilung und spielt das Thema nach seinen melodischen Schwerpunkten, was bis zum vierten Takt eine gewisse metrische Verwirrung beschert, danach aber in die fast befreiende Normalität des Vierviertaktes einmündet:

Beispiel 16
Aus: Mozart, Violinkonzert A-Dur Nr. 5 KV 219, 2. Satz

Die melodischen Schwerpunkte im Solobeginn werden oft sinnwidrig nach den metrischen Schwerpunkten der Takteinteilung betont. Pinchas Zukerman dagegen musiziert den Beginn, indem er die ersten drei Noten »h-a-gis« als einen gemeinsamen Auftakt nimmt und damit eine Melodik gewinnt, deren Betonungen um jeweils ein Achtel verschoben sind. Der zweite und dritte Takt nach »A« setzt also den Akzent nicht synkopisch auf den Beginn, sondern jeweils auf die Viertelnote – so wie jeder Sänger die Melodie empfinden würde.

Die beiden Ecksätze musiziert Zukerman mit klarem, leuchtendem Ton, mit genau artikulierender Phrasierung, im Tempo di Menuetto vielleicht etwas zu gemessen, was bei dem jedesmal neu variierten Thema zu leicht maniert klingenden Umspielungen verleitet; die Solokadenzen, aus des Solisten Werkstatt stammend, klingen gräßlich, überzeugen freilich durch makellose geigerische Meisterschaft.

Zukerman hat inzwischen ungezählte Platten eingespielt. Seine Klavierbegleiter waren dabei (mit einigen Ausnahmen barocker Musik) Barenboim (vor allem mit den Brahms- und Beethoven-Sonaten), in den letzten Jahren Marc Neikrug. Das Resultat ist zwiespältig: Barenboim hinterläßt im Zusammenwirken mit Zukerman auf der Schallplatte den Eindruck des überwiegend Harmonisch-Geglätteten. Von »wütend herausgeschleuderten Sforzatoblitzen«, wie sie ganz zutreffend auf einem Plattentext zur c-Moll-Sonate der Komposition attestiert werden, ist in der Aufnahme nichts zu vernehmen; hier wird keiner wütend, sondern beide Partner ebnen eher die Kontraste ein, verbleiben innerhalb des Mezzopegels. Das G-Dur-Spätwerk Beethovens bleibt ebenso harmlos, verliert dabei allerdings eher an klanglicher Substanz denn an musikalischem Charakter. Auch die Brahms-Einspielungen sind vorherrschend freundlich-tonschön musiziert, vermeiden aber ebenfalls heftige Ausbrüche und kantige Gegensätze.

Neikrugs Partnerschaft hat uns zumindest zwei Platten mit den Sonaten von Fauré und Debussy und von Franck und Saint-Saëns beschert, die hörenswert bleiben in ihrer klug disponierenden, fast klassischen Haltung, was freilich keine unziemliche Zurückhaltung signalisiert. Zukermans Romantikideal ist nicht mehr das einer überbordenden, sinnentriefenden Sentimentalität, sondern verfährt mit den Sonaten wie mit klassischen Ebenbildern: Er vertraut auf ihre musikalische Substanz, ohne glauben zu machen, sie könnten nur mit Leben erfüllt werden, wenn man ihre Konturen überdeutlich nachzeichnet.

Eine Sammelprogramm-Platte aus dem Jahr 1984 suggeriert diese reife, zurückhaltende Attitüde ebenso deutlich: Dvořáks »Romantische Stücke«, kleine Werke von überwältigender Schlichtheit, spielt Zukerman schon beinahe so ebenmäßig und natürlich wie sein großer Meister Isaac Stern, der gerade in diesen nur scheinbar geringen Werken ein Beispiel von verblüffender Natürlichkeit gab. Zukerman ist auf dem Wege zu einer musikalischen Meisterschaft, die – bei aller technischen Makellosigkeit – den pompösen Anspruch zurückstellt zugunsten klarer

Konturierung. Der Hexenmeister der sechziger Jahre hat eine Häutung erfahren, die den Virtuosen von einst in einen überlegen gestaltenden Musiker verwandelte. Es steht außer Frage, daß der Partner Neikrug daran einen wichtigen Anteil hat. Im Gegensatz zu den Zukerman-Barenboim-Aufnahmen empfindet man die Musizierweise hier nicht als absichtlich (und unziemlich) geglättet und klanglich zuweilen stranguliert, sondern als natürlichen Ausfluß einer Musizierhaltung, die überzeugt, ohne übertölpeln zu müssen.

Mit der Musik unseres Jahrhunderts hat sich Zukerman nur in ausgewählten Beispielen auseinandergesetzt, darunter mit den beiden Bartók-Sonaten. In seinen Auftritten als Kammermusiker pflegt er das bekannte Repertoire von Bach bis allenfalls Strawinsky und überrascht in Zugaben auch mit Kostproben aus der virtuosen französischen Schnellküche. Aus dem Jahr 1979 stammt eine Einspielung des Bartók-Konzerts mit dem Los Angeles Philharmonic Orchestra unter Zubin Mehta; hier ist die Konkurrenz bemerkenswerter Interpretationen groß. Im Kontrast etwa zu Tibor Vargas bewußt trockener Tongebung und seiner raschen, spannungsvoll zu Werke gehenden Energie baut Zukerman bei Bartók immer wieder auf einen ausladenden, sinnlichen Geigenton. Doch hier werden die interpretatorischen Grenzen solcher Auffassung rasch deutlich: Der Ton wirkt oft fahrig, täuscht Intensität vor und versucht, Bartók über die ausgefahrene Klangpalette üppiger Spätromantik nahezukommen. Das mißrät und enttäuscht. Man kann Bartók nicht mit der sattsam erfahrenen Elgar-Elle messen wollen.

Dem Bratscher Zukerman ist es zu danken, daß dieses in der Literatur stark vernachlässigte Instrument immer wieder zu Ehren gekommen ist. Neben den Nurbratschisten wie William Primrose oder Walter Trampler haben sich Zukerman und auch Josef Suk als Violavirtuosen hervorgetan. Mozarts Sinfonia concertante und Berlioz' »Harold en Italie« haben in Zukerman einen kompetenten Interpreten gefunden. Er behandelt die Bratsche mit souveräner Leichtigkeit, und unter seinem Bogen ist niemals ein bei Bedarf dumpf oder näselnd klingendes Zwitterinstrument, sondern besitzt autonome Klangkraft. Daß er dabei die Leichtigkeit der geigerischen Handhabung unversehens auf das als schwerfällig etikettierte Altinstrument transportiert, darf man nicht als Makel werten, obwohl manchmal – auch bei den Brahms-Einspielungen der einschlägigen Transkriptionen – der sonore Charakter des tiefen Instruments zurückgedrängt scheint zugunsten luftiger, leichter Behendigkeit, die man der

Viola landläufigerweise nicht zuspricht. Suks Berlioz-Interpretation wirkt gegenüber Zukermans Lockerheit vielleicht schwerfälliger, aber zugleich bedeutsamer und von größerem musikalischen Gewicht.

✻

Seit wir in unserem Jahrhundert Interpretationen konservieren können oder sie im Saal vergleichen, hören wir die Protagonisten zweier scheinbar sich widersprechender Klangauffassungen: hier Verfechter des sinnlichen Wohllauts einer verführerisch schönen Klangwelt; dort Vertreter eines Geigentons als durchaus variables Vehikel der Deklamation, notfalls auch mit Hilfe böser Klänge. *Shlomo Mintz*, der nun 30jährige, gehört, wie sein Freund und isrealischer Landsmann Itzhak Perlman, zu den Verführern. Wie er, mit seinem Klavierpartner Paul Ostrovsky, Schumanns a-Moll-Sonate in vibrierenden Wohllaut taucht, dabei noch der zurückhaltendsten Floskel pathoslosen, puren Wohlklang verleiht, weckt Verständnis für alle diejenigen, die geradezu süchtig nach solchem lockenden Klangschmelz werden. Es ist eine Verführung durch Qualität, keine musikalische Beutelschneiderei, der die Klangfetischisten dabei erliegen. Ein selten gewordenes Gefühl der absoluten Sicherheit verströmt sein Spiel; über technische Probleme ist so gut wie nie zu diskutieren (bei seinem zweiten Geigenabend in München erklang als einziger falscher Ton ein Flageolett auf der leicht verstimmten G-Saite!).

Im Jahr 1957 wurde Mintz in Rußland geboren, wuchs aber in Israel auf. Und wieder einmal, wie im Fall Perlman ein Jahrzehnt zuvor, hörte der große Isaac Stern, der in Israel das dortige Musikleben ebenso energisch wie fürsorglich mitbestimmt, den eminent begabten Schüler von Ilona Feher (die auch Zukerman unterrichtet hat) und sorgte dafür, daß der junge Shlomo seine Studien an der New Yorker Juilliard School of Music bei Dorothy DeLay fortsetzen konnte. Mit 16 Jahren debütierte der junge Geiger in der New Yorker Carnegie Hall. William Steinberg und sein Pittsburgh Symphony Orchestra assistierten bei einem ungewöhnlichen Erfolg, der sofort eine Überfülle von Engagements hätte nach sich ziehen können. Aber Mintz war gescheit genug, außer wenigen wohldosierten Auftritten seine Studien fortzusetzen und nur gelegentlich den Stand des Könnens und des Standhaltenkönnens zu überprüfen. Mit 19 Jahren schien er fit genug, für Zino Francescatti in Europa »einzuspringen«, und von 1977 an haben ihn Konzertbesucher in aller Welt zu hören bekommen, die Plattensammler erst seit 1981, als er mit zwei romantischen Konzerten und einer Kreisler-Platte hervortrat. Mehr als ein Halbdutzend wenn auch gewichtige Einspielungen sind es seither nicht geworden, aber sie spiegeln die enorme Begabung wie auch manche jugendbedingte Schwächen des Künstlers getreulich wider.

Seine Auftritte beispielsweise in München haben seinen künstleri-

Shlomo Mintz

schen wie menschlichen Reifeprozeß gezeigt wie auch seine geigerische Konsolidierung. Man bewunderte ihn, der bereits bei seinem Debüt zu großen Hoffnungen berechtigte, als einen vielversprechenden, im Anfang betont sanften Schöngeiger, aber diese bereits hoch angesiedelte Qualität wich im Lauf der Zeit einer ihm immer deutlicher sichtbar, ja hörbar zuwachsenden männlichen Kraft, und beim Marathon der geigenden Weltelite bei den Huberman-Feierlichkeiten 1982 in Tel Aviv wußte er sich selbstbewußt durchzusetzen und unterbrach eine gemeinsame Probe mit dem verehrten Mentor Stern, um ihm bei Bachs Doppelkonzert dessen Bogenstriche freundlich, aber bestimmt auszureden.

Beim ersten Orchesterauftritt mit dem Sibelius-Konzert im Münchner Herkulessaal war er dazu noch nicht bereit gewesen. Sibelius verlangt nun wahrlich mehr zusammenhaltende rhetorische Kraft als fast jedes andere Konzert; ein weiträumig disponierender Barde ist da vonnöten, aber der scheu wirkende, sensibel in sich hineinhorchende Musiker schien dazu nicht bereit. Selbstverloren, den Kopf nach unten geneigt, musizierte er höchst präzise, von dem tastend begleitenden Orchester kaum gestört, und mit fast schüchternen Überredungsversuchen eines kontrollierenden Träumers. Der vermeintliche Träumer war indessen an diesen beiden Sibelius-Abenden todunglücklich, weil der Dirigent das knifflige Werk zum erstenmal dirigierte und den Solisten musikalisch (und manchmal auch technisch) im Stich ließ. Der junge Mintz machte traurige Miene zum schwachen Spiel. »Ich bin hinterher so rasch wie möglich in mein Hotelzimmer zurückgekehrt und hätte vor Ärger fast geheult«, gestand er später.

Einen klaren Sieg erfocht er wenige Jahre danach, 1982, mit demselben Orchester und einem anderen, etwas aufmerksamer assistierenden Dirigenten. Prokofjews erstes Violinkonzert ist eines der wenigen großen Werke unseres Jahrhunderts, in dem alles verfügbare Sentiment durch harmonische Verfremdungen entfettet und alle blanke Virtuosität immer wieder von überraschenden formalen Volten gerechtfertigt wird. Mintz machte aus dem herrlich weitschweifenden Beginn ein kammermusikalisches, ja intimes Hörstück, artikulierte sinnlich-kraftvoll, ohne indessen sich tonlich zu verausgaben. Auch das flink vorüberziehende Scherzo geriet niemals grob auftrumpfend. Rasche Eruptionen verstand er verblüffend plötzlich in schwelgerische Süße zu verwandeln, stets gekoppelt mit gelassen wirkender geigerischer Kraft. Die Aufnahme desselben Konzerts samt demjenigen in g-Moll mit dem Chicago Symphony Orchestra unter Claudio Abbado bestätigt diese Hörerfahrung: Sensibilität und Sinnlichkeit, zwei typische Mintzsche Geigereigenschaften, kommen überzeugend zur Geltung. Makellos, saftig ohne jede Grobheit, mit einer symphonisch eingestimmten Vorstellung von diesen spätromantischen Werken geht er die Konzerte an: Das Blühen des Geigentons droht niemals unterzugehen und vermag mit dem Orchesterklang durchaus zu verschmelzen. Kein Solostück wird hier vordergründig zur Schau gestellt; vielmehr entstehen Orchesterkonzerte mit Violine, gelassen und beinahe breit ausmusiziert, fast auf die Sekunde gleich rasch wie jene Aufnahmen, die Stern kurz zuvor mit den New Yorker Philharmonikern unter Zubin Mehta herausgebracht hatte.

Kein Prokofjew-Liebhaber kann sich bei solchen Vergleichen den Wunsch nach einer oder gar beiden Heifetz-Einspielungen des g-Moll-Werkes versagen. Dieses Stück ist von ihm allein im Kopfsatz um mehr als zwei Minuten rascher musiziert, ungleich behender im Duktus, hoch-virtuos und bewußt solistisch angelegt, dabei hinreißend gegeigt, das Seitenthema von dem berüchtigten stählernen Schluchzen erfüllt... Mintz scheint nicht viel von solcher Selbstdarstellung zu halten, geht viel bedächtiger zu Werk, nobel, voller Innigkeit (wo es verlangt wird), ohne jede Hast, eingehüllt in Wohlklang und in jedem Takt den Beweis erbringend, wie eng auch der frühe und mittlere Prokofjew noch der romantischen Musizierhaltung verhaftet war. Kein böser Strich trübt da das geigerisch-symphonische Einverständnis. Der junge Mintz, der sicherlich bis weit in das kommende Jahrhundert hinein musizieren wird, reklamiert Prokofjews Violinkonzerte eindeutig für das 19. Jahrhundert.

Schon vier Jahre zuvor hatte sich Mintz mit seinen ersten Platteneinspielungen in der obersten Kategorie der zeitgenössischen Interpreten angesiedelt. Es geschah sicherlich aus marktpolitischen Erwägungen, daß die Deutsche Grammophon nach der zeitweiligen Trennung von Gidon Kremer nun Mintz in den Vordergrund schob und nicht Bruch und Mendelssohn produzierte, weil der junge Künstler »eine Neigung zur Musik des 19. Jahrhunderts besitzt«. Wer die nicht hat, wird die Geige getrost wieder einpacken müssen! Schon damals entpuppte sich Mintz als durchweg behutsam, klanglich schmiegsam und um warmes Timbre bemühter Interpret – nie forciert weder im Ton noch im Tempo, sondern immer mit erstaunlich klug dosierter geigerischer Noblesse; ein Geiger, der im Adagio des Bruch-Konzerts einen ungewohnt zurückhaltenden, ganz und gar nicht fetten Ton anschlägt, der im Finale des Mendelssohn-Konzerts aber durchaus in der Lage ist, aus der spielerischen Leichtigkeit heraus plötzlich eine überzeugende herrische, straffe Gangart anzuschlagen. Sie verrät nicht nur seine jugendliche Energie, sondern einen Gestaltungswillen, der die Tonqualität nicht dominiert, sie sich aber zum Verbündeten macht. Mintz produziert einen Geigenton, der niemals ins Grelle ausufert, der niemals in ein unstatthaftes Espressivo ausbricht, sondern der stets rund, warm, auf selbstverständliche Art nobel bleibt, ohne dabei jedoch kraftlos zu wirken. Der schöne runde Klang des Chicagoer Orchesters unter Abbado hilft dabei spürbar.

Das zweite Zugpferd, mit dem die Plattenfirma den jungen Mintz 1980 ins Rennen schickte, war ein Fritz-Kreisler-Potpourri unter pianistischer Assistenz des jungen Clifford Benson. Mintz wollte hier, nach eigenem Bekenntnis, Kreislers »vitalen und ausdrucksvollen Stil« wieder aufleben lassen. Gottlob tat er es ohne süßliches Zerdehnen, sondern, auch in dieser seiner zweiten Platteneinspielung, mit entschlossener, männlich wirkender, selbstverständlicher Brillanz. Vielleicht sind Kreislers eigene, inzwischen wieder aufgelegte Einspielungen noch liebenswürdiger, verspielter, diejenigen von Perlman noch raffinierter, abgefeimter, doch Mintz' Geigenkunst steht nicht in ihrem Schatten, sondern behauptet sich neben ihnen mit musikalischer Anmut.

Zwischen den Debütplatten und den beiden Prokofjew-Konzerten legte Mintz mit 25 und 27 Jahren zwei Einspielungen vor, die den technischen und musikalischen Gipfel des Geigenspiels bedeuten: Bachs Solosonaten und Paganinis 24 Capricen. Der Paganini erhielt überwiegend zustimmende, ja hymnische Rezensionen – und das zu Recht. Mintz' Fähigkeit, bei aller technischen Beanspruchung in fast jedem Takt noch musikalische Funken zu schlagen, beeindruckte und beglückte. Dieser geigerische Kosmos hat Mintz zu stets gleichbleibender musikalischer Zuneigung verführt; das heißt, er hat immer aus jeder technischen Herausforderung noch musikalisches Kapital zu gewinnen gewußt. Wenige Beispiele: Jene »Primaballerina«-Caprice (Nr. 17) und deren herabgleitende Arabeske, der sich, Tanzschritten ähnlich, ein paar Akkorde anschließen, kommt bei Mintz wie eine überfeinerte, fast beiläufig fließende Geste; die Caprice Nr. 7 und die Nr. 21 mit ihrem Alternieren von schmachtenden Sexten und wild auffahrenden Stakkatoläufen meistert Mintz mit einer Akkuratesse und einer geschmacklichen Sicherheit, die ihm einen Sondersitz im Parnaß der Meistergeiger sichern müßte; und die Caprice Nr. 24 weiß er von balsamischem Beginn bis in die kniffligsten Höhen virtuoser Pyromanie zu steigern, die ebenfalls beispiellos ist. Sonst vermeidet Mintz alles auffällige geigerische Blendwerk, was für manchen Kenner oder Liebhaber noch beeindruckender sein mag als wirkungsvolle Zurschaustellung technischer Brillanz um dieser Brillanz allein willen.

Der zweite Höhenweg des Sologeigers, zu den Gipfeln der Bachschen

Sonaten und Partiten, ist nur teilweise gelungen. Verschiedene kritische Hörer haben seinem Spiel technisch hochstehende Qualität nicht abgesprochen, gleichzeitig aber die Starrheit und vergleichsweise sachliche Interpretation bemängelt. Tatsächlich musiziert Mintz die Partitensätze im ziemlich strengen Sinne als Tanzsätze. Die Allemande in der h-Moll-Partita ist wirklich ein Stück geblieben, das seinen tänzerisch-metrisch strikten Charakter bewahrt hat. Aber diese vermeintliche Schlichtheit, mit der Mintz Bach von metaphysisch angekränkelten Extravaganzen weg und wieder zur natürlichen, ursprünglichen Musizierform zurückführt, soll nicht zur Annahme verleiten, er spiele langweilig und platt. Die permanent bohrende Intensität eines Kremer oder das raffinierte Auskosten geigerischer wie dynamischer Extreme eines Sitkovetsky mag seinem Bach-Spiel abgehen; geigerische und in seiner Konsequenz imponierende Qualitäten hat es allemal.

Im Zuge seiner relativ sparsamen Platteneinspielungen hat sich Mintz in seiner neuesten Aufnahme der drei romantischen Sonaten von Franck, Debussy und Ravel mit seinem Landsmann Yefim Bronfman zusammengetan, von dem die Plattenfirma außer einem sympathischen Coverphoto nichts mitzuteilen hat. Der Gina-Bachauer-Schüler ist ein großartiger Pianist, und die drei Werke, die ans Klavier mindestens so große Ansprüche stellen wie an die Geige, meistert er mit Klangsinn und pianistischem Können. Mintz' Wahl dieses Partners läßt erkennen, daß der Kammermusiker, zumindest wenn er für die kleine Ewigkeit einer Plattenaufnahme antritt, Partner der ersten Güteklasse auswählt. Das Duo Mintz/Bronfman sollte zusammenbleiben und, wenn es technisch und finanziell möglich ist, auch zusammen öffentlich musizieren – nicht nur in Tel Aviv und New York, sondern überall dort, wo Mintz sich bereits einen Ehrenplatz unter den makellosen, sensiblen, mit großem Klangsinn ausgestatteten Geigern seiner Generation erspielt hat.

*

»Hier wird eine unheimliche Menge Blut vergossen«, hatte David Oistrach 1937 vom Brüsseler Wettbewerb berichtet, bei dem er dann den ersten Preis errang. Ob 40 Jahre später, beim ersten Fritz-Kreisler-Wettbewerb in Wien, ähnliches geschah, kann der russisch-amerikanische Geiger *Dmitry Sitkovetsky* nicht bestätigen. Für ihn waren derlei Erfahrungen nicht mehr aktuell, als man ihm den ersten Preis von 100 000

Schilling zuerkannte. Obwohl er bei starker japanisch-österreichischer Konkurrenz Favorit war, konnte er sich seiner Sache nicht ganz sicher sein, und es heißt, daß der damalige Ehrenjuror Yehudi Menuhin ein Machtwort gesprochen habe, dem sich die österreichischen Kollegen nicht gerade freudestrahlend beugten.

Beim Schlußkonzert, das in halb Europa im Fernsehen übertragen wurde (lediglich die Stationen in der Bundesrepublik hatten sich unrühmlicherweise ausgeschaltet), hörte man sogleich, welcher Art Geiger hier der Lorbeer überreicht worden war. Sitkovetsky gehört nicht zu jenen Vollblutgeigern wie etwa David Oistrach, Mischa Elman oder Isaac Stern, die bei aller instrumentalen Lockerheit mit Vorliebe saftige Vollklänge produzieren, sondern eher zu den jüngeren Vertretern wie Gidon Kremer oder Viktor Tretjakow, die das Musikmachen als eine permanente Hochspannungsleistung betrachten. Mit wachem Intellekt überläßt der hochgewachsene Mann mit dem dunklen Bart keine Phrase dem musikantisch gelenkten Zufall und weiß mit hochentwickeltem Kunstverstand die Süße oder Energie seines Geigentons genau zu dosieren. Sitkovetsky achtet bewußt darauf, daß die Musik ihn nicht überflutet, gar überwältigt.

Diese vermeintliche Abwesenheit aufgetragener sinnlicher Spontaneität war weder damals in Wien noch in den seither verflossenen Jahren seiner Karriere ein Makel, sondern eher eine Eigenschaft sui generis, keine Schwäche, sondern eher eine physiologische Kondition. »Haben Sie Szigeti einmal genau angesehen?« fragte er mich einmal. »Der hatte die längsten Arme der Welt, die fast bis ans Knie herabhingen. Und ganz lange, dünne Finger. Ganz ähnlich wie bei Tretjakow und bei Gidon. Und bei Heifetz natürlich auch.«

Sitkovetsky, seit fast einem Jahrzehnt im Westen lebend und konzertierend, spricht längst ein persönlich gefärbtes, breites Amerikanisch, ist in jeder Gesprächsminute hellwach und hat gleichermaßen Spaß am Wortwitz wie an gern und genau ausgewähltem guten Essen. Er straft alle diejenigen Lügen, die ihn, vom Podiumseindruck her, zu einem vornehm-verschlossenen Edel-Demetrius abstempeln wollen. Natürlich fasziniert ihn noch jede Debatte über seine bekannten Geigerkollegen: »Oistrach und Mischa Elman hatten schöne runde Geigerpfoten. Und geben Sie einmal Itzhak Perlman die Hand. Na, lieber nicht, weil er sie mit seinen kurzen breiten Fingern fast zerdrückt.« Wen wundert es da, wenn Sitkovetskys Geigergott nicht Oistrach, sondern Heifetz heißt?

Er hat in Moskau auch nicht bei dem verehrten David studiert, sondern bei dessen nicht minder berühmtem Kollegen und Rivalen Juri
Jankelewitsch, der seinerseits bei Wladimir Jampolski, einem Enkelschüler des legendären Leopold Auer, assistiert hatte. Mit Heifetz hat er
also, wenn auch um Jahrzehnte versetzt, einen pädagogischen Ahnherrn
gemeinsam. Später setzte er seine Studien bei Ivan Galamian in New
York fort. »Beiden Lehrern verdanke ich unendlich viel. Der eine war ein
rechter Zuchtmeister, der andere ließ mir die rechte Freiheit. Und das
Gute daran war: beides kam genau zur rechten Zeit.« Ob nicht Oistrach

Dmitry Sitkovetsky

vielleicht doch der bessere Lehrer gewesen wäre? Sitkovetsky bleibt
skeptisch. »Bei uns in Rußland war Oistrach eigentlich niemals ein so
verehrter Gott wie im Westen. Vor allem in Österreich wird er so schrankenlos verehrt, daß man kaum etwas Kritisches über ihn zu äußern wagt.
Und er war doch weiß Gott kein Heiliger.«
Sitkovetsky, 1954 in Baku (Aserbaidschan) geboren, aber schon früh
in Moskau beheimatet, hat Musik in Kopf und Fingern, seit er denken
kann. Beide Eltern, der Geiger Julian Sitkowezki, und die Mutter, die
Pianistin Bella Dawidowitsch, haben den jungen Dmitry in einer welt-

läufigen Atmosphäre aufwachsen lassen, die von vielen berühmten Kollegen belegt war. Von seinem Vater Julian behauptet man, er wäre einer der ganz Großen seines Fachs geworden. Leonid Kogan erspielte sich in Brüssel beim Wettbewerb 1951 den ersten Preis, Julian Sitkowjezki 1955 dort »nur« den zweiten. Menuhin und Oistrach saßen in der Jury und kürten als ersten Preisträger den Amerikaner Berl Senofsky, den die Öffentlichkeit inzwischen vergessen hat. Vater Sitkowezki starb schon 1958 in jungen Jahren, aber eine Reihe erhaltener und von Kennern gehüteter Aufnahmen, vom Sibelius-Konzert, von Paganini, Ysaye und anderen, bewahren ihm einen schmalen, bewunderten Platz auf dem Geigerolymp dieses Jahrhunderts. Den fünften Platz belegte 1955 übrigens der Russe Viktor Pikaisen, der von da an eine vielbeachtete Karriere, auch im westlichen Ausland, antreten sollte.

Sitkovetsky hat also – im Gegensatz zu Igor Oistrach, der neben einem aktiv konzertierenden Vater seine Laufbahn aufbauen mußte – gegen die Legende seines Vaters anspielen müssen. Seine Mutter Bella blieb Mittelpunkt einer Künstlerfamilie, in der Kollegen und Komponisten ein und aus gingen. Man lebte komfortabel und allgemein anerkannt und, was die geigerische Ausbildung des begabten kleinen Dmitry anbelangt, ohne Belastungen und Sorgen. Dennoch drängte sich ihnen allmählich das Gefühl auf, als jüdische Musiker mitten in Moskau in einem goldenen Käfig zu leben. Freunde wie der Cellist Mstislaw Rostropowitsch und seine Frau Galina gingen immer öfter ins westliche Ausland, blieben dann dort für immer. Die Chance, es ihnen gleichzutun, lag in einem Visum nach Israel.

Sitkovetsky, konvertierter Jude, stellte den Antrag, und nach einer Reihe von nicht undramatischen, ja gefährlichen Schwierigkeiten landete er 1977 in New York, mit nichts versehen als mit seinem Talent und einer Empfehlung Rostropowitschs an den Präsidenten der Juilliard School, Peter Mennin. Aber die Post hatte das Schreiben verbummelt, und Dmitry mußte sich mit einem Probespiel selbst vorstellen. »Von da an habe ich für mein Studium keinen Dollar mehr zahlen müssen«, sagt er stolz. »Aber diese ersten beiden Jahre in New York waren hart, glauben Sie mir. Ich besaß ja keinen Cent und habe, wo ich nur konnte, mit meiner Geige Geld zu verdienen versucht. Mit Konzerten, bei Hochzeiten in Brooklyn, überall.«

Das Klima unter den rivalisierenden Studenten muß, wie mancher inzwischen erfolgreiche Juilliard-Absolvent bekennt, ziemlich grausam gewesen sein. »Ich habe meine Karriere«, bemerkt Sitkovetsky, »daher in Europa begonnen und erst dann langsam in New York, überhaupt in den Vereinigten Staaten, Fuß gefaßt.« In Chicago debütierte er schon 1983, in der New Yorker Carnegie Hall erst im Frühjahr 1986. Ohne Protektion hat er das geschafft, die in New York bei vielen jungen Talenten über Isaac Stern läuft. Zum Kreis seiner Schützlinge hat Sitkovetsky nie gezählt, und Sterns Votum gilt viel in dieser Stadt.

Die Mutter folgte dem Sohn zwei Jahre später nach Amerika und hat sich in Konzertauftritten und durch eine Reihe vielbeachteter Schallplatten auch im Westen durchgesetzt. Das Verhältnis von Mutter und Sohn ist kurios. In Deutschland kennt man den Geiger, dessen Mutter überraschenderweise auch Klavier spielt. In den Vereinigten Staaten kannte man eine Zeitlang nur die Pianistin, die manchmal mit dem geigenden Sohn auftritt. Gemeinsam haben sie in Europa einige Platten eingespielt: die drei Grieg-Sonaten beispielsweise, geigerisch perfekt und klanglich äußerst differenziert, im übrigen hervorragend musikalisch abgestimmt zwischen beiden Partnern. Es sind bekanntlich Werke von mittlerem Tiefgang, aber in solcher geschmackvollen, zwischen Sentiment und brillantem, keck ausmusiziertem Romantismus genau tarierenden Wiedergabe ist Griegs Musik immer willkommen. Die zweite, wie bei Mintz Fritz Kreisler gewidmete Platte wildert ein wenig wahllos in Revieren, die schon weidlich abgegrast sind. Kreislers Transkriptionen bescheren dem Hörer ein stets stilsicher abschnurrendes Potpourri von Tartini bis de Falla, von Mozart bis Tschaikowski, und ein bißchen Kreisler immer mittendrin. Der Begleiter Bruno Canino muß abwechselnd Cembalo oder großes Orchester imitieren. Sitkovetsky musiziert mit sicherem Geschmack, vielleicht klanglich nicht so abgefeimt wie Perlman, aber wer Spaß an Tangos und Teufelstrillern hat, kann den jungen Geiger in allen möglichen Stilen und Stationen beobachten.

Im Sommer 1983 hat sich Sitkovetsky erstmals in den Vereinigten Staaten einen enormen Erfolg erspielen können – beim Ravinia-Festival mit dem Chicago Symphony Orchestra unter Maxim Schostakowitsch, wo er das erste Violinkonzert von Dmitri Schostakowitsch musizierte, das man später auch in Deutschland von ihm hören konnte: technisch makellos, im Kopfsatz mit einer inbrünstigen Verträumtheit, die jeden Gedanken an fades Unbeteiligtsein beiseite räumt, im übrigen mit einer geigerischen Besessenheit, die sich selbst denen, die das Ereignis nur durch eine Aufnahme miterlebten, schrankenlos mitteilt. Auch mit beiden Prokofjew-Konzerten ist er in Europa oftmals aufgetreten. Kein ausufernd sinnlicher Schmelz, keine verführerisch schluchzende Melodik führen hier das große Wort, wie wir es von Perlman oder von Heifetz her im Ohr haben, sondern leuchtende Töne von intensiver Strahlkraft, die vor allem in den langsamen Sätzen dominieren: beeindruckende Demonstrationen ohne jedes aufgesetzte Pathos, dennoch mit einem beherrscht bleibenden geigerischen Temperament, das genug Kraftreserven bereithält. Sitkovetskys Klangwaffe ist der direkte, der gradlinige, wie ein geigerischer Laserstrahl leuchtende, treffende Geigenton, selbstverständlich klingende Krönung der orchestralen Klangschichten.

Seine Interpretation des Beethoven-Konzerts, dieses makellos schönen, so leicht verletzbaren Werkes, neigt eher dem Spielerisch-Apollinischen zu und nicht, wie auch bei jüngeren Geigern unserer Zeit immer wieder verblüffenderweise demonstriert, dem dramatisch-vergrübelt Zerdehnten. Nicht leichtfüßig oder gar leichtfertig durchmißt er den langen Kopfsatz, jedoch ohne jeden unziemlichen Seufzer oder sentimentalen Drücker. Beethoven bleibt Klassiker und wird in keinem Takt romantisch vergewaltigt. Nahezu makellos in der Bogen- wie in der Griffhand, läßt er der Ritterlichkeit den Vortritt, ohne die Empfindsamkeit zu vergessen – eine musikalische Ausgewogenheit, die doch keinen Verdacht auf Neutralismus zuläßt. »Die beste Technik ist die, die man nicht merkt«, hat er in einem Gespräch mit Hans Otto Spingel bemerkt. »Aber der Lernprozeß hört nie auf, dauert ein ganzes Leben lang. Ich meine natürlich vor allem den Aspekt der Intelligenz, der die Musikalität entwickelt, sie reifen läßt, so daß wir, ein wenig weise geworden, auch Beethovens späte Quartette, sein Violinkonzert, Mozart und Schubert spielen können. Halbwegs jedenfalls. Ganz schafft man es ja nie. Daneben meine ich auch den Aspekt des analytischen Lernens. Er bedeutet, für sich ein ökonomisches Konzept des Übens zu entwickeln, das einerseits zeit- und kraftsparend ist, andererseits noch den eigentlich stupiden Skalen, Dreiklängen, Doppelgriffen und dergleichen durch logische Behandlung den Reiz abgewinnt, den der Bergsteiger beim Überwinden überhängender Felsnasen empfindet: geschafft!«

Der amerikanische Russe Sitkovetsky lebt seit einigen Jahren in Deutschland, in Wiesbaden, verheiratet mit der amerikanischen Sopranistin Susan Roberts, die, wie ihr geigender Gemahl, ein stattliches Pensum absolviert. Daneben unterrichtet Dmitry in den Vereinigten Staaten an der Branff University, gibt mit seiner Mutter Soloabende und ist überdies mit Orchesterengagements weidlich ausgebucht. Im fernen finnischen Vaasa, einer kleinen Stadt am Bottnischen Meerbusen, hat er ein intimes Kammermusikfestival ins Leben gerufen, erfüllt es alljährlich für ein paar Wochen mit musikalischem Ansporn und musiziert, ähnlich wie Kremer es in Lockenhaus unternimmt, mit Freunden seiner Wahl und Qualität.

Auch die Plattenproduktionen haben sich nun ausgeweitet. Zwei wichtige Bach-Werke spielte er ein: Die Goldberg-Variationen bearbeitete er für Streichtrio, die er gemeinsam mit Gérard Caussé und Mischa Maisky öffentlich aufführte und dann als Platte aufnahm. Man kann anhand des Notentextes nachprüfen, daß der Bearbeiter voller Ehrfurcht keine Note hinzugefügt und keine weggelassen hat. Vielmehr übertrug er jedem der drei Instrumente seine obligaten Aufgaben. Keine romantisierende Bearbeitung dieses Werkes ist das Resultat, sondern eine durchaus mögliche, überzeugend klingende Variante. Virtuosität ist, wie auch im Original, keineswegs verpönt, wobei alle drei Interpreten der Gefahr instrumentaler Selbstdarstellung mit Erfolg aus dem Weg zu gehen verstehen. Zurückhaltende Spielweise wird angestrebt, das heißt die Spieler musizieren stilsicher, ohne die barocke Manier imitieren zu wollen. Erst im Quodlibet am Schluß drängt das unverhüllt Musikantische in den Vordergrund und zeigt, wie keusch und stilgerecht die drei Herren bis dahin ans Werk gegangen waren.

Die zweite Bach-Einspielung betrifft die Solosonaten und -partiten. Sitkovetsky hat diese Stücke immer wieder im Konzertsaal vorgeführt; von Anfang an machte er überzeugend klar, daß die Violine für ihn mehr ist als ein Instrument zur Hervorbringung eines instrumentalen Belkantos. Die a-Moll-Sonate beginnt er vorsichtig, fast improvisierend und weich, untadelig in der scheinbar beiläufigen Artikulation, die genau durchdacht und überredend ist. Die Fuge, eines der diffizilsten Stücke der gesamten Literatur, entfaltet er mit einer präzisen Sensibilität, die heutzutage selten geworden ist. Da gibt es kein akkordisches Auftrumpfen, keine hörbaren Kämpfe mit dem polyphonen Stimmengeflecht, sondern plausibel entwickelte analytische Bloßlegung; und es klingt überdies noch herrlich. Ökonomisch im besten Sinn geigt Sitkovetsky seinen Bach, weil er sich von Intelligenz und Geschmack regieren läßt. Sentiment und Bravour lenken die Interpretation, doch ohne sentimentale oder triumphierende Gestik, wie sie geigende Herrennaturen gern produzieren.

Beim Stuttgarter Bach-Fest 1985 gab Sitkovetsky zwei Abende lang Beispiele seiner immer reifer gewordenen Bach-Auffassung: in jedem Takt von allen musikalischen Skrupeln geplagt, also niemals naiv einfach heruntergegeigt; technisch an jene Grenze der Perfektion gehoben, die bestimmt nicht mehr »historisch treu« ist. Zugleich trieb er die Ausdrucksgrenzen dieser Kunstmusik in Bezirke hinauf, die man fast schaudernd betreten möchte in ihrer modernen Romantik, die kein Kalkül ist, vielmehr der Bachschen Musik jene innere Kraft als autonomes Kunstwerk zumutet, die sie bis heute so rätselhaft resistent gegenüber jedem Alterungsprozeß gemacht hat. Es ist ein Bach-Spiel, dessen Modernität aus der Ehrfurcht erwächst. Nach eigenem Bekennen läßt er sich dabei von dem großen Vorbild Glenn Gould leiten, dessen Andenken er auch die Transkription der Goldberg-Variationen gewidmet hat.

Der findige, stets unruhige und von neuen produktiven Gedanken getriebene Sitkovetsky hat inzwischen neben seiner solistischen Tätigkeit das Feld der Kammermusik neu beackert. Gemeinsam mit Gerhard Oppitz und David Geringas, zwei ausgewiesenen Soloinstrumentalisten, spielte er die beiden Schubert-Trios und eine Beethoven-Platte ein – sogleich hochgerühmte Aufnahmen, die ohne Zögern mit großen Vorbildern der Gegenwart und Vergangenheit verglichen, ja auf dieselbe Stufe gestellt wurden. Daneben hat Sitkovetsky die Einspielung aller Mozart-Konzerte in Angriff genommen, bei denen er das English Chamber Orchestra selbst leitet. Der Zufall bescherte ihm im selben Jahr die Konkurrenz von Perlman und Kremer. Er geigt nicht ganz so schmelzendsinnlich wie der Wundermann Perlman, hingegen straffer, gesünder und ohne die leicht parfümierte Morbidezza des in diesen Mozart-Aufnahmen ziemlich maniert aufspielenden Kremer. Er musiziert mit kühlerer Gangart, makellos in allen Bereichen, artikuliert manchmal überdeutlich, betreibt keine Kammermusik (wie Perlman in der späteren Serie), sondern erhebt sich bewußt über das blitzsauber spielende Orchester, ohne es je zu drangsalieren. Zu Perlman ist es keine Alternative der Qualität, sondern der klanglichen Präsentation.

*

Wenn in einem Kapitel über die jüngeren Geiger aus den Vereinigten Staaten Russen oder Israeli oder Rumäninnen erscheinen, darf es nicht verwundern, wenn auch die Koreanerin *Kyung-Wha Chung* (geboren

1948) hier mit behandelt wird. Sie ist dem gleichaltrigen Pinchas Zukerman in vielem ähnlich, ließ bereits in ganz jungen Jahren eine große Begabung für die Geige deutlich werden, trat, wie Zukerman, bereits als Teenager mit schwierigen Werken der Sololiteratur öffentlich auf und erschien, wie er, 1961/62 in den Vereinigten Staaten, wo sie ebenfalls die Unterweisung des erfahrenen, von großen Begabungen geradezu bedrängten Ivan Galamian empfing. Chung und Zukerman waren dann beide mit 19 Jahren, 1967, so weit, daß sie beim wichtigsten US-Geigerwettbewerb, der Leventritt Competition, den ersten Preis teilen konnten. Die zierliche, auch beim Spiel ihr Temperament niemals verleugnende Koreanerin und der stämmige, fast athletisch wirkende Zukerman traten also beide gleichzeitig in die Arena der öffentlichen Konzertwelt

Kyung-Wha Chung

und begeisterten zunächst mit einem ihrer Favoritenstücke, dem Tschaikowski-Konzert, das Publikum. In Berlin und München gerieten die Menschen über Zukermans überwältigende Virtuosität schier aus dem Häuschen, in London begeisterte Kyung-Wha Chung mit demselben Stück die Zuhörer bei einer Wohltätigkeitsgala in der Royal Festival Hall.

Die Gemeinsamkeiten lassen sich noch weiter fortsetzen. Rund ein Jahrzehnt nach ihrem Debüt spielten sie beide im Abstand von wenigen Monaten das Konzert von Elgar ein, beide in London mit dem Philharmonic Orchestra, Zukerman mit Daniel Barenboim und Kyung-Wha Chung mit Georg Solti. Hier nun, bei den fast 30jährigen, hört man denn doch unterschiedliche Qualitäten. Die koreanische Geigerin führt ihre nuancenreiche nervös-emphatische Tonvorstellung zur gewünschten Ausdrucksstärke, während Zukermans Ton sonorer, runder, aber auch gleichmäßiger klingt. Kyung-Wha Chung huldigt einem kleineren, aber dafür biegsameren Ton; Zukerman verfügt über mehr zusammenfassende Kraft und spielt mit gleichbleibender Intensität. Nun klingt seine Aufnahme ohnehin symphonischer, plakativer, während Solti, ein paar Monate später, das Orchester differenzierter, durchsichtiger, nervöser musizieren läßt. Zukerman oder Chung? Das ist keine zulässige Frage, es sei denn die des persönlichen Geschmacks. Natürlich vermag man, wenn man die beiden geigerisch weiß Gott qualifizierten Interpreten nacheinander hört, die Erinnerung an ihr persönliches Erscheinungsbild nicht zu unterdrücken – hier der gelassen, seine offenbar nie erlahmenden Kräfte ökonomisch einsetzende junge Meister, dort die nervöse, jede musikalische Phrase mit Körperbewegungen begleitende, zierliche Person, deren Energie nicht minder beeindruckt.

Die vielleicht nicht einmal geplanten Zufälle, mit denen konkurrierende Plattenfirmen innerhalb einer Saison mit Einspielungen derselben wichtigen Werke mit ihren jeweiligen Stars aufwarten, läßt ohne viel Mühe Kyung-Wha Chungs Interpretation des Beethoven-Konzerts mit derjenigen durch Anne-Sophie Mutter vergleichen, und hier überrascht es, von zwei jungen, temperamentvollen Geigerinnen einen Beethoven vorgesetzt zu bekommen, der in einer Tradition vorgezeichnet ist, die alles an dem Titanen Beethoven heiligspricht. Tiefsinnigkeit ist, wie bei vielen Wiedergaben der Vergangenheit, gekoppelt mit enormen, oft willkürlich genommenen Temporückungen, von denen die Partitur nichts, die Ergriffenheit der Solisten indessen um so mehr zu künden weiß. Kreisler, Wolfsthal, Heifetz, Huberman, in neuerer Zeit Kremer und Hoelscher nahmen sich vor, das Heiter-Apollinische zu betonen. Bei Chung und Mutter fallen ganze Themenkomplexe der Durchführung des Kopfsatzes in einen Andantetrott, der die Gesamtlänge dieses Allegro ma non troppo bei Chung (Wiener Philharmoniker unter Kirill Kondraschin) auf 25,5 Minuten, bei Mutter (Berliner Philharmoniker unter Herbert von Karajan) auf fast 27 Minuten hinaufschraubt. Man muß kein Verfechter von Oberflächlichkeit sein, um derartig ausartende romantisierende Wiedergaben als übertrieben zu empfinden. Ein oft verbissen wirkender, pedantisch ausgedehnter Etüdengang ist die Folge, der die solistische Selbstherrlichkeit zu meiden vorgibt, in Wirklichkeit jedoch viel selbstherrlicher mit dem Beethovenschen Notentext umgeht, als er notiert ist. Beide Aufnahmen sind auf hohem Niveau, die Solokadenz von Kreisler geht Anne-Sophie Mutter mit einer fast befreiend wirkenden Feurigkeit und Brillanz an, welche die ihrer koreanische Kollegin spürbar übertrifft. Karajan begleitet pompöser als Kondraschin, aber so bewußt artikuliert, daß es immer schrecklich bedeutsam wirkt – doch beider Haltung zum Zelebrieren ist konsequent.

Ein weiterer Zufall, den uns die Plattenfirmen in einer Saison bescherten, läßt die Einspielungen der »Symphonie espagnole« von Lalo durch Chung und Perlman aufeinandertreffen. Perlmans Dirigent Barenboim und sein Orchestre de Paris sind als üppige, klangschwelgende Kulisse dem etwas spröde begleitenden Montrealer Orchester unter Charles Dutoit überlegen, aber bei den Solisten ist es wiederum keine Frage nach unterschiedlicher Güte, sondern nach der jeweils eigenen Tonqualität: Hier der federnde, sehr schlanke, biegsame Ton der koreanischen Meisterin, dort der nicht minder virtuose und lebendige, jedoch in jeder Note mit verführerischer Wärme aufgetankte Perlman-Ton, durch den das Klangmoment noch viel bewußter und üppiger ausgespielt wird als bei Kyung-Wha Chung, die einer kühleren Eleganz huldigt. Daß Perlmans Finale um eine Minute geschwinder musiziert ist, fällt nicht ins Gewicht; damit allein läßt sich das Ohr nicht bestechen. Es ist aber der Klang jeder einzelnen Note, jene leichten Verschleifungen, die viele Passagen runder artikuliert klingen lassen. Chungs Töne blitzen; bei Perlman leuchten sie. Verschwiegen sei jedoch nicht, daß die Aufnahmetechnik Perlman fast ausschließlich einen Tonkanal reserviert hat, ein Platzvorteil, der seine Wirkung tut.

Dutoit holte sich vor ein paar Jahren Kyung-Wha Chung als Solistin für das Bartók-Konzert nach München, das sie makellos und wahrhaft beglückend interpretierte. Wir kennen mittlerweile die unterschiedlichsten Wiedergaben dieses inzwischen als klassisch empfundenen Werkes – Aufführungen, die auf rasche, energische Art die Struktur der drei Sätze auf fast klinische Art bloßlegen oder aber den romantischen Grundzug, das Schweifende, Leuchtende der Partitur eindrucksvoll hervorheben. Kyung-Wha Chung sah zunächst auf blitzsaubere Strukturierung, romantisierte nichts, ohne die ausladenden Partien (etwa nach der Kadenz des Kopfsatzes) das mindeste schuldig zu bleiben. Sie entfaltete Energie und Sentiment, ihre exemplarische Wiedergabe hatte höchstes geigerisches und gestalterisches Niveau.

Bei ihren Münchner Gastspielen mit Bruchs g-Moll-Konzert und seiner Schottischen Fantasie schienen mir geigerischer Aufwand und interpretatorischer, ja dabei sichtbarer körperlich unterstützender Einsatz manchmal zu hoch. Das auffallend zur Schau getragene Beschwörungsritual vermochte Bruchs Musik weder für die reine Virtuosität noch für ein klassisches Ebenmaß zu retten. Ähnliche Kraftakte haben das Bild der Kammermusikerin Chung bisweilen entstellt. Mit Pascal Rogé beispielsweise exerzierte sie bei Prokofjew und Debussy exemplarische Wucht und Expressivität, deren Pathos schier erdrückte. Mit Stephen Bishop hingegen gelangen herrliche, Übereinstimmung verratende Interpretationen von Beethovens c-Moll-Sonate, und selbst die nicht als Hexenstück verschriene a-Moll-Sonate von Schumann strahlte mehr Wärme und gleichmäßig strömende Melodik aus, als man einer Künstlerin zubilligen möchte, die nach eigenem Bekunden nicht unbedingt der »Musik für Musiker«, sondern eher der »Musik für das Instrument« zuneigt.

So hält Kyung-Wha Chung offenbar immer noch (oder wieder) Überraschungen parat, die jene Frage zierlich-weiblich-nervös-biegsam-elegant oder temperamentgeladen-pathetisch-ausdrucksbefrachtet weder beantworten noch gar entscheiden. In den Konzerten der Berliner Philharmoniker beispielsweise, die eine der zuverlässigsten Börsen für neue, nach Möglichkeit immer weitergepflegte Geigertalente sind, figuriert Kyung-Wha Chung mit schöner Regelmäßigkeit neben ihren beiden Galamian-Rivalen Perlman und Zukerman, von noch jüngeren Talenten wie Mintz oder Sitkovetsky nicht zu reden.

*

Als die junge rumänisch-israelisch-amerikanische Geigerin *Miriam Fried* beim Brüsseler Königin-Elisabeth-Wettbewerb vor dem Russen Andrei Korsakow, der Japanerin Hamao Fujiwara, dem Israeli Joshua Epstein und dem Belgier Rudolf Werthen sich den ersten Preis erspielt hatte, war dies zugleich eine weitere Bestätigung der amerikanischen Violinpädagogik. Auch diese Preisträgerin hatte, wie manche Kollegen vor ihr und nach ihr, beim berühmten armenisch-amerikanischen Lehrmeister Ivan Galamian an der New Yorker Juilliard School wichtige Jahre der geigerischen Ausbildung genossen. Galamian gilt als gestrenger Zuchtmeister, der die Schüler im Studio zu solchen Höchstleistungen anstachelt, daß diese Leistung dann auf dem Podium vor Tausenden von Hörern gerade das Optimum erbringt, das für den Erfolg ausschlaggebend ist.

Noch einem zweiten Lehrer war Miriam Fried aber verpflichtet, der die junge Künstlerin nicht nur die ideale Technik und Mechanik lehrte, sondern das Empfinden für den speziellen Klang des Saiteninstruments zu wecken wußte: dem nun bald 80jährigen Meister Josef Gingold, der seit Jahrzehnten an der School of Music in Bloomington (Indiana) lehrt. Gingold, gebürtiger Russe, Schüler unter anderem von Eugène Ysaye in Brüssel, seit 1920 in den Vereinigten Staaten, hat viele Jahre lang als Konzertmeister unter Arturo Toscanini und George Szell gearbeitet, und in seinem Bloomingtoner Studio sind die Wände gepflastert mit Künstlerporträts, die Gingold Dank schulden oder denen Gingold in der Erin-

Miriam Fried

nerung verbunden ist. Der unermüdlich tätige Pädagoge, dessen Leben im Unterrichten besteht, hat neben der technischen Perfektionierung viel von der europäischen Spiel- und Klangkultur weitervermittelt. Zu seinen Schülern gehören neben Miriam Fried vor allem Eugene Fodor und Dylana Jenson, und seine Lehrtätigkeit erstreckt sich bis nach New York und Paris. Mit William Primrose und Oscar Shumsky hat er viel Kammermusik betrieben und gilt nach Galamians Tod als der große weise Mann der Geigenpädagogik im Westen.

Miriam Frieds Auftritte in Mitteleuropa sind an Häufigkeit nicht mit denen von Perlman oder Zukerman zu vergleichen, und unbegreiflicherweise ist die Plattenindustrie an Miriam Fried anscheinend achtlos vorübergegangen. Vom Abschlußkonzert in Brüssel existiert eine rare Aufnahme mit dem Mitschnitt des Sibelius-Konzerts, das die Laureatin gewissermaßen in nervöser Höchstform zeigt: spannungsgeladen, mit großer Intensität musiziert, freilich technisch nicht so makellos, wie wir das bei Platten inzwischen erwarten. Aber es ist ein beeindruckendes Dokument der künstlerischen Verfassung einer Geigerin, die man gerade als die beste des Jahres gekürt hatte.

Miriam Frieds Geigenton, und immer wieder kommt der Hörer auf dieses Merkmal zurück, ist von sinnlicher, ernster Sonorität. Kein bewußt virtuoses Talent, eher durch dunklen denn durch kapriziös glitzernden, strahlenden Ton ausgezeichnet, packt sie beispielsweise den ersten Satz des Tschaikowski-Konzerts, vor allem auch die ausgedehnte Kadenz, mit großem Ernst und in einem vergleichsweise ruhigen Tempo an, stets darauf bedacht, nichts zu überstürzen, sondern ohne Hast gelassen auszumusizieren. In der Canzonetta ließen sie die Holzbläser der Münchner Philharmoniker am Konzertabend leider arg im Stich, und das Tempo, das die Solistin im Finale anschlug, war ihnen offenbar auch etwas zu geschwind. Rudolf Kempe mußte die Schleppe oft hastig hinterhertragen.

Mit demselben Orchester spielte sie Jahre später das Bruch-Konzert. Und was an Kyung-Wha Chungs so übertrieben wirkender Wiedergabe dieses sattsam strapazierten Konzerts wohl auszusetzen war, machte Miriam Fried durch den einzig richtigen Zugang zu diesem Werk wieder wett: Sie musizierte mit großem Ton, aber ohne jeden Drücker, dafür mit beeindruckender Schlichtheit. Sie läßt keinerlei Süßlichkeiten zu, rettet das spätromantische Stück für das »klassische« Repertoire. Und siehe da: Bruchs Musik dankt es ihr, klingt unverfälscht, fast neu.

Als Kammermusikerin hat Miriam Fried viel mit Homero Francesch gearbeitet; bei allen Meriten dieses gewissenhaften Musikers schienen mir beim wiederholten Hören die Qualitäten des Duopaares doch ungleich. Beethovens c-Moll-Sonate verlangt einen qualitätvolleren Pianisten als nur einen Begleiter. Oistrach/Oborin, Morini/Firkušný, Serkin/Busch und viele andere gleichwertige Partner haben Maßstäbe gesetzt, die Miriam Fried nicht einlösen konnte, wiewohl sie bei jedem Kammermusikabend sauber, ernsthaft und mit gebändigtem, doch stets präsentem Temperament musizierte. Das gilt für Bachs Cembalo-Violin-Sonaten ebenso wie für Bartóks zweite Sonate. Die geigerischen Rücksichtslosigkeiten, die hier erwartet werden, müßten beim Klavierpartner ebenso streng und ungebärdig beantwortet werden und nicht mit liebenswürdiger Unverbindlichkeit. Die Kunst des Begleitens ist schon schwer; die Kunst, das Begleiten einmal ganz zu vergessen und ebenbürtig zu musizieren, offenbar noch schwerer.

Miriam Fried, das sei noch nachgeholt, ist 1946 in Rumänien geboren, kam aber bald mit ihrer Familie nach Israel, wo man ihr Talent ebenso rasch entdeckte wie energisch förderte. Bereits mit 16 Jahren konnte sie ihr Studium an der Rubin-Akademie von Tel Aviv beenden und mit Hilfe eines Stipendiums der American-Israel Cultural Foundation in den Vereinigten Staaten weiterstudieren. Der unermüdliche Isaac Stern nahm auch diese frühe Begabung unter seine organisatorischen Fittiche. Beim Paganini-Wettbewerb in Genua wurde Miriam Fried 1968 erste Preisträgerin, ein Jahr später debütierte sie in der New Yorker Carnegie Hall. Zwei Jahre später – entscheidende Lehrjahre liegen dazwischen – verlieh man ihr den Lorbeer von Brüssel: Zino Francescatti und Leonid Kogan, Yehudi Menuhin, Sándor Végh, der greise Joseph Szigeti und ihr Mentor Stern saßen in der Jury. Mehr als anderthalb Jahrzehnte danach ist es wohl an er Zeit, Miriam Fried für die Aufzeichnung wichtiger Interpretationen auf der Schallplatte zu gewinnen.

*

In den Vereinigten Staaten, dem klassischen Einwandererland, ist man stets voller besonderer Bewunderung, wenn ein Musiker – sei er Komponist, Dirigent oder Instrumentalist – ein »waschechter« Amerikaner ist. Bei Sängern und Komponisten herrschte da schon früh kein Mangel, wenn auch viele europäische Einflüsse virulent blieben. Bei den Dirigenten mußten sich jahrelang Leonard Bernstein und Thomas Schippers den Ruhm des »Einheimischen« teilen, während bei den Pianisten die Bürde echten Amerikanertums bald auf Julius Katchen, Leon Fleisher, Gary Graffman und Van Cliburn verteilt war.

Die Violinisten haben es nicht so einfach gehabt. Isaac Stern wurde noch in Rußland geboren, Menuhin bereits in New York (da waren die Eltern kaum ein Jahr in den Vereinigten Staaten). Und *Ruggiero Ricci* ist 1918 in San Francisco zur Welt gekommen. Diese drei Talente mußten schon in jungen Jahren gegen die großen meist russisch-jüdischen Meister wie Heifetz, Zimbalist, Milstein und Elman antreten. Menuhins und Sterns Lebenswege sind bekannt und Gegenstand auch dieses Buches.

Gerhart Hauptmann,
Dusolina Giannini und
Ruggiero Ricci, 1932

Riccis Karriere hat sich zunächst in seiner Heimatstadt, wo Menuhins Lehrer Louis Persinger den kleinen Ricci als zweites Wunderkind präsentierte, und dann in Chicago und New York abgespielt, bis der begabte Knabe auch den alten Kontinent zu erobern begann. Nach dem Krieg, in dem Ricci unermüdlich im Dienst der musikalischen Betreuung der alliierten Truppen tätig war, hat man ihn nur sehr selten in Deutschland, allenfalls in Berlin, zu hören bekommen – ein außergewöhnlich versierter Techniker, dessen Paganini-Capricen jahrelang unerreicht waren. Der oft als Nurtechniker verschriene Virtuose hat sich jedoch auch vieler neuer Literatur angenommen, hat das Ginastera-Konzert uraufgeführt, auch ein Werk von Gottfried von Einem und blieb zeit seines nun fast 70 Jahre währenden Lebens ein großer Virtuose, dessen Ehrgeiz – im Gegensatz etwa zu seinen Altersgenossen Stern und Menuhin – aufs Musikalische beschränkt blieb.

Der nur ein Jahr ältere *Oscar Shumsky* hat erst wahrend des vergangenen Jahrzehnts so etwas wie eine Spätkarriere gemacht. Shumsky, dessen Name in fast keiner der einschlägigen Darstellungen auftaucht, kam 1917 in Philadelphia zur Welt und wurde ein tüchtiger Violinist und Geigenpädagoge. Die Wunderkindkarriere, die er beinahe gemacht hätte (immerhin spielte er als Achtjähriger unter Leopold Stokowski und anderen großen Dirigenten), setzte sich aber in einer bedeutenden Solistenkarriere nicht fort. Er widmete sich viel dem Kammermusikspiel, fungierte ein paar Jahre als Konzertmeister unter Arturo Toscanini im NBC-Orche-

Oscar Shumsky

ster, wo auch Josef Gingold gewirkt hatte, und wurde ein gesuchter Pädagoge an der New Yorker Juilliard School of Music, später (bis 1965) am Curtis Institute seiner Heimatstadt. Dann entdeckte ihn die Schallplatte, und er nahm mit bald 50 Jahren seine Solistenkarriere wieder auf. Das Ergebnis sind eine Reihe eindrucksvoll stilsicherer Bach-Einspielungen – sonor und warm im Klangvolumen, traumwandlerisch sicher in Bogenführung und Intonation. Auch eine neue Mozart-Sonaten-Einspielung mit Artur Balsam entstand. Beim Streichquartettwettbewerb in Evian fungierte er einmal als Juror und benutzte manche freie Stunde, um mit Kollegen – der Bratscher Hatto Beyerle und der Cellist Claus Adam waren unter ihnen – zu musizieren. Es war ein Genuß, seinem von überlegener und überlegter Ökonomie geprägten Spiel zuzuhören und zuzuschauen. Der strenge Carl Flesch hätte ihm sicherlich eine hervorragende Note gegeben. Shumsky ist – neben Nathan Milstein – der lebende Beweis, daß die physiologischen Bedingungen des Geigenspiels auch in einem Alter zu erfüllen sind, das sich dem biblischen nähert.

Eine weitere rein amerikanische Begabung war *Michael Rabin*, der 1936 in New York zur Welt kam und nach einer ebenso beispiellos erfolgreichen wie von innerer Hektik betriebenen Solistenkarriere durch die Konzerthallen der Welt bereits 1972 in New York starb. Sein Lehrer Galamian soll ihn als seine herausragendste Begabung bezeichnet haben. Rabin hat eine Reihe von Platteneinspielungen, darunter Wieniawskis d-Moll-Konzert und das erste von Paganini, die noch bis vor wenigen

Jahren auch in Deutschland greifbar waren, hinterlassen. Die unaufhör-liche Anspannung – wir würden heute das Modewort Streß gebrauchen – hat den jungen Mann offenbar physisch und psychisch früh verbraucht; auch mit Hilfe von Medikamenten ließ sich der Verfall des Künstlers nicht länger aufhalten. Joachim Hartnack berichtet von einem Berliner Konzert, das schon Jahre vor Rabins Tod körperliche und nervliche Schwächen des Geigers überdeutlich signalisierte. Die große Begabung erfüllte sich allzu früh.

Unter den während der Kriegsjahre Geborenen rangieren der Bolivia-ner *Jaime Laredo* und der Israeli *Shmuel Ashkenasi* (beide 1941 geboren) als besonders herausragende Talente. Der Israeli studierte bei Efrem Zimbalist am Curtis Institute in Philadelphia, der Bolivianer bei Gingold in Cleveland und Galamian in New York. Im Jahr 1959 – beide Rivalen waren 18 Jahre alt – trafen sie beim Brüsseler Königin-Elisabeth-Wettbe-werb aufeinander; Laredo gewann den ersten Preis, Ashkenasi den sieb-ten (dazwischen lagen Talente wie der Russe Albert Markow und der Amerikaner Joseph Silverstein, der in Boston Konzertmeister wurde). Während Laredo sich viel der Kammermusik und der Aufführung neue-rer Musik widmet, hat sich Ashkenasi dem Streichquartettspiel ver-schrieben. Als Primarius des Vermeer-Quartetts konzertiert er regelmä-ßig auch in Europa. Vier Jahre später, 1963, gewann der junge Arnold Steinhardt in Brüssel einen dritten Preis und gründete im folgenden Jahr mit drei gleichgesinnten Kollegen ein Ensemble, das bis heute seinen Weltruhm gehalten hat: das Guarneri String Quartet.

Mittlerweile haben wir uns daran gewöhnt, aus den Talentschmieden Juilliard School, Curtis Institute und Bloomington in regelmäßiger Fol-ge junge Geiger in Europa zu begrüßen, die entweder mit amerikani-schem Leventritt-Lorbeer oder mit einer Brüsseler Wettbewerbspalme dekoriert hier Station machen. Einer der jungen amerikanischen Geiger, *Eugene Fodor* (geboren 1950), konnte gleich mit zwei Sensationen auf-warten: Zum einen war er einer der wenigen Virtuosen, die regelmäßig bei Jascha Heifetz Unterricht genossen haben; zum anderen war Fodor der zweite Amerikaner, der – nach dem Pianisten Van Cliburn – in Moskau sich den ersten Preis beim Tschaikowski-Wettbewerb (1974) holte. Seither konzertiert Fodor in aller Welt, hat auch ein paar hörens-werte Platten eingespielt: Paganinis erstes Konzert und Mendelssohn (mit dem New Philharmonia Orchestra unter dem etwas lieblos beglei-tenden Peter Maag) sowie das Tschaikowski-Konzert.

Der 1953 geborene *Mark Kaplan* kam mit der Palme des Leventritt-Siegers nach Europa. Die Ahnenreihe seiner Lehrer von Szigeti über Stern zu Perlman ist imponierend, die Karriere schien gesichert, sogar die Berliner Philharmoniker wollten ihn hören. Kaplan ist der Typ des übersensiblen Asthenikers; er verströmt nicht musikantische Sinnlichkeit, sondern intensiv-nervöse Gespanntheit. Als er in München Mendelssohns Konzert spielte, erwies er sich als makellos greifender, manchmal mit dem Bogenarm dick auftragender, damit den Ton strangulierender Instrumentalist; dabei hätte es solcher Forcierungen nicht bedurft. Was ihm noch zu fehlen schien, waren eine Portion Poesie, ein Quent-

Mark Kaplan

chen Wärme und etwas lockerere Entspanntheit. Zwei Jahre danach, 1983, hatte er Virtuosenware auf dem Programm: Chaussons »Poème« und Saint-Saëns' »Introduction et Rondo capriccioso«. Kaplan schien auch damals wieder das Abbild eines hypernervösen Sensibilissimus. Das bisweilen endlos schmelzend sich hindehnende »Poème« vollzog er untadelig, manchmal vielleicht mit etwas verkrampft wirkendem Charme, und auch beim Saint-Saëns verwendete er eher tonlich-klangliches Kleinkaliber, was ihn allerdings nicht daran hinderte, alle technischen Finessen, solange dabei kein bohrender Bombenton gefordert war, voll auszukosten.

Jahrgang 1954, geboren in Boston, ist *Peter Zazofsky*, zugleich Sieger und Trophäensammler auf einem runden Dutzend internationaler Wettbewerbe, darunter immerhin 1980 der zweite Preis in Brüssel. Zazofsky stammt aus einer Erzmusikerfamilie, debütierte in seiner Heimatstadt unter Seiji Ozawa, unternahm Tourneen nach Osteuropa und Südamerika, tummelte sich in mehreren Kammermusikvereinigungen und legte auf der Schallplatte eine beachtliche Talentprobe mit dem Bartók-Konzert (einem Mitschnitt des Brüsseler Abschlußkonzerts) vor. Mit Sarasates »Carmen«-Fantasie debütierte er in München und bestätigte sein virtuoses Können. Er war Schüler von Joseph Silverstein in Boston und von Dorothy DeLay in New York, darüber hinaus bei Sándor Végh in Salzburg; man wird seinen weiteren Weg verfolgen müssen. So viele Mentoren und so viele Preise können nicht von ungefähr kommen.

Ein völlig anderes Musikertemperament ist *Joseph Swensen*, den man 1984 erstmals in Deutschland hören konnte. Er war damals 24 Jahre alt und hatte bereits wichtige Auftritte mit bedeutenden amerikanischen Orchestern hinter sich. Auch er ein Schüler von Dorothy DeLay, geformt im Schmelztiegel der New Yorker und der beim Aspen-Festival auftretenden Talente, überraschte er bei seinem Münchner Debüt. Man mochte diesen bescheiden auftretenden Künstler nicht nach seinen technischen Fähigkeiten beurteilen, sondern danach, was er mit seiner unzweifelhaft vorhandenen geigerischen Technik anstellt: wie er Musik macht. Swensen entpuppte sich bereits früh als geigerischer Erzähler, als ein musikalischer Raconteur, der in jedem Takt die Musik neuartig, aufregend erklingen läßt, ohne den Notentext im mindesten zu vergewaltigen. Als Hauptwerk spielte er in München Bartóks Solosonate. Im Kopfsatz zog er unbeirrbar die melodische Linie durch das Rankenwerk der schwierig zum Klingen zu bringenden begleitenden Akkorde; die Fuge wurde souverän musiziert, als gäbe es keinerlei technische Handicaps bei diesem kniffligen Stück; leuchtend klang die behutsame, doch völlig ungekünstelte Behandlung des herrlichen »Melodia«-Satzes, den Swensen bis an die Grenze des gerade noch Hörbaren zu treiben wußte; und im Finale fegte er sämtliche Zweifel hinweg, ob dieses Bartók-Stück etwa anders als in seiner Interpretation zu musizieren wäre: ein bemerkenswertes musikalisches Talent, das – gewissermaßen nebenbei – phänomenal Geige zu spielen versteht.

Eine Beethoven-Sonate, eine von Leon Kirchner, eine Dvořák-Romanze, Ravels »Tzigane«, Saint-Saëns' »Rondo capriccioso«, all diese

Werke verstand der junge Swensen so fesselnd zu spielen, daß man ganz beglückt war, einen Musiker zu vernehmen, der auf seinem Instrument zu erzählen versteht, weil er die spieltechnische Sprache längst überragend beherrscht. Zwei Jahre danach erschien er abermals in München, spielte das sattsam bekannte Bruch-Konzert, nahm es ganz ernst, ganz ausdrucksvoll, ganz unsentimental dabei und wurde auch hier wegen seiner Erzählkraft bewundert und stürmisch gefeiert. Diesen geigenden Musiker halte ich für ein Talent von ungewöhnlicher interpretatorischer Kraft.

Vom Jahrgang 1960 sind zwei amerikanische Künstler, die in den achtziger Jahren den Weg auch nach Deutschland fanden: *Nadja Salerno-Sonneberg*, von Geburt Römerin, bringt die allmählich obligatorische Ausbildung durch das Curtis Institute sowie durch Dorothy DeLay mit, dazu noch eine Palme vom amerikanischen Naumburg-Wettbewerb. Mit dem Juilliard Orchestra, was eine hohe Auszeichnung bedeutet, ist sie in Europa konzertierend herumgereist, gab auch einen Geigenabend, der zumindest neugierig machte auf ihre spätere Entwicklung. Mozart gelang nur mit flüchtiger Bogenhand, auch die Strauss-Sonate verflog, ohne tiefe Erinnerungsspuren zu hinterlassen. Erst bei der klassischen Moderne, bei Prokofjew, vernahm man – neben dem sicher geigenden Virtuosen – den Musiker, der sich mancherlei technische Brillanz bewußt verkniff zugunsten musikalischer Deutung. Das signalisierte kammermusikalischen Ernst.

Der Jahrgangsgefährte stammt aus Taiwan: *Cho-Liang Lin*, der sich 1982 vorstellte und vier Jahre danach wiederkehrte, kommt ebenfalls aus dem produktiven Trainingslager der Dorothy DeLay und ist ein solider Geiger. Die Bogenhand kennt keinerlei Probleme, die Linke greift in der Regel rein und kam nur bei Sarasates Tarantella ein bißchen mit sich selbst ins Gehege. Strauss-Sonate, Mozart, Strawinskys Suite italienne, de Falla: alles geriet solide, zur Bravheit anstelle zur Bravour tendierend. Der Auftritt 1986 blieb ebenfalls etwas neutral: wiederum Strawinsky, dann Griegs c-Moll-Sonate, schließlich Beethovens op. 96. Das war alles genau kalkuliert, sogar Beethovens Melancholie wirkte eher überlegt denn überschäumend – makelloses Geigenspiel, dabei stets kühl bleibendes Raffinement, bei dem das Neutrale über das Emphatische mühelos dominierte.

Und nun kam eine Überraschung: Cho-Liang Lin legte 1986 eine Platte mit dem Gesamtwerk Strawinsky für Geige und Klavier vor, und hier entpuppt sich Lins Talent als überragend. Wer sich die Mühe (und den Spaß) machte, Lins Strawinsky, den er mit André-Michel Schub musiziert, mit dem von Itzhak Perlman und Bruno Canino Satz für Satz zu vergleichen, kommt aus dem Staunen nicht heraus. Es scheint weder im Klang noch in der technischen Perfektion kaum ein Unterschied zu herrschen zwischen dem jungen Adepten aus Taiwan und dem Meister aus Israel. Lin, auf dem Podium eher solide-neutral wirkend, ist auf der Schallplatte ein großer Geiger – zumindest bei Strawinsky. Weitere Platten mit anderen Werken sind willkommen.

Zu den jüngsten in den Vereinigten Staaten ausgebildeten Talenten gehört der 1967 in Bloomington geborene *Joshua Bell*, der bei Josef Gingold in die Geigerschule geht und eine Zeitlang gar nicht sicher war, ob er – als 13jähriger! – lieber Mathematik und Informatorik studieren sollte. In Aspen, beim Wettbewerb in Rochester und in New York hat er sich bereits vorgestellt und erschien auf einer Europatournee des Saint Louis Orchestra unter Leonard Slatkin als Solist mit Lalos »Symphonie espagnole«. Bell meisterte das schwierige Stück mit der Energie eines Profis und einer Sicherheit des Geschmacks, die nichts Angelerntes mehr kennzeichnete, sondern eigenständig erarbeitetes, ja erobertes Terrain. Jeder Zoll bereits ein Solist, geht er den fünfsätzigen Koloß mit der instinktsicheren Bestimmtheit eines Dompteurs an; kein hervorbrechend üppiger Ton, aber von Energie gespeist, variationsfähig von ruppiger Intensität bis zu einschmeichelnder Süße. Die Linke weiß überdies Portamenti und Endglissandi siegessicher einzusetzen, als hätte nicht der väterliche Gingold, sondern der große, des geigerischen Schluchzens mächtige Jascha Heifetz Pate gestanden. Der alleinige Eindruck durch Lalo mag nicht genügen; zwei aufregende Stunden in Gingolds Studio, als er mit dem jungen Joshua Beethovens Kreutzersonate und die Solosonate d-Moll von Ysaye durchnahm, lassen mich hoffen, daß hier ein Talent ausgebildet wird und heranwächst, das mehr als nur ein Geigenvirtuose mit flinken Fingern wird.

Das jüngste Beispiel wunderkindhafter Begabung, das aus den Vereinigten Staaten kommt, heißt schlicht *Midori* und stammt aus Osaka. Nicht durch die Präsenz empfiehlt sich die 1971 geborene Künstlerin, sondern ganz zeitgemäß durch eine Schallplatte, die sie gemeinsam mit Pinchas Zukerman und dem von ihm geleiteten Saint Paul Chamber Orchestra im März 1986 produziert hat. Mit acht Jahren wurde sie aus Japan in die Juilliard-Musikschmiede geholt, machte mit prominenten

Orchestern bereits anspruchsvolle Konzertauftritte (Mendelssohn, Saint-Saëns) in den Vereinigten Staaten, in Kanada und Japan, Griechenland und Ungarn. Auf ihrer Debütplatte hören wir sie mit Bachs E-Dur-Konzert und, gemeinsam mit Zukerman, mit dem Doppelkonzert. Das ist einwandfreie Geigenkost, ohne schnörkelnden Zierat, aber auch noch ohne jede Faszination, die sich allenfalls einstellt, wenn man sich das zarte Alter der geigenden Solistin klarmacht. Midori wird man mit Sympathie weiterverfolgen.

✳

Wäre dieses Buch um die Mitte unseres Jahrhunderts geschrieben worden, hätte ein Ausblick in die Zukunft der Geiger und ihres Repertoires nur gedämpfte Hoffnungen geweckt. In Mitteleuropa zumindest war der internationale Konzertbetrieb seit 1933 eingeschränkt, von etwa 1943 an für fünf Jahre so gut wie unterbrochen; die meisten bedeutenden Geiger arbeiteten inzwischen von Amerika aus und erschienen nur zögernd (manche überhaupt nicht mehr) auf deutschen Konzertpodien. Kreisler und Thibaud, auch Adolf Busch, konzertierten um die Jahrhundertmitte zum letztenmal; Huberman war 1947, Kulenkampff 1948 gestorben; die wenigen in Europa Verbliebenen hemmten die widrigen Umstände des Kontinents an der gewohnten Reisetätigkeit, und man war, zumal in Deutschland, für viele Jahre auf die Pflege und Entfaltung der einheimischen Talente angewiesen. Davon haben die einzelnen Kapitel dieses Buches berichtet.

Weit einschneidender als die Mühsal, allmählich wieder einen funktionierenden Konzertbetrieb zu etablieren, waren die Schwierigkeiten der systematischen Ausbildung des Nachwuchses. Jahrelang galten deutsche Geiger bei Wettbewerben als nicht existent, ja, sie haben beispielsweise bei einem einst so renommierten Wettbewerb wie dem in Brüssel überhaupt keine Rolle gespielt. In den anderthalb Jahrzehnten von 1950 bis 1965 finden wir nicht einen einzigen deutschen Preisträger (und die einschlägige Tabelle verzeichnet jeweils die ersten bis zwölften Preise!). Die Talente – Hoelscher, später Mutter, Zehetmair und Zimmermann etwa – bildeten sich »in der Stille«, ohne Wettbewerbstrophäen, die in der sowjetischen wie in der israelisch-amerikanischen Welt eine so entscheidende Rolle gespielt haben und noch spielen.

Wer sonst als vielversprechender Geiger auf sich hielt, sah sich im

Ausland – bei Max Rostal in London oder Zürich – um oder besuchte einen der vielen Meisterkurse, die Milstein und Végh, Schneiderhan oder der alternde Szigeti in der Schweiz abhielten. Gewiß, auch Szeryng und Menuhin, Grumiaux und Varga haben in den vergangenen Jahrzehnten segensreich als Pädagogen gewirkt. Doch die sogenannten Weltkarrieren entstanden in den großen Talentschmieden in New York bei Ivan Galamian und Dorothy DeLay oder im Studio von Josef Gingold; und in Moskau bei David Oistrach und Juri Jankelewitsch, später auch bei Leonid Kogan.

Der Zustrom internationaler Schüler zu diesen Erziehungsstätten war und ist noch immer enorm; Wettbewerbe sonder Zahl entstanden – nicht aus reinem Prestigebedürfnis der Gastgeberländer heraus (das wohl auch), sondern vor allem, weil es selten an Aspiranten mangelte, und bis in die sechziger Jahre hinein lesen sich die Preisträgerlisten wie ein »Gotha« der gegenwärtigen Prominenz. Moskau entwickelte sich zu einem begehrten Karriereausgangspunkt; Brüssel geriet etwas ins Hintertreffen wie auch Warschau. Der amerikanische Leventritt-Wettbewerb, der Wiener Fritz-Kreisler-Wettbewerb, daneben Genua, Paris (Long-Thibaud-Concours), Parma, Helsinki, Montreal und (allerdings nicht nur für Geiger) der Münchner ARD-Wettbewerb: diese Aufzählung ist unvollständig und soll nur signalisieren, daß bei so vielen Wettbewerben nicht jeder von ihnen in jedem Jahr ein kapitales Talent hervorzubringen vermag, ja daß manche Bewerber von Ort zu Ort ziehen, um sich mit Glück und Geschick die Stufenleiter bis zu einem ersten Preis hinauf zu erspielen. Junge Violinisten aus Mitteleuropa findet man dort noch immer selten. Die erwähnten Nachwuchsspieler haben ohne derlei Wettkämpfe ihre Karrieren begonnen; in der Bundesrepublik hat überdies das heimatliche »Jugend-musiziert«-Ausleseverfahren die wichtigsten Talente ans Licht gebracht, hat das Niveau der Streicher insgesamt wohltuend gefördert. Im Vergleich dazu hält man in den Vereinigten Staaten und den dortigen harten Konkurrenzbedingungen in den Hochschulen Bloomington, Curtis oder Juilliard ungleich zahlreicheres Schüler-»Material« bereit, und aus der Sowjetunion finden erfahrungsgemäß nur die allerbesten oder auch jene, die sich in der Kulturbürokratie zu behaupten verstehen, den Weg ins sogenannte kapitalistische Ausland. Das Reservoir der dortigen Musikerelite ist infolge der staatlichen Förderung überdurchschnittlich hoch, die Ausbeute imponierend.

Wer unter ihnen allen ein »Großer Geiger unseres Jahrhunderts« geworden ist oder sich anschickt es zu werden, unterliegt glücklicherweise keinem ergründbaren, ja meßbaren Gesetz. Das Talent allein ist niemals ausschlaggebend für eine wirkliche Karriere, es ist das Fundament, auf dem andere, für den Lebenslauf auf internationalen Podien ebenso entscheidende Faktoren aufbauen müssen: Körperliche Stabilität und psychische Gesundheit werden dabei ebenso entscheidend sein wie die Fähigkeit, immer von neuem die künstlerische Überredungskraft zu mobilisieren, die den Hörer überzeugen und entzücken soll. Eines ist sicher: Unser Jahrhundert wird zu Ende gehen, ohne daß der Zustrom herrlicher Talente versiegt; die Klangzauberer, die Verführer und Glücksbringer sterben nicht aus.

Literaturhinweise

Applebaum, Samuel und Sada, *With the Artist. World Fames String Players Discuss Their Art*, New York 1955.

Auer, Leopold, *Violon Playing As I Teach It*, New York 1921.

Bachmann, Robert C., *Große Interpreten im Gespräch*, Bern/Stuttgart 1976.

Bekker, Paul, *Klang und Eros*, Stuttgart 1922.

Brook, Donald, *Violinists of Today*, London 1953.

Busch, Fritz, *Aus dem Leben eines Musikers*, Zürich 1951.

Campbell, Margaret, *The Great Violinists*, London 1980; dt.: *Die großen Geiger*, Königstein/Ts. 1982.

Elman, Saul, *Memoirs of Mischa Elman's Father*, New York 1933.

Farga, Franz, *Geigen und Geiger*, Rüschlikon-Zürich 1983.

Flesch, Carl, *Erinnerungen eines Geigers*, Freiburg i. Br. 1960.

Flesch, Carl, *Die Kunst des Violinspiels*, 2 Bände, Berlin 1923–28.

Galamian, Ivan, *Grundlagen und Methoden des Violinspiels*, Unterägeri 1983.

Haendel, Ida, *Woman with Violin*, London 1970.

Hartnack, Joachim W., *Große Geiger unserer Zeit*, München 1967, 2. Auflage Zürich 1977.

Heifetz. Herausgegeben von Herbert R. Axelrod, Neptun City, NJ 1976.

Huberman, Bronislaw, *Aus der Werkstatt des Virtuosen*, Wien 1912.

Jusefowitsch, Viktor, *David Oistrach. Gespräche mit Igor Oistrach*, Stuttgart 1977.

Krause, Ernst, *David Oistrach*, Berlin 1973.

Kulenkampff, Georg, *Geigerische Betrachtungen*, Regensburg 1952.

Lochner, Louis P., *Fritz Kreisler*, London 1951; dt. Wien 1957.

Menuhin, Yehudi, *Unvollendete Reise. Lebenserinnerungen*, München/Zürich 1976.

Menuhin, Yehudi / Primrose, William, *Violine und Viola*, Unterägeri 1978.

Moser, Andreas, *Geschichte des Violinspiels*, Berlin 1923.

Pincherle, Marc, *Les Violinistes. Compositeurs et virtuoses*, Paris 1922.

Ronze-Neveu, Marie Jeanne, *Ginette Neveu*, London 1957.

Rostal, Max, *Ludwig van Beethoven: Die Sonaten für Klavier und Violine. Gedanken zu ihrer Interpretation*, München/Zürich 1981.

Rubinstein, Arthur, *My Many Years*, New York 1980; dt.: *Mein glückliches Leben*, Frankfurt a. M. 1980.

Schumann, Robert, *Gesammelte Schriften*, Leipzig 1888.

Szigeti, Joseph, *With Strings Attached. Reminiscences and Reflections*, New York 1947; dt.: *Zwischen den Saiten*, Rüschlikon-Zürich 1962.

Wechsberg, Joseph, *The Glory of the Violin*, New York 1973; dt.: *Zauber der Geige*, Frankfurt a. M. 1974.

Schallplattenhinweise

JENNY ABEL

Bacewicz Sonate für Violine solo 1958 + 6 Capricen – **Bach** Partita für Violino solo h-Moll Nr. 1 BWV 1002
Ed. Podium WOW-003

Bach Sonate für Violine solo g-Moll Nr. 1 BWV 1001 – **Bartók** Sonate für Violine solo Sz 117 – **Henze** Sonate für Violine solo 1977
Ed. Podium WOW-001

Bartók Sonate für Violine solo Sz 117 + Sonaten für Violine und Klavier 1903 + Nr. 1 Sz 75 + Nr. 2 Sz 76 (mit Roberto Szidon)
EMI 157-99783/84 (2 LP)

Schumann Das Gesamtwerk für Violine und Klavier (mit Roberto Szidon)
harmonia mundi 153-1999653 (3 LP)

SALVATORE ACCARDO

Bach Violinkonzerte a-Moll BWV 1041 + E-Dur BWV 1042 + d-Moll BWV 1043 + d-Moll BWV 1052 + f-Moll BWV 1056 + d-Moll BWV 1060 (Chamber Orchestra of Europe, Salvatore Accardo)
Philips 416412 (2 LP)

Haydn Violinkonzerte + Sinfonia concertante B-Dur Hob. I,105 (English Chamber Orchestra, Salvatore Accardo)
Philips 6769059 (2 LP)

Paganini Balletto campestre u. a. (Chamber Orchestra of Europe, Franco Tamponi)
EMI 2700631

Paganini 24 Capricen für Violine solo op. 1
DG 2721185; RCA VL 32501

Paganini Variationen über »Il carnevale di Venezia« u. a. (Chamber Orchestra of Europe, Franco Tamponi)
EMI 2700621

Paganini Violinkonzerte Nr. 1–6 (London Philharmonic Orchestra, Charles Dutoit)
Deutsche Grammophon 2740121

ADOLF BUSCH

Bach Brandenburgische Konzerte Nr. 1–6 BWV 1046–1051 (Busch-Kammerorchester)
EMI 151-43067/68 (2 LP)

Bach Violinsonate G-Dur Nr. 6 BWV 1019 (mit Rudolf Serkin) – **Busoni** Violinkonzert D-Dur

op. 35a (Concertgebouw-Orchester Amsterdam, Bruno Walter) – **Geminiani** Siciliano (mit Artur Balsam) – **Schumann** Violinsonate a-Moll Nr. 1 op. 105 – **Vivaldi** Violinsonate A-Dur Nr. 2 (mit Rudolf Serkin)
Rococo 2023

Beethoven Violinkonzert D-Dur op. 61 (New York Philharmonic Orchestra, Fritz Busch)
EMI 12 PAL 3902

Beethoven Streichquartette F-Dur Nr. 1 op. 18,1 + C-Dur Nr. 9 »Rasumowsky-Quartett« op. 59,3 + f-Moll Nr. 11 op. 95 + cis-Moll Nr. 14 op. 131 + a-Moll Nr. 15 op. 132 (mit Gösta Andreasson, Hermann Busch, Karl Doktor) + Violinsonaten Es-Dur Nr. 3 op. 12,3 + F-Dur Nr. 5 »Frühlingssonate« op. 24 + c-Moll Nr. 7 op. 30,2 (mit Rudolf Serkin)
EMI 137-2903063 (5 LP)

Brahms Klavierquintett f-Moll op. 34 (mit Gösta Andreasson, Hermann Busch, Karl Doktor, Rudolf Serkin)
EMI 051-43013

Schubert Fantasie C-Dur D. 934 (mit Rudolf Serkin) + Klaviertrio Es-Dur Nr. 2 D. 929 (mit Hermann Busch, Rudolf Serkin)
EMI 051-03309

KYUNG-WHA CHUNG

Beethoven Violinkonzert D-Dur op. 61 (Wiener Philharmoniker, Kirill Kondraschin)
Decca 6.42606

Debussy Violinsonate g-Moll 1917 – **Franck** Violinsonate A-Dur 1886 (mit Radu Lupu)
Decca 6.42577

Elgar Violinkonzert h-Moll op. 61 (London Philharmonic Orchestra, Georg Solti)
Decca SXL 6842

Lalo Symphonie espagnole d-Moll op. 21 – **Saint Saëns** Violinkonzert A-Dur Nr. 1 op. 20 (Orchestre Symphonique de Montréal, Charles Dutoit)
Decca 6.42677

Prokofjew Violinkonzerte D-Dur Nr. 1 op. 19 + g-Moll Nr. 2 op. 63 (London Symphony Orchestra, André Previn)
Decca SXL 6773

GIOCONDA DE VITO

The Art of Gioconda De Vito: Bach Partita für Violine solo d-Moll Nr. 2 BWV 1004 – **Beetho-**

ven Violinsonaten c-Moll Nr. 7 op. 30,2 +
A-Dur Nr. 9 »Kreutzersonate« op. 47 (mit Tito
Aprea) – **Brahms** Doppelkonzert a-Moll op. 102
(mit Amedeo Baldovino) + Violinkonzert
D-Dur op. 77 (Philharmonia Orchestra, Rudolf
Schwarz) + Violinsonaten G-Dur Nr. 1 op. 78
+ A-Dur Nr. 2 op. 100 + d-Moll Nr. 3 op. 108
(mit Edwin Fischer) – **Franck** Violinsonate A-
Dur 1886 (mit Tito Aprea) – **Mendelssohn-Bar-
tholdy** Violinkonzert e-Moll op. 64 (London
Symphony Orchestra, Malcolm Sargent) – **Mo-
zart** Violinkonzert G-Dur Nr. 3 KV 216 (Royal
Philharmonic Orchestra London, Rafael Kube-
lik) – **Bach – Händel – Mozart – Purcell – Spohr**
(mit Yehudi Menuhin) – **Viotti – Vitali**
EMI EAC-77350-60 (11 LP)

MISCHA ELMAN

Beethoven Violinkonzert D-Dur op. 61 (London
Philharmonic Orchestra, Georg Solti)
Decca 6.42310

Lalo Symphonie espagnole d-Moll op. 21 (Wiener Staatsopernorchester, Vladimir Golschmann)
Amadeo 6155

Tschaikowski Violinkonzert D-Dur op. 35 –
Wieniawski Violinkonzert d-Moll Nr. 2 op. 22
(London Philharmonic Orchestra, Adrian Boult)
Decca ACL 25

**Masters of the Bow: Brüll – Chopin – Delibes –
Kreisler – Mendelssohn-Bartholdy – Rubin-
stein – Scarlatti – Tartini – Ysaye** u. a.
Masters of the Bow MB 1006

CHRISTIAN FERRAS

Berg Violinkonzert »Dem Andenken eines En-
gels« 1935 (Orchestre du Conservatoire Paris,
Georges Prêtre)
EMI 91305*

Brahms Violinkonzert D-Dur op. 77 (Berliner
Philharmoniker, Herbert von Karajan)
Deutsche Grammophon 138930

Sibelius Violinkonzert d-Moll op. 47 (Berliner
Philharmoniker, Herbert von Karajan)
Deutsche Grammophon 410924

EUGENE FODOR

Mendelssohn-Bartholdy Violinkonzert e-Moll
op. 64 – **Paganini** Violinkonzert D-Dur Nr. 1
op. 6 (New Philharmonia Orchestra, Peter Maag)
RCA ARL 1-1565

Tschaikowski Violinkonzert D-Dur op. 35 (New
York Philharmonic Orchestra, Erich Leinsdorf)
RCA ARL 1-0781

ZINO FRANCESCATTI

Beethoven Violinkonzert D-Dur op. 61 (Columbia Symphony Orchestra, Bruno Walter)
CBS 72006

Brahms Doppelkonzert a-Moll op. 102 (mit
Pierre Fournier, Columbia Symphony Orchestra,
Bruno Walter)
CBS 60130

Brahms Violinkonzert D-Dur op. 77 (New York
Philharmonic Orchestra, Leonard Bernstein)
CBS 72130

Lalo Symphonie espagnole d-Moll op. 21 (Philadelphia Orchestra, Dimitri Mitropoulos)
CBS 72321

Saint-Saëns Introduction et Rondo capriccioso
op. 28 + Violinkonzert h-Moll Nr. 3 op. 61
(New York Philharmonic Orchestra, Leonard
Bernstein)
CBS 72151

Sibelius Violinkonzert d-Moll op. 47 (New York
Philharmonic Orchestra, Leonard Bernstein) –
Walton Violinkonzert 1939 (Philadelphia Orche-
stra, Eugene Ormandy)
CBS 60287

IVRY GITLIS

Bartók Sonate für Violine solo Sz 117 + Violin-
konzert Nr. 2 Sz 112 (Pro-Musica-Orchester
Wien, Jascha Horenstein)
Dover 5211

Strawinsky Violinkonzert D-Dur 1931 (Orchestre de Concert de Colonne, Harold Byrns)
Dover 5208*

Vivaldi Concerto grosso h-Moll op. 3,10 (mit
Ida Haendel, Shlomo Mintz, Isaac Stern, Israel
Philharmonic Orchestra, Zubin Mehta)
Deutsche Grammophon 2741022* (2 LP)

MIRIAM FRIED

Sibelius Violinkonzert d-Moll op. 47 (Belgisches
Radio-Symphonieorchester, René Defossez)
Deutsche Grammophon 2538302

ARTHUR GRUMIAUX

Beethoven Violinsonaten Nr. 1–10 (mit Clara
Haskil)
Philips 6733001 (4 LP)

Beethoven Violinsonaten A-Dur Nr. 2 op. 12,2
+ a-Moll Nr. 4 op. 23 (mit Claudio Arrau)
Philips 9500263

Beethoven Violinsonaten c-Moll Nr. 7 op. 30,2
+ G-Dur Nr. 8 op. 30,3 (mit Claudio Arrau)
Philips 9500220

Berg Violinkonzert »Dem Andenken eines Engels« 1935 (Concertgebouw-Orchester Amsterdam, Igor Markevitch) – **Strawinsky** Violinkonzert D-Dur 1931 (Concertgebouw-Orchester Amsterdam, Ernest Bour)
Philips 802785

Brahms Violinkonzert D-Dur op. 77 (Concertgebouw-Orchester Amsterdam, Eduard van Beinum)
Philips 835008

Mozart Violinkonzerte B-Dur Nr. 1 KV 207 + D-Dur Nr. 2 KV 211 + D-Dur Nr. 4 KV 218 (London Symphony Orchestra, Colin Davis)
Philips 416632

Mozart Violinsonaten G-Dur KV 301 + e-Moll KV 304 + F-Dur KV 376 + B-Dur KV 378 + B-Dur KV 454 + A-Dur KV 526 (mit Clara Haskil)
Philips 6780017 (2 LP)

IDA HAENDEL

Beethoven Violinkonzert D-Dur op. 61 (Philharmonia Orchestra London, Rafael Kubelik)
RCA LBC 1003

Brahms Violinkonzert D-Dur op. 77 (London Symphony Orchestra, Sergiu Celibidache)
RCA LBC 1051

Britten Violinkonzert op. 15 – **Walton** Violinkonzert 1939 (Bournemouth Symphony Orchestra, Paavo Berglund)
EMI ASD 3483

Corelli Violinsonate d-Moll »La follia« op. 5,12 – **Nardini** Violinsonate e-Moll – **Tartini** Violinsonate g-Moll »Teufelstrillersonate« op. 1,4 – **Vitali** Ciacona g-Moll (mit Geoffrey Parsons)
EMI ASD 3352

Elgar Violinkonzert h-Moll op. 61 (London Philharmonic Orchestra, Adrian Boult)
EMI ASD 3598

Lalo Symphonie espagnole d-Moll op. 21 – **Ravel** Tzigane 1924 (Tschechisches Philharmonisches Orchester, Karel Ančerl)
Supraphon 50615

Sibelius Violinkonzert d-Moll op. 47 (Bournemouth Symphony Orchestra, Paavo Berglund)
EMI ASD 3199

Vivaldi Concerto grosso h-Moll op. 3,8 (mit Ivry Gitlis, Shlomo Mintz, Isaac Stern, Israel Philharmonic Orchestra, Zubin Mehta)
Deutsche Grammophon 2741022* (2 LP)

JASCHA HEIFETZ

The Heifetz Collection
Volume 1: 1917–1924. The Complete Acoustic Recordings
RCA ARM 4-0942 (4 LP)

Volume 2: 1925–1934. The First Electrical Recordings: **Glasunow** Violinkonzert a-Moll op. 82 – **Mozart** Violinkonzert A-Dur Nr. 5 KV 219 – **Strauss** Violinsonate Es-Dur op. 18 u. a.
RCA ARM 4-0943 (4 LP)

Volume 3: 1935–1937. Early Recordings of Concertos, Sonatas and Encores: **Bach** Sonaten für Violine solo g-Moll Nr. 1 BWV 1001 + C-Dur Nr. 3 BWV 1005 – **Brahms** Violinsonate A-Dur Nr. 2 op. 100 – **Vieuxtemps** Violinkonzert d-Moll Nr. 4 op. 31 – **Wieniawski** Violinkonzert d-Moll Nr. 2 op. 22 u. a.
RCA ARM 4-0944 (4 LP)

Volume 4: 1937–1941. Great Concertos – Great Conductors: **Beethoven** Violinkonzert D-Dur op. 61 – **Brahms** Doppelkonzert a-Moll op. 102 + Violinkonzert D-Dur op. 77 – **Prokofjew** Violinkonzert g-Moll Nr. 2 op. 63 – **Walton** Violinkonzert 1939 u. a.
RCA ARM 4-0945 (4 LP)

Volume 5: 1946–1949. The End of an Era: **Bach** Doppelkonzert d-Moll BWV 1043 – **Bruch** Schottische Fantasie op. 46 – **Elgar** Violinkonzert h-Moll op. 61 – **Vieuxtemps** Violinkonzert a-Moll Nr. 5 op. 35 u. a.
RCA ARM 4-0946 (4 LP)

Volume 6: 1950–1955. The New Era: **Beethoven** Violinsonate A-Dur Nr. 9 »Kreutzersonate« op. 47 – **Bruch** Violinkonzert g-Moll Nr. 1 op. 26 – **Tschaikowski** Violinkonzert D-Dur op. 35 u. a.
RCA ARM 4-0947 (4 LP)

The Heifetz Chamber Music Collection: **Beethoven** Streichtrios Es-Dur Nr. 1 op. 3 + G-Dur Nr. 2 op. 9,1 + c-Moll Nr. 4 op. 9,3 + Violinsonaten Es-Dur Nr. 3 op. 12,3 + G-Dur Nr. 8 op. 30,3 – **Grieg** Violinsonate G-Dur Nr. 2 op. 13 – **Händel** – **Händel/Halvorsen** – **Mozart** Divertimento Es-Dur KV 563 + Duo B-Dur Nr. 2 KV 424 + Violinkonzert A-Dur Nr. 5 KV 219 + Violinsonaten C-Dur KV 296 + B-Dur KV 378 + B-Dur KV 454 – **Sinding** Suite a-Moll op. 10
RCA RL 02264 (6 LP)

Bach Sonaten und Partiten für Violine solo BWV 1001–1006
RCA SMA 25092-R (3 LP)

Beethoven Sämtliche Streichtrios (mit Gregor Piatigorsky, William Primrose)
RCA 26.35128 (3 LP)

Bruch Schottische Fantasie op. 46 (New Symphony Orchestra of London, Malcolm Sargent) – **Sibelius** Violinkonzert d-Moll op. 47 (Chicago Symphony Orchestra, Walter Hendl)
RCA G 189832

Dvořák Klavierquintett A-Dur op. 81 (mit Israel Baker, Jacob Lateiner, Joseph de Pasquale, Gregor Piatigorsky)
RCA LSC-2985

Dvořák Klaviertrio f-Moll Nr. 3 op. 65 – **Glier** Duo – **Händel/Halvorsen** Passacaglia – **Strawinsky** Suite italienne 1925 (mit Leonard Pennario, Gregor Piatigorsky)
CBS 76421

Franck Violinsonate A-Dur 1886 (mit Arthur Rubinstein)
EMI 1544553* (2 LP)

Glasunow Violinkonzert a-Moll op. 82 (RCA Orchestra, Walter Hendl) – **Prokofjew** Violinkonzert g-Moll Nr. 2 op. 63 (Boston Symphony Orchestra, Charles Münch)
RCA G 189832

Lalo Symphonie espagnole d-Moll op. 21 (RCA Symphony Orchestra, William Steinberg) – **Wieniawski** Violinkonzert d-Moll Nr. 2 op. 22 (RCA Symphony Orchestra, Izler Solomon)
RCA LSB 4064

Mendelssohn-Bartholdy Violinkonzert e-Moll op. 64 – **Mozart** Violinkonzert D-Dur Nr. 4 KV 218 (Royal Philharmonic Orchestra London, Thomas Beecham)
EMI 053-01365

Prokofjew Violinkonzert g-Moll Nr. 2 op. 63 (Boston Symphony Orchestra, Serge Koussevitzky)
RCA LCT-6-D

Sibelius Violinkonzert d-Moll op. 47 (London Philharmonic Orchestra, Thomas Beecham)
EMI 053-01619*

ULF HOELSCHER

Bartók Sonate für Violine solo Sz 117 – **Paganini** Introduktion und Variationen »Nel cor più non mio sento« – **Prokofjew** Sonate für Violine solo op. 115
EMI 063-28980

Beethoven Tripelkonzert C-Dur op. 56 (mit Heinrich Schiff, Christian Zacharias) + Romanzen G-Dur Nr. 1 op. 40 + F-Dur Nr. 2 op. 50 (Gewandhausorchester Leipzig, Kurt Masur)
EMI 1467891

Beethoven Violinkonzert D-Dur op. 61 (Staatskapelle Dresden, Hans Vonk)
EMI 2702781

Berg Violinkonzert »Dem Andenken eines Engels« 1935 (Symphonieorchester des Westdeutschen Rundfunks Köln, Hiroshi Wakasugi)
EMI 065-99848*

Brahms Violinkonzert D-Dur op. 77 (Symphonieorchester des Norddeutschen Rundfunks Hamburg, Klaus Tennstedt)
EMI 065-30975

Franck Violinsonate A-Dur 1886 – **Strauss** Violinsonate Es-Dur op. 18 (mit Michel Béroff)
EMI 065-02995

Saint-Saëns Sämtliche Werke für Violine und Orchester (New Philharmonia Orchestra, Pierre Dervaux)
EMI 157-02917/19 (3 LP)

Schubert Sämtliche Werke für Violine und Klavier (mit Karl Engel)
EMI 157-30822/23 (2 LP)

Schumann Violinsonaten a-Moll Nr. 1 op. 105 + d-Moll Nr. 2 op. 121 (mit Michel Béroff)
EMI 065-30233

Szymanowski Werke für Violine und Klavier (mit Michel Béroff)
EMI 067-46599

LIANE ISSAKADSE

Mendelssohn-Bartholdy Violinkonzert e-Moll op. 64 (Staatliches Akademisches Symphonieorchester der UdSSR, Eduard Serow) – **Taktakischwili** Violinkonzert f-Moll (Großes Rundfunk-Symphonieorchester der UdSSR, Otar Taktakischwili)
Ariola-Eurodisc Melodia 200077

OLEG KAGAN

Beethoven Violinsonaten a-Moll Nr. 4 op. 23 + F-Dur Nr. 5 »Frühlingssonate« op. 24 (mit Swjatoslaw Richter)
EMI 065-02796

Mozart Violinsonaten D-Dur KV 306 + B-Dur KV 378 + G-Dur KV 379 (mit Swjatoslaw Richter)
EMI 191-02600

LEONID KOGAN

Beethoven Violinsonaten D-Dur Nr. 1 op. 12,1 + Es-Dur Nr. 3 op. 12,3 (mit Grigori Ginsburg)
Ariola-Eurodisc Melodia 78433

Brahms Violinkonzert D-Dur op. 77 (Philharmonia Orchestra London, Kirill Kondraschin)
EMI 047-50512

Bruch Violinkonzert g-Moll Nr. 1 op. 26 – **Mendelssohn-Bartholdy** Violinkonzert e-Moll op. 64 (Radio-Symphonieorchester Berlin, Lorin Maazel)
Ariola-Eurodisc 88466

Lalo Symphonie espagnole d-Moll op. 21 (Philharmonia Orchestra London, Kirill Kondraschin)
EMI S 35721

Paganini Cantabile D-Dur (mit André Mitnik) + Violinkonzert D-Dur Nr. 1 op. 6 (Orchestre du Conservatoire Paris, Charles Bruck)
EMI 1105371

Zauber der Virtuosität: Bizet/Waxman – Gounod/Wieniawski – Ravel – Saint-Saëns
Ariola-Eurodisc Melodia 86886

FRITZ KREISLER

Bach Adagio aus der Sonate für Violine solo g-Moll Nr. 1 BWV 1001 – Beethoven Violinkonzert D-Dur op. 61 (Preußische Staatskapelle Berlin, Leo Blech)
EMI GR-70059

Beethoven Sonaten für Violine und Klavier F-Dur Nr. 5 »Frühlingssonate« op. 24 + A-Dur Nr. 9 »Kreutzersonate« op. 47 (mit Franz Rupp)
EMI 1007831

Beethoven Violinkonzert D-Dur op. 61 (Preußische Staatskapelle Berlin, Leo Blech)
EMI GR-70059

Brahms Violinkonzert D-Dur op. 77 (Preußische Staatskapelle Berlin, Leo Blech) – Schumann Romanze A-Dur op. 94,2 (mit Michael Raucheisen)
EMI GR-70060

Mendelssohn-Bartholdy Violinkonzert e-Moll op. 64 (Preußische Staatskapelle Berlin, Leo Blech) – Mozart Violinkonzert D-Dur Nr. 4 KV 218 (Orchester, Landon Ronald)
EMI GR-70061

Fritz Kreisler joue Fritz Kreisler (mit Carl Lamson)
RCA 731033

Caprice viennois: Kreisler (mit Michael Raucheisen, Franz Rupp, Arpád Sándor)
EMI GR-70009

Londonderry Air: Kreisler (mit Franz Rupp)
EMI GR-70008

GIDON KREMER

Bach Sonaten und Partiten für Violine solo BWV 1001–1006
Philips 6769053 (3 LP)

Beethoven Violinkonzert D-Dur op. 61 (Academy of St. Martin's-in-the-Fields, Neville Marriner)
Philips 6514075

Beethoven Violinsonaten D-Dur Nr. 1 op. 12,1 + A-Dur Nr. 2 op. 12,2 + Es-Dur Nr. 3 op. 12,3 (mit Martha Argerich)
Deutsche Grammophon 415138

Bernstein Serenade 1954 (mit Leonard Bernstein)
Deutsche Grammophon 2532088*

Brahms Violinkonzert D-Dur op. 77 (Wiener Philharmoniker, Leonard Bernstein)
Deutsche Grammophon 2532088

Ernst Etüde Nr. 6 »Die letzte Rose« – Milstein Paganiniana 1954 – Rochberg Caprice-Variations 1970 – Schnittke A Paganini
Deutsche Grammophon 415484

Hindemith Violinsonate Es-Dur op. 11,1 – Rossini Andante con variazioni – Schnittke Quasi una sonata – Weber Grand duo concertant op. 48 (mit Andrei Gawrilow)
EMI 065-03766

Mozart Divertimento Es-Dur KV 563 (mit Kim Kashkashian, Yo-Yo Ma)
CBS 39561

Mozart Sinfonia concertante Es-Dur KV 364 (mit Kim Kashkashian) + Violinkonzert B-Dur Nr. 1 KV 207 (Wiener Philharmoniker, Nikolaus Harnoncourt)
Deutsche Grammophon 413461

Mozart Violinkonzerte D-Dur Nr. 2 KV 211 + G-Dur Nr. 3 KV 216 (Wiener Philharmoniker, Nikolaus Harnoncourt)
Deutsche Grammophon 415482

Prokofjew Sonate für zwei Violinen C-Dur op. 56 (mit Tatjana Grindenko) + Violinsonate f-Moll Nr. 1 op. 80 (mit Oleg Maisenberg)
Ariola-Eurodisc Melodia 200382

Schnittke Preludio in memoriam Dmitri Schostakowitsch 1975 – Schostakowitsch Violinsonate op. 134 (mit Andrei Gawrilow)
Ariola-Eurodisc Melodia 28752

Schnittke Violinkonzert Nr. 3 1978 (Philharmonisches Kammerensemble Berlin, Woldemar Nelsson) – Stockhausen Tierkreis 1975 (Auszüge) – Strawinsky L'Histoire du soldat. Suite 1919 (mit Aloys Kontarsky, Karl Leister) + Pastorale 1908 (mit Karl Leister, Günter Passin, Gerhard Stempnik, Henning Trog)
Ariola-Eurodisc 201234

Schumann Violinkonzert d-Moll 1853 – Sibelius Violinkonzert d-Moll op. 47 (Philharmonia Orchestra London, Riccardo Muti)
EMI 1435191

Schumann Violinsonaten a-Moll Nr. 1 op. 105 + a-Moll Nr. 3 1853 (mit Martha Argerich)
Deutsche Grammophon 419235

Tschaikowski Sérénade mélancolique op. 26 + Violinkonzert D-Dur op. 35 (Berliner Philharmoniker, Lorin Maazel)
Deutsche Grammophon 2532001

Ysaye Sonaten für Violine solo op. 27
Ariola-Eurodisc 27264

Lockenhaus 1982
Philips 411062*

GEORG KULENKAMPFF

Beethoven Romanze F-Dur Nr. 2 op. 50 (Berliner Philharmoniker, Paul Kletzki) + Violinkonzert D-Dur op. 61 (Berliner Philharmoniker, Hans Schmidt-Isserstedt) – **Mozart** Violinkonzert A-Dur Nr. 5 KV 219 (Orchester des Deutschen Opernhauses Berlin, Artur Rother) – **Schumann** Violinkonzert d-Moll 1853 (Berliner Philharmoniker, Hans Schmidt-Isserstedt) Telefunken 6.48013 (2 LP)

Dvořák Violinkonzert a-Moll op. 53 (Orchester des Deutschen Opernhauses Berlin, Artur Rother) – **Tschaikowski** Violinkonzert D-Dur op. 35 (Berliner Philharmoniker, Eugen Jochum) Telefunken 6.41978

Sibelius Violinkonzert d-Moll op. 47 (Berliner Philharmoniker, Wilhelm Furtwängler) Melodia M10 45909 005*

Masters of the Bow: Albéniz – Brahms – Bruch – Dvořák – Lully – Poldini – Schubert – Spohr Violinkonzert a-Moll Nr. 8 »in Form einer Gesangsszene« op. 47 – **Svendsen – Tschaikowski** Masters of the Bow MB 1015

CHO-LIANG LIN

Strawinsky Divertimento »Le Baiser de la fée« 1935 + Duo concertant 1932 + Suite italienne 1925 (mit André-Michel Schub) CBS MK 42101

YEHUDI MENUHIN

Bach Sonaten und Partiten für Violine solo BWV 1001–1006 EMI 153-02710/12 (3 LP)

Bach Doppelkonzert d-Moll BWV 1043 + Violinkonzerte a-Moll Nr. 1 BWV 1041 – **Bruch** Violinkonzert g-Moll Nr. 1 op. 26 – **Chausson** Poème Es-Dur op. 25 – **Mendelssohn-Bartholdy** Violinkonzert e-Moll op. 64 – **Mozart** Violinkonzert G-Dur Nr. 3 KV 216 – **Paganini** Violinkonzert D-Dur Nr. 1 op. 6 – **Wieniawski** Legende g-Moll op. 17 EMI 175-01793/95 (3 LP)

Bartók Violinkonzert Nr. 2 Sz 112 (Philharmonia Orchestra London, Wilhelm Furtwängler) EMI 053-01322

Beethoven Violinkonzert D-Dur op. 61 (Orchester der Festspiele Luzern, Wilhelm Furtwängler) EMI 027-01570

Berkeley Violinkonzert op. 59 – **Bloch** Violinkonzert 1938 – **Chausson** Poème Es-Dur op. 25 – **Lekeu** Violinsonate G-Dur 1891 – **Pizzetti** Violinsonate A-Dur 1919 – **Saint-Saëns** Violinkonzert h-Moll Nr. 3 op. 61 – **Schumann** Violinkonzert d-Moll 1853 – **Sibelius** Violinkonzert d-Moll op. 47 – **Walton** Violinsonate 1949 EMI 2908643 (4 LP)

Brahms Violinkonzert D-Dur op. 77 (Philharmonia Orchestra London, Wilhelm Furtwängler) EMI 047-01239

Enescu Violinsonate a-Moll Nr. 3 op. 25 – **Lekeu** Violinsonate G-Dur 1891 (mit Hephzibah Menuhin) EMI 2908621

Mozart Concertone C-Dur KV 190 (mit Alberto Lysy) + Violinkonzerte B-Dur Nr. 1 KV 207 + D-Dur Nr. 2 KV 211 + G-Dur Nr. 3 KV 216 + D-Dur Nr. 4 KV 218 + A-Dur Nr. 5 KV 219 + Es-Dur Nr. 6 KV 268 + D-Dur Nr. 7 KV 271a (Bath Festival Orchestra, Yehudi Menuhin) EMI 197-152341/44 (4 LP)

Viotti Violinkonzerte e-Moll Nr. 16 1790 + a-Moll Nr. 22 1797 (Menuhin Festival Orchestra) EMI 063-02895

Microsillons inédits 1929–1939: Beethoven Violinsonaten c-Moll Nr. 7 op. 30,2 + G-Dur Nr. 8 op. 30,3 – **Brahms – Dinicu – Dvořák – Locatelli – Mozart** Violinkonzert G-Dur Nr. 3 KV 216 + Violinsonaten C-Dur KV 296 + G-Dur KV 301 + F-Dur KV 376 + B-Dur KV 378 + A-Dur KV 526 – **Nováček – Paganini – Rimski-Korsakow – Schubert** Rondo h-Moll D. 895 – **Schumann** Violinkonzert d-Moll 1853 + Violinsonate d-Moll 1853 – **Tartini – Wieniawski** EMI 2908703 (4 LP)

Fascinatin' Rhythm (mit Stéphane Grappelli) EMI 061-02690

Strictly for the Birds (mit Stéphane Grappelli) EMI 065-03818

Tea for Two (mit Stéphane Grappelli) EMI 063-02997

MIDORI

Bach Doppelkonzert d-Moll BWV 1043 (mit Pinchas Zukerman) + Violinkonzert E-Dur Nr. 2 BWV 1042 – **Vivaldi** Violinkonzerte d-Moll + a-Moll (Saint Paul Chamber Orchestra) Philips 416389

NATHAN MILSTEIN

Bach Sonaten und Partiten für Violine solo BWV 1001–1006 Deutsche Grammophon 2709047 (3 LP)

Beethoven Violinkonzert D-Dur op. 61 (Pittsburgh Symphony Orchestra, William Steinberg) EMI MFP 2098

Beethoven Romanzen G-Dur Nr. 1 op. 40 + F-Dur Nr. 2 op. 50 – **Goldmark** Violinkonzert a-Moll op. 28 (Philharmonia Orchestra London, Harry Blech) EMI S-60238

Brahms Violinkonzert D-Dur op. 77 (Wiener Philharmoniker, Eugen Jochum)
Deutsche Grammophon 2543515
Mendelssohn-Bartholdy Violinkonzert e-Moll op. 64 – Tschaikowski Violinkonzert D-Dur op. 35 (Wiener Philharmoniker, Claudio Abbado)
Deutsche Grammophon 2530359
Tschaikowski Violinkonzert D-Dur op. 35 (Pittsburgh Symphony Orchestra, William Steinberg)
EMI 051-80497

SHLOMO MINTZ

Bach Doppelkonzert d-Moll BWV 1043 (mit Isaac Stern) – Vivaldi Concerto grosso h-Moll op. 3,10 (mit Ivry Gitlis, Ida Haendel, Isaac Stern) + Le quattro stagioni op. 8 (mit Itzhak Perlman, Isaac Stern, Israel Philharmonic Orchestra, Zubin Mehta)
Deutsche Grammophon 2741022* (2 LP)
Bach Sonaten und Partiten für Violine solo BWV 1001–1006
Deutsche Grammophon 413810 (3 LP)
Bruch Violinkonzert g-Moll Nr. 1 op. 26 – Mendelssohn-Bartholdy Violinkonzert e-Moll op. 64 (Chicago Symphony Orchestra, Claudio Abbado)
Deutsche Grammophon 2531304
Debussy Violinsonate g-Moll 1917 – Franck Violinsonate A-Dur 1886 – Ravel Violinsonate g-Moll 1927 (mit Yefim Bronfman)
Deutsche Grammophon 415683
Fritz Kreisler Recital (mit Clifford Benson)
Deutsche Grammophon 2531305
Paganini 24 Capricen für Violine solo op. 1
Deutsche Grammophon 2532042
Prokofjew Violinkonzerte D-Dur Nr. 1 op. 19 + g-Moll Nr. 2 op. 63 (Chicago Symphony Orchestra, Claudio Abbado)
Deutsche Grammophon 410524

ERICA MORINI

Beethoven Violinsonaten F-Dur Nr. 5 »Frühlingssonate« op. 24 + c-Moll Nr. 7 op. 30,2 (mit Rudolf Firkušný)
Decca DL 710045
Brahms Violinkonzert D-Dur op. 77 (Philharmonic Symphony Orchestra London, Artur Rodzinski)
Westminster XWN 18600
Bruch Violinkonzert g-Moll Nr. 1 op. 26 – Glasunow Violinkonzert a-Moll op. 82 (Radio-Symphonieorchester Berlin, Ferenc Fricsay)
Deutsche Grammophon 2548170

Franck Violinsonate A-Dur 1886 – Mozart Violinsonate Es-Dur KV 481 (mit Rudolf Firkušný)
Decca DL 710038
Tschaikowski Violinkonzert D-Dur op. 35 (Philharmonic Symphony Orchestra London, Artur Rodzinski)
Westminster XWN 18397
Erica Morini Plays: Gounod/Sarasate – Kreisler – Mozart/Burmester – Tschaikowski (mit Leon Pommers)
Westminster XWN 18087

VIKTORIA MULLOVA

Sibelius Violinkonzert d-Moll op. 47 – Tschaikowski Violinkonzert D-Dur op. 35 (Boston Symphony Orchestra, Seiji Ozawa)
Philips 416821

ANNE-SOPHIE MUTTER

Beethoven Tripelkonzert C-Dur op. 56 (mit Yo-Yo Ma, Mark Zeltser, Berliner Philharmoniker, Herbert von Karajan)
Deutsche Grammophon 2531262
Beethoven Violinkonzert D-Dur op. 61 (Berliner Philharmoniker, Herbert von Karajan)
Deutsche Grammophon 2531250
Brahms Doppelkonzert a-Moll op. 102 (mit Antonio Meneses, Berliner Philharmoniker, Herbert von Karajan)
Deutsche Grammophon 410603
Brahms Violinkonzert D-Dur op. 77 (Berliner Philharmoniker, Herbert von Karajan)
Deutsche Grammophon 2532032
Brahms Violinsonaten G-Dur Nr. 1 op. 78 + A-Dur Nr. 2 op. 100 + d-Moll Nr. 3 op. 108 – Franck Violinsonate A-Dur 1886 (mit Alexis Weissenberg)
EMI 157-43443/44 (2 LP)
Bruch Violinkonzert g-Moll Nr. 1 op. 26 – Mendelssohn-Bartholdy Violinkonzert e-Moll op. 64 (Berliner Philharmoniker, Herbert von Karajan)
Deutsche Grammophon 2532016
Vivaldi Le quattro stagioni op. 8 (Wiener Philharmoniker, Herbert von Karajan)
EMI 270102

GINETTE NEVEU

The Complete Recorded Legacy: Brahms Violinkonzert D-Dur op. 77 – Chausson Poème Es-Dur op. 25 – Debussy Violinsonate g-Moll 1917 – Ravel Tzigane 1924 – Sibelius Violinkonzert d-Moll op. 47 – Strauss Violinsonate Es-Dur op. 18 u. a.
EMI RLS 739 (4 LP)

DAVID OISTRACH

David Oistrach – ein Vermächtnis: Bach Violinkonzerte a-Moll Nr. 1 BWV 1041 + E-Dur Nr. 2 BWV 1042 – **Bartók** Violinkonzert Nr. 1 Sz 36 – **Beethoven** Violinkonzert D-Dur op. 61 – **Brahms** Violinkonzert D-Dur op. 77 – **Chatschaturjan** Violinkonzert d-Moll 1940 – **Chausson** Poème Es-Dur op. 25 – **Dvořák** Violinkonzert a-Moll op. 53 – **Glasunow** Violinkonzert a-Moll op. 82 – **Mendelssohn-Bartholdy** Violinkonzert e-Moll op. 64 – **Mozart** Violinkonzert G-Dur Nr. 3 KV 216 – **Prokofjew** Violinkonzert D-Dur Nr. 1 op. 19 – **Ravel** Tzigane 1924 – **Schostakowitsch** Violinkonzerte a-Moll Nr. 1 op. 99 + Nr. 2 op. 129 – **Sibelius** Humoresken op. 87 + Violinkonzert d-Moll op. 47 – **Szymanowski** Violinkonzert Nr. 1 op. 35 – **Tschaikowski** Violinkonzert D-Dur op. 35 – **Viotti** Violinkonzert a-Moll Nr. 22 1797
Ariola-Eurodisc Melodia 88665 (13 LP)

David Oistrach – ein Vermächtnis II. Die Kammermusik: **Bach** Violinsonate f-Moll Nr. 5 BWV 1018 – **Bartók** Violinsonate Nr. 1 Sz 75 – **Beethoven** Streichquartett Es-Dur Nr. 10 »Harfenquartett« op. 74 – **Brahms** Violinsonaten A-Dur Nr. 2 op. 100 + d-Moll Nr. 3 op. 108 – **Janáček** Violinsonate 1921 – **Mozart** Violinsonaten D-Dur KV 306 + B-Dur KV 454 – **Prokofjew** Violinsonate f-Moll Nr. 1 op. 80 – **Schostakowitsch** Violinsonate op. 134 – **Schubert** Duo A-Dur D. 574 – **Tartini** Violinsonate g-Moll »Teufelstrillersonate« op. 4,1 – **Vieuxtemps** Le Désespoir op. 7,2 + Le Souvenir u. a.
Ariola-Eurodisc Melodia 27315 (8 LP)

Beethoven Violinsonaten Nr. 1–10 (mit Lew Oborin)
Philips 6768036 (4 LP)

Mozart Violinkonzert B-Dur Nr. 1 KV 207 – **Strawinsky** Violinkonzert D-Dur 1931 (Orchestre des Concerts Lamoureux Paris, Bernard Haitink)
Philips A 02315 L

Schostakowitsch Violinkonzert a-Moll Nr. 1 op. 99 (New York Philharmonic Orchestra, Dimitri Mitropoulos)
CBS MP 39771*

IGOR OISTRACH

Chatschaturjan Violinkonzert d-Moll 1940 (Philharmonia Orchestra, Eugene Goossens)
EMI CX 1141

Mozart Violinsonaten C-Dur KV 296 + G-Dur KV 301 + Es-Dur KV 302 + C-Dur KV 303 + e-Moll KV 304 + A-Dur KV 305 + D-Dur KV 306 + F-Dur KV 376 + F-Dur KV 377 + B-Dur KV 378 + G-Dur KV 379 + Es-Dur KV 380 + B-Dur KV 454 + Es-Dur KV 481 + A-Dur KV 526 + F-Dur KV 547 (mit Natalija Serzalowa)
Ariola-Eurodisc Melodia 301098 (5 LP)

ITZHAK PERLMAN

Bartók Duos für zwei Violinen Sz 98 (mit Pinchas Zukerman)

Bartók Violinkonzert Nr. 2 Sz 112 (London Symphony Orchestra, André Previn)
EMI 063-02518

Beethoven Violinsonaten Nr. 1–10 (mit Vladimir Ashkenazy)
Decca 6.35354 (5 LP)

Berg Violinkonzert »Dem Andenken eines Engels« 1935 – **Strawinsky** Violinkonzert D-Dur 1931 (Boston Symphony Orchestra, Seiji Ozawa)
Deutsche Grammophon 2531110

Berlioz Rêverie et caprice op. 8 – **Lalo** Symphonie espagnole d-Moll op. 21 (Orchestre de Paris, Daniel Barenboim)
Deutsche Grammophon 2532011

Brahms Violinkonzert D-Dur op. 77 (Chicago Symphony Orchestra, Carlo Maria Giulini)
EMI 063-02899

Chausson Poème Es-Dur op. 26 – **Ravel** Tzigane 1924 – **Saint-Saëns** Havanaise op. 83 + Introduction et Rondo capriccioso op. 28 (Orchestre de Paris, Jean Martinon)
EMI 063-02635

Conus Violinkonzert e-Moll 1896 – **Korngold** Violinkonzert D-Dur op. 35 (Pittsburgh Symphony Orchestra, André Previn)
EMI 067-03976

Goldmark Violinkonzert a-Moll op. 28 – **Sarasate** Zigeunerweisen op. 20,1 (Pittsburgh Symphony Orchestra, André Previn)
EMI 063-02938

Händel/Halvorsen Passacaglia g-Moll – **Leclair** Violinsonate e-Moll op. 1,5 – **Spohr** Duo concertante D-Dur op. 67,2 – **Wieniawski** Etudes-caprices g-Moll op. 18,1 + Es-Dur op. 18,2 (mit Pinchas Zukerman)
EMI 065-102923

Joplin The Easy Winners u. a. (mit André Previn)
EMI 064-02599

Kim Violinkonzert 1979 – **Starer** Violinkonzert 1981 (Boston Symphony Orchestra, Seiji Ozawa)
EMI 270051

Itzhak Perlman spielt Fritz Kreisler (mit Samuel Sanders)
1: EMI 063-02739, 2: EMI 063-02888, 3: EMI 065-03449

Moszkowski Suite für zwei Violinen und Klavier (mit Samuel Sanders) – **Prokofjew** Sonate für zwei Violinen C-Dur op. 56 – **Schostakowitsch** Drei Duos (mit Pinchas Zukerman) EMI 065-03787

Mozart Adagio E-Dur KV 261 + Rondos B-Dur Nr. 1 KV 269 + C-Dur Nr. 2 KV 373 + Violinkonzerte B-Dur Nr. 1 KV 207 + D-Dur Nr. 2 KV 211 + G-Dur Nr. 3 KV 216 + D-Dur Nr. 4 KV 218 + A-Dur Nr. 5 KV 219 (Wiener Philharmoniker, James Levine) Deutsche Grammophon 419184 (3 LP)

Mozart Sinfonia concertante Es-Dur KV 364 (mit Pinchas Zukerman, Israel Philharmonic Orchestra, Zubin Mehta) Deutsche Grammophon 2741022* (2 LP)

Mozart Variationen über »La Bergère célimène« KV 359 + über »Hélas, j'ai perdu mon amant« KV 360 + Violinsonaten F-Dur KV 376 + F-Dur KV 377 (mit Daniel Barenboim) Deutsche Grammophon 419215

Mozart Violinsonaten G-Dur KV 301 + Es-Dur KV 302 + C-Dur KV 303 + e-Moll KV 304 (mit Daniel Barenboim) Deutsche Grammophon 410896

Previn It's a Breeze (mit Jim Hall, Shelly Manne, Red Mitchell, André Previn) EMI 067-43035

Prokofjew Violinkonzerte D-Dur Nr. 1 op. 19 + g-Moll Nr. 2 op. 63 (BBC Symphony Orchestra, Gennadi Roschdestwenski) EMI 067-43006

Saint-Saëns Violinkonzert h-Moll Nr. 3 op. 61 – **Wieniawski** Violinkonzert d-Moll Nr. 2 op. 22 (Orchestre de Paris, Daniel Barenboim) Deutsche Grammophon 410526

Sibelius Violinkonzert d-Moll op. 47 – **Sinding** Suite op. 10 (Pittsburgh Symphony Orchestra, André Previn) EMI 065-03366

Strawinsky Divertimento »Le Baiser de la fée« 1935 + Duo concertant 1932 + Suite italienne 1925 (mit Bruno Canino) EMI 065-02644

Tschaikowski Sérénade mélancolique op. 26 + Violinkonzert D-Dur op. 35 (Philadelphia Orchestra, Eugene Ormandy) EMI 065-03509

VIKTOR PIKAISEN

Bach Sonaten und Partiten für Violine solo BWV 1001–1006 Ariola-Eurodisc Melodia 86195

Beethoven Violinkonzert D-Dur op. 61 (Fernseh- und Rundfunkorchester der UdSSR, Igor Oistrach) Melodia 10-11411-12

Beethoven Violinsonate A-Dur Nr. 9 »Kreutzersonate« op. 47 – **Geminiani** Violinsonate c-Moll (mit Alexei Nassedkin) Melodia 10-10933-34

Weber Violinsonaten op. 10 (mit Alexei Nassedkin) Melodia 10-08153-4

VÁSA PŘÍHODA

Bach Doppelkonzert d-Moll BWV 1043 – **Viotti** Sinfonia concertante (mit Franco Novello, Symphonieorchester der RAI Turin, Ennio Gerelli) Cetra LPU 0026

Dvořák Slawischer Tanz – **Strauss/Příhoda** Rosenkavalier-Walzer – **Tartini** Violinsonate g-Moll »Teufelstrillersonate« op. 1,4 – **Vitali** Ciacona g-Moll (mit Orlowetzki) Cetra LPU 0053

Dvořák Violinkonzert a-Moll op. 53 (Preußische Staatskapelle Berlin, Paul van Kempen) Masters of the Bow 1028

Kreisler – Paganini – Sarasate – Tartini – Toselli u. a. Masters of the Bow 1004

MICHAEL RABIN

Bruch Schottische Fantasie op. 46 – **Wieniawski** Violinkonzert fis-Moll Nr. 1 op. 14 (Philharmonia Orchestra London, Adrian Boult) EMI 35484

Paganini 24 Capricen für Violine solo op. 1 EMI 053-2902561

RUGGIERO RICCI

Beethoven Violinkonzert D-Dur op. 61 (London Philharmonic Orchestra, Adrian Boult) Decca MD 1055

Bruch Violinkonzert g-Moll Nr. 1 op. 26 – **Mendelssohn-Bartholdy** Violinkonzert e-Moll op. 64 (London Symphony Orchestra, Pierino Gamba) Decca 6.42222

Chatschaturjan Violinkonzert d-Moll 1940 (Philharmonia Orchestra London, Anatole Fistoulari) Turnabout 34519

Paganini 24 Capricen für Violine solo op. 1 Turnabout 34528

WOLFGANG SCHNEIDERHAN

Beethoven Violinkonzert D-Dur op. 61 (Berliner Philharmoniker, Wilhelm Furtwängler) Deutsche Grammophon 2535809

Beethoven Violinkonzert D-Dur op. 61 (Berliner Philharmoniker, Eugen Jochum) Deutsche Grammophon 2535120

Brahms Violinkonzert D-Dur op. 77 (Sächsische Staatskapelle Dresden, Karl Böhm) EMI 137-53505/07* (3 LP)

Mozart Adagio E-Dur KV 261 + Rondos B-Dur Nr. 1 KV 269 + C-Dur Nr. 2 KV 373 + Violinkonzerte B-Dur Nr. 1 KV 207 + D-Dur Nr. 2 KV 211 + G-Dur Nr. 3 KV 216 + D-Dur Nr. 4 KV 218 + A-Dur Nr. 5 KV 219 (Berliner Philharmoniker, Wolfgang Schneiderhan) Deutsche Grammophon 2740116 (3 LP)

OSCAR SHUMSKY

Mozart Violinsonaten C-Dur KV 296 + G-Dur KV 301 + Es-Dur KV 302 + C-Dur KV 303 + A-Dur KV 305 (mit Artur Balsam) Academy Sound and Vision 930

Mozart Allegro B-Dur KV 372 + Violinsonaten e-Moll KV 304 + D-Dur KV 306 + B-Dur KV 378 (mit Artur Balsam) Academy Sound and Vision 944

Mozart Variationen G-Dur KV 359 + B-Dur KV 360 + Violinsonaten F-Dur KV 376 + G-Dur KV 379 (mit Artur Balsam) Academy Sound and Vision 950

Mozart Andante und Allegretto C-Dur KV 404 + Violinsonaten F-Dur KV 377 + Es-Dur KV 380 + A-Dur KV 402 + C-Dur KV 403 (mit Artur Balsam) Academy Sound and Vision 954

Mozart Violinsonaten B-Dur KV 454 + Es-Dur KV 481 (mit Artur Balsam) Academy Sound and Vision 964

Mozart Violinsonaten A-Dur KV 526 + F-Dur KV 547 (mit Artur Balsam) Academy Sound and Vision 967

DMITRY SITKOVETSKY

Bach Sonaten und Partiten für Violine solo BWV 1001–1006 Orfeo 130853 (3 LP)

Bach/Sitkovetsky Goldberg-Variationen BWV 988 (mit Gérard Caussé, Mischa Maisky) Orfeo 138851

Grieg Violinsonaten F-Dur Nr. 1 op. 8 + G-Dur Nr. 2 op. 13 + c-Moll Nr. 3 op. 45 (mit Bella Dawidowitsch) Orfeo 047831

Kreisler Transkriptionen (mit Bruno Canino) Orfeo 048831

Mozart Violinkonzerte D-Dur Nr. 4 KV 218 + A-Dur Nr. 5 KV 219 (English Chamber Orchestra) Novalis 150007

Ravel Tzigane 1924 + Violinsonate 1897 + Violinsonate g-Moll 1927 (mit Bella Dawidowitsch) Orfeo 108841

WLADIMIR SPIWAKOW

Brahms Ungarische Tänze Nr. 2 + 6 + 9 + 16 – Paganini Cantabile op. 17 + Le streghe op. 8 – Schubert Sonatine a-Moll Nr. 2 D. 385 (mit Boris Bechterew) EMI 063-035882

Mozart Sinfonia concertante Es-Dur KV 364 (mit Juri Baschmet) + Violinkonzerte B-Dur Nr. 1 KV 207 + D-Dur Nr. 2 KV 211 + G-Dur Nr. 3 KV 216 + D-Dur Nr. 4 KV 218 + A-Dur Nr. 5 KV 219 (English Chamber Orchestra) EMI 15-4786-3 (3 LP)

ISAAC STERN

Bach Doppelkonzert d-Moll BWV 1043 (mit Shlomo Mintz) – Vivaldi Concerto grosso h-Moll op. 3,10 (mit Ivry Gitlis, Ida Haendel, Shlomo Mintz) + Le quattro stagioni op. 8 (mit Shlomo Mintz, Itzhak Perlman, Pinchas Zukerman, Israel Philharmonic Orchestra, Zubin Mehta) Deutsche Grammophon 2741022* (2 LP)

Bartók Rhapsodien Nr. 1 Sz 87 + Nr. 2 Sz 90 + Violinkonzert Nr. 2 Sz 112 (New York Philharmonic Orchestra, Leonard Bernstein) CBS 60292

Bartók Violinsonaten Nr. 1 Sz 75 + Nr. 2 Sz 76 (mit Alexander Zakin) CBS 72972

Beethoven Violinkonzert D-Dur op. 61 (New York Philharmonic Orchestra, Leonard Bernstein) CBS 61941

Beethoven Romanzen G-Dur Nr. 1 op. 40 + F-Dur Nr. 2 op. 50 – Mendelssohn-Bartholdy Violinkonzert e-Moll. op 64 (Boston Symphony Orchestra, Seiji Ozawa) CBS 37204

Beethoven Violinsonaten D-Dur Nr. 1 op. 12,1 + A-Dur Nr. 2 op. 12,2 + Es-Dur Nr. 3 op. 12,3 + a-Moll Nr. 4 op. 23 + A-Dur Nr. 9 »Kreutzersonate« op. 47 (mit Eugene Istomin) CBS 39680 (2 LP)

Brahms Doppelkonzert a-Moll op. 102 (mit Leonard Rose, Philadelphia Orchestra, Eugene Or-

mandy) – **Mozart** Sinfonia concertante Es-Dur KV 364 (mit Walter Trampler, London Symphony Orchestra)
CBS 72786

Brahms Violinkonzert D-Dur op. 77 (Philadelphia Orchestra, Eugene Ormandy)
CBS 61325

Brahms/Schumann FAE-Sonate 1853 – **Dvořák** Romantische Stücke op. 75 – **Enescu** Violinsonate a-Moll Nr. 3 op. 25 (mit Alexander Zakin)
CBS 74118

Penderecki Violinkonzert 1977 (Minnesota Orchestra, Stanislaw Skrowaczewski)
CBS 76739

Prokofjew Violinkonzert D-Dur Nr. 1 op. 19 (New York Philharmonic Orchestra, Dimitri Mitropoulos)
CBS 39771*

Prokofjew Violinkonzerte D-Dur Nr. 1 op. 19 + g-Moll Nr. 2 op. 63 (New York Philharmonic Orchestra, Zubin Mehta)
CBS D 37802

Strawinsky Violinkonzert D-Dur 1931 (Columbia Symphony Orchestra, Igor Strawinsky)
CBS 72038*

JOSEF SUK

Bach Sonaten und Partiten für Violine solo BWV 1001–1006
EMI 147-28561/63 (3 LP)

Beethoven Violinkonzert D-Dur op. 61 (New Philharmonia Orchestra, Adrian Boult)
EMI 037-02120*

Beethoven Violinsonaten Nr. 1–10 (mit Jan Panenka)
Ariola-Eurodisc 80193 (5 LP)

Berlioz Harold en Italie op. 16 (Tschechische Philharmonie Prag, Dietrich Fischer-Dieskau)
Ariola-Eurodisc 27970

Brahms Doppelkonzert a-Moll op. 102 (mit André Navarra, Tschechische Philharmonie Prag, Karel Ančerl)
Supraphon SV 8121 G

Dvořák Romanze f-Moll op. 11 + Violinkonzert a-Moll op. 53 (Tschechische Philharmonie Prag, Karel Ančerl)
Ariola-Eurodisc 200453

Mozart Violinkonzerte G-Dur Nr. 3 KV 216 + D-Dur Nr. 4 KV 218 (Prager Kammerorchester, Libor Hlaváček)
Ariola-Eurodisc 87653

Mozart Violinkonzerte A-Dur Nr. 5 KV 219 + Es-Dur Nr. 6 KV 268 (Prager Kammerorchester, Libor Hlaváček)
Ariola-Eurodisc 87654

Plaisir d'amour. Josef Suk spielt Welterfolge (Orchester Vaclav Hybš)
Ariola-Eurodisc 207448

HENRYK SZERYNG

Die 27 großen Violinkonzerte: Bach – Bartók – Beethoven – Brahms – Chatschaturjan – Lalo – Mendelssohn-Bartholdy – Mozart – Paganini – Prokofjew – Saint-Saëns – Schumann – Sibelius – Szymanowski – Tschaikowski – Vivaldi – Wieniawski
Philips 6747182 (14 LP)

Beethoven Violinsonaten D-Dur Nr. 1 op. 12,1 + A-Dur Nr. 2 op. 12,2 + Es-Dur Nr. 3 op. 12,3 + F-Dur Nr. 5 »Frühlingssonate« op. 24 + G-Dur Nr. 8 op. 30,3 + A-Dur Nr. 9 »Kreutzersonate« op. 47 (mit Arthur Rubinstein)
RCA 26.35053 (3 LP)

Brahms Violinsonaten A-Dur Nr. 2 op. 100 + d-Moll Nr. 3 op. 108 (mit Arthur Rubinstein)
RCA LSC-2619-B

JOSEPH SZIGETI

Bach Doppelkonzert d-Moll BWV 1043 (mit Carl Flesch, Orchester, Walter Goehr) – **Mozart** Violinkonzert D-Dur Nr. 4 KV 218 (London Philharmonic Orchestra, Thomas Beecham)
EMI 053-01364

Bach Sonaten und Partiten für Violine solo BWV 1001–1006
Amadeo AVRS 6320-22 (3 LP)

Bach Violinkonzert g-Moll nach BWV 1058 (New York Philharmonic Orchestra, Dimitri Mitropoulos) – **Busoni** Violinkonzert D-Dur op. 35a (RAI-Orchester, Fernando Previtali) – **Tartini** Violinkonzert d-Moll (San Francisco Symphony Orchestra, Pierre Monteux)
Rococo 2037

Bartók Rhapsodie Nr. 1 Sz 86 + Violinsonate Nr. 2 Sz 76 – **Beethoven** Violinsonate A-Dur Nr. 9 »Kreutzersonate« op. 47 – **Debussy** Violinsonate g-Moll 1917 (mit Béla Bartók)
Vanguard VRS-1130/1 (2 LP)

Bartók Rhapsodie Nr. 1 Sz 87 (Orchester, Howard Barlow) – **Beethoven** Romanze G-Dur Nr. 1 op. 40 – **Prokofjew** Violinkonzert D-Dur Nr. 1 op. 19 (Orchester, George Szell) – **Tartini** Violinkonzert d-Moll (Orchester, Leon Barzin)
Discorp BWS-741

Berg Violinkonzert »Dem Andenken eines Engels« 1935 (NBC Symphony Orchestra, Dimitri Mitropoulos)
Cetra DOC 3

The Art of Joseph Szigeti: Bach Sonate für Violine solo g-Moll Nr. 1 BWV 1001 + Violinkonzert d-Moll nach BWV 1052 u. a. – **Bartók** – **Beethoven** Violinkonzert D-Dur op. 61 + Violinsonaten F-Dur Nr. 5 »Frühlingssonate« op. 24 + G-Dur Nr. 10 op. 96 – **Brahms** Violinkonzert D-Dur op. 77 – **Dvořák** – **Händel** Violinsonate D-Dur op. 1,13 – **Kreisler** – **Mendelssohn-Bartholdy** Violinkonzert e-Moll op. 64 – **Mozart** Violinkonzert D-Dur Nr. 4 KV 218 – **Prokofjew** Violinkonzert D-Dur Nr. 1 op. 19 – **Rimski-Korsakow** – **Strawinsky** CBS M6X 31513 (6 LP)

VIKTOR TRETJAKOW

Paganini Violinkonzert D-Dur Nr. 1 op. 6 (Moskauer Staatliche Philharmonie, Nesme Jarwi) – **Sibelius** Violinkonzert d-Moll op. 47 (Staatliches Akademisches Symphonieorchester der UdSSR, Alexandr Dmitrijew) – **Tschaikowski** Violinkonzert D-Dur op. 35 (Moskauer Staatliche Philharmonie, Nesme Jarwi) Ariola-Eurodisc Melodia 89289 (2 LP)

Prokofjew Violinsonaten f-Moll Nr. 1 op. 80 + D-Dur Nr. 2 op. 94a (mit Michail Erochin) Ariola-Eurodisc Melodia 28754

Tschaikowski Violinkonzert D-Dur op. 35 (Großes Rundfunksymphonieorchester der UdSSR, Wladimir Fedossejew) Ariola-Eurodisc Melodia 206738

TIBOR VARGA

Bartók Violinkonzert Nr. 2 Sz 112 (Berliner Philharmoniker, Ferenc Fricsay) Deutsche Grammophon 2535704*

PETER ZAZOFSKY

Bartók Violinkonzert Nr. 2 Sz 112 (Orchestre National de Belgique, Georges Octors) Deutsche Grammophon 2535012

THOMAS ZEHETMAIR

Bach Sonaten und Partiten für Violine solo BWV 1001–1006 Telefunken 6.35621 (2 LP)

Beethoven Violinsonaten F-Dur Nr. 5 »Frühlingssonate« op. 24 + A-Dur Nr. 9 »Kreutzersonate« op. 47 (mit Malcolm Frager) Teldec 6.43251

Biber Passacaglia g-Moll 1674 – **Paganini** Caprice a-Moll op. 1,24 – **Ravel** Violinsonate g-Moll 1927 – **Schubert** Rondo h-Moll D. 895 – **Ysaye**

Sonate für Violine solo d-Moll op. 27,3 (mit David Levine) Telefunken 6.42619

J. Haydn Violinkonzert C-Dur Nr. 1 Hob. VIIa,1 – **M. Haydn** Violinkonzert B-Dur 1760 (Franz-Liszt-Kammerorchester, Thomas Zehetmair) Teldec 6.42917

Mendelssohn-Bartholdy Violinkonzert d-Moll 1822 (Franz-Liszt-Kammerorchester, Thomas Zehetmair) Teldec 6.43241*

FRANK PETER ZIMMERMANN

Mendelssohn-Bartholdy Violinkonzerte e-Moll op. 64 + d-Moll 1822 (Radio-Symphonieorchester Berlin, Gerd Albrecht) EMI 2703661

Mozart Violinkonzerte B-Dur Nr. 1 KV 207 + D-Dur Nr. 4 KV 218 (Württembergisches Kammerorchester, Jörg Faerber) EMI 2704141

Mozart Violinkonzerte G-Dur Nr. 3 KV 216 + A-Dur Nr. 5 KV 219 (Württembergisches Kammerorchester, Jörg Faerber) EMI 2700751

Paganini 24 Capricen für Violine solo op. 1 EMI 2702771

PINCHAS ZUKERMAN

Bartók Duos für zwei Violinen Sz 98 (mit Itzhak Perlman) EMI 065-03320

Bartók Violinkonzert Nr. 2 Sz 112 (Los Angeles Philharmonic Orchestra, Zubin Mehta) CBS 76831

Beethoven Violinsonaten c-Moll Nr. 7 op. 30,2 + G-Dur Nr. 10 op. 96 (mit Daniel Barenboim) EMI 063-02433

Berg Violinkonzert »Dem Andenken eines Engels« 1935 (London Symphony Orchestra, Pierre Boulez) CBS 39741*

Berlioz Harold en Italie op. 16 (Orchestre de Paris, Daniel Barenboim) CBS 76593

Brahms Scherzo c-Moll aus der FAE-Sonate 1853 + Violasonaten f-moll op. 120,1 + Es-Dur op. 120,2 + Violinsonaten G-Dur Nr. 1 op. 78 + A-Dur Nr. 2 op. 100 + d-Moll Nr. 3 op. 108 (mit Daniel Barenboim) Deutsche Grammophon 2740125 (3 LP)

Brahms Violinkonzert D-Dur op. 77 (Orchestre de Paris, Daniel Barenboim) Deutsche Grammophon 2531251

Debussy Violinsonate g-Moll 1917 – **Fauré** Violinsonate A-Dur Nr. 1 op. 13 (mit Marc Neikrug)
CBS 76813

Elgar Violinkonzert h-Moll op. 61 (London Philharmonic Orchestra, Daniel Barenboim)
CBS 76528

Franck Violinsonate A-Dur 1886 – **Saint-Saëns** Violinsonate d-Moll Nr. 1 op. 75 (mit Marc Neikrug)
Philips 416157

Händel/Halvorsen Passacaglia g-Moll – **Leclair** Violinsonate e-Moll op. 1,5 – **Spohr** Duo concertante D-Dur op. 67,2 – **Wieniawski** Etudes-caprices g-Moll op. 18,1 + Es-Dur op. 18,2 (mit Itzhak Perlman)
EMI 063-02923

Moszkowski Suite für zwei Violinen und Klavier (mit Samuel Sanders) – **Prokofjew** Sonate für zwei Violinen C-Dur op. 56 – **Schostakowitsch** Drei Duos (mit Itzhak Perlman)
EMI 065-03787

Mozart Sinfonia concertante Es-Dur KV 364 (mit Itzhak Perlman) – **Vivaldi** Le quattro stagioni op. 8 (mit Shlomo Mintz, Itzhak Perlman, Isaac Stern, Israel Philharmonic Orchestra, Zubin Mehta)
Deutsche Grammophon 2741022* (2 LP)

Vivaldi Le quattro stagioni op. 8 (St. Paul Chamber Orchestra)
CBS 36710

Salut d'amour: Albéniz – Brahms – Brockway – Dvořák – Elgar – Falla – Kreisler – Paradis – Ravel (mit Marc Neikrug)
Philips 416158

---

* = die Schallplatte enthält weitere Werke von anderen Interpreten.
Diese Schallplattenhinweise berücksichtigen lediglich solche Aufnahmen, die in dem vorliegenden Buch Erwähnung fanden; die Auswahl ist also keineswegs vollständig, sondern dient nur der Orientierung des Lesers.

Personen- und Werkregister

(Kursive Ziffern verweisen auf die Abbildungen)

Bildnachweis

Konzertdirektion Adler, Berlin: S. 105; Decca: S. 111; Deutsche Grammophon, Hamburg: S. 145
(Photograph: Siegfried Lauterwasser), 343 (Photograph: Christian Steiner); EMI, Köln: S. 139, 239
(Photograph: Ken Veeder), 309; Don Hünstein: S. 233; Werner Neumeister, München: S. 175, 193, 271,
279, 285, 287, 315, 327, 328, 349, 355; Philips Classics Productions, Baarn (Niederlande): S. 217 (Photo-
graph: Claude Nandren), 294 (Photograph: Christian Steiner); Phonogram, Hamburg: S. 330 (Photo-
graph: Miles Evans); Konzertagentur Schmid, Hannover: S. 359; Süddeutscher Verlag Bilderdienst,
München: S. 49, 51, 83, 185, 255, 365; Teldec-Bildarchiv, Hamburg: S. 305; Ullstein-Bilderdienst,
Berlin: S. 24, 39 (Photograph: Alfred Eisenstaedt), 57, 71, 95, 101, 123, 129, 135, 147, 149, 153, 189, 205,
213, 221, 225, 251, 299, 321, 325, 332, 337, 362; Wolfgang Wendel, Karlsruhe: S. 143, 273, 373; Reg
Wilson: S. 289. – Die Herkunft der übrigen Bilder konnte nicht ermittelt werden.

Yehudi Menuhin

»Künstlerischer Kosmopolitismus, Weltfriedensliebe, Weisheitslehre und menschheitsgeschichtliche Utopie verbinden sich in Menuhins Denken und prägen seine charismatische Ausstrahlung.« *Stuttgarter Zeitung*

Ich bin fasziniert von allem Menschlichen

Gespräch mit Robin Daniels. Aus dem Engl. von Hans-Jürgen Baron von Koskull. Vorwort von Lawrence Durrell. 2. Aufl., 12. Tsd. 1983. 208 Seiten. Serie Piper 263

Kunst als Hoffnung für die Menschheit

Reden und Schriften. Mit einer Laudatio von Pierre Bertaux. Ausgewählt, eingeleitet und aus dem Englischen übersetzt von Horst Leuchtmann. 1986. 229 Seiten mit 14 Abbildungen auf Tafeln. Leinen

Lebensschule

Herausgegeben von Christopher Hope. Aus dem Engl. von Horst Leuchtmann. 1987. 173 Seiten mit 60 Abbildungen. Geb.

Unvollendete Reise

Lebenserinnerungen. Aus dem Engl. von Isabella Nadolny und Albrecht Roeseler. 6. Aufl., 79 Tsd. 1980. 462 Seiten und 63 Abbildungen auf Tafeln. Geb.

Variationen

Betrachtungen zu Musik und Zeit. Aus dem Engl. von Horst Leuchtmann. 1984. 256 Seiten. Serie Piper 369

Diana Menuhin
Durch Dur und Moll

Mein Leben mit Yehudi Menuhin. Aus dem Engl. von Helmut Viebrock. 2. Aufl., 20. Tsd. 1985. 334 Seiten mit zahlreichen Fotos. Leinen

Piper

Joachim Kaiser

Große Pianisten in unserer Zeit

6. Aufl., 29. Tsd. 1986. 292 Seiten mit 27 Photos
und 25 Notenbeispielen. Kt.

Joachim Kaiser hat mit diesem Standardwerk über die großen Meister
des Klavierspiels in unserer Zeit – scherzhaft auch »Klavier-Michelin«
genannt – einen großen Leserkreis unter den Musikfreunden des In- und
Auslandes gefunden. Neben Rubinstein, Backhaus, Horowitz, Kempff,
Arrau oder Solomon werden Vertreter der mittleren und jüngeren Piani-
stengeneration behandelt, u. a. Richter, Gilels, Benedetti Michelangeli,
Gould, Gulda, Brendel, Barenboim, Argerich und Pollini. Für diese
Ausgabe hat Kaiser neueste Entwicklungen und Entdeckungen (z. B.
Pogorelich) berücksichtigt.

»Noch niemals habe ich erlebt, daß musikalische Interpretation mit der-
artiger Genauigkeit und Liebe zum Detail analysiert und beschrieben
wurde.« *Arthur Rubinstein*

»Daß man die Kunst eines Interpreten präzise und anschaulich schildern
kann, hat Joachim Kaiser in seinem Buch über große Pianisten in unserer
Zeit gezeigt.« *Carl Dahlhaus, FAZ*

Vom selben Autor liegen vor:

Den Musen auf der Spur

Reiseberichte aus drei Jahrzehnten. 1986. 216 Seiten. Geb.

Mein Name ist Sarastro

Die Gestalten in Mozarts Meisteropern von Alfonso bis Zerlina.
6. Aufl., 29. Tsd. 1985. 299 Seiten mit 25 Abbildungen. Leinen

Wie ich sie sah . . . und wie sie waren

Zwölf kleine Porträts. 1987. 157 Seiten. Serie Piper 586

Piper